南开大学"十四五"规划精品教材丛书

旅游饭店财务管理

（第六版）

徐虹　刘宇青　主编

南开大学出版社

天津

图书在版编目(CIP)数据

旅游饭店财务管理 / 徐虹，刘宇青主编. -- 6 版. -- 天津：南开大学出版社，2025.7. --（高等院校旅游专业系列教材）. -- ISBN 978-7-310-06648-3

Ⅰ.F719.2

中国国家版本馆 CIP 数据核字第 2024SL1881 号

版权所有　侵权必究

旅游饭店财务管理（第六版）
LÜYOU FANDIAN CAIWU GUANLI (DI-LIU BAN)

南开大学出版社出版发行

出版人：王　康

地址：天津市南开区卫津路 94 号　　邮政编码：300071

营销部电话：(022)23508339　营销部传真：(022)23508542

https://nkup.nankai.edu.cn

天津创先河普业印刷有限公司印刷　全国各地新华书店经销

2025 年 7 月第 6 版　　2025 年 7 月第 1 次印刷

240×170 毫米　16 开本　24 印张　3 插页　418 千字

定价：83.00 元

如遇图书印装质量问题，请与本社营销部联系调换。电话：(022)23508339

前言

新冠疫情给旅游饭店正常经营带来了极大的冲击，由于人员流动性受限致使旅游饭店的接待设施处于闲置状态，投资形成的高比例固定资产折旧无法分摊，密集型的劳动力成本也无法通过收入加以补偿，饭店想要盈利更是难上加难的事情。这种无法预知的突发事件造成的负面影响未来还有可能出现，如何认识这种风险并尽可能降低其对饭店运营的冲击，不仅对饭店的持续发展至关重要，也对旅游院校学生对饭店行业认知与选择行为的形成有重要的影响。饭店要迎接这种挑战必须全方位提高经营管理水平，尤其是财务管理水平和能力亟待提高。对于在校学生来说，要用动态思维和系统观念来看待自身知识结构不断优化的迫切性和紧迫性，提高自身的财商思维训练，才能在未来的管理实践中应对变化的环境，提高生存和发展的能力。

本次教材修订有一个很大的变化，那就是按照课程思政建设的要求进行了结构调整和优化，如每一章的学习目的与要求都是由两部分目的构成，一方面有知识目的，另一方面有思政目的，这样明确划分便于学生清晰地了解本章的思政点以及由此引发的思政启示，提高学生思政理解的针对性。再比如每章都有一个案例导学引出本章主要内容或原理，便于引导学生从案例现象中理解思考背后的知识原理，从而能够举一反三理论联系实际，形成实践—理论—实践的循环，提高财务思维能力和分析水平。每章还有链接启示或案例分析引导学生加深对原理或思政点的理解认识，提高对自己和对社会的认知水平。总之这次围绕课程思政建设做了相对精准的修订，也许还有一些不足或有待深入挖掘的思政点没有体现出来，也希望读者能够在阅读中丰富其内容，给我们提出宝贵意见，使后续不断完善提高。

本次修订是由若干合作者一起完成的，他们是南开大学旅游与服务学院徐虹（第一章、第二章、第三章）、天津商业大学刘宇青（第四章、第五章、第六章）、南开大学旅游与服务学院黄青（第七章、第八章）、天津商业大学梁燕（第九章）。全书的前言、结构设计和思政要点是由徐虹完成的，各位参编老师一起努力为本次修订作出了贡献，南开大学出版社王冰老师也对本书出版给予了大力支持与帮助，在此一并表示感谢！

徐虹　刘宇青

2024 年 11 月

第一章	绪论	1
第一节	旅游饭店财务管理概述	3
第二节	旅游饭店财务管理环境	8
第三节	旅游饭店财务管理过程	16
第四节	旅游饭店财务管理组织	23
第五节	财务管理学科的发展	27

第二章	旅游饭店财务管理基础	32
第一节	货币时间价值	34
第二节	投资风险价值	42
第三节	资产负债表	48
第四节	损益表	56
第五节	现金流量表	62

第三章	旅游饭店筹资管理	72
第一节	筹资与金融市场	74
第二节	旅游饭店资金的筹集	79
第三节	旅游饭店资金成本	92
第四节	资本结构和财务杠杆	97

第四章	旅游饭店投资管理	105
第一节	旅游饭店投资概述	107
第二节	旅游饭店投资决策基本过程	112

| 第三节 | 旅游饭店对内投资管理…………………………… | 116 |
| 第四节 | 旅游饭店对外投资管理…………………………… | 132 |

第五章	旅游饭店资产管理…………………………………	139
第一节	旅游饭店流动资产管理……………………………	142
第二节	旅游饭店固定资产概述……………………………	172

第六章	旅游饭店成本费用管理……………………………	200
第一节	旅游饭店成本费用管理概述………………………	202
第二节	旅游饭店成本费用控制……………………………	210
第三节	旅游饭店成本费用的日常控制……………………	216
第四节	量本利分析法与应用………………………………	228

第七章	饭店收入实现与分配………………………………	241
第一节	收入的构成与分类…………………………………	243
第二节	饭店定价管理………………………………………	248
第三节	收益管理的原理……………………………………	252
第四节	利税管理与分配……………………………………	266

第八章	饭店的预算管理……………………………………	280
第一节	财务预算的含义与意义……………………………	282
第二节	饭店编制预算的程序与方法………………………	285
第三节	饭店财务预算的编制………………………………	290
第四节	预算分析……………………………………………	309

第九章　饭店兼并与财务风险管理…………………………… 316

第一节　旅游饭店兼并概述……………………………………… 320
第二节　旅游饭店兼并的战略选择……………………………… 329
第三节　旅游饭店财务风险概念和管理方法…………………… 343
第四节　旅游饭店财务风险预警………………………………… 355

附　　录……………………………………………………………… 368

第一章

绪论

学习目的与要求

知识目的

通过本章学习,了解财务管理的概念及目标,理解财务管理与饭店企业战略间的关系;认识旅游饭店财务管理所处的法律、经济和社会环境;掌握旅游饭店财务管理的原则和过程;了解财务部组织机构设置的基本形式,掌握旅游饭店财务制度的有关内容;了解财务管理学科的发展阶段,认识旅游饭店财务管理与其他相关学科的关系。

思政目的

①从对投资行为的理解中掌握人生管理的意义和价值;②从对财务管理概念的理解中掌握符合"钱道"的重要性,树立准确的义利观;③从对财务管理原则的理解中掌握辩证思维和平衡方法的重要性,促进对社会问题的深度思考;④从对财务管理方法的理解中掌握人生目标管理及其过程控制的重要性。

主要内容

- 旅游饭店财务管理概述

  旅游饭店财务管理　财务管理活动　财务管理与企业战略

- 旅游饭店财务管理环境

  法律环境　经济环境　社会环境　财务管理原则

- 旅游饭店财务管理过程

  财务预测　财务决策　财务预算　财务控制　财务分析

  财务审计　财务关系　财务管理特点

- 旅游饭店财务管理组织

  财务机构　财务制度

- 财务管理学科的发展

  财务管理发展阶段　财务管理与其他学科的关系

案例导学

理解金钱的价值，树立正确的义利观

电影《孤注一掷》讲述了研究生阿天在安娜和潘生的引诱下掉进网赌旋涡、毁掉了原本光彩的一生的经历。阿天在网吧发现了安娜在网上散布的赌博广告。禁不住诱惑的他开始了网络赌博，刚开始赚了一些钱，潘生以安娜的身份又给他推荐其他的赌博方式帮他"赚钱"。在网赌平台的操作下，阿天输了100万元，因为赌博输钱便在潘生推荐的网页里面借了高利贷，阿天无力偿还，被要债的人逼着献血。

一次四百毫升血，说捐满三家就可以免息。阿天的女友小雨怕阿天出事，打电话告诉阿天父母情况。阿天父母筹到了钱，还了阿天的债。

阿天还是不死心，把自己的车抵押出去贷款，又把奶奶给他结婚用的15万元都拿去网络赌博。越陷越深，最后阿天用房产证抵押了800万元，想通过网络赌博回本。当这笔钱压上去后，阿天发现他的微信已经被安娜拉黑，阿天这时才真正意识到自己被骗了，跳楼自杀。最后受伤严重一直躺在医院，深度昏迷加上全身都是伤，成为一个植物人。

视频链接：https://www.bilibili.com/video/BV1c14y167CG/？vd_source=a956ea054036d6ecae71f53a865ecd85。

思考：阿天的悲惨经历是由哪些因素造成的？在面对巨额诱惑时，如何

戒除"贪心"和"不甘心"？人生除了赚钱以外，还有什么目标对人生产生激励作用？对企业而言，理财中要处理哪些平衡关系才能在投资中立于不败之地？

第一节　旅游饭店财务管理概述

一、旅游饭店业概述

旅游饭店是借助有形的设备设施，通过向客人提供服务而获得经济效益的生产经营单位。旅游饭店业是一个规模巨大且不断增长的产业，由若干不同类型的企业组成，包括酒店、汽车旅馆、度假村和俱乐部等。

随着我国国际旅游与国内旅游的不断发展，旅游饭店的数量也在日益增多，1980年时，我国具备涉外接待条件的饭店仅有203家，客房总计3万多间，总体规模小、功能单一、设备陈旧。在此后的40多年中，不仅饭店供给规模扩大，饭店设施的档次和结构也发生了明显的变化。特别是跟随当今世界饭店业发展的潮流，我国饭店业也走上集团化经营之路。1998年，能够进入饭店集团世界排名前200位的中国企业只有锦江集团和凯莱集团，排名分别是第75位和第180位。近日，美国杂志《酒店》（HOTELS）公布了2022年度"全球酒店集团200强"（HOTELS200）最新排名。万豪国际集团、锦江国际集团、希尔顿酒店集团位列榜单前三，客房数均突破100万间，其中锦江国际集团酒店数达到12359家；洲际酒店集团、温德姆酒店集团、雅高酒店集团、华住集团、精选国际酒店集团、首旅如家酒店集团、贝斯特韦斯特酒店集团分列4—10位；排名前十和往期相比没有变化（资料来源：迈点网）。

迅速发展的旅游饭店业不仅在经营观念、管理水平方面提出了更高的要求，而且在财务管理方面也需要向国际惯例靠拢，以适应国际旅游市场竞争的需要。同时，也要结合我国优秀的历史文化传统，探索适应我国文化特色、能助力企业可持续发展的绿色财务管理体系。

二、旅游饭店财务管理的概念

在旅游饭店的经营管理中，始终离不开资金的循环与运动。旅游饭店属于资金密集型企业，旅游饭店的设立需要大量的资金投入，如果不能从一定渠道筹集到资金，就不能购置生产经营所需的各类设备设施，也不能招聘到相应的员工，从而经营活动也就无法进行。筹集到的资金需要经过一定的投资活动才能形成各类资产，有效地配置各类资产的比例，才能形成完整的生产能力。在已有生产能力的前提下，通过对各类资产的运用，提供满足客人需要的服务，就会发生一定量的资金耗费，形成企业的成本费用开支，与此同时，旅游饭店按照一定的价格，从客人那里获得相应的货币收入。在实现了货币回流以后，经过核算便可以了解旅游饭店是否实现了利润。如果实现了利润，则需要在相关利益主体间进行合理有效的分配，以便于新的循环的开始；如果没有实现利润，则意味着发生了亏损，必须想办法改变并筹措资金才能维持下一轮的周转。以上这种由于筹集资金、运用资金、回收资金和分配资金而产生的一系列经济活动被称为旅游饭店财务活动（Financial Operation），而财务活动的总和构成了旅游饭店的资金运动。也就是说，旅游饭店的财务活动是关于资金的筹集与供应、占用与耗费、收入与分配方面的活动。

伴随着资金运动过程，会产生各不相同的财务关系，如饭店与国家税务部门的依法纳税关系、与投资者的资金投入关系、与债权人的借贷筹措关系、与供应商的货款结算关系、与员工的薪酬分配关系、与顾客的货币结算关系等。对这些关系的有效管理也是饭店顺利运营所必需的，甚至是很关键的管理活动。

概括来说，旅游饭店财务管理是指旅游饭店利用货币形式，根据国家政策法规和资金运动规律，组织财务活动和处理财务关系所进行的一种全面的价值管理活动。通过对资金的运动过程实施管理与控制，达到实现财务控制、促进经营发展、提高经营效益的目的。

值得注意的是，理解财务管理概念时必须把握以下几个要点：

1. 财务管理的依据是国家政策法规和资金运动规律。它们分别是处理财务关系和组织财务活动时必须遵循的尺度和掌握的原则。

2. 财务管理的对象是资金运动及其体现的财务关系。它体现的是一种价值上的全面管理，因此财务管理水平的高低直接反映出旅游饭店经营管理水平的高低。

3. 财务管理的主体是包括管理人员在内的全体员工。它要求旅游饭店内部必须建立全员理财系统，才能更好地实现财务管理的目标。

【链接启示】

从一分钱的妙用看财务思维

1. 一分钱要当两分钱用——杜绝浪费，降低成本。
2. 一分钱要做两元钱生意——加速资金周转，提高资金使用效率。
3. 自己出一分钱，让他人出两元钱或更多钱——利用社会资金，获取财务杠杆利益。

思考：从多维度思考钱的妙用中，你获得了哪些智慧启示？你认识到财务思维的重要性了吗？

三、旅游饭店财务管理活动

旅游饭店作为独立经营、自负盈亏的经济实体，为了在激烈的市场竞争中生存和发展，需要不断强化各方面的管理工作。财务管理是旅游饭店经营管理系统中的一个子系统，是从价值上对旅游饭店经营活动进行的一种综合性全面管理，它的主要任务是围绕旅游饭店经营目标，保证旅游饭店在经营活动中得以顺利进行所需资金的提供、制定财务决策、搞好财务控制和实施财务监督。

（一）制定财务决策

财务决策是旅游饭店经营决策的核心内容。因为旅游饭店经营决策的根本目的在于扩大销售，减少开支，增加收入，提高效益，而这些都依赖于资金的支持和运筹，即依赖于资金决策的优劣。资金决策恰是财务决策的核心内容。资金决策的核心内容，主要包括筹集资金与投放资金两个方面，这是财务管理的两大基本功能。就旅游饭店来说，做好财务决策需要做好以下两方面工作：

1. 资金筹集

以经营活动为中心，及时筹措资金，做好财务预算，保证业务经营活动的需要。旅游饭店财务部门应围绕其经营目标，结合旅游饭店的等级规模、接待对象、接待能力等客观需要，正确地预测完成经营任务所必需的资金数量，以便从不同渠道筹集资金，满足经营活动的需要。需要注意的是，旅游饭店不仅要从数量上保证资金来源，还要从结构上控制资金来源方式。因为不同来源的资金具有不同的资金成本，而旅游饭店筹资决策的任务是要寻求一个最优的资金结构，以降低资金成本，所以，资金结构的控制更为重要，它会影响到加权平均的资金成本的高低。

2. 资金投放

合理配置资金，降低成本，增加盈利，提高资金使用效果。旅游饭店要将筹集到的资金合理分配到旅游饭店各个部门形成各项资产。为确定一个合理的资产构成，必须首先明确各部门应具有的资产量及成本消耗定额，挖掘潜力，降低成本费用开支。要讲究花钱的艺术，充分利用现有的设备设施加速资金周转，提高资金使用效益。其次要建立一套严格的管理制度，杜绝一切人为浪费，争取以最小的投入换取最大的产出。

（二）搞好财务控制

为更好地实施财务决策所确定的目标，旅游饭店必须采取各项管理措施对财务活动进行经常、系统的控制。旅游饭店作为企业，要以自己的收入抵补耗费，财务管理要保证旅游饭店的投放能获得一定的收益。因此必须加强经济核算，严格财务控制，努力增收节支，提高利润，保证财务成果的实现。要按国家有关法规制度的规定，正确执行成本开支范围及费用开支标准，及时缴纳各项税金。按规定的顺序合理地分配旅游饭店盈利，处理好各种财务关系。

（三）实施财务监督

财务监督是旅游饭店财务管理的一个重要方面，它是通过控制财务收支和分析财务指标来进行的。旅游饭店的各项经营活动最终都会反映在财务收支上，通过合理控制财务收支，可以及时发现不合理的财务行为并加以纠正，以保证财务收支的正确性，同时通过检查分析财务指标可以发现各部门的经营状况及其资金使用状况，以便及时纠正不合理现象。上述这些财务指标的建立是通过加强财务核算获得的，因此必须建立健全财务核算制度，使财务管理的监督保证作用得以发挥。

四、旅游饭店财务管理的目标与企业战略

旅游饭店财务管理目标是指旅游饭店财务活动所要达到的目的，它决定着旅游饭店财务管理的基本方向。财务管理目标要体现旅游饭店经营管理的目标要求，即以尽可能少的劳动消耗创造尽可能多的经济效益。具体如何表述财务管理目标各有不同的观点，如有人认为应该以利润最大化为目标，也有人认为利润是绝对值指标，衡量和比较起来较困难，应该以资本利润率这个相对值指

标为目标，还有人认为应该以企业价值最大化为目标，针对上市公司可以有每股利润最大化或股东财富最大化等目标。其实任何一个目标都有其既定的功能，即财务管理目标既是管理努力的方向，也是衡量管理效果的标准。那么确定财务管理目标时就必须既考虑数量指标，也考虑质量指标，只有将两者结合起来才能更全面地反映饭店的财务管理效果。因此可考虑将投资利润率最大化和现金流量最佳化的结合作为财务管理目标，前者反映的是管理效果的数量指标，后者反映的是管理效果的质量指标。

旅游饭店财务管理目标是以企业战略目标为基础制定的，不符合战略要求的财务目标不可能增强饭店的市场竞争优势。处于不同发展阶段的饭店战略目标不同，需要辅之以有不同侧重点的财务目标。

处于初创期的饭店，投资金额和投资效果具有不确定性，财务管理应以投资活动现金流量预算和管理为中心；处于成长期的饭店，战略重点是开拓市场、提高市场份额，财务管理应以市场营销活动资金投放为核心，形成竞争优势；处于成熟期的饭店，拥有较为稳定的市场份额，财务管理应以成本管理和短期投资为核心；处于衰退期的饭店，经营举步维艰，财务管理以企业战略转移为核心，处理固定资产，预测未来投资报酬率。

【链接启示】

以企业战略目标为指向，以企业财务管理为手段

布局决定格局，格局决定结局；战略决定方向，细节决定成败；心态决定状态，状态决定斗志。只有做好战略布局，且执行到位，企业必将产生强大协同竞争力。

思考：怎样理解目的与手段、价值与工具、长期与短期之间的关系？

案例思考

鸿星尔克积极践行企业社会责任

鸿星尔克（ERKE）创立于2000年，创始人是吴荣照，发展至今已成为集研发、生产、销售为一体的中国大型运动服饰企业。多年以来，在与安踏、李宁、特步、361等同行企业的激烈竞争中，鸿星尔克渐落下风，遭遇库存积压、门店关闭、市场份额下滑等困难，被迫将市场瞄准三四线城市，实行"做强县级、

做优地级"的品牌战略。选择"下沉"的鸿星尔克异常低调，与安踏等企业的差距越来越大。

如果把追求"利润最大化"当作企业的战略目标，忽视商业的本质是"客户价值最大化"，结局一定会和初衷相背离。2021年7月20日，河南省多个地区因特大暴雨发生了罕见的洪涝灾害，此次灾害引起全国民众对河南灾区的关心，各地纷纷向河南灾区伸出援手，众多企业也通过捐赠物资的形式援助灾区。在众多企业的捐赠中，鸿星尔克企业为河南灾区捐款5000万元以援助抗灾，这种坚定地践行企业社会责任，传递助残助弱、回馈社会的价值观，为国货品牌树立起行善的优良榜样。在家国情怀、公益事业和爆梗不断的加持下，鸿星尔克迅速成为新的"国货之光"。在《中国500强最具价值品牌排行榜》中，鸿星尔克的品牌价值跃居运动品牌第二位，品牌价值达到400.65亿元，仅次于安踏（507.93亿元），力压李宁（327.12亿元）与361（181.52亿元）。

资料来源：高丽.事件营销对品牌形象的建构与传播——以"鸿星尔克捐款事件"为例[J].西部广播电视，2022，43（10）：7-9.

思考：企业财务管理的目标有哪些？如何实现这些目标？企业是追逐利润的组织，为什么还需要承担社会责任？"助人利己"在理财活动中如何体现？

第二节　旅游饭店财务管理环境

一、财务管理环境概述

旅游饭店财务管理活动是在一定的环境中开展的，不仅包括内部运营环境，更重要的是受到外界各种条件和要素的影响，例如，技术发展、市场变化、社会潮流等。这些因素可能导致企业成本费用、盈利能力的改变，直接或间接影响饭店的财务管理过程。

在我国经济体制改革过程中，规范的财务管理流程是旅游饭店建立适应市场经济发展的产权清晰、权责明确、政企分离、管理科学的现代企业制度的必要举措。旅游饭店财务管理环境按其范围可分为宏观环境和微观环境。所谓宏观环境，是指存在于企业外部的因素，可简要划分为法律环境、经济环境和社会环境，具有共性；所谓微观环境，是指发生在企业内部的、对财务管理产生影响的各类事件，如人员更迭、战略调整、兼并重组等，每个饭店的微观环境都有其特殊性。

二、法律环境

饭店财务管理法律环境是饭店在筹资组建、生产经营过程中所应遵守的各项法律、法规和规章。在市场经济条件下，政府行政干预逐步减少，饭店经营必须做到有法必依。

（一）一般法律环境

《中华人民共和国公司法》是对公司企业设立条件、设立程序、组织机构、组织变更和终止条件、程序等作出规定的法律，起到规范公司的组织和行为，保护公司、股东和债权人的合法权益，维护社会经济秩序，促进社会主义市场经济发展等目的。随着饭店走上集团化发展的道路，越来越多的饭店集团已经成为上市公司，或正在为上市积极筹备。《公司法》中明确规定了上市公司的股东大会、董事会、监事会、外部独立审计的权利和责任，对饭店财务管理提出了新的要求。例如，第145条规定："上市公司必须依照法律、行政法规的规定，公开其财务状况、经营情况及重大诉讼，在每会计年度内半年公布一次财务会计报告。"这意味着饭店财务管理工作将接受公众的监督，任何微小的疏忽都可能导致公司受到质疑，股价产生波动。

在旅游饭店设立过程中，外资企业、中外合资企业、中外合作经营的情况较为常见，因此，与之相关的《中华人民共和国外资企业法》《中华人民共和国中外合资经营企业法》《中华人民共和国中外合作经营企业法》等法律同样规范饭店企业财务管理过程。

税法是国家制定的用以调节国家与纳税人之间在纳税方面的权利与义务关系的法律规范的总称。涉及企业税赋的法律包括《中华人民共和国企业所得税法》《中华人民共和国增值税暂行条例》等。国家税种的设置、税率高低、征收范围、减免规定等都会影响企业的财务活动。任何企业都必须依法纳税，同时，企业在不违反税法的前提下，会尽力采用财务手段减轻税务负担，具体涉及两个方面：一是融资决策，企业借款利息不高于金融机构同类同期贷款利息的部分，可作为税前费用扣除，成为贷款这种融资方式的重要优点；二是投资决策，税收优惠应纳入投资可行性评估，例如《企业所得税法》明确规定，"企业购置用于环境保护、节能节水、安全生产等专用设备的投资额，可以按一定比例实行税额抵免"，对于饭店来说，投资节能节水设施，既降低营业费用，也减少税金开支。

（二）特殊法律环境

饭店属于旅游企业，受特定法律约束，包括《中华人民共和国旅游法》（以下简称《旅游法》）《旅馆业治安管理办法》等。为保障旅游者和旅游经营者的合法权益，规范旅游市场秩序，保护和合理利用旅游资源，促进旅游业持续健康发展，《旅游法》于2013年4月25日通过，自2013年10月1日起施行，并于2016年和2018年进行了两次修订。2023年最新修订的《旅游法》对旅游企业经营仍作出严格规定，例如，第五十四条规定："住宿经营者将其部分经营项目或者场地交由他人从事住宿、餐饮、购物、游览、娱乐、旅游交通等经营的，应当对实际经营者的经营行为给旅游者造成的损害承担连带责任。"这就意味着，旅游饭店财务管理过程中，租金收入必须纳入财务风险管理，以备不时之需。

案例思考

瑞幸咖啡违反法规的代价

瑞幸咖啡于2017年10月开启首家门店营业。此后，瑞幸咖啡实现快速扩张，至2018年7月，其全国门店数量就已达到近2000家。仅用了一年半的时间，瑞幸咖啡就于2019年5月17日，在美国纳斯达克交易所完成了上市，成为全世界最快进行公开招股的公司，发行股本总数2.52亿股，上市当日总市值约为50亿美元。2020年1月31日，以做空中概股闻名的浑水（Muddy Waters）声称，收到了一份长达89页的匿名做空报告，直指国内互联网咖啡品牌瑞幸咖啡（Nasdaq：LK）数据造假。同年4月2日，瑞幸迫于压力发布公告，宣布发现公司内部存在虚构成交数据等问题，公司2019年二季度至四季度期间，伪造了22亿元交易额，相关的成本和费用也相应虚增。公告发布之后，瑞幸咖啡股价随之大幅下跌，让瑞幸咖啡一时间成为众矢之的，跌入谷底。

资料来源：根据有关资料整理。

思考：从瑞幸咖啡财务造假事件中你是否悟到了诚信自律的重要性？实事求是原则在财务管理中的必要性是什么？虚假财务信息的危害性有哪些？

三、经济环境

（一）经济运行周期

市场经济发展和运行经常呈现周期性规律，一般可分为复苏期、繁荣期、衰退期和萧条期。世界经济运行周期不同程度地影响我国经济发展，使旅游饭店财务工作随之发生变化。在经济复苏阶段，社会购买力上升，旅游饭店销量增大，产品价格提升；在经济繁荣阶段，投资机会增加，伴随资金需求增多；在经济衰退阶段，旅游饭店销量下降，产品价格降低；在经济萧条阶段，旅游饭店面临经营危机。新冠疫情使经济运行进入下行周期，人员流动中断致使饭店正常运营无法进行，没有收入进账，企业信用下降，银行紧缩银根，致使企业在短期内出现资金短缺，对那些处于初创期依赖资金流的饭店影响尤为重大。

【链接启示】

中央对经济运行趋势的研判

中共中央政治局2023年7月24日召开会议，分析研究当前经济形势，部署下半年经济工作。会议指出，当前经济运行面临新的困难挑战，主要是国内需求不足，一些企业经营困难，重点领域风险隐患较多，外部环境复杂严峻。疫情防控平稳转段后，经济恢复是一个波浪式发展、曲折式前进的过程。我国经济具有巨大的发展韧性和潜力，长期向好的基本面没有改变。

思考：研判经济运行趋势的作用何在？饭店经营管理者如何做到顺势而上、借势而为？

（二）金融环境

广义的金融环境，通常是指一切资本流动的场所，包括实物资本和货币资本，其交易对象涉及货币借贷、票据承兑和贴现、有价证券买卖等。金融市场是饭店投资和筹资的场所，具有流动性和风险性，促进饭店长短期资本的相互转换，引导资本流向和流量，提高资本效率。

随着我国饭店业细分化发展，经济型饭店日益受到金融环境影响。例如，创立于2002年的如家酒店集团，是国内首家引入境外风险投资资金的经济型饭店，借助风险投资者的力量于2006年在美国纳斯达克市场（股票代码：HMIN）上市，受到市场的强烈追捧。如家成功上市不仅募集到了足够的资金促进企业发展，也使风险投资机构获得丰厚回报。饭店发展初期确实需要大量资本注入，国内外风险投资者客观上促进了行业发展，但风投具有短期投机性，渴望在较短时间内获得巨额回报，一旦无法实现其目的，撤资风险将是饭店财务管理必须关注的焦点。

案例思考

"金融强国"目标开启金融事业发展新局

近日在北京召开的中央金融工作会议提出"要加快建设金融强国"，将金融工作上升到更高战略高度，释放了我国金融事业未来发展方向的重要信号。

金融是国民经济的血脉。近年来，我国金融服务实体经济的质效不断提升，建成了全球最大的银行体系以及第二大保险、股票和债券市场，普惠金融也走在世界前列。中国人民银行数据显示，对实体经济发放的人民币贷款余额从 2014 年的 81.43 万亿元攀升至 2023 年 9 月的 230 多万亿元，年均增速保持在 10% 以上，与名义 GDP 增速基本匹配。

此次金融工作会议提出"要加快建设金融强国"，与"制造强国""交通强国"等并列，将金融发展置于更高位置。招联首席研究员董希淼表示，"总体来看，下一步应加强金融法治建设，构建多层次、有差异的金融机构体系，加强和完善金融监管，畅通货币政策传导机制，打造上海等国际金融中心，培育一批银行家和优秀金融从业者，积极参与全球金融治理和规则制定，稳步提高人民币国际化水平，早日建成金融强国"。

资料来源：《经济参考报》，2023 年 11 月 2 日。

思考：金融强国建设会给饭店业发展带来哪些影响？饭店业应该如何抓住金融环境的变化促进自身高效发展？

四、社会环境

（一）环保理念

自 20 世纪 80 年代初开始，全球性的环境危机开始凸显，严重的环境污染、生态破坏事件频繁发生，大气污染问题日益突出，全球气候发生改变，大面积生态环境遭到破坏，我国多城市发生的雾霾问题更是给人们敲响了警钟，环境危机威胁着人类的生存与发展。

随着人们对环境污染的认识日益深刻，对环保理念日益推崇，旅游饭店经营理念也随之发生改变，从追求奢侈享受向健康绿色转变，旅游饭店财务管理面临新的挑战。原有的经营模式消耗大量能源，废水、固体垃圾排放费用不断提高，经营成本节节攀升，新型环保节能减排系统需要追加投资，保障饭店资金流平稳的财务管理体系是建设绿色饭店的基石。

【链接启示】

践行 ESG 理念，助力可持续发展

ESG 理念涉及环境（Environmental）、社会（Social）和公司治理（Governance），常和许多社会问题及其全球化问题相关联。提出此概念的初衷是争取形成与财务指标并行的标准以客观衡量企业的发展前景。现在越来越多的企业参与到践行 ESG 的行动中，华为的财务报表中就专门有 ESG 板块，明确表达了华为公司对于 ESG 相关指标的重视，深度体现了华为对于社会核心问题的明确态度。

投资机构是 ESG 评级的主要使用者，因而也被称为具有重要作用的第四张表，因为它可以相对准确地表达被投资主体在环境、社会及其公司治理三方面的综合表现。

思考： "ESG 是所谓的成本"这种说法对吗？为什么？如果把 ESG 看作是一项对企业未来的投资，你认同吗？做好 ESG 会产生什么效应？

（二）信用危机

2012 年爆发的饭店服务人员在打扫卫生时将擦马桶、脸盆和杯子的抹布混用，抹布不及时更换等事件使众多经济型饭店陷入社会信用危机，甚至也波及部分高星级饭店。旅游饭店内部管理、监督制度不到位，是导致事件发生的直接原因，但人力资源成本骤增、低值易耗品费用攀升，饭店财务预算不足，无疑是引发此类事件的深层次原因之一。

旅游饭店财务预算是对未来一年经营的事先筹划，如果不能准确预测成本费用攀升趋势，一味要求经营部门降低预算，最终导致的必然是产品质量下降。而缺乏危机预警，没有安排相应的危机处理应急资金，是导致个别事件成为行业信用下降的导火索。因此，面对不断成熟的消费者、日益透明的监督体系，旅游饭店财务管理需要未雨绸缪，防患于未然。

五、与环境变化相匹配的财务管理基本原则

（一）资金合理配置原则

所谓资金合理配置原则就是通过对资金运动的组织和调节来保证各项资源具有最优化的结构比例关系。从资金来源来说，要合理配置自有资金与负债资金的比例关系，构建良好的资金结构，合理利用财务杠杆效应，是保证财务稳定性的重要前提；从资金占用来说，要合理配置各类资产间的比例关系，保证资金运动的继起和各种形态资金占用的适度，是保证旅游饭店整体服务质量的资源基础。

（二）收支积极平衡原则

所谓收支积极平衡原则就是努力创造条件去实现经营过程中对资金收入和支出的正常需要。从收支平衡来讲，有消极的方式也有积极的方式，传统上的"量入为出"虽然稳妥，但比较消极。现代经济社会发展变化速度很快，机会也是稍纵即逝，要抓住有利时机满足经营扩张的需要，必须加入"量出为入"的积极的收支平衡观，对一些关键性的生产经营支出要开辟财源予以支持，这种理财观是一种积极的、动态的收支平衡观，也是促使旅游饭店或饭店管理集团迅速发展壮大的一种理财原则。

（三）成本效益均衡原则

所谓成本效益均衡原则就是要对旅游饭店经营活动的所费与所得进行相互联系的思考，离开效益去谈成本是无目标的，离开成本去谈效益也是缺乏基础的。成本效益原则要求饭店在成本一定的条件下取得尽可能大的效益，或在效益一定的情况下最大限度地降低成本。同时，要注意区分有效成本（有助于效益取得的成本）和无效成本（无助于效益取得的成本），对前者要想尽办法大力支持，对后者要严格控制。对旅游饭店来说，要特别注意服务无形性特点对效益表现形式的影响，处理好有形效益与无形效益、长期效益与短期效益的关系。

（四）收益风险均衡原则

所谓收益风险均衡原则就是要求旅游饭店要全面客观地认识任何财务决策都具有两面性，从而做到决策中要趋利避害，控制风险，提高收益。这里的风

险是指获得预期财务成果的不确定性，旅游饭店要想获得收益，就不能回避风险，而且通常风险越大的项目收益越高，旅游饭店在财务决策与财务活动中，要将收益动机与风险意识结合起来，客观进行评价和分析，以求在控制财务风险的同时争取获得较多的收益。

（五）分级分权管理原则

所谓分级分权管理原则就是按照管理物资同管理资金相结合、使用资金同管理资金相结合、管理责任同管理权限相结合的要求，合理安排旅游企业内部各部门管理上的权责关系。要在加强财务部门集中统一管理的同时，实行各职能部门的分工管理，从而调动各部门管理财务活动的积极性和主动性，为实行全员财务管理奠定一个制度基础。从另一个角度来看，分级分权管理也体现了理财的全面性原则，即全员性理财、全过程理财、全环节理财，从而形成纵横交错的全面理财网络，使理财的责、权、利真正落在实处。

（六）利益关系协调原则

所谓利益关系协调原则就是要求旅游饭店在进行利益分配时，必须兼顾各方面的利益要求，尽可能地做到公平合理的分配，使各方面的利益要求均得到一定体现，为旅游饭店更有效的经营活动创造良好的关系环境，有助于各利益主体更加关心支持旅游企业的经营活动。旅游企业经营活动的开展，离不开各方面的支持与配合，各方面利益关系的协调最终就是财务关系的协调，旅游企业理财活动中必须合理配置财务资源于各个方面，形成和谐共处的生态经营环境。

【链接启示】

思维方式的重要性

日本四大"经营之圣"之一的稻盛和夫非常重视思维方式，其中蕴含着他的哲学思维。他提出：人生/事业的结果＝思维方式（人格/理念）×努力（热情）×能力。三个因素中思维方式最重要，因为它有正负之分。

天堂还是地狱只是思维方式差异的问题。一个小和尚问方丈：地狱在哪里？方丈答：有一只直径1米的大锅，煮着美味的面条，可吃面条的筷子有1米，大家都饿了，都想争先吃到面条，但筷子太长面条吃不到口，争抢中面条撒了一地谁也没吃到，这就是地狱。小和尚又问：那天堂在哪里呀？方丈答道：天堂也在这里，只是那里的人用筷子夹起面条先送给对面的人吃，对面的人开心地吃了，然后说"谢谢您，让我报答您吧"，于是夹起面条送到对方的嘴边，于是所有人都高兴地分享着美味的面条。只考虑自己还是先为对方着想，决定了我们的人生是在天堂还是在地狱。

思考：是否具有利他思维结果大相径庭。天堂与地狱所有条件都相同，差别的是人的心态，这一点你认同吗？有人提出《道德经》蕴含的八大思维，即对立统一思维、逆向思维、不争思维、利他思维、战胜自我的思维、守柔贵慈的思维、重视"无"的思维、守正出奇的思维，对此你有何看法？

第三节 旅游饭店财务管理过程

一、旅游饭店财务管理过程

（一）进行财务预测

财务预测是根据财务活动的历史资料，考虑现实的要求和条件，对旅游饭店未来的财务活动和财务成果进行的预计和测算。旅游饭店的经营活动是在未来不确定性的条件下进行的，可以说不确定性是进行财务预测的基础。正是由于未来存在着风险，为应对这种风险而采取的必要手段便是进行财务预测，这样才能使旅游饭店防患于未然，处惊而不乱。

1. 财务预测的目的

（1）为计划管理提供信息。旅游饭店编制的财务计划（财务预算）是财务控制的依据和考核的标准，因此，财务计划的科学性和准确性是极为重要的。而要实现计划的上述作用就必须进行财务预测。将预测到的各类信息按一定方法加工整理后，才能为计划的科学制定提供可靠的、广泛的信息来源，使计划管理建立在坚实的基础上。

（2）为财务决策提供依据。财务预测所提供的资料为准确的财务决策提供了依据，而财务决策又是经营决策的核心，因此搞好财务预测不仅为财务决策提供了依据，同时也为经营决策的科学化奠定了基础。

2. 进行财务预测的一般步骤

（1）确定预测的目的和对象。财务预测一般包括销售收入预测、成本费用预测、利润预测、货币流量预测、资金需要量预测及证券价格预测等。预测的目的和对象不同，资料的搜集、方法的选择等也就不同。

（2）搜集和整理资料。根据预测的目的和对象，广泛搜集各种有关资料（如旅游饭店内外部资料，旅游市场供求状况及发展趋势、历史的统计资料等），并尽量使搜集的资料具有可靠性、完整性。然后，将搜集到的资料进行分类汇总，使它们符合财务预测的需要。

（3）确定计算的方法。通过对搜集的资料进行归类分析，找出各种影响因素及相互关系，选择适当的预测模型进行计算。常见的财务预测的方法包括时间序列分析法、回归直线法、量本利分析法、投资回收期预测法、现金流量法等，此外还要采用一些定性分析法。

（4）确定最佳方案。将制定的各种预测方案进行对比分析研究，确定一个最佳方案，为今后的财务预测工作奠定基础。

（二）制定财务决策

所谓财务决策是指为实现一定财务目标，从两种以上财务可行方案中选择最佳方案的分析判断过程，主要包括筹资决策、投资决策、成本费用决策、利润分配决策等。一般来说，制定财务决策的基本程序包括：选择决策目标、拟定多种可行方案、评价优选最佳方案。

首先，选择决策目标。科学的决策目标必须符合以下几个要求：一是目标的针对性。若针对性选择错误，则会引导决策走向错误的方向。二是目标的具体明确性。它包括目标词义的明确表达、目标实现程度具体衡量标准的确定以及目标实现的时间和约束条件的具体规定等。三是目标的全面系统性。由于事物之间存在着客观的联系，确定财务决策目标时必须兼顾各方面的需要，从全局出发统筹考虑问题。四是目标的可行性。也就是要具备实现目标所必需的物质条件、信息条件和组织条件。

其次，拟定措施方案。制定科学的方案决策要符合以下要求：一是方案执行结果应能对症下药地实现决策目标；二是实现目标所付出的代价最小，而且方案实施后所产生的副作用要尽可能地小。

对于最佳方案的评价则要在实现目标的可达性与实现目标的代价性之间进行权衡，从而实现以最小代价实现决策目标的目的。

【链接启示】

决策时要考虑的因素

仔细考虑饭店的目标,最重视的维度,"需要"和"想要"的区别,各选项涉及的成本、收益和相对价值,实现各个目标的先后顺序,再做决策就不难选择了。

思考: 决策思维要处理哪些关系?平衡的关键在哪里?

(三)编制财务预算

财务预算一般包括销售预算、成本费用预算、利润预算、现金预算、预计资产负债表等。

财务预算的编制不仅仅是制定一个以定量方式表现出来的计划,通过编制财务预算可以使饭店各个部门都清楚地了解到预算期间的目标和任务以及实现任务的途径,从而在部门间达到强化沟通了解和彼此协调合作的目的。财务预算的编制需要在预测基础上,经过反复的协商沟通和不断修订才最终确定下来,一旦确定,就作为考核的依据和衡量的标准。

编制财务预算一般包括四个步骤:一是进行财务预测。二是编制部门预算草案。每年第四季度由饭店总经理向各部门经理下达编制下年部门财务预算的通知书,各部门接到通知书后,经过调查、分析和研究,制定出部门预算指标。考虑到饭店的季节波动性特点,预算指标要有一定弹性。三是在各部门的预算指标基础上编制饭店财务预算,财务部门对各部门的各项指标进行核对和研究,本着综合平衡的原则编制出饭店财务预算草案。四是由总经理召开预算会议,由总会计师(财务总监)宣布财务预算草案的各项指标,经过充分讨论修订后,制定出正式财务预算并下达给各部门。

(四)组织财务控制

财务控制是以财务预算指标和各项定额为依据,对资金的收入、支出、占用、耗费等进行计算和审核,找出差异,采取措施,以保证预算指标实现的一系列活动。

财务控制是财务预算实施过程中的必然要求。做好财务控制,首先,制定控制标准,制定出成本费用定额和资金定额,实行定额管理,结合各项定额将财务预算指标分解落实到各部门、班组、个人,作为控制的依据;其次,制定日常执行标准，对资金的收支、设备的占用等运用各种手段（如可采用限额领料单、内部结算货币等）进行记录、计算，将标准与实际发生额进行对比，找出差异，对不符合标准的支出予以限制；最后，要将差异形成的原因找出来，对不利的因素采取措施予以消除，以实现财务控制作用，保证预算指标的完成。

（五）开展财务分析

财务分析是以会计核算资料为主要依据，对旅游饭店财务活动的过程和结果进行分析对比，对预算完成情况及财务状况作出评价，提出改进的措施。

通过财务分析，一方面可以掌握财务预算的完成情况，发现影响财务成果实现的因素及影响程度；另一方面可以总结经验，发现问题，为下一轮财务预算工作的改善提供依据。

（六）实行财务审计

财务审计以核算资料为主要依据，对旅游饭店经济活动和财务收支的合理性、合法性、有效性进行审计，这是实现财务监督的主要手段之一。

二、旅游饭店财务关系

（一）旅游饭店的利益相关者和财务关系

伴随着旅游饭店财务活动的进行，必然涉及多个利益相关者，如股东、债权人、债务人、供应商等；旅游饭店又在资金筹集、收入和分配中，与各利益主体发生广泛联系，形成多种财务关系。

1. 旅游饭店与国家税务机关之间的财务关系

旅游饭店取得营业收入和获得利润后必须按国家规定的税种、税率缴纳各项税金，履行企业对国家应尽的义务，从而在旅游饭店同国家之间形成一种经济利益关系。旅游饭店缴纳的各项税金是国家财政收入的一个稳定来源，随着旅游饭店经济效益的提高，国家税金收入也将稳步增长，从而保证社会经济及其他事业发展的需要。

2. 旅游饭店与投资者和被投资者之间的财务关系

投资者对旅游饭店投入资金的目的在于获得较高的投资报酬，投资者将资金投入旅游饭店之后既享有法定的权利，也要以其投入的资本的多少承担因财务风险而产生的相应的经济责任。旅游饭店经营者接受投资者的资金投入后，要通过对资金进行有效的配置，使其产生更大的盈利，从而使投资者获得更多的利润，而投资者能够获得应有的报酬，旅游饭店才能继续得到投资者的支持，才能筹集到需要的资金，如此在投资者与旅游饭店之间形成了密切相关的财务关系。

旅游饭店还可将自身的财产对外进行投资，被投资者利用该资本开展经营获取收益后，应按投资额向旅游饭店分配相关利润。

旅游饭店投资者和被投资者的关系在性质上属于所有权关系，双方必须按照约定承担相关责任，同时享受相应的权益。

3. 旅游饭店与债权人和债务人之间的财务关系

当旅游饭店经营中出现资金短缺时，可以采用银行贷款、发行企业债券等方式来筹集资金，因而银行及债权持有者成为旅游饭店的债权人。这些债权人向旅游饭店借贷或认购债券的目的在于获取相应的利息回报。当旅游饭店存在闲置资金或出于投资考虑时，也会充当债权人的角色，购买其他企业的债券，以便获得相应的投资回报。处理债权、债务关系时，应按照合同约定，保证各自的权利和义务落实到位。

4. 旅游饭店与其他企业之间的财务关系

这种关系主要是由于相互提供产品和劳务而发生的资金结算关系。旅游饭店从其他企业购进原材料和设备等，要按照等价交换的原则，用货币资金进行支付、结算。此外，还存在旅游饭店与其他企业由于联营而产生的利润分配关系。旅游饭店与其他企业的这种经济关系，作为一种经济利益关系，直接关系到旅游饭店资金的周转速度、旅游饭店的支付能力及旅游饭店信誉等多方面，因此必须妥善处理。

5. 旅游饭店内部的财务关系

这种关系主要体现在两个方面：其一，旅游饭店内部各部门之间的财务关系。为加强旅游饭店内部的管理，分别考核各部门成本费用及利润计划的执行情况，对各部门之间的经济联系要进行计价结算。其二，旅游饭店与职工之间的财务关系，主要是指根据按劳分配原则、社会劳动保险制度和国家相关法律政策的规定向员工支付工资、奖金、津贴和相关福利等。

6. 旅游饭店与消费者之间的财务关系

旅游企业由于向消费者提供相关产品和服务，有权向客人收取相关费用；

根据等价交换原则，消费者在享受了产品和服务后，应按照约定的价格进行支付，由此形成旅游饭店与消费者之间的货币结算关系。

旅游饭店上述的各种财务关系是旅游饭店在从事生产经营及进行资金的筹集、调拨、使用、分配、偿还等财务工作中产生的。它是伴随着财务活动必然产生的一种经济现象，离开了这些财务关系，旅游饭店的资金运动就缺乏效率和动力。由此可见，旅游饭店财务就其本质而言，是指旅游饭店经营过程中资金运动及其所体现的财务关系。由旅游饭店财务的这种本质不难发现财务管理的对象是旅游饭店的资金运动。

（二）旅游饭店财务关系的冲突和协调

1. 目标冲突

旅游饭店经营者与股东的分离，使两者产生目标冲突。股东目标是财富最大化，经营者的目标还涉及个人目标，如增加收入、福利待遇、闲暇时间、降低风险等。经营者与股东目标不完全一致，经营者可能为了自身目标背离股东利益。为防止饭店经营者背离股东目标，约束与激励是必要的管理手段，财务方面可采用外部审计进行监督，用股票期权进行奖励。

旅游饭店在实现企业目标时，提供符合社会需求的产品，吸纳社会劳动力就业，使社会同时受益；但是企业目标与社会目标也会发生冲突，如造成环境污染、损害员工利益等。企业必须承担经营范畴内的社会责任，包括遵守商业道德、安全生产、保护劳动者合法权益、节约资源等，在饭店财务管理方面，要做到依法纳税，为员工缴纳法定保险，不参与恶性竞争，积累企业利润谋求更大发展。

2. 决策冲突

决策冲突发生在利益相关者一方失去资金的控制权，另一方为了自身利益而作出损害他人利益的决策。例如，当饭店向债权人借款时，两者形成委托代理关系，债权人把资金借给旅游饭店，目的是到期收回本金并获得利息收入，债务人为了借助杠杆作用扩大经营，两者目标并不冲突。但是，当借款一旦完成，资金进入饭店账户后，债权人实际失去了对资金的控制，饭店经营者可能会不经债权人同意作出违反债权人意愿的决策，如将资金投入高风险项目，一旦项目失败，债权人甚至无法收回借款本金（虽然《中华人民共和国企业破产法》中规定，债权人优先于股东分配破产财产，但破产财产也有可能无法偿债）；

当债权人为社会公众时，饭店有可能在旧债未清的情况下发行新债，导致原有债券价值下降，债权人蒙受损失。为了协调这一冲突，可在相关合同条款中作出明确约定，规定资金用途，避免利益相关者控制权的丧失。

三、旅游饭店财务管理的特点

旅游饭店作为向客人提供各类服务的综合性企业，它所提供的服务性产品与其他企业生产的有形商品不同，从而使旅游饭店财务管理具有其自身的特点。这就要求我们在组织旅游饭店财务管理工作时，要根据旅游饭店的特点来进行。归纳起来，旅游饭店财务管理的特点可以概括为以下两点：

（一）时间性

旅游饭店财务管理的时间性特点体现在两个方面：一方面，旅游饭店产品的销售具有极强烈的时间性。旅游饭店产品生产与消费的同一性决定了旅游饭店产品具有不可贮存性，尤其是客房产品，一天不销售（出租给客人），这一天的价值就丧失掉了。因此，旅游饭店产品销售的时间性要求旅游饭店财务管理必须抓住时机，在资金方面除了满足产品质量能不断地根据市场需求进行改革和完善外，还要积极支持营销部门开展各种宣传促销及推销活动，以吸引游客，扩大销售量，减少因空销而造成的损失。

另一方面，在客账结算上体现了较强的时间性。旅游活动是一种异地消费活动，游客在消费活动中除了要支付货币之外，还要受到闲暇时间的限制；而且旅游活动受气候的影响较大，带有明显的淡旺季的差异。对旅游饭店来讲，伴随着消费行为产生的一系列财务收支、成本费用等都会在很短的时间内发生，旺季的时候繁忙，一天中随时都要进行各种收益结算。这些反映在财务管理上就表现为时间性很强，特别是营业收入管理要求记账准确、走账迅速、结账清楚，方能在游客离店的时候准确无误地进行结账；否则将有可能造成跑账、漏账的现象，给旅游饭店带来不可弥补的损失。

（二）复杂性

旅游饭店财务管理的复杂性特点体现在以下几方面：一是旅游饭店为更好地满足客人多方面需要，纷纷增设不少服务项目，使得资产的种类和数量不断增加，而且旅游饭店的许多固定资产都是作为服务设施由客人来使用的，不同类的资产更新改造期和维修保养方法各不相同，从而使得旅游饭店在固定资产管理方面具有一定的复杂性；二是旅游饭店财务工作具有很强的综合性，大多数旅游饭店的财务部门既负责财务会计工作，又负责计划、统计、物价、物资采购、验收及管理等工作，这使得旅游饭店财务管理具有一定的复杂性；三是旅游饭店面对众多客人的消费活动，每天要处理财务活动中各种复杂的关系，也使得旅游饭店财务管理具有一定的复杂性。

第四节　旅游饭店财务管理组织

旅游饭店要实现财务管理目标，必须合理有效地组织财务管理工作。旅游饭店财务管理的组织要解决以下两个基本问题：一个是在明确管理权限和范围的基础上设置财务管理机构，另一个是在符合管理原则与旅游饭店实际的前提下建立财务管理制度。

一、财务机构的设置

（一）财务机构职能

旅游饭店财务管理工作是旅游饭店各个部门共同的责任，并非只是财务部一个部门的工作，财务部只是财务管理的专职机构，真正要做好财务管理工作，必须将财务部的职能管理与旅游饭店其他各部门的业务管理相结合。财务部门的职能是负责旅游饭店财务预算的编制、执行、检查、分析；组织制定、执行旅游饭店财务管理制度；负责旅游饭店各项资金的筹措、使用和管理；负责反映旅游饭店财务状况和经营成果，控制、分析财务收支的执行情况；负责协调与各利益主体的财务关系等。对各营业部门而言，主要是组织制定本部门财务预算，执行预算并分析其执行情况，采取措施改进预算管理工作；做好基础性的财务管理工作，如填报各项原始记录、做好营业统计等。对于其他管理部门而言，主要是配合财务部门落实财务预算，检查分析费用控制情况，做好财务管理的基础性工作等。本节所指的机构设置是指专职财务部的设置。

（二）财务管理岗位设置

财务部设置哪些岗位，组织形式如何安排与旅游饭店组织机构如何设置是有密切联系的,一般来说,应在旅游饭店确定了各层级管理权限与职责的前提下,按照"先进适用、效率为先、分工协作"的原则,根据具体情况灵活确定,有两种组织形式供选择:

1. 财会分体制

财会分体制即财务管理和会计核算分开由独立部门完成,财务管理部由财务主任负责,主要负责财务管理职能如资金管理、财务预算、应收款管理等;会计核算部由主计长负责,主要负责会计核算职能如财务会计核算、税收会计核算、信息数据处理等。

这样分别设置、分别规定职责范围,有利于专业化发展,便于各司其职。但是它需要双方很好地协作与协调,否则会影响管理效率与质量。一般来说,这种组织形式对大型旅游饭店集团比较适用。如图1–1所示。

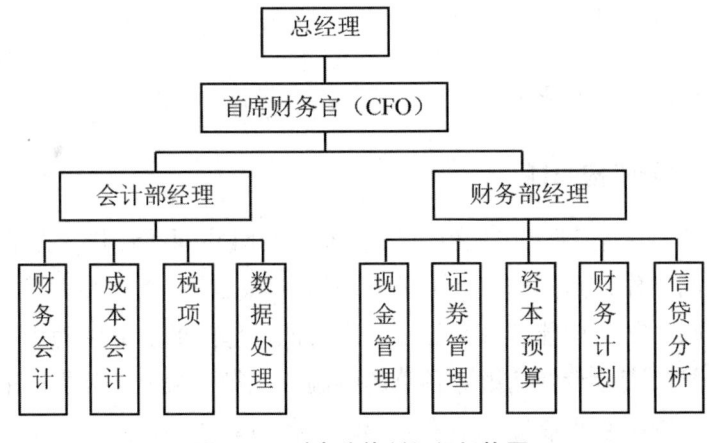

图1–1 财会分体制组织机构图

2. 财会采供一体制

财会采供一体制即将财务工作、会计工作与采供工作统一安排在计财部下完成。在财务总监下分设财务部与采供部,这样便于财务总监统一对资金进行调拨和管理,有利于提高资金周转速度。但是这种组织形式对财务总监的素质要求是很高的,这种组织形式比较适合大中型旅游饭店。图1–2是大中型旅游饭店的财务部组织机构设置图。

从图1–2可以看出,财务部是直接受总经理领导的一个具有独特地位的重要部门。作为旅游饭店经营管理的职能部门,它对于提供旅游饭店经营所需要的各项信息、提高旅游饭店经济效益和经营管理水平具有重要作用。

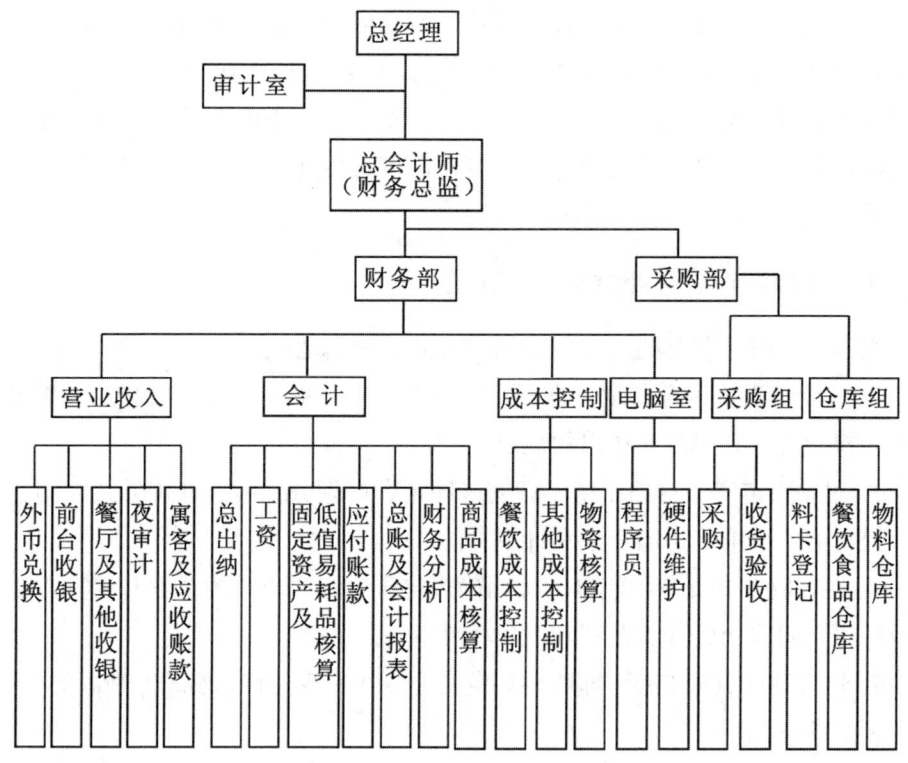

图 1-2　大中型旅游饭店的财务部组织机构图

根据《会计法》的规定，大中型旅游饭店应设总会计师和审计师。总会计师的职责主要有：参与拟定旅游饭店的经营决策；审查经营投资方案的经济效益；组织协调各部门编制预算；监督各项预算的执行情况并进行经济活动分析。审计师的职责主要有：负责审查各项财务收支、会计账目和有关资料；审查凭证的手续是否完备，记录是否准确，收支是否合理；审查各项财务活动是否遵守财务会计制度的规定，是否实现了预期的经济效益，如发现问题，应及时向上级报告。

二、旅游饭店财务制度的建立

旅游饭店财务管理制度是旅游饭店在长期服务管理实践中工作经验的归纳和提炼，是旅游饭店组织财务活动、处理财务关系的规范和准则。

我国财务管理制度大体上可分为三个层次，第一层次是《企业财务通则》，这是我国企业财务制度中最基本的法规，是企业从事财务活动必须遵循的基本原则和规范。第二个层次是行业财务制度，这是在《企业财务通则》的基础上，根据各行业的不同特点制定的适合行业内各企业的一般财务制度。财政部根据《企业财务通则》的要求，制定了《旅游、饮食服务企业财务制度》，并于1993年7月1日起执行。第三个层次是在行业财务制度的基础上，各企业分别制定适合本企业管理要求的财务管理规章制度，由此形成了一个完整的财务管理体系。

（一）旅游饭店对外财务管理制度

饭店对外财务制度的建立包含四个方面，分别是：

1. 建立饭店资本金制度，即饭店对资本金的筹集、管理和核算及其相关责任人的权、责、利等方面作出的规定。

2. 建立固定资产折旧制度，即明确固定资产划分标准、计价方式，固定资产计提折旧的范围、折旧年限和计提方法等。

3. 建立成本开支范围制度，即明确规定旅游饭店成本的范围和计算方法，以及各项期间费用的开支范围和支出标准。

4. 建立利润分配制度，即明确规定营业收入实现的确认标准，利润的构成，税后利润的分配顺序等。

（二）旅游饭店对内财务管理制度

1. 资金分级管理制度，财务部门要将流动资金占用指标分解到饭店的各个部门，实行分级管理制度。例如对饭店存货的管理，实行部门责任制，并定期进行核查，调动各个部门分级管理资金的积极性。

2. 收支分级管理制度，将旅游饭店总体经营指标分解到各个经营部门，与其实际经营开支和收入进行对比，客观反映各部门的经营成果，可借此进行部门绩效评估。

3. 内部结算制度，旅游饭店内各个经营单位经常发生一些经济往来，对这些情况应当实行内部结算制度，理顺财务关系，加强经济核算，分清财务责任，有助于正确核算各部门经营绩效。

4. 奖惩制度，旅游饭店应当根据相关原则，按照各部门、各岗位财务指标的完成情况，实施必要的奖励与惩罚，有利于提高企业的经营绩效。

第五节　财务管理学科的发展

一、财务管理学科发展阶段与财务经理职责演变

（一）传统财务管理阶段

早在 20 世纪初期，财务管理工作已经开始逐步发展。当新技术、新发明促进工业生产迅速扩张的同时，企业资金需求量急剧增长，这一时期，发达国家金融市场已经初具规模，投资银行、商业银行、保险公司和信托贷款公司开始发展。但是，由于市场机制并不健全，财务信息尚未透明可靠，股票买卖受到操控，投资者意愿受到抑制，财务经理的职责集中于资金筹集。

如果过分注重资金筹集，忽视对资金使用的控制和管理，那么即使获得足够的资金，也不一定能促进企业持续经营发展。因此，到了 20 世纪 30 年代以后，财务经理的职责从单纯重视筹资管理向筹资、资金使用并重转化，使所获资金能够在企业中得到最经济、最有效的运用。

（二）现代财务管理阶段

20 世纪 50 年代以后，传统财务管理的资金筹集和内部控制向现代财务管理转变，探讨个人、企业乃至整个社会如何在风险资产合理估价的基础上，就稀缺资源的有效分配作出正确决策。此外，通货膨胀对企业财务管理产生极大影响，造成信贷资金利率不断上升，提高资金成本，加剧投资和融资风险。此时财务经理的职责更加复杂，既注重资金流转问题，也重视企业控制权及其运动变化，协调与权衡利益相关者利益，应对企业融资、投资、运营方面的风险。并且，随着经济全球化的深入，外汇风险防范、跨国公司营运资金管理、国际税务问题也被纳入财务经理的管理范畴。

二、财务管理与其他学科间的关系

财务管理作为一门单独学科，有其独立意义，也与其他学科有着密切的关系，这些关系主要包括以下几个方面：

（一）财务管理与会计核算的关系

财务管理与会计核算的共同对象都是资金运动，但两者仍有较大的区别。会计核算是经济核算的组成部分，它是以货币为主要量度，及时、正确、全面、系统地提供财务信息，反映经营活动的过程和成果，重点是"记"；财务管理又称理财，是讲生财、用财、聚财之道，对经营活动要作出判断、抉择和规划，它要进行决策、计划、管理、控制，重点是"管"。虽然两门学科的研究内容不同，但其研究的目的和出发点都是旨在提高企业的经济效益，两者研究的范畴有着紧密的联系。会计核算提供的信息是财务管理的基础，没有正确完整的会计核算资料，财务管理的决策、计划、控制、分析便无从谈起。反过来，财务管理又是会计核算的必然发展，只有从核算阶段发展到管理阶段，才能达到提高企业经济效益的目的。会计核算与财务管理的职能通常由一个部门——财务部来完成，这足以表明两者的紧密关系。

（二）财务管理与统计的关系

统计是搜集、整理、分析企业生产经营活动中产生的各种数据资料所使用的一种方法。这种通过统计所获得的各种信息资料、数据，是旅游饭店进行财务决策时所必不可少的，如游客流量、流向的统计资料，在旅游饭店进行销售决策的时候就非常重要。因此作为通过搜集资料、数据提供服务的学科来讲，财务管理与统计有相似的一面，两者关系极为密切。

（三）财务管理与旅游饭店管理的关系

旅游饭店管理作为一个大系统包括的范围极广，如旅游饭店发展管理系统、人力资源管理系统、市场营销管理系统、服务管理系统、生产管理系统、质量管理系统、财务管理系统、工程与安全管理系统等，财务管理只是这众多子系统中的一个，但是作为从价值上对旅游饭店经营活动进行的一种管理来讲，它却是最具综合性的一项管理，它渗透到旅游饭店生产经营管理的各个方面，是旅游饭店经营管理的核心。只有充分认识财务管理在旅游饭店经营管理体系中的地位，才能更好地发挥它的作用。

做好财务管理工作还需其他学科及其知识体系的配合。随着现代财务管理学的不断发展，一些数量模型引入其中，成为财务决策与控制的有效手段，因此它与数学有着紧密的联系。尤其是电子信息管理系统运用到企业经营管理中，计算机知识的掌握已成为做好财务管理的基础。此外还有法律学、财政与信贷学等，都与财务管理关系密切。由此可见，要做好财务管理工作，除掌握财务方面的知识外，还必须了解其他有关方面的知识，这样，才能够在不同学科的相互渗透中，提高财务管理工作的质量。

课后思考与练习

案例分析

君子爱财取之有道

"钱"是一个形声字，"钅"（读 jīn）是形旁，表示它的金属属性，"戋"（读 jiān）是声旁，标识读音。"钱"字的本义是什么呢？《说文解字》："钱，铫（读 yáo）也，古者田器。从金，戋声。"这里的"铫"是古代一种类似铲子、锄头的农具，钱就是铫，是"田器"，即农具。

种田的农具是怎么变成货币的呢？原来，周朝的中原地区流行一种铲形货币，早期的称为"空首布"，"布"即货币，"空首"是指铲子的"首"是空心的，可以插上木柄，铲子的尺寸也较大，与真实的农具类似；稍晚些的铲形货币称为"平首布"，铲子的"首"已经变成了实心，完全没有实用性了。据推测，这种铲形货币是从真实的农具演化而来的，因为在农业社会，农具的用量大，家家户户都有，并且金属农具本身就有价值，所以就成为一种方便的、可用于商品交换的媒介，最终发展为货币。

今天我们已经知道，对"钱"的神化与妖魔化都不是科学的态度。无论"钱"的形式怎样变化，它自始至终都是一种工具，本身没有"好""坏"的属性，只有"合法"与"非法"收入的区别，合法收入的钱助人实现美好生活愿景，非法收入的钱，则损害公共利益，也足以毁名、害身。正所谓君子爱财，取之有道。而且"钱"并非万能，钱的功能是服务经济发展，其影响也仅限于市场范围内。钱只能买到进入市场流通的商品，而道义、信仰、荣誉、尊严、法律、自由、生命等——这些东西是无价的，也是不可交易的。如果有人拿这些无价的东西换钱，必被钉在历史的耻辱柱上。

道生一，一生二，二生三，三生万物，大千世界是由"道"衍生的。谁能抓住这个无形的"道"，谁就拥有了一切。人生的绝大多数问题，表面上看都是缺"钱"导致的。实际上一个人缺多少"钱"，就缺多少"道"，因为两者永远都是同在的。"钱"和"道"就像太极的两个阴阳鱼。钱在明处，道在暗处，有一个千古不变的规律：有形的东西决定无形的东西，求钱必先明道。没"钱"是一种结果，它往往是对"道"的认知不足导致的。人们往往只盯着有形的"钱"本身，而不去看钱背后那个无形的"道"。道是规律，是原理，是趋势，是包容，是开放，是价值，是大爱……人一旦放弃对这些东西的追求而只谈"钱"，无异于缘木求鱼。毕竟：孤阴不生，孤阳不长。因此，绝大多数人的真正问题在于：只想得到眼前的利益却从不想长远的学习和提升，这就陷入一种越想急于赚钱却又越赚不到钱的恶性循环。钱的背后是产品和服务，把产品和服务做到极致，钱自然就来了；产品和服务的背后是"人心"，社会无论怎么变，人心不变。人心的背后就是"道"，"得道"后就很容易"赚钱"。商圣范蠡就是最典型的例子，他师从计然（计然是老子的徒弟），他完全抓住了规律和人性，弃政从商，很快成为富豪，然后散尽家财去做慈善，再去另外一个地方白手起家，很快又能富甲一方……前后三次散尽家财救济贫困，被后世供奉。他为什么那么厉害？因为他老师的老师是老子，更因为他参透了"大道"。

资料来源：王志轩．"钱"：君子爱财，取之有道[J]．中国纪检监察，2017（09）：59．

思考：1. 你如何认识金钱的功能与作用？人们在追逐金钱的过程中为什么频频犯错？

2. 人生除了追求财富的增加以外，还有什么别的目标吗？如果有的话，它们之间是什么关系呢？

3. 2021年8月17日，中央财经委员会第十二次会议召开，议题之一是研究扎实促进共同富裕问题。"三次分配"作为调节收入分配、实现共同富裕的有效路径，成为此次会议的一大亮点。你认为社会如何构建三次分配体系才是可持续发展之道？慈善和捐助作为第三次分配渠道应该如何建设才能可持续？

小组讨论题

彩虹度假饭店坐落于S市的海滨，由于客房风景秀丽，餐饮品种丰富，水上娱乐、室内娱乐项目一应俱全，受到家庭型度假游客的追捧。唯一美中不足的是，该饭店坐落于郊区，十分偏僻，距离机场、火车站等交通枢纽较远，限制了饭店接待量的进一步扩大。为了解决这一问题，该饭店决定投资成立一家小型出租车公司，配合饭店接送机业务和住店顾客往返市区活动。

彩虹出租车公司同时服务于彩虹度假饭店周围的几家高星级酒店，经营情况尚可，但有一个问题一直困扰着该饭店总经理。彩虹度假饭店一直在S市滨海区税务局上税，新成立的彩虹出租车公司在S市中北区税务局上税。作为促销手段，彩虹度假饭店向使用彩虹出租车公司服务的往返机场、火车站、市区的顾客提供免费早餐一份，因此彩虹出租车公司将一部分税后利润上缴给饭店。滨海区税务局却认为，这笔资金属于营业外收入，征收所得税。总经理的疑惑是：彩虹出租车公司交给饭店的钱是不是重复纳税了？总经理想到的避税方法是这样的：既然这笔钱主要是用于补偿饭店的乘车优惠政策所花费的成本，那么能不能让会计做账时，按照优惠数量匹配相应的价格，变成出租车公司向饭店购买早餐的营业收入呢？S市滨海区税务局的做法对吗？彩虹度假饭店的会计能否按照总经理的要求去做呢？

复习思考题

1. 什么是旅游饭店财务管理？资金运动中财务关系的主要内容是什么？
2. 饭店财务管理目标与企业战略如何结合？
3. 饭店财务管理原则反映了怎样的财务思维？
4. 谈谈你对旅游饭店财务管理中平衡观的认识？
5. 你如何理解"君子爱财取之有道"？如何理解其中的义利观？
6. 旅游饭店财务管理的特点在实践中会产生什么样的问题？
7. 财务管理的基本过程是什么？
8. 你认为旅游饭店财务部组织机构应如何设置？
9. 你认为旅游饭店财务管理制度应包括哪些内容？
10. 旅游饭店财务管理与其他相关学科的关系如何？

第二章

旅游饭店财务管理基础

学习目的与要求

知识目的

通过本章学习,需要掌握货币的时间价值的基本含义和表现形式;了解货币的时间价值单利和复利的计算方法;能够运用货币的时间价值原理进行有关财务分析和财务决策。了解投资风险价值的基本含义和表现形式,掌握投资风险价值的计算方法,能够运用投资风险价值原理进行有关财务分析和财务决策。理解资产负债表、损益表和现金流量表的概念,掌握三张财务报表的基本格式和内容,能够读懂上市公司财务年报,并作出基本分析,理解每种财务报表各自的价值和局限性。

思政目的

①从对企业价值的理解中掌握利他主义观点,处理好社会价值与商业价值的关系;②从对时间价值与风险价值的理解中掌握延迟满足的价值和培养持久有毅力做事的态度。

主要内容

- 货币的时间价值

  货币的时间价值　终值　现值　年金

- 旅游饭店风险与收益分析

  投资风险价值　风险收益额　风险收益率

- 资产负债表

  流动资产　长期资产　流动负债　长期负债　所有者权益

- 损益表

  营业收入　营业成本　营业费用　营业利润　管理费用

  财务费用

- 现金流量表

  经营性现金流量　投资性现金流量　融资性现金流量

案例导学

普通人追求安全感，高手拥抱不确定性

有很多人，毕生都在追求安全感，为了得到对未来的确定性，他们愿意做任何事情。而另一些人，则非常能容忍不确定性。他们对世界的复杂有深刻认识，善于接受不确定性，并且习惯在高度不确定中作出决策。后一种人，更容易成为成功的政治家或企业家。任正非把华为管理哲学的核心归结为"灰度理论"。马化腾也把腾讯的成功归因于"灰度哲学"。所谓"灰度"，是介于黑和白之间的一种状态。世间万物的发展、每个人的特质、每个团队的情况，都不是非黑即白的，其中有广阔的灰色空间。

1. 大佬们不是不焦虑而是接纳了不确定性。今日头条创始人张一鸣是典型的技术宅男出身，特别冷静和理性，甚至被同学朋友称为"机器人"。他喜欢规律化和程序化的东西，不能忍受不确定性。在《财经》记者小晚的采访中，张一鸣曾说："我不喜欢不确定性，这与我程序员出身有关系，因为程序都是确定的，但事实上 CEO 是焦虑的最终承担者。"所以，从程序员转型当 CEO 之后，张一鸣曾经非常痛苦。因为 CEO 每天都要在不确定性中做决策。后来张一鸣认识到："它反正是个概率分布，你做最佳决策就行了。"正是这一认识，让张一鸣完成了从程序员到 CEO 的蜕变。如果不是学会了应对不确定性，张一鸣后来不可能作出今日头条。

2. 不是不惑而是大胆拥抱未来。任正非也是经历过痛苦的挣扎和无数次的碰壁，才明白了这个道理。在《一江春水向东流》这篇文章中，任正非提到，他小时候最崇拜大力神和项羽，这种凭借个人力量可以掌控一切的个人英雄主义，成为他学习和效仿的对象。直到后来碰得头破血流，他才明白团结就是力量这句话的政治内涵。他说："想起蹉跎了的岁月，才觉得，怎么会这么幼稚可笑，一点都不明白开放、妥协、灰度呢？"到了四十多岁时，任正非"不是不惑，而是前程充满了不确定性。"但他还是一头扎进了这个不确定的洪流之中。创业三十多年来，尽管华为屡创奇迹，已经发展成为世界第一大通信企业和第二大手机企业，但任正非从来不觉得可以高枕无忧，他内心里总是充满忧患。在华为蒸蒸日上的时候，他专门写了《华为的冬天》，警告大家要准备过凛冬。在云淡风轻的时候，他作出极限生存的假设，从操作系统、芯片等各方面，都为最坏的情况做好准备。任正非说："我们无法准确预测未来，但仍要大胆拥抱未来。面对潮起潮落，即使公司大幅度萎缩，我们不仅要淡定，也要矢志不移地继续推动组织朝向长期价值贡献的方向去改革。"

3. 如何应对不确定性。我把如何应对不确定性，分成五个层次：第一层次：接受世界的不确定性；第二层次：接受自己的不完美；三层次：打造安全边界；第四层次：培养强大的决断力；第五层次：帮助人们应对不确定性。

4. 世界的发展是不确定的，而人类的本能是追求确定。这就要求我们有时候要想办法克制本能。能不能拥抱不确定性，是高手和普通人的关键区别之一。对不确定性容忍度越高的人，从事政治和办企业成功的可能性会更大，收益会更高。老一辈的任正非是应对不确定性的高手。张一鸣也经历过从追求确定，到拥抱不确定的转变，这让他成长为更好的企业家。

资料来源：https://new.qq.com/omn/20220223/20220223A0CK5R00.html.

思考：面对不确定性在不断增加，你是否感到恐惧？如何从思维上实现转变来迎接挑战？你认为不确定性时代应该建构哪些思维行动能力？你做好准备了吗？

第一节　货币时间价值

一、货币时间价值的概念

货币所有者放弃现在使用货币的机会，但按放弃使用货币时间的长短而获得的报酬，就是货币的时间价值。货币的时间价值的实质是货币周转使用后的增值额，如果货币是使用者从所有者那里借来的，则货币所有者要根据出让货币时间的长短分享一部分货币的增值额。在财务管理中，时间价值是一个非常重要的概念，它代表着无风险的社会平均货币利润率，作为企业货币利润率的最低限度，它是衡量货币运用是否有利的一个标准；货币的时间价值揭示了不同时点上货币之间的换算关系，因而是进行筹资和投资决策时必不可少的计量手段。

货币时间价值产生的前提是商品经济的高度发达和借贷关系的普遍存在，是货币在价值运动中形成的一种客观属性。任何社会，只要存在着货币所有权与使用权分离的现象，即存在借贷关系的话，就必然存在时间价值及其在各种决策中不同时点上货币的换算需求，因而它也成为在旅游企业财务管理中必不可少的计量手段。

货币时间价值的表现方式既可以是绝对值（利息），也可以是相对值（利息率），通常以相对值表示时间价值的高低。经营者用从资本所有者那里获得的货币进行生产经营活动，获得了利润，需要从中分一部分给资本所有者作为报酬，资本借用时间越长，付出的报酬就越多，这种报酬就是利息。而利息率则是一定时间内利息量与借贷资本量的比率。

【链接启示】

复利是世界的第八大奇迹

巴菲特说"人生就像滚雪球，关键是要找到足够湿的雪和足够长的坡"。这是经济学中典型的复利思维，所谓复利思维的本质就是：做事情A，会导致结果B，又会反过来加强A，不断循环。

复利的核心在于时间，而不在于回报率。真正的智者追求财富稳步增长，平衡好回报率和时间。

思考：复利思维还可以体现在哪些方面？它带给你的人生启示在哪里？

二、货币时间价值的计算

由于货币具有时间价值，一定量的货币必须赋予相应的时间，才能表达其确切的量的概念。两笔金额相同的货币，由于发生在不同时间，其价值是不相等的。为了便于分析和比较，需要把不同时点发生的金额换算成同一时点的金额。把将来某一时点的金额换算成与现在时点相等值的金额，这一换算过程叫"折现"，折现到现在时点的货币的价值称为"现值"。与现值等价的未来某时点的货币的价值称为"终值"。

货币时间价值，从计算方法上分单利计算和复利计算；从计算目的上分为现值计算和终值计算；从计算的货币类型上分为一次性货币投放或产出与年金投放或产出。由于单利计算比较简单，这里只概括介绍，重点是将终值与现值计算和一次性货币与年金分别组合起来进行阐述。

（一）按单利计算

单利是只按本金计算利息，每期利息并不加入本金中增算利息的一种计算方法。

设：S 为终值，即本利和；

　　PV 为现值，即本金；

　　I 为利息；

　　i 为利率；

　　n 为计息期数。

则：单利 = 本金 × 利率 × 计息期数

即：$I = PV \times i \times n$

　　$S = PV + I$

　　　$= PV \times (1 + i \times n)$

例：某旅游饭店存入银行周转性货币 10 万元，年利率为 6%，2 年后终值是多少？

$$S = PV \times (1 + i \times n)$$
$$= 10 \times (1 + 6\% \times 2)$$
$$= 11.2 \text{（万元）}$$

计算结果显示，10 万元存入银行 2 年后的终值是 11.2 万元。

（二）按复利计算

复利是一种将每期利息并入次期本金中增算利息，逐期滚算、利上加利的计算方法。按复利计算可以分为复利终值的计算和复利现值的计算。

1. 复利终值的计算

复利终值是本金以每年一定的利率来计算若干年后的本利和。由于复利是以上一年度的本利和作为下一年度的本金，因此计算终值可以用下式：

第一年本利和：$S_1 = PV(1+i)$

第二年本利和：$S_2 = PV(1+i)(1+i) = PV(1+i)^2$

第三年本利和：$S_3 = PV(1+i)^2(1+i) = PV(1+i)^3$

……

第 n 年本利和：$S_n = PV(1+i)^{n-1}(1+i) = PV(1+i)^n$

所以按复利计算终值的公式为：

$$S_n = PV(1+i)^n$$

上式是指复利次数为一期一次，若一期不止复利一次，而是复利 m 次，则复利终值为 $S_n = PV \times \left(1 + \dfrac{i}{m}\right)^{m \cdot n}$。

公式中的 $(1+i)^n$ 为 1 元的复利终值系数，实际计算时可查 1 元复利终值表（见附表 1）。

例：某饭店将闲置货币 20 万元存入银行，年利率为 8%，计算一年复利一次和一季度复利一次的 3 年后的终值是多少？

解：一年复利一次则：

$$\begin{aligned} S_3 &= PV \times (1+i)^n \\ &= 20 \times (1+8\%)^3 \\ &= 20 \times 1.260 \\ &= 25.2 \text{（万元）} \end{aligned}$$

查表方法：通过终值表先找到相同的利率（此例为 8%），再找到相同的期限（此例为 3 年），横行的利率与纵列的期限交汇处的数值即为终值系数（此例为 1.260）。

一季复利一次则：

$$\begin{aligned} S_3 &= PV\left(1 + \dfrac{i}{m}\right)^{m \cdot n} \\ &= 20 \times \left(1 + \dfrac{8\%}{4}\right)^{4 \times 3} \\ &= 20 \times 1.268 \\ &= 25.36 \text{（万元）} \end{aligned}$$

通过计算可以看出，复利次数越多，货币的终值越大。

2. 复利现值的计算

复利现值与终值的计算正相反。它是预期若干年后每年按一定利率计算所得的终值，其现在的本金应是多少。用来计算现值的利率也称"折现率"，由于影响时间价值的两个基本因素是时间和利率，因而折现期的延长及折现率的提高都是对未来货币额变现的减少因素。其计算公式可由终值公式推导出来：

由 $S_n = PV(1+i)^n$ 得：

$$PV = S_n \times \frac{1}{(1+i)^n}$$

$$= S_n \times (1+i)^{-n}$$

公式中 $\frac{1}{(1+i)^n}$ 为复利现值系数，计算时可查复利现值系数表（见附表2）。查表方法同终值表查表方法相同。

例：长虹饭店想在10年后得到一笔5万元的货币，按年利率8%计算，则现在需一次存入银行多少？

解：

$$PV = S_n \times \frac{1}{(1+i)^n}$$

$$= 5 \times \frac{1}{(1+8\%)^{10}}$$

$$= 5 \times 0.463$$

$$= 2.315 \text{（万元）}$$

该饭店要想在10年后得到一笔5万元的货币，现在需一次存入银行2.315万元。

（三）按年金计算

年金是指在一个特定的时期内，每隔一段相同的时间，收入或支出相等金额的款项。所以，在制定货币决策时，年金又被叫作等年值。在现实经济生活中，通常采用年金形式的有折旧、租金、利息、保险金、养老金等。

年金按收支的时间不同可分为普通年金、预付年金、递延年金和永续年金。常用的是普通年金和预付年金。普通年金也叫期末年金，是指每期期末支出或收入的年金；预付年金也叫期初年金，是指每期期初收入或支出的年金。由于在投资效果评价中，现金流入量的计算都在期末累计，所以下面重点介绍普通年金的计算。

1. 普通年金终值的计算

年金终值是一定时期内每期期末收付款项的复利终值之和，它恰似零存整取的本利和。假定每年年末定期存入银行 1000 元，年利率为 8%，经过 3 年，年金终值为：

```
0      1年末    2年末    3年末
|_____|_____|_____|
1000元  1000元  1000元
         └──→ 1000×（1+8%）= 1080元
└─────────→ 1000×（1+8%）² = 1166元
                年金终值 3246元
```

设：S_A 为年金终值；

　　R 为每期的年金；

　　i 为利率；

　　n 为年金的计息期数。

则：

$$S_A = R + R(1+i) + R(1+i)^2 + \cdots + R(1+i)^{n-1}$$
$$= R \times [1 + (1+i) + (1+i)^2 + \cdots + (1+i)^{n-1}]$$
$$= R \times \frac{(1+i)^n - 1}{i}$$

公式中 $\frac{(1+i)^n - 1}{i}$ 为年金终值系数，计算时可查年金终值系数表（见附表3）。

上例：

$$S_A = 1000 \times \frac{(1+8\%)^3 - 1}{8\%}$$
$$= 1000 \times 3.246$$
$$= 3246 \text{（元）}$$

由年金终值公式可推导出求年金的公式为：

$$R = \frac{S_A}{\frac{(1+i)^n - 1}{i}} = \frac{\text{年金终值}}{\text{年金终值系数}}$$

2. 普通年金现值的计算

年金现值与年金终值的计算正相反，它是每期等额款项收付的复利现值之和。假设年利率为 8%，计算每年 1000 元的 3 年期普通年金现值为：

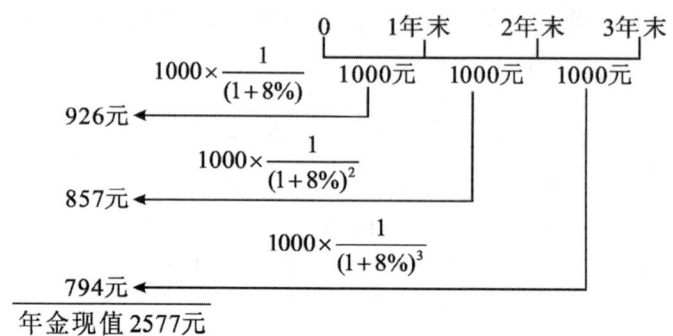

故

$$PV_A = R(1+i)^{-1} + R(1+i)^{-2} + \cdots + R(1+i)^{-n}$$

$$= R \times \left[\frac{1}{(1+i)} + \frac{1}{(1+i)^2} + \cdots + \frac{1}{(1+i)^n} \right]$$

$$= R \times \left[\frac{1-(1+i)^{-n}}{i} \right]$$

公式中的 $\frac{1-(1+i)^{-n}}{i}$ 是年金现值系数，可查年金现值系数表获得（见附表4）。

仍是上例：

$$PV_A = 1000 \times \left[\frac{1-(1+8\%)^{-3}}{8\%} \right]$$

$$= 1000 \times 2.577$$

$$= 2577（元）$$

同样道理，由年金现值公式可推导出年金的计算公式为：

$$R = \frac{PV_A}{\frac{1-(1+i)^{-n}}{i}} = \frac{年金现值}{年金现值系数}$$

现值概念是从现在的角度来分析未来收到或支付一笔固定金额相当于现在的多大价值。而终值概念是从未来的角度分析现在收到或支付一笔固定金额相当于未来的多大价值。如饭店通过发行债券筹集货币，其售价的确定便是一个折现问题。但需注意本金与利息的折现所用公式是不同的，本金是在债券到期时一次性收回，因此要应用一元复利现值计算公式把未来可收回的本金按市场利率折算为现值；利息是固定的，付息期限也是固定的，因此应以年金现值计算公式按市场利率折算为现值，本金与利息的现值之和为债券的发售价格。

例：某饭店发行1000份面值为1000元，期限5年，年利率8%的债券，本金5年后到期一次归还，利息每半年支付一次，发行时市场利率为6%，计算债券的发行价格是多少？

解：本金的现值 $PV = \left(1 + \dfrac{6\%}{2}\right)^{5 \times 2} = 744.094(元)$

利息的现值 $PV = PV = 40 \times \left(\dfrac{1 - \dfrac{1}{(1+3\%)^{5 \times 2}}}{3\%}\right) = 341.208(元)$

债券的发行价格是 1085.302 元。

可见，当票面利率高于市场利率时，债券能按高于面值的价格售出，从而获得溢价收入；反之，若票面利率低于市场利率时，售出低于面值而造成折价损失。只有当两者相等时，债券可按面值发行。

3. 预付年金的计算

预付年金终值的计算，其计算公式为：

$$S_A = R \times \left[\dfrac{(1+i)^{n+1} - 1}{i} - 1\right]$$

预付年金现值的计算，其计算公式为：

$$PV_A = R \times \left[\dfrac{1 - (1+i)^{-(n-1)}}{i} + 1\right]$$

上式中 $\left[\dfrac{(1+i)^{n+1} - 1}{i} - 1\right]$ 是预付年金终值系数，它与普通年金终值系数 $\left[\dfrac{(1+i)^n - 1}{i}\right]$ 相比，计息期数加1，而系数减1，计算中可利用"普通年金终值系数表"查得（n+1）期的值，减去1后得出1元钱的预付年金。同理，$\left[\dfrac{1 - (1+i)^{-(n-1)}}{i} + 1\right]$ 是预付年金现值系数，它和普通年金现值系数 $\left[\dfrac{1 - (1+i)^{-n}}{i}\right]$ 相比，计息期数要减1，而系数要加1。计算中可利用"普通年金现值系数表"查得（n-1）期的值，然后加1，就可求得1元钱的预付年金现值。

第二节 投资风险价值

一、投资风险价值的含义

投资风险价值又称投资风险收益、投资风险报酬，是指投资者由于冒风险进行投资而获得的超过资金时间价值的额外收益。

投资风险价值有两种表示方式，即绝对值（风险收益额）和相对值（风险收益率）。前者是指投资者由于冒着风险进行投资而获得的超过资金时间价值的额外收益，而风险收益额与投资额的比率则称为风险收益率。通常以相对值进行风险计量。

在不考虑通货膨胀的情况下，投资收益率（投资收益额与投资额的比率）包括两部分：无风险投资收益率（即资金时间价值）和风险投资收益率（风险价值），即：

$$投资收益率 = 无风险投资收益率 + 风险投资收益率$$

【链接启示】

海底捞交了3500亿元学费

曾经，海底捞凭借"变态"的服务，开一家火一家，是"现象级"的存在。但11月，海底捞突然宣布关店300家。过去一年多，海底捞趁着新冠疫情后房租低大规模开店，想抄底，结果抄到了"地下室"。近日，海底捞又出现了"第二波关店潮"。其早先布局的乔乔的粉、佰麸私房面、捞派有面儿、大牟田等新品牌的门店都出现了闭店歇业的情况。截至12月23日，海底捞总市值仅剩943亿港元，相较于2月份的高点，跌幅近80%，市值蒸发约3500亿港元，在资本市场上交了一笔昂贵的"学费"。这相当于，10个月，54个呷哺呷哺没了。

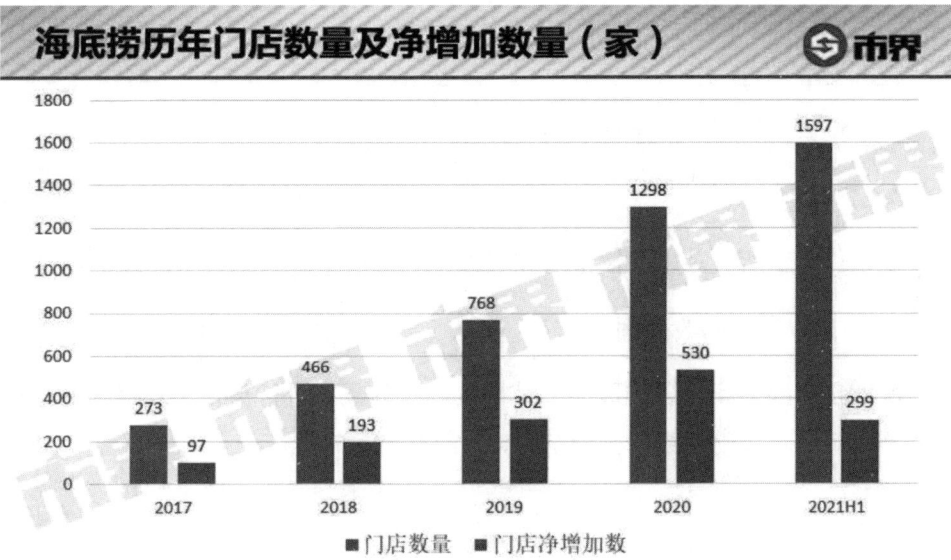

截至2021年6月末,海底捞门店数量已经达到了1597家。三年半,门店净增加1324家,这相当于,平均一天至少开一家。上市以来,海底捞的资产负债率持续走高,截至2021年6月末,已达到了67.34%。盲目自信扩张带来了沉重代价,张勇说,这么做,是因为他对趋势判断错了。"现在看来,确实是盲目自信"。

资料来源:根据网络资料整理。

思考:海底捞投资行为出现问题的原因在哪里?投资风险控制机制是什么?

二、投资风险价值的计算

由于风险具有不确定性和不易计量性的特点,因此要计算风险投资收益必须运用概率论的方法,按未来年度预期收益的平均偏离程度进行衡量,具体步骤包括:

(一)确定概率分布

概率是用来表示随机事件发生可能性大小的数值。在投资活动中,投资收益率可被视为一种随机变量,每种投资收益率出现的可能性可用概率表示。若将所有可能发生的结果列示在一起,就构成了概率分布。

如果以 P_i 表示概率，以 n 表示可能出现的所有结果的个数的话，则任何概率分布都必须满足以下两个条件：

1. $0 \leq P_i \leq 1$

该条件表示所有的概率都在 0 与 1 之间。

2. $\sum_{t=1}^{n} P_i = 1$

该条件表示所有结果的概率之和应等于 1。

（二）计算预期收益率

所谓预期收益率是各种可能的结果按各自的概率进行加权平均得到的平均收益率，是反映集中趋势的一种量度，计算公式为：

$$\overline{K} = \sum_{t=1}^{n} K_i P_i$$

其中：$\overline{K}$ 为预期收益率；

K_i 为第 i 种可能结果的收益率；

P_i 为第 i 种可能结果的概率；

n 为可能结果的个数。

例：某饭店有甲乙两项投资方案，它们可能的概率和相应的收益如下表所示，计算两个项目的预期收益率。

经济情况	发生的概率	收益（万元）	
		甲项目	乙项目
繁荣	0.3	21	25
一般	0.5	16	15
衰退	0.2	9	3

甲项目：$\overline{K}_甲 = 21 \times 0.3 + 16 \times 0.5 + 9 \times 0.2$
$= 16.1$

乙项目：$\overline{K}_乙 = 25 \times 0.3 + 15 \times 0.5 + 3 \times 0.2$
$= 15.6$

（三）计算标准离差

所谓标准离差是各种可能的收益率偏离预期收益率的综合差异，是反映离散程度的一种量度。标准离差越大，投资收益变动就越大，投资的风险也就越大，因此可以将标准离差的大小看作是投资风险大小的具体标志；反之亦然。标准离差的计算公式如下：

$$\delta = \sqrt{\sum_{i=1}^{n}(K_i - \bar{K})^2 \times P_i}$$

其中：δ 为标准离差；

　　　K_i 为第 i 种可能结果的预期收益率；

　　　$\bar{K}$ 为预期收益率，是平均数；

　　　P_i 为第 i 种可能结果发生的概率；

　　　n 为可能结果的个数。

仍以上例计算：

甲项目：

$$\delta_{甲} = \sqrt{(21-16.1)^2 \times 0.3 + (16-16.1)^2 \times 0.5 + (9-16.1)^2 \times 0.2}$$
$$= 4.16$$

乙项目：

$$\delta_{乙} = \sqrt{(21-15.6)^2 \times 0.3 + (15-15.6)^2 \times 0.5 + (3-15.6)^2 \times 0.2}$$
$$= 7.64$$

由计算可知，乙项目的投资风险比甲项目要大。

（四）计算标准离差率

标准离差虽然可以说明投资风险的大小，但是对于预期收益率较为悬殊的投资风险却难以比较，因此有必要通过标准离差率的计算来进行衡量。所谓标准离差率是标准离差与预期收益的比值，又称标准差系数或变异系数，其计算公式为：

$$V = \frac{\delta}{\bar{K}} \times 100\%$$

标准离差率越大，投资收益变动就越大，投资的风险也就越大；反之亦然。仍以上例来计算：

甲项目：

$$V_{甲} = \frac{\delta_{甲}}{\bar{K}_{甲}}$$

$$= \frac{4.16\%}{16.1\%} = 0.26$$

乙项目：

$$V_乙 = \frac{\delta_乙}{\overline{K}_乙}$$

$$= \frac{7.64\%}{15.6\%} = 0.5$$

由计算可知，乙项目的投资风险比甲项目要大。

（五）计算风险收益率

用标准离差率虽然可以评价投资风险的大小，但它毕竟不是风险收益率。要计算风险收益率，必须首先确定风险价值系数，它是将标准离差率转换为风险收益率的一种系数或倍数。其大小的确定通常有以下几种方法：一是由投资者根据以往的同类项目加以确定；二是由旅游企业领导或有关专家根据主观经验加以确定；三是由国家组织有关专家确定各行业的风险价值系数。

风险价值系数的高低与决策者对风险的认识和承受风险的能力有密切关系。一般来说，收益与风险是成正比关系的，那些敢于冒风险的旅游企业，为了追逐更高的投资收益，往往将风险价值系数定得较低，相反则定得较高。

风险收益率的计算公式如下：

$$风险收益率 = 风险价值系数 \times 标准离差率$$

即：
$$R_R = b \times V$$

其中：R_R 为风险收益率；

b 为风险价值系数；

V 为标准离差率。

投资收益率为：

$$K = R_F + R_R = R_F + b \times V$$

其中：K 为投资收益率；

R_F 为无风险投资收益率。

（六）风险比较

为了判断某一投资方案的优劣，可以将预测风险收益率与计算的风险收益率进行比较。由于无风险收益率（资金时间价值）是已知的，根据无风险收益率和预测投资收益率，就可求得预测风险收益率：

预测风险收益率＝预测投资收益率－无风险投资收益率

对投资者来说，预测的风险收益率越大越好，它说明该投资方案所冒的风险小，符合投资原则，可行。

在实际经营过程中，如果旅游企业要在多个方案中进行选择的话，则应该在投资收益率越高越好，风险程度越低越好的原则下进行决策。例如，如果两个或多个方案的预期收益率基本相同，那么就要考虑选择标准离差率较低的那个方案，反之亦然；如果某个方案预期收益率在高于其他方案的同时，其标准离差率也低于其他方案，那就应选择该方案；而如果两者的关系方向相同，则要具体结合投资者的态度以及两者差额的程度来决定。正如前面所说的那样，对愿意冒风险的投资者来说，可能会选择两者都较高的项目来做，反之会选择两者都较低的项目来做。

三、旅游饭店投资风险的管理

旅游饭店投资风险是不可避免的。伴随着投资风险的加大，投资者对投资的预期收益率也在提高，以期以较高的收益率来补偿较大的风险。在投资收益与风险的相互补偿关系中，投资风险管理的目的在于追求在特定风险条件下投资收益的最大化或风险的最小化。一般来说，投资风险有两种，一种是系统风险，又称市场风险，是指旅游饭店本身无法避免的风险，它是所有企业共同面临的风险，如物价上涨、经济不景气、高利率及自然灾害等。这种风险是不可抵消的风险。另一种是非系统风险，又称企业风险，是指由于经营不善、法律纠纷、财务失败等一系列涉及具体企业的意外事件的可能性，它可以通过组合投资予以抵消或减少。

对旅游饭店而言，某项投资活动的风险可能是比较大的，但如果将若干不同类型的单项投资组合成一项总投资，使个别投资风险组合起来，构成投资组合的整体风险（Portfolio risk），那么各单项风险就可以互相抵消，从而降低整体风险。因此，降低投资风险的有效方式是实行投资多样化（Diversification of investment），以分散风险。

第三节 资产负债表

一、资产负债表的概念

资产负债表展示企业拥有什么,遵循资产与负债及所有者权益平衡的原理,即资产是如何通过负债或者所有者权益融资而来的。资产负债表反映的是饭店当前的财务状况,可以回答饭店经理、投资人和债权人关注的许多问题,如饭店现在拥有多少现金,饭店的负债情况怎么样。需要注意的是,资产负债表反映的是饭店在某个特定时点上的财务状况,而损益表、现金流量表可以显示饭店一段时间内的财务状况。

资产负债表在向债权人和投资人传递饭店财务信息方面发挥着重要作用。债权人关心的是饭店对流动负债和长期负债的偿付能力;投资者关心的是影响股利分配的因素,如杠杆作用。

二、资产负债表的格式

资产负债表的格式有账户式和报告式两种。账户式资产负债表是将资产项目列在表的左方,权益项目列在表的右方,见表2-1。报告式是将资产、负债、权益项目采用垂直分列的形式,即将负债及所有者权益列于资产下方。无论哪种格式,都必须在合计结果中显示"资产等于负债加所有者权益"。

表2-1 账户式资产负债表

资产	期初数	期末数	负债及所有者权益	期初数	期末数
流动资产 　货币资产 　短期债券 　应收账款 　　减:坏账准备 　应收账款净额 　其他应收款 　存货			流动负债 　短期借款 　应付账款 　其他应付款 　应付工资 　应付福利费 　未交税金 　未付利润		

续表

资产	期初数	期末数	负债及所有者权益	期初数	期末数
待摊费用			其他未交款		
待处理流动资产净损失			预提费用		
一年内到期的长期债券投资			一年内到期的长期负债		
其他流动资产			其他流动负债		
流动资产合计			流动负债合计		
长期资产			长期负债		
长期投资			长期借款		
固定资产			应付债券		
固定资产原价			长期应付款		
减：累计折旧			其他长期负债		
固定资产净值			长期负债合计		
在建工程					
待处理固定资产净损失			所有者权益		
固定资产合计			实收资本		
无形及递延资产			资本公积		
无形资产			盈余公积		
递延资产			未分配利润		
无形及递延资产合计					
其他资产			所有者权益合计		
其他长期资产					
资产合计			负债及所有者权益合计		

三、资产负债表的内容

（一）流动资产

流动资产是指周转期在一年以内的资产，按照流动性大小排序，主要包括现金、有价证券、应收账款、存货和预付费用。

现金包括备库存现金、银行存款、其他货币资金以及现金等价物等。

当饭店持有的有价证券可以用来变现时，应列为流动资产；如果不能变现，应列为投资。资产负债表中的有价证券应显示其市值。

应收账款是饭店在赊销时客户的未清账目，并应该估算收回情况，即将估计不能回收的部分列为坏账准备。

饭店存货是为了加工转卖而持有的货物，一般来说，饭店持有存货的特征是单价低、数量少，种类繁杂。但也有个别饭店持有成本价和市价差别较大的货物，如特殊年份酒庄的红酒，应以存货成本或市价计入资产负债表。

预付费用是为饭店在未来一年使用而购进的产品或服务。例如，饭店在年初支付了未来半年的火灾保险费30000元，被列为预付费用，以后每月摊销5000元。预付一年内的租金、财产税、利息、维修费等计入预付费用，通常预付费用不能变现。

（二）长期资产

长期资产是指周转期在一年以上的资产，主要包括长期投资、固定资产、在建工程、无形资产及递延资产等。长期投资一般包含债务证券和权益证券，以及希望在较长时间内持有的所有者权益。与一般企业相似，饭店的固定资产包括土地、建筑物、家具、设备等；需要注意的是，饭店的瓷器、玻璃器皿、银器、布草、工服等能够使用超过一年的材料，通常也被计入固定资产。除了土地之外，所有固定资产都应该按照一定方法进行折旧，并逐渐摊销为费用。由于饭店所用设备、器皿、布草等更新较快，通常采用加速折旧法。

1. 递延资产

递延资产也叫递延费用或递延支出，是指旅游饭店在筹办和生产经营期间内发生的不能全部计入当年损益，应当在以后年度内分期摊销的各项费用支出，如开办费、以经营租赁方式租入的固定资产改良支出、固定资产大修理支出、摊销期在一年以上的其他待摊费用。按照递延资产包含的内容，可将其分为开办费、租入的固定资产改良支出、固定资产大修理费用和长期待摊费用。开办费是指旅游饭店在筹建期间所发生的不计入有关财产物资价值的各项费用，包括筹建期间工作人员工资、办公费、差旅费、印刷费、注册登记费、培训费、管理费用及其他有关费用。但是不包括应由投资者负担的费用支出、为取得各项固定资产及无形资产所发生的支出和筹建期间应计入工程成本的利息支出。租入的固定资产改良支出是指旅游饭店对以经营租赁方式租入的固定资产施加改造、改良而发生的支出，如改装、翻修、改建中发生的材料费、人工费和其他费用等。固定资产的大修理支出是指旅游饭店在固定资产使用期内，为保持其使用效能而发生的数额较大，受益期超过一年的修理费支出，应列入递延资产。

2. 无形资产

无形资产是指旅游饭店拥有的没有实物形态的长期资产，它们代表旅游饭店在较长时期内可以享受的法定权利或利益，包括专利权、商标权、著作权、土地使用权、非专利技术、特许经营权和商誉等。无形资产具有存在的非实物性、拥有的独占性、收益的长期性和效益的不确定性等特征。虽然无形资产的特点使其在计价时比有形的固定资产计价更为复杂，但是正确的计价对旅游饭店提高无形资产管理水平具有重要的意义，因而必须予以高度重视。无形资产的计价方式有许多种，主要包括成本计价法、效益计价法、行业对比计价法、技术寿命计价法和合同随机计价法等。我国的《旅游、饮食服务企业财务制度》规定，无形资产以取得时的实际成本计价，由于无形资产取得来源不同，计价标准的规定也不同，主要有：

（1）投资者作为资本或合作条件投入的无形资产，按评估确认或合同、协议约定的金额计价。

（2）购入的无形资产，按实际支付的价款计价。

（3）自行开发的经法律认可的无形资产，按开发过程中的实际支出计价。

（4）接受捐赠的无形资产，应按所附单据或参照同类无形资产市场价格计价。

值得提出的是商誉，商誉表示旅游企业由于拥有某种优势而形成的高于一般水平的获利能力。它的一个显著特点是不能单独存在，必须依赖与它有关的企业的存在，而且还取决于其他企业的认可度。因此，只有当发生企业合并时才能予以确认，否则商誉不得作价入账。

（三）流动负债

负债是指非饭店所有者对饭店资产的所有权，按照偿还期的长短不同，分为流动负债和长期负债，前者的偿还期在一年以内，后者在一年以上。流动负债是指编制资产负债表当日仍需要承担的债务，预计将在未来一年内进行支付，通常包括短期借款、应付账款、其他应付款、应付工资、应付福利费、未交税金、未付利润、其他未交款、预提费用、一年内到期的长期负债。

流动负债产生的原因包括：为便于资金周转向银行等机构取得的偿还期限在一年内的负债；购买原材料、服务、劳动力并支付相应税金而产生的应付款项；为未来向客户提供产品或服务而收取的预付款项，例如顾客想在生意火爆的假日在某饭店举办婚宴，就必须先支付预订金；长期负债本期应付的部分，或在本期偿还的购买固定资产的有关债务。

(四) 长期负债

在资产负债表报告日，预期将在超过一年的期限内支付的债务属于长期负债，与流动负债相比，长期负债数额较大、偿还期限较长。因此，饭店获得长期负债往往附有一定条件，例如需要饭店指定某项资产作为还款的担保品，或指定担保人。

长期负债一般包括长期借款、应付债券、长期应付款、其他长期负债。长期借款是指饭店向银行或其他金融机构借入的期限在一年以上的借款，其利息费用在我国一般采用单利计算。一年内到期的长期借款仍在"长期借款"账户核算，但期末应在流动负债中单设"一年内到期的长期负债"，并在"长期借款"账户中扣除。应付债券是指饭店为筹集长期资金而依照法定程序发行的有价证券及应付的利息，债券发行有面值发行、溢价发行和折价发行三种情况，饭店应设置相关明细科目。长期应付款是指饭店对其他单位发生的付款期限在一年以上的长期借款，如采用分期付款方式购入固定资产和无形资产发生的应付账款、应付融资租入固定资产的租赁费等。

(五) 所有者权益

所有者权益是指所有者对饭店净资产的所有权，主要包括实收资本、资本公积、盈余公积、未分配利润等，在股份制企业又称为股东权益。所有者权益意味着所有者以其出资额比例分享饭店经营利润，也必须以同样比例承担饭店的经营风险。所有者权益还意味着所有者有法定的管理企业和委托他人管理企业的权利。

实收资本是饭店投资者按照约定，实际投入饭店的资本，实收资本是饭店注册登记资本总额的来源，表明基本产权关系，保障饭店持续经营和债务偿还。资本公积是指饭店在经营过程中由于接受捐赠、发生股本溢价以及法定财产重估增值等原因所形成的公积金，资本公积与饭店经营收益无关，但与资本相关。盈余公积是指饭店按照规定比例从净利润中提取的公益金和一般盈余公积。公益金专门用于饭店员工福利的支出，例如修建饭店倒班宿舍等，如果饭店属于上市公司，应提取税后利润的5%至10%作为公益金。未分配利润是指饭店所实现的净利润经过弥补亏损、提取盈余公积和向投资者分配利润后留存在饭店的、历年结存的利润，相对于所有者权益的其他内容来说，饭店对未分配利润的使用有较大自主权。

四、资产负债表的分析

只有对资产负债表信息进行恰当分析,才能最大化地利用这一表格。通过对资产负债表进行分析,可以增强管理者对旅游饭店资产变化情况的了解,一般来说通过编制比较资产负债表来进行分析。参见表2-2。

表2-2　比较资产负债表

项目	12月31日		从2021年到2022年的变化	
	2021年	2022年	绝对变化量	相对变化量
流动资产 　货币资产 　短期债券 　应收账款 　　减:坏账准备 　应收账款净额 　其他应收款 　存货 　待摊费用 　待处理流动资产净损失 　一年内到期的长期债券投资 　其他流动资产 　　流动资产合计 长期资产 　长期投资 　固定资产 　　固定资产原价 　　　减:累计折旧 　　固定资产净值 　　在建工程 　　待处理固定资产净损失 　　固定资产合计 　无形及递延资产 　　无形资产 　　递延资产 　　无形及递延资产合计				

续表

项目	12月31日		从2021年到2022年的变化	
	2021年	2022年	绝对变化量	相对变化量
其他资产				
其他长期资产				
资产合计				
流动负债				
短期借款				
应付账款				
其他应付款				
应付工资				
应付福利费				
未交税金				
未付利润				
其他未交款				
预提费用				
一年内到期的长期负债				
其他流动负债				
流动负债合计				
长期负债				
长期借款				
应付债券				
长期应付款				
其他长期负债				
长期负债合计				
所有者权益				
实收资本				
资本公积				
盈余公积				
未分配利润				
所有者权益合计				
负债及所有者权益合计				

    通过对连续若干期资产负债表的对比分析，可以获得历史走势信息，这种走势信息往往比单一时点的信息更有价值，也可以成为财务预算的基础。另一

种数据选取方式是将本期实际发生的资产负债表与预计资产负债表进行比较，可以揭示饭店实现财务目标的能力。

五、资产负债表的局限性

资产负债表可以为管理者提供多种分析用途，但是也应意识到该报表的局限性，否则会误导一些决策的作出。该报表的局限性主要体现在以下几方面：

首先，资产负债表作为一张年末编制的静态报表，缺乏对变化的及时反映，因此分析者必须清楚年末反映出的财务状况可能因后续变化而用处不大，如年末现金流本来很充足，但一周后的固定资产投资或购置原材料等可能极大降低了饭店的流动性和财务灵活性。其次，资产负债表是以历史成本为基础编制的报表，因此它常常不能反映某些大额资产的现值，尤其是对饭店这类高固定资产投资的企业来讲，这方面的影响很大。最后，资产负债表不能完全反映旅游饭店经营中的各种价值要素，尤其是一些无法计价但却对旅游饭店经营成功至关重要的价值要素，如优越的地理位置、优秀的人力资源、忠诚的顾客资产等。这些问题都需要管理者在运用这张报表进行分析判断时加以注意。

【链接启示】

海底捞负债率持续攀高的后果

从资产负债情况来看，海底捞自2018年上市后，就推进快速扩张战略，导致资金需求剧增，资产负债率逐步提高，受新冠疫情影响，海底捞为维持扩张后门店的日常营运及发放固定的员工薪资，不得不继续扩大负债，进一步加大了筹资压力。公司定期报告显示，2020年海底捞新增借款42.20亿元，2021年又新增长期债券38亿元。截至2021年底，海底捞负债规模达到200亿元，资产负债率更是提高至71.71%，由于海底捞筹资主要靠有息债务，特殊时期的企业筹资战略应变不足，在较高的负债下海底捞未来的发展会存在财务风险。

思考：资产负债表作为静态报表呈现的数据应如何进行有效分析才能为决策提供有用的参考？负债率如何控制才能既获得杠杆效应又控制风险？你认为从资产负债表中可以挖掘哪些有价值的信息？

第四节 损益表

一、损益表的概念

损益表又称利润表、收益表,它提供了一个会计期内旅游饭店经营成果的有关信息,是旅游饭店管理者审查营业状况的报表之一。如果是饭店内部管理使用,损益表可以按周、按月或按季度编制;如果是提供给饭店外部的债权人、审计公司、税收部门使用,损益表一般按年编制。

通过对损益表的阅览,管理者可以了解到:这一时期(周、月、季度、年)饭店的销售总额是多少、支付给员工的工资是多少、营销方面的费用开支是多少、收入与成本之间的关系怎样、盈利状况如何等信息。

损益表的编制涉及一段时间,资产负债表则是在某个会计期间的最后一天编制的,因此,损益表反映的是前后两张资产负债表编制时点之间的饭店经营情况。经营的结果,即这段时期的净利润(净亏损),别添加在后一张资产负债表的所有者权益账户中。

二、损益表的格式

损益表通过一定格式反映企业的经营成果,不同企业因其经营活动差异,可适当调整,其基本格式如表2-3所示。

表2-3 损益表

项目	本月数	本年累计数
主营业务收入 　减:主营业务成本 　　　税金及附加 主营业务利润(亏损以"-"号表示) 　加:其他业务利润(亏损以"-"号表示) 　减:营业费用 　　　管理费用 　　　财务费用 营业利润(亏损以"-"号表示) 　加:投资净收益(亏损以"-"号表示)		

续表

项目	本月数	本年累计数
营业外收入		
减：营业外支出		
利润总额（亏损以"－"号表示）		
减：所得税		
净利润（亏损以"－"号表示）		

我国企业会计制度规定损益表的格式为多步式，但在学习和工作中，也需要能够看懂其他格式的损益表，如表2-4所示。

表2-4 损益表

项目	本月数	本年累计数
营业收入		
营业成本		
毛利		
营业费用		
管理费用		
折旧		
营业利润（息税前利润）		
利息费用		
税前利润		
税金		
税后利润		

表2-4始于营业收入，减去营业成本后得到毛利，从毛利中减去营业费用、管理费用和折旧，就得到了经营活动产生的结果。饭店企业一般毛利率较高，但是营业利润率较低，因为前期投资的折旧费用大大减少了营业利润。所以，当占固定资产比例较大的设施折旧完成后，饭店客房产品即使价格较低或出租率较低，仍能获得较高利润率。营业利润又称息税前利润，扣除利息费用和税金后，得到税后利润。

三、损益表的内容

（一）饭店部门经营状况

损益表可以报告饭店各营业部门的营业收入和直接费用，进而计算得出净收入。直接费用与各部门业务直接相关，包括销售成本、人员工资和其他相关费用。以饭店餐饮部为例，销售成本就是为了向顾客提供食品所购买食品原材料的费用，通常使用先入先出法进行计价。人员工资是指在该部门工作的所有员工的薪水及其相关福利费用。其他相关费用则是指餐饮部在经营过程中为了向顾客提供产品和服务产生的耗费，例如洗涤费用，包括餐具洗涤、纺织品（桌布、餐巾）洗涤、员工工服洗涤；又比如装饰费用，如餐桌鲜花装饰、蜡烛装饰等。

每个营业部门的利润或亏损都可以在饭店部门损益表中得到反映，营业部门经理和饭店管理层为此承担全部责任。这些情况通常需要按月向饭店管理层汇报，以便及时调整经营策略。

（二）未分配营业费用

饭店一线部门直接取得营业收入，产生营业成本；饭店一线部门的经营需要二线部门的支持，如人力资源部、工程部、安保部等，但这些二线部门却没有营业收入，只产生营业费用，主要包括：行政管理费用、信息系统费用、市场营销费用、交通费、设备运行维护费用、人力资源费用、保安费用、资源使用费用等。除二线部门员工工资和福利、水、电等资源消耗费用外，各部门都会产生为支持一线部门运营的相关费用。例如，人力资源产生的新老员工培训费、招聘费用、员工宿舍费用等；市场营销部门产生的广告费、印刷品费用等；安保部门产生的安全用品、安全演习费用等。

二线部门经理和饭店管理层为未分配营业费用承担全部责任，因为他们有权依靠个人或集体判断进行最终决策，并改进这些决策。

（三）管理费用和财务费用

管理费用是指旅游饭店为组织和管理经营活动而发生的费用以及由旅游饭店统一负担的费用，包括租赁费、咨询费、审计费、诉讼费、排污费、绿化费、土地使用费、土地损失补偿费、保险费、技术转让费、研究开发费、税金、燃料费、水电费、折旧费、修理费、无形资产摊销、低值易耗品摊销、开办费摊销、交际应酬费、集团管理费以及其他管理费用。其中：

咨询费是指旅游饭店聘请经济技术顾问、法律顾问等支付的费用。

审计费是指旅游饭店聘请中国注册会计师进行查账验资以及进行资产评估等发生的各项费用。

诉讼费是指旅游饭店因起诉或者应诉而发生的各项费用。

排污费是指旅游饭店为处理污物排放而按规定缴纳的相关费用。

税金是指旅游饭店按规定支付的财产税、车船使用税、城镇土地使用税、印花税等，财产税依据国情不同，可包括不动产税、公用事业税等。

土地使用费是指旅游饭店使用土地而支付的费用。

土地损失补偿费是指旅游饭店在生产经营过程中破坏的国家不征用的土地所支付的费用。

保险费主要是指为饭店设施设备购买保险的费用，饭店发生火灾的危险性极高，因此购买保险非常重要。

技术转让费是指旅游饭店使用非专利技术而支付的费用。

集团管理费是指连锁型旅游饭店上交集团公司和管理公司的费用。当饭店采用特许经营或管理合同方式经营时，需要向饭店管理集团缴纳费用。采取管理合同方式的饭店费用较高，当然也会获得饭店集团更多的帮助，这部分费用通常包括基本管理费和奖励费，基本管理费是依照一定比例从营业收入中抽取的，奖励费用则是从扣除了未分配营业费用但未扣除管理费用和财务费用的营业利润中，按照一定比例抽取的。

财务费用是指饭店为筹集经营所需资金等而发生的一般财务费用，包括饭店经营期间的利息净支出、汇兑净损失、金融机构手续费、加息及筹资发生的其他费用。其中汇兑净损失，是指外汇汇率变动而发生的损益相抵后的净损失。

管理费用和财务费用是饭店管理层无法通过决策加以管理的科目，因此通常是饭店董事会的责任，当然董事会也需要依据饭店经营情况和社会经济环境作出理性决策。

四、损益表的分析

旅游饭店损益表一般可以分为部门损益表和汇总损益表两种，每种损益表都可以通过审查连续几个期间的报表，发现饭店经营中的问题。

部门损益表通常分析的是连续几个月的情况，如表2-5所示，发现各部门经营情况的变化，特别是销售成本等费用的变化，是否符合饭店预算，如果成本剧烈增加，需要分析其原因。如果将连续两年的损益表进行比较的话，可以分为两种情况，一是实际经营情况与预算的比较，二是今年经营情况与去年同期相比的变化，连续比较则有助于发现未来的变化趋势，如表2-6所示。

表2-5 部门比较损益表

项目	6月	7月	差异	
			元	%
餐饮部营业收入				
减：销售成本				
人员工资				
其他相关费用				
餐饮部营业利润（亏损以"－"号表示）				

表2-6 汇总比较损益表

项目	2021年	2022年	差异	
			元	%
主营业务收入				
减：主营业务成本				
税金及附加				
主营业务利润（亏损以"－"号表示）				
加：其他业务利润（亏损以"－"号表示）				
减：营业费用				
管理费用				
财务费用				
营业利润（亏损以"－"号表示）				
加：投资净收益（亏损以"－"号表示）				
营业外收入				
减：营业外支出				
利润总额（亏损以"－"号表示）				
减：所得税				
净利润（亏损以"－"号表示）				

五、损益表的局限性

损益表是经营者分析饭店营业情况的基础，但也存在一定局限性：第一，由于遵循历史成本计价法，饭店所耗用的物资是按照取得时的价格转销的，但收入是按照当前价格记录的，也就是说，进行配比的费用与收入并非建立在同一时间基础上，如果存货周转较慢、价格波动很大或通货膨胀情况较为严重，有可能造成饭店利润虚高。第二，饭店在记录主营业务收入时，并未区分现金收入和赊销收入，虽然按照一定比例进行了应收账款坏账准备，但这一估计值如果与实际情况不符，仍有可能对最终利润量产生影响。第三，选择不同的会计核算方法，会对最终利润值产生影响，例如存货计价中先入先出法和后入先出法的选择，折旧计算中直线折旧法和加速折旧法的选择。因此，管理层在借助损益表分析饭店经营状况时，需要考虑其局限性，作出更为客观的判断。

【链接启示】

凯悦集团2019年-2022年财务报表分析——利润表

Financial Statement Analysis of Hyatt Hotels Corporation from 2019 to 2022

单位：美元	至2022-12-31	至2021-12-31	至2020-12-31	至2019-12-31
营业总收入	58.91亿	30.28亿	20.66亿	50.20亿
-营业成本	50.29亿	29.13亿	23.77亿	44.06亿
毛利	8.62亿	1.15亿	-3.11亿	6.14亿
-销售管理及行政费用	4.61亿	3.76亿	3.78亿	4.59亿
-其他运营费用	600.00万	1,000.00万	5,700.00万	4,200.00万
计息税前利润	4.01亿	-2.61亿	-6.89亿	1.55亿
+非经营收入(支出)	3.53亿	5.40亿	1,400.00万	8.47亿
-非经常性支出	2.36亿	7,800.00万	1.61亿	-7,900.00万
-利息支出	1.55亿	1.57亿	1.24亿	7,500.00万
税前净利润	3.63亿	4,400.00万	-9.60亿	10.06亿
-所得税	-9,200.00万	2.66亿	-2.57亿	2.40亿
+其他税后调整	—	—	—	—
+联署公司盈利权益	—	—	—	—
合并净利润	4.55亿	-2.22亿	-7.03亿	7.66亿
-少数股东权益开支	—	—	—	—
净利润	4.55亿	-2.22亿	-7.03亿	7.66亿
-优先股股息	—	—	—	—
一般可用收入净利润	4.55亿	-2.22亿	-7.03亿	7.66亿
每股基本收益	4.17	-2.14	-6.94	7.32
摊薄每股收益	4.09	-2.14	-6.94	7.21
总税折旧摊销前利润	8.62亿	7,600.00万	-3.48亿	5.19亿

从上表可见，2019年底，该酒店营业收入50.2亿元，扣除成本、费用、税收等后，净利润为7.66亿元，可见存在盈利，经营良好；但是2020—2021年两年期间酒店受新冠疫情影响，营业收入及营业成本都减少了接近50%左右，但在此期间营销费用没有大幅减少，银行等财务费用利息支出反而比2019年增加了1倍，最终导致2020—2021年净利润为负，2020年亏损达到7.03亿元，2021年亏损稍有减少，但也达到了2.22亿元，相较于2019年的盈利，差距达到近10亿元。

从2022年全年来看，旅游消费有所回暖，该酒店营业收入达到58.91亿元，超过2019年营业收入水平16%，但由于经营成本较2019年增加14%，而非经营收入增加比例下降超过50%，非经常性支出扩大了3.15亿元，利息支出仍和前两年保持差不多水平，但相比2019年利息支出增加了1倍，所以2022年底最终净利润为正数，4.55亿元，但较2019年底的7.66亿元仍相距甚远。

思考：从凯悦集团的利润表中你还能看出哪些潜在的问题？企业管理者从该利润表中获取的信息可以作出哪些改进经营的决策行动？

第五节　现金流量表

一、现金流量表的概念

现金流量是指现金和在90天内易于转化为现金的现金等价物。现金流量表旨在强调现金对饭店经营的重要程度。现金流量表反映了会计期内饭店经营活动、投资活动和融资活动对现金的影响，它解释了会计期内现金方面的变化情况及其变化的原因。通过对该报表的审查和分析，可以使旅游饭店相关利益者对以下情况有所了解并作出自己的判断：饭店未来产生正净现金流量的能力；饭店偿还债务的能力；饭店净现金来源及这种来源与业务经营活动的关系；会计期内现金与非现金投资和融资活动的影响。

旅游饭店管理者通过对现金流量表的分析，可以衡量饭店的流动性如何、财务弹性的大小，为确定饭店的利润分配政策和规划投资与融资需要奠定基础。在旅游饭店间竞争日益激烈的环境下，为扩大客源不少饭店增加信用销售比重，进而陷入收入增长、现金流下降的尴尬局面，面对这种情况，旅游饭店经营管理者更需要格外关注现金流量表的编制和使用，为作出适宜的经营决策提供更准确的现金数据。

二、现金流量表的格式

现金流量可分为经营性现金流量、投资性现金流量、融资性现金流量，每类中都包括现金流入和现金流出，依照我国《企业会计制度》，现金流量表的基本格式如表2-7所示。

表2-7　现金流量表

项目	金额
经营活动产生的现金流量： 　销售商品、提供劳务收到的现金 　收到的税费返还	

续表

项目	金额
收到的其他与经营活动有关的现金	
现金流入小计	
购买商品、获得劳务支付的现金	
支付给职工以及为职工支付的现金	
支付的各项税费	
支付的其他与经营活动有关的现金	
现金流出小计	
经营活动产生的现金流量净额	
投资活动产生的现金流量：	
收回投资收到的现金	
取得投资收益收到的现金	
处置固定资产、无形资产和其他长期资产收回的现金净额	
收到的其他与投资活动有关的现金	
现金流入小计	
购建固定资产、无形资产和其他长期资产支付的现金	
投资支付的现金	
支付的其他与投资活动有关的现金	
现金流出小计	
投资活动产生的现金流量净额	
筹资活动产生的现金流量：	
吸收投资收到的现金	
借款收到的现金	
收到的其他与筹资活动有关的现金	
现金流入小计	
偿还债务支付的现金	
分配股利、利润或偿付利息支付的现金	
支付的其他与筹资活动有关的现金	
现金流出小计	
筹资活动产生的现金流量净额	
汇率变动对现金的影响	
现金及现金等价物净增加额	
加：期初现金及现金等价物余额	
现金及现金等价物净余额	

三、现金流量表的编制

资产负债表和损益表的会计编制基础是权责发生制，即收入和费用是以发生为确认原则，而不以现金的实际变化为确认原则。例如，2013年12月5日发生一笔2400元的赊销收入，尽管是在2014年1月20日才收到现金，也被列示在2013年的收入中。损益表可以恰当地将收入和费用进行配比，计算出正确的利润，但无法反映饭店现金流量的状况。

（一）确定经营活动的现金流量

来自经营活动的现金流动可以用直接法和间接法来计算。直接法是将损益表上各项目从权责发生制转化为收付实现制，而间接法是通过计算饭店各项活动对现金流的影响，将损益表上的净利润调整为净现金流量，其转化过程如图2-1所示。

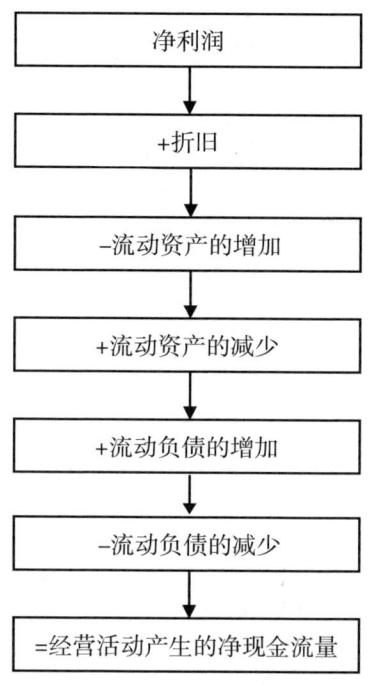

图 2-1　间接法计算饭店经营活动产生的净现金流量

直接法和间接法的记录过程如表2-8所示。

表 2-8　来自经营活动的净现金流量计算的基本格式

直接法	流出额	流入额
来自经营活动的现金流量		
来自销售的现金收入		××
收到的租金		××
合计		××
现金支出		
工资	××	
存货的采购	××	
其他费用	××	
利息费用	××	
所得税	××	××
来自经营活动的净现金流量		××

间接法	流出流入量	净流量
来自经营活动的现金流量		
净利润		××
将净利润调整为来自经营活动的净现金流量		
应收账款增加	(××)	
存货减少	××	
应付工资增加	××	
预付费用减少	××	
应计费用减少	(××)	
来自经营活动的净现金流量		××

（二）确定投资活动的现金流量

编制现金流量表的第二部分是确定投资活动的现金流量，投资增加表示资金使用，投资减少表明从中取得资金。现金流入具体包括：售卖财产和设备的现金、受让投资和有价证券的现金、放贷收回的现金；现金流出具体包括：购买财产和设备的现金、用于追加（新增）投资的现金、用于放贷的现金。

（三）确定融资活动的现金流量

编制现金流量表的第三部分是确定融资活动的现金流量，即饭店债券、普通股、优先股等的销售和偿还，销售取得资金，偿还或回购使用资金，支付现金股利属于融资活动的一部分。现金流入具体包括：出售股票取得的现金、发行债券取得的现金；现金流出具体包括：回购股票的现金、偿还债务的现金、支付股利的现金。

（四）现金流量表编制过程

多数旅游饭店愿意采用间接法编制现金流量表，因为这种方法编制报表所需要的信息比用直接法所需信息更易于取得，表2-9就是假设的长虹饭店用间接法编制的现金流量表。

表2-9 现金流量表（截止到2013年12月31日）

项目	流出流入量	净流量
来自经营活动的净现金流量：		
净利润		550000
将净利润调整为来自经营活动的净现金流量：		
折旧	500000	
应收账款的减少	4000	
存货的增加	（2000）	
应付账款的增加	500	
应计工资的增加	500	
应付所得税的减少	（1000）	502000
来自经营活动的净现金流量		1052000
来自投资活动的净现金流量：		
投资的受让	180000	
投资的购进	（280000）	
设备的购进	（120000）	
来自投资活动的净现金流量		（220000）
来自融资活动的净现金流量：		
长期负债的支付	（600000）	
已付股利	（130000）	
来自融资活动的净现金流量		（730000）
2013年现金净增加额		102000
2013年期初现金		80000
2013年期末现金		182000

四、现金流量表的局限性

现金流量表显示了会计期间内饭店经营活动、投资活动和融资活动对现金的种种影响，弥补了权责发生制的不足，但同样存在一定局限性。在可比性方面，同一饭店企业会计核算方法的改变，或不同饭店，如饭店等级、规模不同，都可能导致会计政策不完全一致，从而使饭店现金流量表信息的可比性大打折扣。在现金流量表的应用方面，由于编制方法、时间和关注重点的差异，较难与饭店的现金预算相互衔接。资产负债表、损益表和现金流量表在旅游饭店财务管理中，各具价值，也均存在一定局限性。因此，在使用过程中，必须注意三者的结合互补，实现财务管理目的。

【链接启示】

海底捞企业现金流状况分析

年份	2018	2019	2020	2021
经营活动产生的现金流量净额	23.88	45.80	29.21	20.89
筹资活动产生的现金流量净额	53.39	-14.90	23.40	31.14
投资活动产生的现金流量净额	-38.67	-50.26	-46.91	-43.14
净增加额	38.60	-19.36	5.70	8.89

从经营活动现金流量反映出企业的造血能力。2020年和2021年相较2019年该指标有较大的降幅，2021年得益于企业筹资活动的支持，还算平稳的现金流能够满足企业的正常运转。

筹资活动现金流量反映出企业输血能力。得益于2020年银行借款和2021年长期债券融资，在总体上与企业经营活动现金流量、投资活动现金流量周转的状况相适应，筹资活动现金流的增加能够弥补经营活动下滑对企业运营的影响。

投资活动呈平稳扩展。截至2022年6月30日，全球共有1435家海底捞餐厅，中报显示，截至2021年6月30日，海底捞门店数量为1597家，2021年7月至2022年6月，新开129家门店及关闭291家门店。总的来看，2019—2021年投资活动呈平稳扩展态势，可见公司关掉的是运营亏损的店，其长远的扩展战略并未改变。

思考：三种现金流产生的途径之间是什么关系？海底捞这三种现金流情况如何？现金流影响支付能力，进而会影响企业信誉，作为个人如何保持良好的守信形象？

课后思考与练习

案例分析

产权式酒店源于欧洲20世纪70年代，英文全称是TIMESHARE，即时空共享。作为一种稳健的投资理财方式，产权式酒店在国际上受到越来越多的投资人士的青睐。产权式酒店自1992年开始进入中国，经过10多年的发展和规范，软硬件投资环境全面成熟，从投资价值角度而言，在传统不动产投资回报率持续走低的态势下，这一新的投资业态对传统的投资观念发起了强有力的挑战。

所谓产权式酒店是指酒店的每个客房投资者都享有各自独立的产权。通常情况下，开发商将酒店的客房分割后出售给投资者。投资者一般不住在酒店，而是将客房委托酒店管理公司统一出租经营，获取年度分红，同时获得酒店管理公司赠送的一定期限免费入住权。

产权式酒店的特征

1. 业主拥有酒店独立产权

投资者可以一次性付款或分期或按揭的方式获取产权，拥有所有权，但没有经营权，并且产权往往仅有40年。

2. 酒店式管理

产权式酒店是酒店的一种，提供各种酒店式的服务，如家居清洁、送餐、洗烫衣物、叫醒服务，以及各种钟点服务，就这方面而言，产权式酒店与酒店并无二致，其管理费比较高，管理费一般是每月40元/平方米。

3. 兼具居住度假与投资两种功能

产权式酒店既可以用来居住度假，也可以用来投资。不同的购买者，想法有所不同，同一购买者，在不同的时段的用途有所不同。有的购买者纯粹是用来自住，有的则是用来投资保值。不同的产权式酒店提供的回报方式也有所不同，如有些产权式酒店提供固定投资回报率，另加部分酒店经营利润；有些则提供免费居住天数；有些则要求只提供酒店经营利润，不提供其他回报。

专家指出，投资产权式酒店，投资者实际得到的是由运营商提供的"代客理财＋投资置业"的服务。如果运营状况良好，投资者一般无须投入大量的货币，就可坐享其成。以60万元总价的城区产权式商务酒店为例，其实就是在考验投资者承受10万元量级风险的心理底线。投资门槛不高，这也是产权式酒店为中小投资者热捧的因素之一。

产权式酒店这种新颖的经营方式和投资方式已经在世界旅游及贸易口岸城市迅速发展起来。据世界贸易组织（WTO）资料，全球产权酒店 1986—1995 年年平均增长 15.8%；1980 年，全球 500 个旅游目的地有 15.5 万个家庭购买了产权式酒店；到 1995 年，全球 81 个国家 4000 个旅游目的地有 35 万个家庭购买了产权式酒店。20 世纪 80 年代到 90 年代初，全球引入产权式经营的旅游目的地的数量增长了 6 倍，90 年代初，全球产权式酒店销售收入已达 40 亿美元，到 2004 年，全球产权酒店销售将达 300 亿美元。所有信息表明，产权式酒店将成为旅游及贸易发展过程中的一种重要的经营创新模式，同时成为最受大众家庭青睐的投资工具。

产权式酒店作为一种特殊投资和消费模式，符合经济资源共享的基本原则，它使业主闲置的空房和酒店的大门向社会开放，对公众推出一种既是消费又是存储，既是服务又是家产，既可自用又可赠送的特殊商品，是房地产业和旅游业的有效结合。

资料来源： www.chinavalue.net，有改动。

思考： 1. 结合货币的时间价值，谈谈你对投资产权式酒店的理解。

2. 结合投资风险价值，分析投资产权式酒店的风险和盈利能力。

小组讨论题 1

如家酒店集团创立于 2002 年，2006 年 10 月在美国纳斯达克上市（股票代码：HMIN）。作为中国酒店业海外上市第一股，如家始终以顾客满意为基础，以成为"大众住宿业的卓越领导者"为愿景，向全世界展示着中华民族宾至如归的"家"文化服务理念和民族品牌形象。如家酒店集团旗下拥有如家酒店、和颐酒店、莫泰酒店三大品牌，截至 2013 年底已在全国 270 多座城市，拥有连锁酒店 2000 多家，形成了遥遥领先业内的国内最大的连锁酒店网络体系。在最新的《财富》杂志评选出的全球最具成长性公司 100 强榜单中，如家酒店集团凭借良好的业绩进入十强，名列第九。

华天酒店集团股份有限公司（深圳证券交易所股票代码 000428）成立于 1995 年，是湖南省首家经文化和旅游部批准的专业酒店管理公司，有近 20 年管理高星级酒店的专业模式和丰富经验，一直位居湖南酒店管理公司领头地位。公司连续八年获评由文化和旅游部直属专业性协会——中国旅游饭店业协会权威评定的"中国饭店业集团 20 强"。公司连锁酒店旗舰店湖南华天大酒店是湖南省第一家加入"国际金钥匙组织"和"中国名酒店组织"的酒店管理公司，曾获得国际"五星钻石奖",在国内酒店业界享有良好的声誉。

金陵饭店股份有限公司由南京金陵饭店集团有限公司于2002年12月控股设立,2007年4月在上海证券交易所上市。公司以五星级金陵饭店为主体,酒店连锁经营为核心,构建了"酒店投资管理、旅游资源开发、酒店物资贸易"三大业务板块的发展格局。公司以创建百年民族品牌的使命感和可持续发展的战略思路,大力实施品牌战略,优化产业布局,推进资本运作,创新经营管理,促进了品牌运营和资本扩张不断推进,在经济社会环境复杂严峻的挑战中实现了经营业绩的持续突破,品牌价值、发展质量和综合实力的显著提升。2003—2012年公司营业收入增长165%,净利润增长810%,净资产增长462%,经营业绩在江苏酒店业29年保持第一,在全国酒店业名列前茅。金陵连锁酒店突破135家,管理规模位居"全球酒店集团50强"第48位,在管五星级酒店总数位居全国第一。

资料来源:如家酒店集团官方网站http://www.homeinns.com;华天酒店集团股份有限公司官方网站http://www.huatian-hotel.com/;金陵饭店股份有限公司官方网站http://www.jinlinghotel.com。

收集如家酒店、华天酒店、金陵饭店三家上市公司近3—5年的财务年报,即资产负债表、损益表(利润表)和现金流量表。资料收集方法:登录http://www.nasdaq.com/,搜索HMIN;登录http://www.jrj.com.cn/,搜索华天酒店或其代码000428,搜索金陵饭店或其代码601007。阅读财务年报后,讨论下列问题:

1. 比较中美两国上市公司财务年报的异同点。
2. 如果你是投资人,你更倾向于购买哪家公司的股票?为什么?
3. 如果你是债权人,你更信任哪家上市公司?为什么?
4. 如果你是董事会成员,你觉得哪家公司管理得更好?为什么?

小组讨论题2

某饭店集团准备扩大经营,在外地投资建设新饭店。现有三个地点可供建设项目选择,分别为甲地、乙地和丙地。可预计的收益情况和市场条件如下所示。

市场条件	概率	预计年收益(万元)		
		甲地饭店	乙地饭店	丙地饭店
繁荣	0.2	45	55	80
一般	0.5	25	25	−20
衰退	0.3	5	−5	−35

1. 假设你是该饭店集团财务部总监,请为饭店集团董事会提供决策依据。
2. 如果决策者想进行稳健型投资,请提出你的决策建议。

复习思考题

1. 如何理解货币的时间价值含义?为什么货币的时间价值对提高旅游企业财务管理水平来说十分重要?
2. 在财务管理中,为什么常常运用现值计算法帮助作出经营决策?
3. 举例说明货币的时间价值概念在旅游企业管理中发挥了哪些方面的作用?
4. 某人将10000元存入银行,年利率5%,一年复利一次,求3年的复利终值。
5. 某大学要设置一项奖学金,每年发放10000元,每年能获得的利率是10%,每年复利一次,第一次要存入多少钱?
6. 某人在5年后需用现金50000元,如果每年年末存款一次,在利率为10%的情况下,此人每年末存现金多少元?若在每年初存入的话应存入多少?
7. 某企业于第6年初开始每年等额支付一笔设备款项2万元,连续支付5年,在利率为10%的情况下,若现在一次支付应付多少?该设备在第10年末的总价为多少?
8. 某公司拟购置一台设备,目前有A、B两种可供选择,A设备的价格比B设备高50000元,但每年可节约维修保养费用10000元。假定A设备的经济寿命为6年,利率为10%,该公司在A、B两种设备必须择一的情况下,应选择哪一种设备?
9. 一个男孩今年11岁,在他5岁生日时,收到一份外祖父送的礼物,这份礼物是以利率为5%的复利计息的10年到期的债券形式提供的。男孩父母计划在其19、20、21、22岁生日时,各用3000元资助他的大学学习,为了实现这个计划,外祖父的礼物债券到期后,其父母将其重新投资,除了这笔投资外,其父母在孩子12岁至18岁生日时,每年还需进行多少投资才能完成其资助孩子的教育计划?设所有将来的投资利润率均为6%。
10. 什么是投资风险价值?其计算步骤有哪些?
11. 什么是资产、负债及所有者权益?三者之间的关系是什么?
12. 如何将"流动"和"长期"这两个术语与资产负债表联系起来?
13. 资产负债表与利润表的区别是什么?
14. 收入和利润有哪些不同?
15. 现金流量表中现金流量的分类是怎样的?

第三章

旅游饭店筹资管理

学习目的与要求

知识目的

通过本章学习，需要了解资金运动的两个特点及筹资的意义，了解金融市场的分类；理解旅游饭店筹资的基本原则，掌握旅游饭店筹资方式的基本内容和管理要求；掌握资金成本的概念及作用；了解旅游饭店的资本结构，理解影响资本结构的各种因素，认识到饭店负债经营的必要性，掌握财务杠杆的含义和应用方法。

思政目的

①从对筹资动因和模式的理解中感受个人与社会之间的相依性，提高对法律社会遵纪守法必要性理解；②从对筹资风险及其策略的理解中学会做人要遵守契约精神，理解信守承诺的重要性；③从对财务杠杆原理的理解中学会在最大化追求个人利益的同时要不违背道德底线和保护公众利益，做有职业操守的人；④从对资本结构的理解中学会总量考量与结构思考相结合的认识论，提高

把握主要矛盾的能力。

主要内容

- 筹资与金融市场
  筹集资金　资金收支的不平衡性　资金使用权的可转让性
  内部筹资　外部筹资　金融市场　金融市场分类
- 旅游饭店资金的筹资
  筹资的基本原则　资本金　资本公积金　留存利润
  流动负债　长期负债
- 旅游饭店资金成本
  资金成本　资金成本的作用　综合资金成本
- 资本结构和财务杠杆
  资本结构　负债经营　财务杠杆

案例导学

恒大集团超负债的恶果

恒大集团爆雷两年多，公司创始人和实际控制人许家印，终于在上个月底被抓了进去。目前，恒大集团的负债高达 2.44 万亿元，其中，合同负债就有 6 千多亿元。现在已经逾期不能偿还的负债，也超过了 3000 亿元。实际上，恒大集团的债务高企，肯定不是现在才出现的。在以高负债、高杠杆运作的模式下，几乎所有的房地产开发商，都是负债累累。事实上，高杠杆、高负债、高分红，是绝大部分内地上市房地产开发商采用的模式，一方面，向银行和金融机构大肆贷款，能借出多少借多少；另一方面，大量发行境内外债券，想方设法弄钱，有的不惜付出高达 15% 的利息；再一方面，对于股东却非常慷慨，进行高额分红。恒大集团的累计分红，已高达 734 亿元。

资料来源：2023 年 10 月 11 日大话房地产，网易首页。

思考：恒大为什么要疯狂负债？难道就没有在负债时考虑会有风险吗？负债如此之多还能高标准分红，背后体现了恒大的企业伦理观有哪些问题？企业负债中的职业操守和道德底线在哪里？

第一节 筹资与金融市场

一、筹资的意义

（一）旅游饭店筹资的概念

筹资即筹集资金，是旅游企业根据生产经营活动的不同需要，通过筹资渠道和资金市场，运用一定筹资方式，经济有效地筹集资金的一种财务活动。筹资是旅游饭店财务管理活动的起点，也是旅游饭店财务管理的基本任务之一。任何一个旅游饭店生产经营活动的正常进行都离不开资金的筹集与运用。旅游饭店筹资的基础来源于资金运动的两个特点，即资金收支的不平衡性和资金使用权的可转让性。

1. 资金收支的不平衡性

资金收支的不平衡性是指某一经济主体在某一特定时点上的资金收入与支出可能出现不相等的局面。这种不平衡性反映了资金运动的本质。旅游饭店在经营过程中，由于受众多外界及内部因素的影响，诸如旅游消费的季节性、经济发展的周期性、金融市场的波动性及内部生产经营策略的调整等，会使资金在运动中出现收入与支出的不平衡，即收大于支或者支大于收，这是资金运动中的第一个特性。

2. 资金使用权的可转让性

资金可在临时余缺双方之间按一定条件进行转让，并在这种转让运动中发生增值。对于那些发生资金短缺的旅游饭店来说，为了不使经营活动因缺乏资金而停止，会以一定代价（支付利息）借入资金剩余者的资金，渡过难关后再行偿还。同样资金剩余者也不愿让过多的资金闲置，因为资金只有运动才能增值，所以他们愿将闲置期资金按到期取得一定报酬为条件将使用权让渡出去。

资金运动的这两个特点为旅游饭店多方筹集资金奠定了基础。

【链接启示】

金钱属于使用它的人

马克斯·韦尔说:"金钱实际上属于使用它并使它增值的人,而不论它在名义上属于谁。企业家应该把银行的钱、他人的钱为自己所用,否则他就是不懂得理财。靠借钱的人自己不必有钱就可以经营自己的企业。"

思考: 金钱的所有权和使用权之间是什么关系?你赞成马克斯·韦尔的观点吗?

(二)旅游饭店筹资的必要性

旅游饭店作为资金密集型企业,无论是它的设立还是维持生存及其扩张发展都需要大量的资金作为支撑,所以旅游饭店经营中随时都会发生资金筹集的需要:在创建旅游饭店时期,能够筹集到所需的资金,才能进行必要的建设,保证工程进度,有利于迅速形成生产能力,抢占市场先机;在旅游饭店维持生存的时期,能够筹集到所需的资金,才能保证正常的资金周转需要,解决周转不畅、经营不善或季节性波动对资金的临时需要,以利于旅游饭店的继续经营;在旅游饭店扩张发展的时期,更会提出对资金筹集的大量要求,能够筹集到扩张所需的增量资金,才能使预计的扩张机会转变为现实,以实现旅游饭店扩张发展的目标。总之,及时有效地筹集资金既是旅游饭店经营策略的需要,也是旅游饭店经营战略的必然选择。

【链接启示】

企业有钱还要筹资吗?

企业并非到了没钱的时候才去筹资,有钱的时候也需要筹资,因为企业的需要不同,筹资目的是不一样的。

企业生存需要——日常资金周转,弥补短缺。

企业发展需要——对外扩张加剧,改善结构。

企业获利需要——财务杠杆利益,借鸡下蛋。

思考: 筹资对企业发展的重要性在哪里?现实中筹资行为需要面对的关键挑战是什么?

二、旅游饭店筹资的分类

（一）按所筹资金的性质分类

旅游饭店筹资按所筹资金的性质可分为自有资金和借入资金。前者指旅游饭店投资者投入并拥有所有权的那部分资金，包括资本金、资本公积金和留存收益；后者指由旅游饭店债权人拥有所有权的那部分资金，包括长期负债和短期负债。合理安排两者之间的比例关系，是筹资管理的一个核心问题。

（二）按所筹资金占用时间分类

旅游饭店筹资按所筹资金占用时间可分为长期资金和短期资金。前者指占用时间在一年以上，主要包括资本金、资本公积金和留存收益以及长期负债等；后者指占用时间在一年以内，主要来源是流动负债。合理安排资金的期限结构，有利于实现旅游企业资金的最佳配置和筹资组合。

（三）按所筹资金的来源分类

旅游饭店筹资按所筹资金的来源可分为外部筹资和内部筹资。前者指通过饭店外部的金融市场实现的；后者指通过企业留存收益转增资本、折旧及内部职工入股等形式筹集资金。合理安排内外部筹资比例，有利于控制资金成本。

外部筹资又可分为两种情况：一种是缺、余资金双方直接洽谈调剂，属于直接筹资；另一种是以金融机构作为中介完成资金的转移，属于间接筹资。在我国金融市场上，资金的筹集更多表现为间接筹资方式。

三、金融市场

（一）金融市场的作用

旅游饭店的资金筹集，大多是通过金融市场实现的。所谓金融市场就是从事金融资产交换、进行资金融通的场所。

金融市场的主要作用是将社会上各企业及个人的闲散资金汇聚起来，通过一定的条件有偿转让给社会上缺乏资金的企业和个人。目的是提高资金使用效果。金融市场发达与否从一个侧面反映了一个国家对资金这一稀缺资源利用的程度，反映了这个国家的经济发展水平。

（二）金融市场的类型

1. 一级市场与二级市场

一级市场是指对新发行的证券进行首次买卖的市场，企业通过股票、债券的发行从投资者那里获得资金。二级市场是指在投资者之间买卖已经发行流通在外的证券的市场。

2. 短期资金市场与长期资金市场

短期资金市场是解决企业一年以内的资金拆借市场，其业务对象是短期证券，由于其变现能力强，故又称货币市场。长期资金市场是解决企业固定资产投资的期限在一年以上的资金市场，其业务对象主要是长期的证券，如公债、股票、长期债券、抵押契约等。长期资金市场又称资本市场。

3. 借贷市场和证券市场

借贷市场主要是利用借贷方式融通资金，包括贴现市场、长短期存贷款市场等。证券市场是通过证券的交易融通资金，主要包括债券市场和股票市场。

案例思考

任正非：不上市就有可能称霸世界！

近日，一张华为的图火了。该图显示2016上半年华为在中国缴税超421亿元！而华为预计2016全年收入为5850亿元，其中60%来自国外。网上有人计算出这相当于6个格力、2个万达、2个联想、5个中兴、5个阿里巴巴、6个长虹、6个比亚迪、10个小米、30个康佳。如果中国有100个华为，我们所有中国人、所有中国企业将无须缴税！这意味着这家以科技而著称的实业公司，竟然将很多互联网公司、房地产公司、金融公司甩在了后面。

华为，一家坚持不上市的企业，为什么会如此牛？

企业的真正核聚变效应：工者有其股！

华为有17万名员工，任正非把98.6%的股权开放给员工，自己只拥有公司1.4%的股权。这恐怕是全球未上市企业中股权最分散、员工持股人数最多、股权结构最单一的公司，亦是人类商业史上从未有过的景象。理想的社会要做到"耕者有其田"，伟大的企业则要做到"工者有其股"！我们要让每一个劳动者都有田可耕、有力可使、各归其位、各尽其才。

所以华为所挣的每一分钱都是大家的，都是合伙人的。而且华为的价值观是"以奋斗者为本"，这更加容易汇聚人心，无数股单力汇聚成合力，打造出具备聚变效应的团队。所以华为每年赚取的净利，几乎是百分之百分配给股东。也因此最近网传根据华为年报显示，华为员工2015年的人均收入达到了58万元人民币。即使是应届毕业生，只要在华为干满3年，就有15万元左右的年终奖，确实让人羡慕……可见，华为融的不是"钱"，而是"人心"，这造就了华为的向心力，这才是未来企业的真正出路！难怪任正非说：不上市则有可能称霸世界！

思考：在任正非眼中，搞金融的人光靠虚拟概念就能赚进大笔财富，真正卷起袖子苦干的人却只能赚取微薄的工资，这是全世界最不合理的事。他认为资本是最没有温度的动物，也是最没有耐心的魔兽。所以他坚决不让华为上市，选择把利润分给员工。你认同任正非的观点吗？金融市场的利弊作用到底在哪里？如何平衡好促进发展与产生不公之间的关系？

（三）我国金融市场发展概况

我国的金融体系经历了不断完善的过程。改革开放前，在高度集中的计划经济体制下，金融市场缺乏发展的条件。市场经济建设时期，我国金融市场主要起到了扩大外汇储备规模、支持国内经济建设的作用，金融体系逐渐加大对外开放的步伐，与世界接轨，国际影响力显著提高。此外，随着经济体系和金融体系不断向市场化方向发展，金融市场建设取得突破，构成了多元化的市场结构，同时，市场规模迅速扩大，金融市场主体愈加广泛，参与度和活跃度不断增强。

在市场化深入改革的进程中，我国金融市场取得了较快的发展，但与成熟完善的金融市场相比仍存在较多待改进的地方，如各层次市场功能并没有明确展开并完善、各层次市场之间沟通渠道缺乏、市场监管严重不足等。

新冠疫情过后，伴随着实体经济的复苏，金融市场强势反弹。目前我国金融市场主要呈现出走出低迷、逐步恢复的态势，金融市场对外开放力度持续加大，国际影响力稳步提升。同时，监管体系逐步完善，金融风险得到有效遏制，使得金融市场形势日益向好。未来，我国金融业的发展方向将围绕国内与国际双循环、供给与需求适配、区域及城乡发展协调、碳中和等国家宏观战略融合发展，服务实体经济的质量和效益将得到全面的提升。金融市场作为金融活动的重要载体，也将发挥其储蓄投资功能、价格发现与信号传递功能、风险管理与转移功能，成为各个市场主体进行资金余缺管理、投资融资以及财富管理的主要平台。

第二节　旅游饭店资金的筹集

一、旅游饭店筹集资金的基本原则

（一）数量适度原则

饭店经营活动的正常进行离不开一定数量的资金，缺少资金不行，资金筹集过多也不利于饭店经营效益的提高，因为前者会造成资金缺乏而影响正常的资金周转，甚至会失去市场；后者会造成资金积压、闲置或浪费，降低资金周转速度，影响资金使用效果。

（二）周密计划原则

在确定资金需要量的前提下，还要灵活控制资金的投放时间，在不需要投放的时候进行投放会造成资金闲置和浪费，在需要投放的时候不能保证投放又会影响经营活动的正常进行。饭店经营活动在某种程度上带有较强的季节性，接待游客的旅游饭店更明显一些，这样便造成资金需要量在不同季节是不同的。因此，筹资时要预测不同季节的资金需要量，以便合理安排资金的投放数量和投放时间，为加速资金周转、提高资金使用效果奠定基础。

（三）结构合理原则

饭店资金来源无外乎是自有资金和负债资金两种。在市场经济条件下，利用较多外借资金来经营即负债经营已成为现代企业资金营运的一种普遍形式，饭店作为一种企业，在资金营运中也必然会利用这种形式。使用负债资金虽然能带来经营上及财务上的利益，但如果控制不严，规模过大，就可能造成债务危机，严重的会导致破产。因此，饭店在筹资时，必须掌握好负债资金的比例，保持适当的资本结构，注意借贷规模与偿债能力相匹配，避免不必要的财务风险。

（四）成本效益原则

这一原则要求饭店筹资时要将资金成本的高低作为筹资决策的一个主要参考标准。资金的稀缺性决定了筹集资金必须付出代价，这一代价就是资金成本。资金来源的渠道不同，资金成本也高低不等，而资金成本的高低是影响旅游饭店盈利水平高低的重要因素。所以，旅游饭店在筹资时一定要比较各种来源的资金成本，选择最有利的筹资方式组合，争取以最低的资金成本获取最佳的资金效益。

二、旅游饭店筹资方式的选择

（一）筹资方式的含义

筹资方式是指旅游饭店筹集资金所采取的具体形式，体现资金的属性，一般来说，筹资方式主要包括权益筹资和负债筹资两种方式。权益筹资包括吸收直接投资、发行股票、留存收益等，通过这种方式筹到的资金属于饭店的自有资金。负债筹资包括发行债券、银行借款、商业信用、租赁等，筹到的资金属于饭店的借入资金。

饭店筹资时，需要认真分析不同筹资方式的资金成本和财务风险，综合考虑各种因素，使饭店能够及时、高效地筹集到所需资金。

（二）旅游饭店的自有资金

旅游饭店的自有资金即所有者权益，是旅游饭店投资人投入旅游饭店的资本金及各项内部积累资金，主要包括资本金、资本公积金及留存利润等。自有资金归旅游饭店所有和支配，其高低体现了旅游饭店的经济实力和抵御风险的能力。

1. 资本金

（1）资本金概念及结构

资本金是所有者权益的最基本的组成部分，是指旅游饭店在工商行政管理部门登记的注册资金。资本金按照投资主体的不同，可分为国家资本金、法人资本金、个人资本金、外商资本金等。

国家资本金是指有权代表国家的部门或机构以国有资产投入旅游饭店形成的资本金。随着两权分离的进一步落实，国营旅游饭店已被国有旅游饭店所代替，虽然只是一字之差，但包含的内容却不相同，国有旅游饭店所有者仍是国家的，但不直接经营，只是以一方所有者的身份投资入股，形成国家资本金。

法人资本金是指其他法人单位以其依法可以支配的资产投入旅游饭店形成的资本金。如其他企业向旅游饭店投资入股，联合经营而形成的资本金。

个人资本金是指社会个人或者旅游饭店内部职工以个人合法财产投入旅游饭店形成的资本金。随着社会主义金融市场体系的不断完善和人们收入的不断增加，人们的投资意识也日益增强，形成个人资本金的社会经济基础将日益雄厚。

外商资本金是指外国投资者及我国香港、澳门和台湾地区投资者投入旅游饭店形成的资本金。近些年来，我国的对外开放政策不断深入，作为这一政策的产物，我国各地兴建了大批的中外合资、合作经营的旅游饭店，按法律规定必须缴纳一定数额的注册资本，从而形成外商资本金。

（2）资本金制度

资本金制度是指国家围绕资本金的筹集、管理及投资者责、权、利等方面所作的法律规范。建立资本金制度是我国资本金管理体制的重大变革，对资本确定、资本充实、资本保值增值原则的贯彻落实具有重要意义。具体来说，涉及以下几个问题：

关于注册资本数额问题：2013 年 12 月 28 日，第十二届全国人民代表大会常务委员会第六次会议审议通过了关于修改《中华人民共和国公司法》的决定，这次修法进一步降低了公司设立门槛，减轻了投资者负担，便利了公司准入，为推进公司注册资本登记制度改革提供了法治保障（《公司法》根据 2018 年 10 月 26 日第十三届全国人民代表大会常务委员会第六次会议《关于修改〈中华人民共和国公司法〉的决定》进行第四次修正，但有关资本金数额的规定没有发生变化）。除法律、行政法规以及国务院决定对公司注册资本最低限额另有规定的外，取消了有限责任公司最低注册资本 3 万元、一人有限责任公司最低注册资本 10 万元、股份有限公司最低注册资本 500 万元的限制；不再限制公司设立时股东（发起人）的首次出资比例；不再限制股东（发起人）的货币出资比例。

关于出资形式问题：《公司法》规定，企业吸收投资者的出资方式可以是货币出资，也可以用实物、知识产权、土地使用权等可以用货币估价并可以依法转让的非货币财产作价出资；但是，法律、行政法规规定不得作为出资的财产除外。对作为出资的非货币财产应当评估作价，核实财产，不得高估或者低估作价。法律、行政法规对评估作价有规定的，从其规定。股东应当按期足额缴纳公司章程中规定的各自认缴的出资额。股东以货币出资的，应当将货币出资足额存入有限责任公司在银行开设的账户；以非货币财产出资的，应当依法办理其财产权的转移手续。

关于资本金的构成问题：若采取吸收直接投资方式筹集资本金，则按照投资主体的不同，资本金由国家资本金、法人资本金、个人资本金和外商资本金构成；若采取发行股票方式筹集资本金，则资本金由普通股和优先股构成。

关于资本金筹集期限问题：《公司法》将注册资本实缴登记制改为认缴登记制。除法律、行政法规以及国务院决定对公司注册资本实缴另有规定的外，取消了关于公司股东（发起人）应当自公司成立之日起两年内缴足出资，投资公司可以在五年内缴足出资的规定；取消了一人有限责任公司股东应当一次足额缴纳出资的规定。公司股东（发起人）自主约定认缴出资额、出资方式、出资期限等，并记载于公司章程。

关于资本保全问题：它是指资本得到维护或成本得到回收后才能确定的收益，也就是说，要求企业的期末总资本额等于期初总资本额。按照现行企业财务制度对资本保全的要求，除特殊情况外，资本金不得调整或抽回，若发生抽逃出资的，公司的发起人、股东在公司成立后，抽逃其出资的，由公司登记机关责令改正，处以抽逃出资金额5%以上15%以下的罚款；发起人持有的本公司股份，自公司成立之日起一年内不得转让。公司公开发行股份前已发行的股份，自公司股票在证券交易所上市交易之日起一年内不得转让；公司董事、监事、高级管理人员应当向公司申报所持有的本公司的股份及其变动情况，在任职期间每年转让的股份不得超过其所持有本公司股份总数的25%；所持本公司股份自公司股票上市交易之日起一年内不得转让。上述人员离职后半年内，不得转让其所持有的本公司股份。公司章程可以对公司董事、监事、高级管理人员转让其所持有的本公司股份作出其他限制性规定。

关于投资者对出资额的权责问题：投资者既有权分享企业的利润，也需分担企业的风险和亏损。

（3）资本金的筹集方式及计价

①吸收直接投资筹集资本金

这是非股份制旅游企业筹集自有资金的一种基本方式，按投资者出资形式不同，分为现金投资和非现金投资。对现金投资不同国家都规定不同的最低数额，如我国《旅行社管理条例》规定，经营国际旅游业务的旅行社为150万元，经营国内旅游业务的为 30 万元。对非现金投资要注意做好资产评估、产权转移及财产验收工作，对无形资产投资则需要注意控制其所占比例，不得超过规定的比例。

②发行股票筹集资本金

旅游饭店可以根据国家法律、法规的规定，采取国家投资、各方集资或发行股票等方式筹集资本金。股票是代表股份资本所有权的证书。

按照不同标准，股票可有不同的分类：

按股东的权利不同可分为普通股和优先股。普通股是最普遍也是风险最大的一种股份投资，其收益率随旅游饭店盈利的涨落而起伏，因而股息是不固定的。普通股持有者享有表决权、盈余分配权、解散清理剩余资产分配权、先买权、股份转让权、对董事的诉讼权等；优先股的股息是固定的，在分配股息和解散索偿时的次序先于普通股，对业务的经营决策没有表决权和选举权。

按票面形式不同可分为记名股票和不记名股票。记名股票是将股东姓名记载在票面和公司股东名册上的股票，这类股票除了股票上记载的股东外，其他人没有资格行使股权，当发生股份转让时，须依照法律程序办理过户；不记名股票是票面上不记载股东姓名的股票，这类股票的持有人即具有股东资格，股票的转让比较自由，无须办理过户手续。

按股票发行对象和上市地区不同分为 A 股、B 股、H 股和 N 股。A 股即中华人民共和国境内发行、募集和上市的社会公众股，又称人民币股票，由此设定的公司必须符合《公司法》规定的上市条件；B 股即境内发行、境外募集、境内上市的社会公众股，由此设定的公司必须经中央部委或省级人民政府推荐；H 股即境内中国公司发行股票、境外和港澳台投资者认购和募集、在香港联交所上市的股票；N 股即境内中国公司发行股票、境外和港澳台投资者认购和募集、在纽约证券交易所上市的社会公众股。

按股票投资主体的不同分为国家股、法人股、个人股和外资股。国家股为有权代表国家投资的部门或机构以国有资产向公司投资形成的股份；法人股为企业法人以其依法可支配的资产向公司投资形成的股份；个人股为社会个人或本公司职工以个人合法财产投入公司形成的股份；外资股为外国和我国港澳台地区投资者以购买人民币特种股票形式投资公司形成的股份。

股票发行条件。《中华人民共和国证券法》《上市公司证券发行管理办法》规定了发行股票的条件和资格，包括：

公司首次公开发行新股，应当符合下列条件：具备健全且运行良好的组织机构；具有持续经营能力；最近三年财务会计报告被出具无保留意见审计报告；发行人及其控股股东、实际控制人最近三年不存在贪污、贿赂、侵占财产、挪用财产或者破坏社会主义市场经济秩序的刑事犯罪；经国务院批准的国务院证券监督管理机构规定的其他条件。上市公司发行新股，应当符合经国务院批准的国务院证券监督管理机构规定的条件，具体管理办法由国务院证券监督管理机构规定。

有限责任公司变更为股份有限公司时，折合的实收股本总额不得高于公司净资产额。有限责任公司变更为股份有限公司，为增加资本公开发行股份时，应当依法办理。

向不特定对象公开募集股份（简称"增发"），除符合公开发行证券的条件一般规定外，还应当符合下列规定：最近三个会计年度加权平均净资产收益率平均不低于6%；扣除非经常性损益后的净利润与扣除前的净利润相比，以低者作为加权平均净资产收益率的计算依据；除金融类企业外，最近一期末不存在持有金额较大的交易性金融资产和可供出售的金融资产、借予他人款项、委托理财等财务性投资的情形；发行价格应不低于公告招股意向书前二十个交易日公司股票均价或前一个交易日的均价。

【链接启示】

把好出入关口，推动注册制走深走实

日前召开的中央金融工作会议为未来阶段资本市场的发展指明了方向。会议提出"推动股票发行注册制走深走实"。未来需要进一步完善注册制改革，把好市场"入口关"，畅通多元化退市渠道，进一步提升信息披露质量，实现资本市场高质量发展。

资料来源：《经济参考报》，2023年11月6日。

思考：股票发行注册制改革在企业的审核标准、问责机制及对保荐机构、投资机构的参与度和分工责任的明确上都需要进一步规范完善，自律体系也有较大提升潜力。对此你有何理解？

股票发行价格是指新股票发售时的实际价格，也称股票的一级市场价格。一般来说股票发行价格有三种情况：

平价发行，是指按股票面额出售新发行的股票，通常在股东配股时采用；时价发行，也称市价发行，是指以已流通中的股票或同类股票现行价格为基础来确定发行价格的方法，通常在股票公开招股和第三者配股发行时采用；中间价发行，是指以市价和等价的中间值确定发行价格，通常在股东配股发行股票时采用。我国《公司法》规定，股票发行价格可以按面额发行或溢价发行，但不得折价发行。按面额发行的优点是企业只须付给承销商手续费便能收回发行股票的资本，缺点是缺乏市场性。溢价发行是按高于股票面值的价格进行发售，可从溢价发行中获得创业利润。无论采用何种方式发行，资本金数额应当按照面值计价。如果采取溢价发行，则所获溢价净收入应列作资本公积金。

股票的市场价格，即股票市价，是股票买卖双方交易的实际价格。决定股票价格的基本公式是：

$$股票价格 = \frac{股息}{平均存款利息率}$$

股票价格的内涵就是股息的资本化。因为对于投资者来说，股息有着与银行利息同样的意义，即投资者用资金去购买股票所获得的股息，自然就要与把同样多的资金存入银行所获取的利息进行比较，并把资金投入收益较高的一方。因此，从利息率 = $\frac{股息}{股票价格}$ 可推出以上的股票价格公式。

股票价格公式表明影响股票价格的两个基本因素是股息与平均存款利息率。其中股息与股票价格成正比，平均存款利息率与股票价格成反比。假设某旅游饭店股票每股每年的股息是10元，银行利率为年利5%，则该股票的价格应为200元。为什么能卖到200元呢？从卖者来看，将股票卖掉后虽然每年少得10元股息，但若将200元存入银行同样可以得到10元利息；从买者来看，以200元买入股票同样不吃亏，如不买股票而将款存入银行也只能得10元利息。由此可见，股票价格实质上表明在银行利率已定的条件下，为获得一定量股息而须投入的资本额。

股票价格受各种主观的、客观的、经济的、心理的因素的影响，因而其价格是不断变化的。当其大于票面金额时，就为投资者获取额外收益提供了机会。投资者投资方式不同，资本金的计价也不同。如果投资者是用现金投资，则资本金便是所投现金数额。如果是外汇投资，则要按当日（当月1日）的国家外汇牌价、或按合同（协议）规定的国家外汇牌价折合为人民币计价入账。如果投资者是用实物、无形资产等方式投资，则要按评估确认或以合同、协议约定的金额计价。

2. 资本公积金

资本公积金是相对盈余公积金而言的。它是所有者权益的一部分，是指旅游饭店由于非经营原因而引起的投资者权益的变化，这种变化又不宜在资本金账户上反映，所以列作资本公积金。

资本公积金是一种准资本。在一定条件下经过法定程序可转化为资本金形式。资本公积金的主要来源是资本或股本溢价、法定财产重估增值、接受捐赠的财产值及资本汇率折算差额等。

3. 留存收益

留存收益是指旅游饭店从税后净利润中提取的积累性资金，它归属于旅游饭店的所有者，是旅游饭店从内部筹资的一个来源。留存利润主要包括盈余公积金、公益金和未分配利润。盈余公积金是按一定比例从旅游饭店税后利润中提取的储备金，它反映旅游饭店将经营所得用于内部积累的数额，可以用于补充旅游饭店资金、弥补旅游饭店以后年度亏损等。盈余公积金可以分为两种，一是法定盈余公积金，二是任意盈余公积金。法定盈余公积金是指按国家法律、法规、制度的规定必须按一定比例提取的公积金，一般按税后利润（扣除弥补亏损和支付罚款等）的 10% 提取，当其达到注册资金的 50% 时可不再提取。任意盈余公积金是旅游饭店根据自身经营的需要而提取的公积金，它没有严格的规定，具有任意性。公益金是指用于职工集体福利设施的资金，一般是按税后利润的 5%—10% 的比例提取。未分配利润是旅游饭店留待以后年度分配的利润和待分配利润，它可以用来弥补亏损。

（三）旅游饭店的借入资金（负债）

负债是旅游饭店筹集资金的另一条渠道，它是旅游饭店所承担的、能以货币计量、需以资产或劳务偿付的债务。负债按期限长短不同，分为流动负债和长期负债两种。

1. 流动负债

流动负债由于期限短，所以筹资成本较低，易取得，但筹资风险较高，需要旅游饭店有较强的变现能力，否则易面临债务危机。利用流动负债筹集的资金是旅游饭店经营过程中所需的短期资金，概括起来主要有以下几种方式：

（1）商业信用

商业信用是指在商品服务交易中以延期付款或预收款进行购销活动而形成的借贷关系，是企业之间的一种直接信用关系。商业信用主要有以下几类：

①应付账款

应付账款是旅游饭店由于赊购商品或服务而形成的一种买方信用，对旅游饭店而言，相当于向卖方借用资金来购买商品或服务，因而在赊购期内可以满足对资金的占用需要。一般来说，应付账款可以分为免费信用（买方在规定的折扣期内享受折扣而获得的信用）、有代价信用（买方放弃折扣付出代价而获得的信用）和展期信用（买方超过规定的信用期推迟付款而强制获得的信用）。

一般来说，为了促使买方能够尽早付款，卖方通常都会规定一些信用条件。例如，如果旅游饭店提前付款，则可以获得一定的现金折扣作为优惠（平均在2%至3%之间）。如信用条件为"2/10，n/30"，则表示若在10天之内付款，可享受2%的现金折扣，10天之后付款不给折扣，款项须在30天内如数付清。供应商之所以愿给旅游饭店现金折扣，目的在于鼓励旅游饭店尽早付款，以实现时间价值。

那么旅游饭店是否要提前付款，以获取现金折扣呢？这要考虑机会成本的大小。所谓机会成本是指旅游饭店由于放弃现金折扣而造成的资金成本。如果旅游饭店货币资金不足，不能提前付款，但能以低于机会成本的利率筹集到资金，便可提前付款，享受现金折扣。如果现有另一投资机会，投资利润率高于机会成本的利率，那么可以放弃现金折扣，去追求短期投资效益。总之，要进行收益与成本的对比，作出正确的决策。

并不是任何旅游饭店都能获得赊购待遇的，因为这种方式是借助于买卖双方的商业信用来筹集资金的，因而只有信用与声誉比较好的旅游饭店才能获得供应商的赊销，采用这种方式筹集资金手续比较简便，但要控制在一定范围内，否则会造成旅游饭店同其他供应商间结算链条的失控，影响资金的正常周转和旅游饭店的信誉，进而影响旅游饭店的筹资能力。

②期票

期票是旅游饭店给供应商的书面诺言，允诺在必要时或在一定时日以一定金额支付给指定人或持票人。期票一般是附有利息的，也有无息的。由于有这样一种书面承诺，所以从供应商来看遭受损失的风险少些。

③商业汇票

商业汇票是指单位之间根据合同进行延期付款交易时,开具的反映债权债务关系的票据。按照规定,汇票必须经过承兑才能要求到期付款,根据承兑人的不同,汇票分为商业承兑汇票和银行承兑汇票。商业承兑汇票是指由收款人（供应商）作为发票人签发的由付款人（旅游饭店）承认兑付的汇票。银行承兑汇票是由收款人签发,由承兑申请人向开户银行申请,经银行审查同意承兑的票据。银行承兑汇票的信誉比商业承兑汇票的信誉要高,因而是一种用途较广的筹资来源。

根据《银行结算办法》的规定,商业汇票的承兑期需要双方协商确定,但最长不能超过9个月,如果采取分期付款方式,则应一次签发若干张不同期限的汇票。承兑汇票在未到期前可以背书转让,也可以向银行申请贴现。

④预收款

预收款是卖方企业在交付商品或服务之前向买方预先收取部分或全部款项的信用形式。相当于卖方向买方取得一笔短期借款,然后用商品或服务抵偿,一般来说,生产周期长、单位价值高或供不应求的商品或服务常采用此种方式。

（2）银行信用

这是由银行机构提供的信用。银行信用是间接信用,它是直接信用（即商业信用）的后盾。作为短期资金来源的银行信用,主要有短期银行借款、票据贴现和抵押担保借款等。

①短期银行借款

短期银行借款是指旅游饭店为解决暂时的需要而向银行借用的款项,一般偿还期在一年之内。按借款目的和用途分类,包括经营周转性借款、结算借款、各种临时借款；按偿还方式分类,包括一次性偿还借款和分期偿还借款；按利息支付方式分类,包括收款法借款、贴现法借款和加息法借款。目前我国中外合资旅游饭店中,这部分借款可占到流动资金平均需求的70%。

②票据贴现

票据贴现是一种用他人支付的票据作为担保,从金融机构筹集资金的方式,也可以看作是一种票据交易的方式。它是指持票人把未到期的应收票据转让给银行,在贴付一定利息的前提下取得银行资金的一种借贷行为。这种方式既给予了购买单位临时的资金融通,又在本身需要资金时可以获得银行资金支持,因此灵活性较强。

按规定,贴现的期限为从其贴现之日起至汇票到期日止。实付贴现金额按票面金额扣除贴现期的利息计算，其计算公式为：

$$贴现息 = 贴现票面额 \times 贴现日数 \times \frac{月贴现率}{30 天}$$

$$实付贴现金额 = 贴现票面额 - 贴现息$$

例：某旅游饭店持有一张经承兑后的商业汇票，票面额为 10 万元，期限为 4 个月，20 天后因急于用款，向开户银行申请贴现，月贴现率为 0.9%，计算该旅游饭店实收贴现后金额为多少？

$$贴现息 = 100000 \times (120-20) \times \frac{0.9\%}{30} = 3000（元）$$

$$贴现净额（实收贴现额）= 100000 - 3000 = 97000（元）$$

结果表明该旅游饭店由于提前 100 天支取该笔资金而只能得到 97000 元。上面是不带息的汇票，如果是带息票据进行贴现，则公式中的票面额需由票据的本利和代替。还如上例，该票据票面利率为月利 0.8%，则：

$$票据现息 = 100000 \times \frac{0.8\%}{30} \times 120 = 3200（元）$$

$$票据本利和 = 100000 + 3200 = 103200（元）$$

$$贴现息 = 103200 \times (120-20) \times \frac{0.9\%}{30} = 3096（元）$$

$$贴现后净额 = 103200 - 3096 = 100104（元）$$

票据贴现实际上是旅游饭店向银行的一种短期借款，其贴现息与流动负债的应计利息一样，计入旅游饭店的财务费用。

③抵押担保借款

抵押担保借款即有实物作为担保的借款。旅游饭店在资金短缺时，可以用证券、应收款、房屋及设备等作为抵押，以换取银行的借款，如果旅游饭店到期不能偿付借款本息，银行有权处理担保品，并以处理所得收入抵还借款本息。

旅游饭店用于做抵押品的资产一定要拥有所有权，否则不可作为抵押品使用。虽然有抵押品作担保可以减少银行贷款的风险，但对不同的抵押品银行仍需进行仔细审查后方可确定是否贷款及贷款数量、利率等。如对以固定资产作为抵押品的贷款，银行要考虑抵押品的可变现性、价格稳定性、对实物控制程度的大小等。对以应收款作抵押品的贷款，银行要对付款方进行调查确认后，按借款方财务状况给予不同的借款额。因此，旅游饭店在进行抵押担保借款时，要充分论证，争取以有利的条件获得所需要的资金。

2. 长期负债

长期负债由于金额一般较大，且偿还期限较长，对旅游饭店资本结构会有较大影响，旅游饭店在进行长期负债时，要在满足投资活动需要的前提下控制好长期负债比例，以控制财务风险。

（1）长期银行借款

长期银行借款是指旅游饭店向银行借入的偿还期在一年以上的借款。按借款用途分类，包括固定资产投资借款、更新改造借款、科研开发借款；按提供借款的机构分类，包括政策性银行贷款、商业银行贷款、保险公司贷款；按有无担保分类，包括信用贷款和抵押贷款。

长期借款的偿还期较长，在归还贷款本金时的方式也有多种，如第一种是定期支付利息，到期一次性还本；第二种是定期等额偿还本息；第三种是逐期偿还小额本息，期末偿还余下的大额部分等。每种方式给旅游饭店带来的影响是不同的，旅游饭店要结合自身经营状况和能力权衡利弊，选择最有利的偿还方法。

（2）发行债券

债券是企业为筹集资金而向债权人发行并承诺按期付息还本的书面凭证。依据不同的分类标准债券有不同种类，如按债券上是否记名分为记名债券和不记名债券；按可否转换为公司股票分为可转换债券和不可转换债券；按债权有无担保分为抵押债券和信用债券；按利率是否固定分为固定利率债券和浮动利率债券；按付息方式不同分为附息票式债券和存单式债券；按还本方式的不同分为定期偿还债券和随时偿还债券。旅游饭店债券是旅游饭店按国家法定程序发行，约定在一定期限内还本付息的有价证券。

①债券发行条件

通过发行债券可以筹集旅游饭店经营所需的长期资金，这种筹资方式是适应社会化大生产和市场经济发展需求的一种有效的方式。依据我国《证券法》和现行《公司法》的规定，发行公司债券，必须符合下列条件：股份有限公司的净资产额不低于人民币3000万元，有限责任公司的净资产额不低于人民币6000万元；累计债券总额不得超过公司净资产额的40%；最近3年平均可分配利润足以支付公司债券1年的利息；筹集的资金投向符合国家产业政策；国务院规定的其他条件。

②债券发行价格的确定

债券发行价格是债券发行时使用的价格，亦即投资者购买债券时所支付的价格。通常有三种发行价格：溢价、平价和折价。溢价是指高于债券票面金额的价格，平价是指与债券票面金额相等的价格，折价是指低于债券票面金额的价格。之所以会出现不同的价格，主要原因是债券票面利率与市场利率的一致程度不同：当票面利率高于市场利率时，则会出现溢价发行，相反会出现折价发行，当两者相一致时，会出现平价发行。在按年支付利息的情况下，可以用下述公式计算债券发行价格：

$$债券发行价格 = \frac{票面金额}{(1+市场利率)^n} + \sum_{t=1}^{n} \frac{票面金额 \times 票面利率}{(1+市场利率)^t}$$

式中：n 为债券期限；

t 为付息期数。

通过发行长期债券筹集资金可以最大限度地利用社会闲散资金，在短期内为旅游饭店筹集到数额较大的、可长期使用的资金，并且能给股东带来财务杠杆利益，因而是筹集长期资金的有效方式。但这种方式缺乏财务灵活性，利息必须定期支付，成为旅游饭店一个固定财务负担，如果旅游饭店现金流转发生阻碍，势必会造成旅游饭店财务困难，严重的可能使旅游饭店破产。所以利用这种方式筹集资金必须考虑旅游饭店的经营状况及偿债能力，避免陷入债务危机。

（3）融资租赁

租赁是一种信贷方式，对出租人来说，它是一种获取利润的方式；而对承租人来说，它却是一种筹集资金的方式。概括地说，租赁是出租人与承租人通过契约关系，明确双方责权，由出租人让渡财产使用权和处置权的经济行为。租赁契约一般规定财产的归属、使用、租金数额、维修、保管等有关内容。

租赁按性质不同分融资租赁和营业租赁两种。融资租赁也叫金融租赁，是指旅游饭店（承租人）需更新或添置设备时，不是以直接购买的方式投资，而是以付租的形式向租赁公司（出租人）借用设备。如旅游饭店需购置大型设备而又缺乏足够资金，一时难以筹足，可以向租赁公司租用该设备，按照租赁合同规定按期支付租金，合同到期，财产的产权归租入设备的旅游饭店所有。可见，它是以融物的形式为旅游饭店融通了资金，使旅游饭店在资金不足时，能以较少的投资迅速获得设备，有效地扩大了投资。而营业租赁则不同，其资产的所有权始终属于出租单位，不发生转移。

采用融资租赁方式筹集长期资金可以使旅游饭店不至于因一次筹不到足额资金而影响经营活动的开展，也可以避免许多借款合同中对旅游饭店经营活动的各种限制，因而越来越成为筹集资金的重要手段。当然这种方式要受到租赁公司业务发展状况的限制，并且租金比较昂贵。旅游饭店是采用融资租赁，还是借款购买，还要比较二者哪个更经济再作决策。

另外，旅游饭店长期负债的应计利息支出在其建设经营不同时期归属是不同的：筹建期间计入开办费用，经营期间计入财务费用，清算期间计入清算损益。其中与购建固定资产或无形资产有关的，在资产尚未交付使用或已交付使用但尚未办理竣工决算前，计入购建资产的价值。

第三节 旅游饭店资金成本

一、资金成本的概念

资金成本是指旅游饭店为筹集和使用资金而付出的代价。这种代价包括两部分：一部分为资金筹集费用，即在资金筹集过程中发生的各项费用，如发行股票和债券支付的印刷费、手续费、律师费、资信评估费、公证费、注册费等；另一部分为资金占用费用，即因使用资金而付出的费用，如向股东支付的股利，向债权人支付的利息等。资金占用费是资金成本的主要内容，而筹资费通常在筹集资金时一次支付，在今后使用资金中则不再发生，所以可看作是筹资数额的一项扣除。

资金成本可以用绝对数表示，也可以用相对数表示。用相对数表示则为资金成本率，即资金占用费与所筹得的资金之间的比率，用公式表示则为：

$$K = \frac{D}{P - f} \text{ 或 } K = \frac{D}{P(1-F)}$$

式中：K 为资金成本，以百分率表示；

D 为资金占用费；

P 为筹资总额；

f 为资金筹集费；

F 为筹资费用率，即筹资费与筹资数额的比率。

二、资金成本的作用

对旅游饭店财务管理来讲，计算资金成本具有重要作用。

（一）资金成本的高低是进行筹资决策的依据

旅游饭店可以通过多种渠道筹集资金，但以不同方式取得的资金，不仅取得的难易程度不同，而且资金成本的高低也不一样。对旅游饭店来讲，要以最少的资金耗费取得所需要的资金，就必须计算和分析各种筹资方式的资金成本，以便从中选出最经济的筹资方式。当然在选择筹资方案时，还要考虑各种筹资方式使用期的长短、偿还的条件等，但是资金成本作为一个重要因素，直接关系到筹资的经济效益，是个不容回避的问题。

（二）资金成本是评价投资决策是否正确可行的重要经济指标

旅游企业投资项目只有在投资收益率高于资金成本时才是可以接受的，否则将无利可图，因此，资金成本是评价投资决策是否正确可行的重要经济指标。也就是说，只有投资利润率大于资金成本率，这项投资在经济上才是合算的；反之，如果投资利润率小于资金成本率，那么这样的投资就没有必要去考虑，因为它所提供的收入还不够支付相关成本。

三、资金成本的计算

（一）银行借款资金成本的计算

旅游饭店筹集资金的主要来源是通过各种借款来实现的，其资金成本表现为利息，由于借款利息可以计入税前成本费用，起到抵税的作用，因此银行借款资金成本率的公式为：

$$K = \frac{I(1-T)}{L(1-F)}$$

式中，K 为长期借款成本；I 为借款年利息；T 为所得税率；L 为借款筹资额；F 为借款筹资费用率。

例：某旅游饭店向银行借款 100 万元，期限为 5 年，年利率 8%，每年付息一次，到期一次还本，筹资费用率 1%，旅游饭店所得税率为 25%，计算该项借款的资金成本率。

$$K = \frac{100 \times 8\% \times (1-25\%)}{100 \times (1-1\%)} = 6.1\%$$

（二）债券成本的计算

债券成本包括债券利息和筹资费用。债券成本的计算需要根据还本付息的

情况不同分别考虑,如果债券还本付息是采用按年付息、一次还本的方式进行的话,则资金成本的计算公式为:

$$K = \frac{i \times (1-T)}{1-F}$$

式中,K 为债券成本;i 为债券年利率;T 为所得税率;F 为筹资费用率。

如果债券是采用一次性还本付息方式偿还的话,则资金成本的计算可分两步,首先,计算总的资金成本,即 $K_{总} = \frac{I \times n \times (1-T)}{1-F}$,(其中 n 为年限,I 为年利息,其他字母代表的含义同前)。

其次,计算每年的资金成本率,即:

$$K = \frac{K_{总}}{n}$$

例:某旅游饭店平价发行债券 500 万元,期限为 3 年,票面年利率为 11%,每年付息一次,发行费用占发行价格的 5%,所得税率为 25%,则其资金成本率为:

$$K = \frac{11\% \times (1-25\%)}{1-5\%} = 8.7\%$$

仍以此例为例,如果是用一次性还本付息方式偿还,则资金成本率为:

$$K_{总} = \frac{11\% \times 3 \times (1-25\%)}{1-5\%} = 26.1\%$$

$$K = \frac{26.1\%}{3} = 8.7\%$$

(三)股票成本的计算

与借款资金成本计算不同的是,股利是税后支付的,因而不具有减税效应。由于优先股与普通股的权利义务不同,资金成本的计算也不同,因而要分别计算。

1. 优先股资金成本的计算

优先股的股利是固定的,其资金成本计算公式为:

$$K_c = \frac{D_c}{P_c(1-f)}$$

式中,K_c 为优先股成本;D_c 为优先股总额的每年股利支出;P_c 为优先股股金总额；f 为优先股筹资费率。

例：某旅游饭店通过发行股票筹资，股票市价为每股 80 元，筹资费率为 2%，每年股息 10 元，则：

$$K_c = \frac{10}{80 \times (1-2\%)} \times 100\% = 12.76\%$$

2. 普通股资金成本的计算

普通股的股利是不固定的，因而在优先股资金成本计算公式的基础上再加一个增长率，计算公式为：

$$K_s = \frac{D_s}{P_s(1-f)} + G$$

式中，K_s 为普通股成本；D_s 为下一年发放的普通股总额的股利；P_s 为普通股股金总额；f 为普通股筹资费用率；G 为普通股预计每年增长率。

（四）留存收益资金成本的计算

留存收益是旅游饭店税后利润中用于扩大再生产的部分。这部分资金的使用表面上看是没有资金成本的，因为它不需要付利息。但是实际上，旅游饭店使用留存盈利后，就使其失去了将这部分资金向企业外部投资所可能取得的利润，因此使用留存收益的资金成本是机会成本。留存收益成本的计算方法与普通股成本的确定基本相同，只是不考虑筹资费用，公式为：

$$K = \frac{D}{P} + G$$

（五）综合资金成本的计算

综合资金成本又称加权平均资金成本。因为旅游饭店资金来源各不相同，在进行筹资决策时有必要计算综合的资金成本，以其高低作为评判筹资决策优劣的一个标准。计算中是以某种资金来源占全部资金的比重作为权数，对各资金成本进行加权平均确定的，其公式为：

$$K_w = \sum_{j=1}^{n} W_j \times K_j$$

式中，K_w 为综合资金成本率；K_j 为第 j 种资金来源的资金成本率；W_j 为第 j 种资金来源占全部筹资总额的比率。

主要资金来源的资金成本率将会对全部筹资成本率产生较大的影响，次要资金来源的资金成本率对总成本影响较小，筹资成本率越高，表示旅游饭店筹资支出越大；反之，说明筹资支出越小。旅游饭店利用筹资成本率指标可以对不同筹资结构进行优化选择。

例：某旅游饭店现有资金来源渠道为投入资本金、其他单位投资、银行借款、发行债券。各种筹资渠道的资金成本率已定，在有可能的几组筹资结构中优选最佳方案（见表3-1）。

表3-1 筹资结构及其成本率

资金来源	可供选择的筹资结构				年筹资成本率
	A	B	C	D	
资本金	45%	50%	55%	40%	8%
银行借款	20%	25%	20%	30%	12%
发行债券	15%	15%	10%	20%	16%
其他单位投资	20%	10%	15%	10%	13%

$K_A = 8\% \times 45\% + 12\% \times 20\% + 16\% \times 15\% + 13\% \times 20\% = 11\%$

$K_B = 8\% \times 50\% + 12\% \times 25\% + 16\% \times 15\% + 13\% \times 10\% = 10.7\%$

$K_C = 8\% \times 55\% + 12\% \times 20\% + 16\% \times 10\% + 13\% \times 15\% = 10.35\%$

$K_D = 8\% \times 40\% + 12\% \times 30\% + 16\% \times 20\% + 13\% \times 10\% = 11.3\%$

通过以上计算可以看出，方案C的成本率最低。旅游饭店在进行筹资决策时，要对筹资成本率与预计的资金利润率进行比较。如果筹资成本率大于资金利润率，或者筹资成本率的增长幅度大于资金利润率的增长幅度，说明旅游饭店的投资决策或筹资决策存在问题。从筹资的角度看，需采取措施降低成本率，可以考虑改变资金筹集的方式，以降低加权平均资金成本率，如考虑降低各项资金成本，选择利息和费用较低的借款；调整资金来源结构，适当提高成本率较低的资金在全部资金中的比重。在上例中可增大资本金比重，如果不可能，则可增大借款比重，降低债券比重，如将借款比重提高为25%，债券比重降为5%，则总成本率可下降为10.15%。

第四节 资本结构和财务杠杆

一、资本结构及其影响因素

（一）资本结构的含义

资本结构是饭店各种资金筹集来源的构成比例关系。广义的资本结构，涉及饭店全部资金的构成，不仅包括长期资本，也包括短期资本；狭义的资本结构，指各种长期资本的结构比例关系，短期资本被纳入营运资本管理。

各种筹资方式的不同组合决定饭店资本结构的变化，饭店在进行筹资决策前，首先应依据财务目标确定最优资本结构，并在各项筹资活动中注意保持最优资本结构。对于不同饭店企业，资本结构并不存在一个通行的标准，即使对于同一个饭店，最优资本结构也会随着各种主、客观条件的变化而发生改变，因此，最优资本结构是一种动态组合。

（二）影响资本结构的因素

1. 制度和行业因素

不同国家受文化背景的影响、经济制度的制约，企业资本结构差异较大。在一个国家，由于行业差异，处于不同行业的企业资本结构差异较大。较之其他行业，饭店业由于初期投资基本用于固定资产，即可用于抵押获取负债的能力较强，因此，资本结构中负债所占比例较大。随着行业发展，经济型酒店异常活跃，与五星级酒店必须自建营业设施不同，经济型酒店可以租用营业场所，初期投资用于内部装修较多，因此负债比率相对较低。

2. 饭店获利能力

企业获利能力很强时，可以用较多的留存收益满足扩大再生产的需要，会较少使用债务资本。饭店企业由于初期巨大的固定资产折旧费用支出，获利能力相对较差，因此需要借助负债满足生产经营所需资金。

3. 饭店发展所处周期

处于初创期的饭店资金需求量巨大，在有多种筹资方式可供选择的情况下，债务资金成本较低,但风险较高,过度负债会增大企业破产的可能性。处于发展期的饭店,利润率较低,除日常营运资本需求外,一般不需要大规模资金注入,负债率处于下降趋势。处于成熟期的饭店,因固定资产折旧基本完成,利润率较高,负债率较低,此时饭店董事会和管理层会作出是否对固定资产进行更新的决策,影响未来的资本结构。

4. 饭店所有者的风险偏好程度

负债经营会产生两种结果,一是财务杠杆运用得较好,饭店利润率高于利息率,取得很高的投资回报率;二是债务资金运用不力,加重饭店财务负担,投资回报率不增反降。保守的所有者倾向于减少负债,风险偏好者则更看重财务杠杆的作用。此外,由于信息不对称,饭店外部投资者不了解饭店的潜在收益,老股东不愿意发行新股摊薄收益,负债成为必然选择。

(三)饭店资本结构的优化

饭店优化资本结构可以从调整资本存量和资本增量两个方面入手。

首先,调整资本存量是通过对企业资产存量进行重新配置来提高资本运营效率。同时,旅游饭店在筹集资金时,为控制筹资风险,一定要结合旅游饭店资本存量的具体情况及当时的市场环境和自身的管理风格,进行认真地分析研究,慎重选择负债比率。

其次,调整资本增量就是通过新增投资提高资产的使用效率,从而获得新的收益。调整资本增量还要依据饭店的经营情况和负债情况。经营效益较好,负债比率较低时,可通过新增投资获得额外的资本收益。

二、负债经营与财务杠杆

(一)负债经营的必要性

负债经营就是利用借入资金进行经营。现代社会负债经营已是企业普遍采用的融资经营方式。之所以需要负债经营,主要是由于以下几方面原因:一是旅游饭店发展的需要。一个旅游饭店内部积累的资金再多也是有限的,仅靠自身的积累难以满足旅游饭店发展的需要。通过负债可以有效地取得和支配大于自有资金数额的资金,增强旅游饭店的经济实力和竞争能力。二是通过负债可以合理地配置社会资源,促使旅游饭店实现财务杠杆利益。三是通过负债可以给旅游饭店造成较强的市场压力和经营动力,从而有效地推动旅游饭店的发展和社会的进步。

【链接启示】

巧用两大效应实现发展之道

一阴一阳谓之道,即凡事只要抓住了两大核心矛盾,使其对立又统一,就可以掌控全局。成功,就是由"一快"加"一慢"两大要点组成的"道":一快,指的是杠杆效应;一慢,指的是飞轮效应。世界上所有成功的人生,就是这两大效应的叠加!

人生的本质就是一种平衡,如果你想要利用好这两个效应达到复利效果,需要明白以下三个要点:

1. 找到不同的杠杆(杠杆不是唯一的,随时随地会变);
2. 确定自己的人生飞轮(飞轮往往是唯一/固定的);
3. 发力准确(偶尔使用巧力,大部分时间下笨功夫)。

思考: 平衡好一快一慢的关系是人生一大智慧,你在处理人生中的快慢关系时感到的困惑和苦恼是什么?

(二)财务杠杆

旅游饭店利用负债来筹集资金是为了获得财务上的利益,这种利益主要体现在两个方面:一方面,可以降低资金成本。在融资市场上,负债的融资成本一般低于股权性融资成本,因为债务利息固定不变,不受企业经营成果好坏的影响,债权人的求偿权是第一位的,因而债权人承担的风险比较小,相应地旅游饭店利用负债资金所承担的利率也较低。另外,负债中借款的利息通常是在税前列支,由此产生的所得税的节省相当于降低了债务资金的成本。这两个因素造成旅游饭店负债的实际成本低于股权资金成本,并由此达到降低旅游饭店综合资金成本的目的。

另一方面,利用负债可以获得财务杠杆利益。由于利息通常是固定不变的,所以在旅游饭店资金利润率大于借款利息率的情况下,随着利润的增加,每一元利润所负担的利息支出就会相应减少,从而可以提高所有者收益。这就是财务杠杆利益即利用借入资金提高自有资金利润率。

【链接启示】

杠杆效应就是借力

阿基米德说：给我一个支点，我能撬动地球。这就是杠杆效应。杠杆效应就是借力。在一个高速发展的时代里，一个人要想成功，必须学会借力发展。

你拥有多少资源不再重要，重要的是你能借助多少资源。借力的最高境界是一切皆不为我所有，一切皆为我所用。通过借力才能达到多赢的局面，而且是倍增的多赢，这就是互联网思维的精髓。

思考：在你的事业和生活中，你会借力吗？怎样才能更好地借力？

1. 财务杠杆率

作为一种十分有效的财务手段，财务杠杆利益的大小可以用财务杠杆率来表示，计算公式为：

$$财务杠杆率 = \left(1 + \frac{利息支出}{税前利润}\right) \times 100\%$$

如某旅游饭店投资总额 100 万元建一项目，预测投资利润率 20%，利息率为 10%，现有两种筹资方案：（1）全部使用自有资金，则其利润率为 20%，这时没有财务杠杆率。（2）自有资金 60 万元，借款 40 万元，则全年支付利息 4 万元，获利 16 万（20-4），自有资金利润率为 26.67% $\left(\frac{16}{60} \times 100\%\right)$。自有资金利润率提高的原因在于所获利润付息后的部分并入自有资金的利润之中，即借款获利 8 万元（20×40%），支付利息 4 万元，剩余 4 万元并入自有资金获利的 12 万元中，得 16 万元，这时财务杠杆率为 125%。

2. 财务杠杆分析

财务杠杆率过低，表示旅游饭店没有适当地利用借入资金去获得财务利益，失去了增加利润的机会；财务杠杆率过高，则表示旅游饭店借入资金过多，利息负担过重，有可能出现债务危机，严重的甚至会造成破产倒闭。因此，旅游饭店常常要在利用财务杠杆利益与避免财务风险的两难境地中作出选择，既要尽可能加大债务资金所占的比重，以充分获取财务杠杆利益；又要避免因债务资金比重过大而带来的风险，要在两者之间实现一种均衡，就是找到一种最优的资金结构，而最优资金结构的主要标志是加权平均资金成本率的最低点。

负债经营具有两面性，既有获取财务杠杆利益的可能性，又有带来财务危机的可能性，对此必须权衡利弊，进行卓有成效的管理。负债经营管理就是要针对旅游饭店面临的不同形势，调整债务比例，提高资金使用效益，实现趋利防险的良性负债经营循环目标。旅游饭店在筹资时，一定要对国内外经济形势和市场状况进行深入的分析，结合旅游饭店所处的发展阶段，调整资金来源和资本结构，保持适度的负债比率，以最佳的财务杠杆利益开展经营。

课后思考与练习

案例分析

上海锦江国际酒店发展股份有限公司（后文简称"公司"）是中国最大的酒店、餐饮业上市公司，主营酒店管理、餐饮业务。2010年5月，公司重大资产重组方案获得中国证券监督管理委员会核准，自2010年6月起，公司主营转变为有限服务型酒店和餐饮业务。重组后，公司将以有限服务型酒店等为重点发展方向，保持和强化锦江之星在国内经济型酒店行业中的市场先导地位，继续拓展连锁快餐的投资经营，进一步提升在"管理、品牌、网络、人才"等方面的核心竞争能力，继续保持公司在国内同行业市场的领先地位，实现公司价值最大化。

公司目前拥有5个服务型酒店连锁品牌，分别是锦江之星、都城（METROPOLO）、百时快捷、金广快捷、白玉兰酒店。锦江之星连锁酒店主要服务于商务人士及都市白领。奉行"成为出行者对专业、超值、简约、安全、舒适的经济型酒店的首选"的品牌使命，坚持以顾客需求为核心，不断提升产品与服务品质，追求"成就专业典范，融入旅途生活"的品牌发展愿景。安全、健康、舒适、专业是锦江之星的品牌特色。都城（METROPOLO）品牌的目标客源是喜欢清静优雅并具小资情调、追求舒适健康的生活、重视心灵感受并追求精致生活体验、工作玩乐都充满活力的中产阶级。都城（METROPOLO）品牌的主要功能为柔软舒适的床上用品，安全可靠的洗涤管理，水量强劲的沐浴设施与精致的个人护理用品，高速且全覆盖的高科技网络，便捷可选的健康早餐以及中西式简餐，融合商务功能且体现当地文化特征的社交中心。百时快捷酒店充分体现了更为方便、更加快捷、更富个性的消费理念，突出了"资源节约型"的特点，体现个性、张扬、自由自在的全新概念，为消费者带来最具自我的出行方式。金广快捷酒店关注客人的睡眠、沐浴、早餐、上网等核心需求，温暖、包容、创新是其品牌特色。白玉兰酒店是专为商务人士及白领阶层量身定制的全新概念的经济型商务酒店。白玉兰酒店品牌按照"简约、自然、健康、独到"的核心理念,致力于营造"时尚、高雅、安全、舒适"的核心价值,尽心竭力为目标市场提供富有创意的优质服务。白玉兰酒店主力推出"个性商务数码房"和"创新管家式服务"两大极具特色的智能产品。

2012年中国的经济型酒店98.17万间,同比增长31.4%;相比较城镇人口7.12亿人的规模,每千人拥有量在1.38间左右,明显低于发达国家水平。中国城镇化进程加速推进,有望推升需求量进一步加速增长,市场空间仍然较大。目前锦江股份的经济型酒店客房数仍低于华住和7天,显著低于如家;但是在每间可销售客房收入方面,锦江整体水平仅次于华住酒店,反映出在品牌品质方面公司的投入,公司在直营店和加盟店要求方面均比竞争对手要求严格,在中长期利于公司发展,短期市场占有率弱于竞争对手。

2013年上半年,受宏观经济低迷、中央严控"三公消费"造成商务活动有所下降、禽流感以及行业遭遇盈利瓶颈期等一系列因素的影响,公司有限服务酒店业务增速明显放缓。但是,公司三季报数据显示,公司酒店集团的战略重新定位已初见成效,公司有限服务酒店业务经营数据明显回暖,酒店出租率、平均房价和每间可销售客房收入均有一定的提升,盈利能力持续向好。锦江的加盟店比例相对较高且加盟店比例逐年提升,可以显著提升公司有限服务酒店业务的盈利能力。

公司突出多品牌和去经济型酒店化发展战略,向中端酒店发力,推出"都城(METROPOLO)"中端品牌,谋求新的利润增长点,有望在行业竞争整合中脱颖而出。从供给端来看,中国酒店市场一直呈现"两头重、中间轻"的格局,中档酒店服务商主要以当地单体星级酒店(二、三星)为主,尚未有知名的连锁品牌大举进驻。公司此次收购时尚之旅后,通过与旗下其他品牌进行整合,全力打造锦江都城酒店品牌,未来3—5年规划发展100家左右,有望在中档酒店市场获得较为明显的先发优势。

公司自有在线预订系统将进一步完善,未来将积极布局在线旅游代理市场。现阶段公司内部的资源计划(ERP)系统已经上线,配合外部的在线预订系统,将形成较为完善的在线酒店预订体系,可为锦江股份旗下所有酒店提供线上预订服务,预订渠道费用较携程等略低,加盟商可有效降低成本,同时从公司角度来看,除获得一部分渠道收入外,还可减少在在线旅游代理业务方面对携程、艺龙等网站的依赖,积极布局在线酒店预订市场。

资料来源:http://www.jinjianghotels.sh.cn; http://vip.stock.finance.sina.com.cn。

思考： 1. 从筹资角度分析，上海锦江国际酒店发展股份有限公司大力发展加盟店的原因是什么？

2. 为配合上海锦江国际酒店发展股份有限公司提升品牌价值战略，应该实施怎样的筹资战略？

3. 上海锦江国际酒店发展股份有限公司（锦江股份，代码：600754）能否吸引投资者？为什么？

小组讨论题

森源绿色食品有限公司是合颐饭店的供应商之一，因之前合作良好，森源公司期望能够维持合作关系并扩大销量，主动向饭店开出付款条件为"3/5，n/60"的信用优惠政策。合颐饭店财务经理在查阅季末会计账目时，发现饭店并未利用这一优惠政策，而是继续采用按月结算的处理方式。对此，饭店财务经理询问了采购部经理，得到的回复是：为了保证食品的新鲜程度，森源绿色食品有限公司每两日向饭店送货一次，但送货量不大，如果要使用这个优惠政策，意味着每隔4天就要走一次付款流程，实在是太麻烦了，不如还是按照原来按月付款结算，简单易行。财务经理在询问部门工作人员时，得到的答复却是：这个公司交易的资金成本是3%，但银行贷款成本是12%，现在饭店资金也不富裕，因此没必要接受这个公司的现金折扣。

1. 你认同采购经理的说法吗？如果认同，为什么？如果不认同，应该如何说服他改变想法呢？

2. 财务部工作人员的说法对吗？为什么？

3. 如果你是该饭店财务部的经理，你打算怎么处理这件事，才能取得最好的效果？

复习思考题

1. 资金运动的两个特点是什么？
2. 如何对金融市场进行分类？
3. 旅游饭店筹集资金的基本原则是什么？
4. 何谓资本金？旅游饭店筹集资本金的基本要求是什么？
5. 旅游饭店流动负债的含义和内容是什么？
6. 如何看待长期负债包含的主要内容？
7. 旅游饭店资金成本的含义及其重要作用是什么？
8. 饭店的资本结构是什么？有哪些因素会影响饭店资本结构？

9. 什么是财务杠杆？

10. 某旅游饭店购置设备借款100万元，年利率为10%，建设工期2年，第3年投产时开始还款，第10年末还清，求平均每年还款额是多少？

11. 某旅游饭店对一旅行团应收费14000元，采用先付定金的方式分期付款，在旅行团成行后第一、二年末等额付清10000元，如银行流动资金贷款利率8%。旅行社现付金额应是多少？

12. 某旅游饭店投资6000万元，资金来源为：自有资金3600万元，借入资金2400万元，预计投资额息税前利润率为16%，借款年利率为10%，计算该旅游饭店的自有资金利润率和财务杠杆率是多少？

第四章

旅游饭店投资管理

学习目的与要求

知识目的

通过本章学习,需要了解有关投资的一般概念、分类,学会分析旅游饭店的投资环境;了解旅游饭店投资决策基本过程和投资管理步骤,能够开展旅游饭店项目投资可行性研究和现金流量分析;认识旅游饭店固定资产投资管理的意义及其要求,掌握固定资产投资的财务评价方法;熟悉在资金有限条件下固定资产投资决策及其固定资产更新改造决策的分析方法及其管理要求;能够运用投资管理原则和一些投资评价方法,对旅游饭店投资行为进行分析;了解旅游饭店对外投资的概念、内容、分类及其管理要求。

思政目的

①从对投资决策的财务评价方法的理解中体会历史、现在和未来的关系,学会用动态视角看问题;②在投资工作中,学会从对不确定性分析中把握事物的发展方向,学会不确定性下的资源整合和协作配合的思维能力,为作出正确

的投资决策奠定基础；③从对旅游投资的理解中提高对中国特色社会主义道路的理解和认识，体会人民生活水平提高后旅游需求增长的趋势及其对旅游投资增长的客观需求。

主要内容

- 旅游饭店投资概念及其分类
  投资　投资分类　投资环境
- 旅游饭店投资决策基本过程
  投资管理步骤　可行性研究　现金流量分析
- 旅游饭店固定资产投资的财务评价
  投资回收期　投资利润率　净现值　内部收益率
- 旅游饭店固定资产投资管理
  投资管理程序　投资计划　资金预算　投资决策
- 旅游饭店对外投资的管理
  对外投资　证券投资　债券定价　债券风险收益　股票　股票风险收益

案例导学

饭店管理集团的海外扩张

2018年，锦江国际集团完成对海外丽笙酒店集团的收购，锦江国际集团的酒店服务业务已拓展到120多个国家，国际化与品牌竞争力得以大幅度提升。2022年7月，锦江酒店集团旗下中端商旅品牌"非繁城品"酒店进驻韩国，韩国江陵寺沙川海滩店是该品牌首家跨国门店。2020年1月，华住集团宣布完成对德意志酒店集团100%股权收购，这一收购案旨在提速华住的海外扩张计划，同时增加华住旗下中高端及高端品牌的序列。万达酒店及度假村与海外资产管理公司美丽岛集团（Beautyland Group）就位于希腊雅典黄金海岸的豪华酒店式公寓项目签订管理合作协议，项目计划于2024年底揭幕运营。2020年，绿地酒店旅游集团成立海外运营中心，升级海外业务，在海外输出管理合同方面，计划不断提升合同占比，并设立日本和澳大利亚两个区域中心。

与十多年前的酒店海外投资相比，如今的本土酒店品牌，在国内大多已有颇为充分的品牌沉淀及知名度，且在服务与运营方面，已有过诸多尝试，与国际趋势日益靠近，这为品牌出海打下了一定的基础。高价值的品牌，自身便有着强大的自驱力、适应力，更能应对海外投资所带来的风浪。

随着大国崛起与文化自信提升，中国传统文化在国际上的影响力与日俱增。独立品牌价值评估咨询机构品牌金融（Brand Finance）发布的《2021年全球软实力指数排名》显示，中国位于第8位，较3年前涨了19个名次。报告认为，中国最引以为傲的软实力资产仍然是文化。在酒店业，对东方文化的复兴也正在展开，致力于改变了长期以来按照"西方生活方式"来打造酒店的思维模式，而是输出"东方服务"，在中式元素下，打破固有认知的东方形象。如果说过去的香格里拉、文华东方等酒店品牌，输出的是传统的中国文化，那么如今在文化自信下成长起来的新一代酒店品牌，它们出海，是传播更有活力的中国文化。

资料来源：席以新，微信公众号"空间秘探"，有改编。

思考：大国崛起与文化自信提升在海外投资中有怎样的意义？

第一节　旅游饭店投资概述

一、投资的定义

所谓投资是指通过资金的投入以期在未来获得预期收益的经济行为。旅游饭店的投资活动，不仅是维持简单再生产的需要，更是扩大再生产的条件，旅游饭店的发展始终离不开投资的支持。对投资活动进行管理是旅游饭店经营中的重要内容，投资活动的成败将会影响旅游企业的正常经营，甚至影响到旅游企业的生存。

【链接启示】

投资时的思考

- 今天的钱总要多于明天的钱。
- 投资过程也是管理过程。
- 投资决策要与筹资计划紧密结合。
- 树立正确的风险价值观念和机会成本观念。

思考：投资作为面向未来的行为应该如何做到系统思考和谨慎行动？你如何对待自我投资？

二、投资的分类

旅游饭店的投资行为包括的内容较多，依据不同的目的可以进行不同的分类，下面就主要的分类做一简单介绍。

（一）按投资时间的长短分类

1. 短期投资

短期投资是指能够随时变现的且投资时间不超过一年的短期性质的投资。在旅游饭店经营活动中，现金流量是经常变动的，当出现现金流入量大于流出量的时候，就会产生现金闲置的状况，这种状况虽然会增大旅游饭店的清偿能力，但降低了旅游饭店的盈利能力。这时旅游饭店可以利用短期证券投资解决流动性与盈利性的矛盾（因为短期证券流动性很强，仅次于现金，同时其盈利水平也高于同期存款利率）。短期投资在西方国家比较发达，短期有价证券投资已成为企业最主要、最基本的短期投资方式。在我国，由于证券市场尚不发达，商业信用范围有限，因而短期有价证券在种类、交易市场及交易方法上都还处于起步阶段。但是，随着我国证券市场的不断完善，商业银行改革的不断深入以及企业财务意识的不断加强，相信这种短期证券投资会日益发展成熟起来，成为旅游饭店投资的重要形式。

2. 长期投资

长期投资是指那些不准备短期内转让出去、持有时间在一年以上的有价证券或时间超过一年的其他投资。从长期投资的目的来看主要包括以下几个方面：积累资金、分散风险、控制其他企业、对重要的供应者提供财政援助等。对这些不同投资目的的投资活动进行决策分析时，不应仅局限于收益率及风险程度的考虑，更应从不同目的出发去分析问题，从而作出符合目的的投资决策。

（二）按投资发生作用的地点分类

1. 对内投资

对内投资是指为保证旅游饭店正常的生产经营活动而进行的企业内的生产性投资，如投资购置新的固定资产，扩大经营规模；对老设备进行更新改造投资；大修理投资等。在实际投资过程中，往往也难以严格划分是简单再生产的需要还是扩大再生产的需要，因为它们常交织在一起共同发挥作用。

2. 对外投资

对外投资是指旅游饭店以各种形式，如现金、实物、无形资产、有价证券等方式向其他单位的投资。对外投资的目的具有多样性，但最根本的还是追求更多的收益。随着我国市场经济体制的逐步建立，旅游饭店经营的灵活性及风险性不断增强，企业间的相互渗透，对外联合越来越多，对外投资将日益活跃。从时间上来讲，对外投资包括短期投资和长期投资，从方式上来讲包括证券投资和其他投资。

（三）按投资形式分类

1. 直接投资

直接投资是指将资金投放于生产经营性资产上，以期获得经营利润的投资。直接投资对旅游饭店的生产经营有着重要影响，决定了服务的等级和质量。

2. 间接投资

间接投资是指将资金投放于证券等金融资产上，以期获取股利或利息收入的投资。因此，间接投资又称为证券投资。随着我国加入世贸组织，金融市场的逐渐完善和国际交往渠道的日益增多，旅游企业应越来越重视间接投资的运用和管理。

（四）按投资在再生产过程中的作用分类

1. 创始性投资

创始性投资是指旅游饭店在筹建时的投资，是从无到有的投资过程，因而称为创始性投资，如筹办工作投资、建筑安装工程投资、设备购置投资以及其他基本建设投资。

2. 后续投资

后续投资是指为巩固和发展旅游企业各项经营所进行的投资，如维持简单再生产所进行的更新性投资、实现扩大再生产所进行的追加性投资以及为调整经营方向所进行的转移性投资等。

以上只简要介绍了投资的分类，这些分类有些是交织在一起的，难以严格地划分开，但为了分析问题时方便清晰，还是可以采用一定的标准进行不同的分类。

三、旅游饭店投资环境

（一）政治经济环境

政策环境是指投资所在国家的政治形势、方针政策等因素的统称，旅游饭店投资活动与政治环境有着十分密切的关系。习近平总书记曾强调"着力保持平稳健康的经济环境、风清气正的政治环境、国泰民安的社会环境"，政治环境良好，才能保障实现更高质量、更有效率、更加公平、更可持续、更为安全的发展，在这种环境下投资才有可能获得长期回报。

经济环境是指对旅游饭店投资活动有重要影响的一系列经济因素，包括经济发展水平、通货膨胀、利率波动、经济政策等。经济发展水平一般可以用国内生产总值来表示整体经济实力，经济发展水平越高，市场容量就越大，可进行投资的选择和机会就越多。通货膨胀和利率波动都会给旅游饭店投资带来较大的影响，通货膨胀时产品价格不断上涨，引起资金占用的迅速增加，利率上升会增加筹资成本，提升投资风险。经济政策是为了促进或调节经济发展，政府在一定时期内采取的一系列行动措施，包括宏观财政政策、货币政策、鼓励投资的税收减免政策等。经济政策与投资之间的关系密切，良好的经济政策有利于降低资本成本、促进产业发展等，在旅游饭店投资分析中有必要充分把握政策方向。

（二）金融市场环境

金融市场是指资金的供需双方通过某种形式的资金融通达成交易的场所。旅游饭店的投资活动需要取得资金，除了自有资金之外，主要通过金融市场获取，故而，金融市场环境影响着旅游饭店的筹资、投资和资金周转。有三类因素是金融市场环境的重要组成部分。第一，金融资产的种类和数量，金融市场上有各种各样的交易工具，按照金融工具性质可以分为债权型工具和股权型工具，债权型工具有国债、公司债等，股权型工具包括普通股和优先股；按照金融资产期限可以分为短期金融工具和长期金融工具，短期金融工具以一年为限，有商业票据、回购协议等，长期金融工具有股票和期限超过一年的债券等；按照交易方式，金融工具包含原生金融工具和衍生金融工具，股票、债券等都是原生金融工具，衍生金融工具则是指金融期货、金融期权等。金融市场的发展会带来金融工具的开发和创新，有较为丰富的投资品种。第二，金融市场和金融机构的组织管理。金融市场的构成较为复杂，可以简单地理解为由主体、客体和参与人组成，主体是指银行和非银行金融机构，起到中介的角色，是连接投资人和筹资人的桥梁；客体就是金融市场上的交易对象，也就是金融工具，参与人则是金融工具的交易双方，旅游饭店在投资中是金融市场上的参与人。所有的中介机构和参与人在金融市场上的交易活动都要受到国家相关管理部门的监督管理。第三，金融市场的组织及其有效性。有效金融市场的建设会直接影响投资决策和投资风险，应增加市场的竞争性和信息的透明度，消除垄断或暗箱操作，减少市场本身的不确定性，确保投资者能够开展合理的投资组合，通过科学分析提升投资回报。

（三）法律制度环境

市场经济是以法律规范和各项制度来维系经济运转，形成有秩序的经济活动，是法治经济，旅游饭店在一定的法律制度前提下从事各项业务活动。法律制度环境对旅游饭店的投资和各项业务进行约束，也为守法交易提供保护。法律制度环境包括企业组织法规、税务法规、财务会计法规等一般性法律法规，也包括针对特定行业的管理制度，例如旅游行业的《文化和旅游市场信用管理规定》《娱乐场所管理条例》《旅游行政许可办法》《旅游行政处罚办法》《文化市场综合行政执法管理办法》《旅游投诉处理办法》等。完善的法律制度环境是旅游饭店投资的基本保障，也是投资行为准则，例如政府通过制定环境保护法和税法来约束生产导致的环境污染行为，那么在投资工作中，就应准确评估开展不危害环境的旅游饭店经营活动所需的资金成本，从而准确核定投资金额和投资回报。

在旅游饭店实业投资中，有必要开展投资环境分析，就是通过一定的方法来认知、测算环境质量，用于指导投资决策。投资环境的分析评价涉及投资项目所在地区的政治、经济、文化、法律等一系列因素，可以采用关键因素分析法。针对不同的投资环境，选择七项指标进行对比，分别是政治稳定性、市场机会、经济发展潜力、文化认同程度、法律规范、阻碍因素、地理和文化差异。通过这七项指标的对比分析，可以在一定程度上得知投资项目所处环境的优劣，进而作出更加科学的投资决策。

第二节　旅游饭店投资决策基本过程

一、旅游饭店投资管理步骤

旅游饭店投资具有较高的风险，一旦投资决策失误，可能会导致财务状况恶化甚至资金链断裂，进而影响旅游饭店正常的生产运营，严重时会迫使旅游饭店破产。故而，旅游饭店投资不是随意进行的决策，必须按照特定的程序进行科学分析，用可行性研究确保投资决策的正确有效。从投资战略决策视角，旅游饭店投资管理步骤如下：

（一）制定投资战略

根据旅游饭店的经营情况和市场发展情况，作出旅游饭店有关投资方面的基本方针，如投资规模、投资项目等，即制定投资战略计划。这一般由旅游饭店的最高领导层作出，作为高层管理者，需要善于开拓新市场、发现新机会、提出新创意、应用新技术，才能真正通过投资引领旅游饭店的长期发展。

（二）提出投资方案

根据投资战略计划，提出若干具体的可供选择的投资方案，以供筛选。首先，应对国家政策、资金来源、资源和市场等基本要素进行初步分析，从长期发展的视角提出投资的方向和时机。其次，需要依据发展方向和发展计划，提出投资方案的设想和建议。最后，搜集相关资料进一步细化投资方案，包括项目的建设地点、投资时间安排、资金筹集等。

（三）作出投资决策

运用一定的评价方法对投资方案进行财务上的评价，通过比较选出最佳的方案，然后交总经理或董事会作出同意、否定或修改的决策。投资方案的评价一般涉及下列内容：一是对投资项目进行分类，为比较分析做好准备；二是计算有关项目的预计收入和成本，预测投资项目的现金流入和流出量；三是运用各种投资评价指标，对投资方案进行排序，最后写出投资评价报告，供高层管理者审批。一般而言，旅游饭店的高层管理者应该结合自身经营和发展状况，对投资方案未来的效益作出最后投资或不投资的决策，对于一部分无法立刻决定是否投资的方案，如果有价值，应该进一步调查研究，以便最终决定。

（四）执行和评价投资方案

投资项目被批准后，旅游饭店财务部门要按投资计划的要求及时筹集所需资金，开展投资。特别是要对投资项目的工程进度、质量、成本等进行严格控制。如果外部环境、项目进度、现金流量等发生异常情况，应及时报告，对项目中的投资支出进行审核，从财务上监督投资的实施情况，并对实施结果作出评价。

二、旅游饭店项目投资可行性研究

（一）可行性研究简介

投资项目的可行性研究是论证一项投资的必要性、市场前景、技术可行性和先进性、财务盈利能力、经济的合理性和有效性、施工条件的可能性、环境安全性等内容的分析报告，是在投资之前进行的系统、科学、综合的研究分析，用于指导投资决策。其中，对市场前景、技术可行性和先进性、施工条件等的评估，目的是判断经济合理性和财务盈利能力，也是可行性研究的核心。当然，由于旅游饭店属于环境依托型项目，且绿色发展已经成为主流趋势，投资项目的环境影响同样能够左右最终投资决策。

【链接启示】

可行性分析

在国家发展改革委、住房和城乡建设部发布的《建设项目经济评价方法与参数》中指出，"建设项目经济评价应根据国民经济和社会发展以及行业、地区发展规划的要求，在项目初步方案的基础上，采用科学的分析方法，对拟建项目的财务可行性和经济合理性进行分析论证，为项目的科学决策提供经济方面的依据"。其中，财务评价是指在国家现行财税制度和价格体系的前提下，从项目的角度出发，计算项目范围内的财务效益和费用，分析项目的盈利能力和清偿能力，评价项目在财务上的可行性；国民经济评价是在合理配置社会资源的前提下，从国家经济整体利益的角度出发，计算项目对国民经济的贡献，分析项目的经济效率、效果和对社会的影响，评价项目在宏观经济上的合理性。可行性的判定标准是：对于财务评价结论和国民经济评价结论都可行的建设项目,可予以通过;反之应予否定。对于国民经济评价结论不可行的项目,一般应予否定。

思考: 如何将不确定性下的资源整合和协作配合的思维能力应用在可行性分析中?

(二)可行性研究的阶段

可行性研究的第一阶段是项目投资机会研究,在一定范围内,对投资方向提出设想,寻求有价值的投资机会。在这一阶段,要特别关注到人民生活水平提高后出于对美好生活的需求外出旅游活动大幅度增长,对旅游饭店的要求也发生了重要变化。第二阶段是初步可行性研究,对项目的投资意向进行初步的估计,主要目的包括:判断各个投资项目是否具有吸引力,是否有必要开展可行性研究,对于一些项目的关键步骤是否要进一步调查。第三阶段是对选定的投资项目开展深入且详细的可行性研究,一般涉及搜集项目基础资料、相关参数、技术标准等,开展针对市场、技术和经济的调查研究,在充分获取资料的基础上制定技术方案和建设方案,并进行财务预测,包括固定资产投资估算、流动资金投资估算、项目盈利能力估算等,最后在编制的可行性研究报告中论证项目投资的可行性。

(三)可行性研究报告的内容

可行性研究报告在第一部分介绍旅游饭店投资项目的背景,直接指出可行性研究结论,并提供主要技术经济指标。在第二部分主要分析旅游饭店投资项目发起的概况,投资的必要性,所生产产品的市场分析和预测,以及项目选址、建设方案、环境保护和劳动安全等内容。之后要基本确定旅游饭店投资项目的企业组织和劳动定员,项目实施的进度安排,投资估算和资金筹措,核心是开展财务与敏感性分析。应对生产成本、销售成本、销售收入作出估计,据此作出财务评价,有时还会开展不同成本和收入水平的财务评价。在对社会效益和社会影响展开分析后,就可以提出可行性研究的结论。

【链接启示】

机会成本

在投资项目的选择中,饭店选择了一个投资方案,就必然放弃其他投资机会，这些放弃的投资机会可能获得的收益构成投资本方案的代价，称为机会成本。例如，当下亲子饭店的市场需求量很大，某饭店刚好有一块空地可以开发成亲子乐园，虽然对于住店顾客而言，亲子乐园是免费的，但是这个乐园可以很好地提升客房销售价格和出租率。当然，饭店也可以考虑将这块闲置的空地出售，出售所获得的收入构成开发亲子乐园的机会成本。需要注意的是，虽然机会成本并不是财务意义上成本所指的支出或费用，而是失去的潜在收益。机会成本是针对某一特定投资方案的，离开投资方案则无法计量。

思考：机会成本体现了怎样的过去、现在和未来的关系？

三、现金流量分析

在投资决策中，无论是把资金投在旅游饭店内部形成各种资产，还是投向旅游饭店外部获取投资回报，都需要用特定指标开展可行性研究中的财务评价，这些指标的计算大多是以投资项目的现金流量为基础的。在项目投资之前，完整、准确的现金流量预测，将会直接影响投资项目的决策结果。

（一）投资决策中分析现金流量的必要性

旅游饭店进行投资会引起未来一段时期内现金流量的变化。由投资项目引起的现金收入被称为现金流入量，现金支出就是现金流出量，净现金流量是指一段时期内现金流入和流出量的差额，因此净现金流量可能是正值、负值或零。权责发生制中是通过计算旅游饭店的收入和成本，用收入减去成本的利润作为评价经济效益的指标。但是，在投资项目可行性研究的财务评价中，考虑到资金的时间价值和投资项目实际产生的收入，有必要运用现金流量作为评价投资项目经济效益的基础。投资决策时要弄清每一笔款项的收入和支出时间，因为不同时间的资金具有不同的价值，要将所有资金都折算在同一时点上，才能更为科学地判断投资回报。权责发生制中净利润的核算受到诸如存货估价、费用摊配、不同折旧计提方法、应收账款坏账情况等多重因素的影响，现金流量更能准确地评估出因项目投资而产生的回报。

（二）现金流量的计算

1. 现金流入量

当投资项目开始正常营业时，会因产品销售带来现金流入量。在计算营业现金流量时，有不同方法，如果使用税后净利润计算，可以直接加上折旧得到营业现金流入量，因为折旧在核算营业利润时作为成本费用出现，但是并未涉及现金收付。

$$营业现金流量 = 营业收入 - (营业成本 - 折旧) - 所得税$$
$$= 营业利润 + 折旧 - 所得税$$
$$= 税后净利润 + 折旧$$

非营业现金流量主要包括投资项目出售或报废时的残值收入和项目结束时收回的流动资金。

2. 现金流出量

现金流出量主要用于投资项目中购建长期资产和垫支流动资金。长期资产包括满足旅游饭店生产经营所需的建筑物、机器设备、布草等固定资产，还包括无形资产、开办费用等。如果是对原有的固定资产进行更新改造，则涉及清理费用等。垫支流动资金是指在项目建成前为项目运营准备的流动资产购置支出，以及项目建设过程中发生的应收款项和应付款项等。

第三节　旅游饭店对内投资管理

一、旅游饭店对内投资的意义及管理要求

（一）旅游饭店对内投资的意义

旅游饭店对内投资是指在本饭店范围内的资金投放，用于购买和配置生产经营所需的经营性资产，包括维持性投资和扩张性投资。对内投资一方面维系旅游饭店的形象和服务水准，例如对服务设施进行更新，购买先进的服务设备，重新装修优化酒店环境等；另一方面，在条件允许的情况下扩大生产经营的规模。

对内投资中最常见的是将资金投放于本饭店的新增固定资产。固定资产投资就是人们对预期会带来收益的固定资产的购建行为。旅游饭店固定资产投资金额很大，一般要占对内投资额的 80% 左右，因此固定资产投资管理得如何对旅游饭店财务成果影响极大。固定资产具有使用年限长、一旦投入往往难以改变的特点，其投资决策成功与否对旅游饭店未来的发展方向、发展速度和获利能力都有重大的影响，所以在进行投资决策之前，一定要对投资方案的预期经

济效益作出深入全面的分析评价，用审慎的态度、科学的方法选择最有利的投资方案，以达到用最少的投资和最小的风险获取最大效益的目的。

（二）旅游饭店对内投资管理的要求

1. 建立严谨的投资管理程序

在进行对内投资前，要进行周密细致的可行性研究，财务人员要参加这一可行性研究，并广泛吸收各方面的专家，尤其不能缺少精通旅游饭店经营管理的人员参加，在深入调查研究的基础上，以科学求实的态度论证投资项目的经济可行性和有效性，争取做到"投资前谨慎分析，投资中迅速实施，投资后经营见效"，避免投资决策的失误。

2. 制定对内资产投资计划

旅游饭店对内投资项目往往不只一个，在这种情况下，要制定投资计划，通过经济评价，选出最有利的项目首先进行，这样可以合理安排投资项目和投资顺序，以提高投资的经济效益。

3. 制定投资项目的资金预算

对内投资需要大量资金支持，否则难以按计划进行。实践中，经常出现由于资金不足而造成的半截子工程，致使投资项目的资金无效率地沉淀下来，丧失时间价值，影响投资效益的情况，对此必须加强对项目资金的预算和管理。

二、旅游饭店投资决策的财务评价

对投资者来说，进行投资是为了增加其财富，获取最大利润。因此，要知道一个投资项目是否可行，就要对该项目财务上的盈利能力进行分析评价，这种分析评价应建立在旅游饭店能够完成一定的销售量基础上的。旅游饭店销售会受许多因素的影响，因而在投资评价前需要对这些因素进行认真的分析研究，作出接近实际情况的财务预算，从而获得正确的评价结果，避免对投资项目的财务评价出现过大的纰漏。以下分析是在投资项目财务预算成立的前提下进行的。

对旅游饭店投资项目进行财务评价的指标既有静态指标，也有动态指标，这些指标主要包括投资回收期、投资利润率、净现值、内部收益率等。

（一）静态指标

静态指标是指不考虑货币的时间价值，直接按投资项目形成的现金流量进行计算的指标。

1. 投资回收期（RPI）

投资回收期（Return Period of Investment）是指以项目的净现金流量抵偿全部投资所需要的时间长度。投资回收期一般以年为单位，是一种应用广泛的投资评价指标。其计算公式为：

$$投资回收期 = \frac{投资总额}{每年净现金流量}$$

如果投资后每年的净现金流量不相等，那么可以用下列公式计算：

$$投资总额 = \sum_{t=1}^{n} 净现金流量\ t$$

其中：n 为投资回收期；t 为投资年份。

这种计算方法是将各年的净现金流量相加，一直加到和投资总额相等为止，算出投资回收期的年限。

例：有一投资方案投资额为 10 万元，4 年内净现金流量分别为 5 万元、4 万元、3 万元和 1 万元，则：

$$100000 = \sum_{t=1}^{n} 净现金流量\ t$$

$$= 50000 + 40000 + \frac{1}{3} \times 30000$$

$$n = 1 + 1 + \frac{1}{3} = 2\frac{1}{3}（年）$$

（1）投资者分析

每年的净现金流量越大，投资回收期越短。如果投资回收期短于或等于投资者可以接受的期限（根据类似投资项目经验得出），那么此项目从财务上就是可接受的。就旅游饭店的投资回收期来讲，一般为 6—7 年，因为这时恰好是旅游饭店设备的更新期，如果此时投资成本还未收回，势必会影响投资者再投资的信心。从国际上来看，对旅游饭店的投资最快 4 年便可收回。随着我国改革开放的不断深入，我国兴建了大批的中外合资旅游饭店，其合作期一般在 10—20 年，如果投资回收期少于合作期的 2/3，便是有利可图的。

从投资回收期的计算公式中不难发现，分母包括折旧额。如果折旧额越大，那么投资回收期就越短，从这个意义上说投资回收期在一定程度上考虑了投资的风险。投资回收期越短，说明其风险越小，投资的经济效益越好。

例：某旅游饭店欲购置某种设备，投资为 100 万元，运费 5000 元，安装费 2000 元，初始培训费用为 3000 元，预计可用 10 年（使用直线折旧法），投资后每年增加收入 30 万元，增加费用 15 万元，所得税率为 25%，预测投资回收期是多少年？

根据上述资料计算如下：

$$总投资额 = 1000000 + 5000 + 3000 + 2000 = 1010000(元)$$

$$年折旧额 = \frac{1010000}{10} = 101000(元)$$

$$净现金流量 = (300000 - 150000 - 101000) \times (1 - 25\%) + 1 = 137750(元)$$

$$投资回收期 = \frac{1010000}{137750} = 7.3(年)$$

该项投资额需要 7.3 年便可收回。

如果是对一项投资方案进行评价，可将计算结果与标准回收期进行比较，小于标准回收期的在财务上就是可以接受的；如果是对多项方案进行比较筛选，那么就选投资回收期最短的方案。

（2）优缺点分析

运用投资回收期指标进行财务评价，其优点在于计算简单，反映问题比较直观，能够提供偿还投资的大致情形；其缺点在于没有考虑货币的时间价值。例如，某旅游饭店有两个投资方案可供选择，两个方案投资额均为 30 万元，每年的净现金流量不同：方案一的净现金流量分别为 15 万元、10 万元、5 万元；方案二的净现金流量分别为 5 万元、10 万元、15 万元，如果用投资回收期衡量，这两个方案都是可行的，因为回收期均为 3 年。但如果从货币的时间价值来考虑，则方案一较好，因为它投资的大部分在近期就能收回，而方案二投资额的大部分要在后半期才能收回。

此外，回收期法没有考虑回收期后的现金流入量，也就是在回收期结束后，不同方案可能带来的持续的现金流量不同，如果有较大差异，则通过回收期法作出的投资评价则不够准确。

2. 投资利润率

投资利润率是指年平均净利润与总投资额的比率，其计算公式为：

$$投资利润率 = \frac{年平均净利润}{总投资额} \times 100\%$$

如果投资项目的利润率高于投资者预期的最低利润率,则该项目可以进行。如果存在多个备选方案,则选择投资利润率最高的。

例:某旅游饭店投资400万元,预计年平均净利润为45万元,如果投资者要求最低利润率为15%,则该项目是否可行?

$$投资利润率 = \frac{450000}{4000000} \times 100\% = 11.25\%$$

可求出投资回报率是11.25%,即该投资项目没有达到投资者所要求的最低利润率,所以不可行。

投资利润率这一指标同样没有考虑货币的时间价值,如果每年的净现金流入量不同,对投资者来说投资项目的价值实际上是不一样的。所以要对投资方案的可行性作出正确的财务评估,还须使用动态指标。

(二)动态指标

动态指标考虑了货币的时间价值,是将投资项目未来可能产生的现金流量统一换算到某期再进行计算的评价指标。通常采用的动态指标主要有净现值和内部收益率两项。

1. 净现值(NPV)

(1)净现值的含义

净现值(Net Present Value)是指投资项目未来可能带来的净现金流入总量的现值与现金流出总量的现值之间的差额。该指标是评价投资项目是否可行的重要指标。由于投资项目的支出和收入发生在不同的时间,这就需要考虑到货币的时间价值,用一定的折现率(贴现率)将它们都折算成同一时点上的数值,即现值,这样才能准确地将支出与收入进行分析对比,从而对投资效果进行准确的测算。

(2)净现值的计算步骤

净现值计算公式为:

$$NPV = \sum_{t=0}^{n} (CI - CO)_t (1+i)^{-t}$$

其中:CI为现金流入;CO为现金流出;(CI-CO)$_t$为第t年的净现金流量;i为折现率。

相关计算步骤为:

第一步,确定投资项目各年的现金流入量和流出量,计算其差额,即净现金流量；

第二步，选择适当的折现率（一般为资金市场中长期贷款利率），通过查表确定未来各年的贴现系数；

第三步，将未来各年的净现金流量乘以相应的贴现系数求出其现值；

第四步，将各年净现金流量的现值加以汇总，可得出投资项目的净现值。

（3）净现值分析

计算出来的净现值将会出现以下三种结果：

① NPV=0，说明该投资方案的盈利率正好等于折现率，从财务上说是"合格"项目，但它是一个边缘项目。

② NPV>0，说明该投资方案的盈利率大于折现率，从财务上说是"合格"项目，可以接受此方案。

③ NPV<0，说明该投资方案的盈利率达不到折现率水平，从财务上说是"不合格"项目，此方案应被舍弃。

由此可见，运用净现值法进行投资项目财务评价时，主要是看净现值的大小。净现值越大，说明收入与支出的差额越大，经济效益越好。如果有若干个方案可供选择，那么应该选择净现值最大的方案。从数量上增加现金的流入量或从时间上提前实现现金的流入都可以增大净现值。

例：某旅游饭店准备进行一项投资，投资额为20万元，连续3年的净现金流量分别为8万元、12万元、18万元，贴现率为12%，则净现值为：

$$NPV = \sum_{t=0}^{n}(CI-CO)_t(1+i)^{-t}$$
$$= -20 \times (1+12\%)^0 + 8 \times (1+12\%)^{-1} + 12 \times (1+12\%)^{-2} + 18 \times (1+12\%)^{-3}$$
$$= -20 + 7.14 + 9.57 + 12.81$$
$$= 9.52（万元）$$

该投资方案的净现值为正数，说明投资的可盈利率在12%以上，此方案可以接受。若计算出的净现值为负数，说明投资可盈利率在12%以下，进行投资是不符合投资者预期的。

（4）净现值比率

净现值只是一个项目净利润绝对值的标志，很可能出现这样的情况：净现值大的项目投资支出也大。为此在进行比较选择方案时，我们可以借助净现值比率这一指标来进行分析。

净现值比率是指投资项目净现值与全部投资额之比，即单位投资额能获得的净现值。其计算公式为：

$$净现值比率 = \frac{净现值}{全部投资额}$$

例：有两个不同的投资方案，甲方案投资额为 15 万元，净现值为 10 万元，则该净现值比率为：

$$净现值比率 = \frac{100000}{150000} = 0.67$$

乙方案投资额为 12.5 万元，净现值为 9 万元，则净现值比率为：

$$净现值比率 = \frac{90000}{125000} = 0.72$$

从计算结果可以看出，甲方案净现值绝对额比乙方案大，但同时其投资额也比乙方案多，用净现值比较，应该选择甲方案。但如果用净现值比率来比较的话，则应该选择乙方案，因为其收益率高于甲方案，即乙方案每单位投资的净现值产出高于甲方案。由此可见，在投资额不等的情况下，用净现值比率作为分析评价投资项目的补充指标是十分必要的。

净现值指标的优点在于它考虑了货币的时间价值，并且能够反映出投资项目可获得的收益额；其缺点在于不能反映投资利润率的高低，特别是在投资额不等的几个方案进行比较时，仅看净现值绝对数将很难作出正确的评价，因此必须结合其他方法综合运用。

【链接启示】

准确理解概念很重要

小王与几个朋友一起开了一家小饭店，因为周边的一个景点忽然在网上火了起来，每日客房供不应求，就想在附近投资再开一家饭店。为了降低投资的盲目性，先对项目开展了投资评估。小王凭借自己的经验和感觉使用 15% 作为贴现率，这时净现值法显示投资项目在经济上是可行的，可是当他尝试将贴现率提高 1 个百分点时，却发现项目变得不可行了。为了稳妥起见，小王去图书馆借了几本相关书籍，发现了一个信息：只有当资金投入项目预期能获得的收益率等于或超过投到其他风险相似的项目所能得到的收益率时，才可以进行投资。

思考： 小王感到贴现率或许与机会成本的概念相似或有关联，可是对于如何使用这些财务概念和工具，仍然有困惑，那么应该如何为投资项目选择合适的贴现率呢？

2. 内部收益率（IRR）

（1）内部收益率的含义

内部收益率（Internal Rate of Return）就是使投资项目各年净现金流量现值之和等于零的折现率。用公式表示则为：

$$\sum_{t=0}^{n}(CI-CO)_t(1+IRR)^{-t}=0$$

内部收益率公式和净现值公式实际上是一样的，但是，使用净现值公式时，折现率是已知的，净现值是所求；而使用内部收益率公式时，则是令净现值为零，要求使净现值等于零的折现率（即内部收益率）。

（2）内部收益率的计算

内部收益率的计算通常有两种情况，一种是未来每年的净现金流量均相同，则使用年金现值的计算方法来计算折现率；二是未来每年的净现金流量不同，则使用试算法来计算折现率。

① 年金现值法

如果各年的现金流入量相等，则计算内部收益率比较简单。可以把各年的现金流入量看作年金，用年金现值公式求出现值系数，反查年金现值系数表即可求出内部收益率。其计算公式为：

$$年金现值 = 年金 \times 年金现值系数$$

$$年金现值系数 = \frac{年金现值}{年金} = \frac{原始投资额}{每年现金流入量}$$

例：有一投资方案，原始投资额为 15 万元，在未来的 7 年内每年现金流入量为 3.29 万元，则内部收益率为：

$$年金现值系数 = \frac{15}{3.29} = 4.559$$

反查年金现值表（在年金现值表中找到系数为 4.559 的地方，此点相对应的贴现率便为内部收益率）得 IRR ≈ 12%。

② 试算法

试算法是一种估测的方法，即先估计出一个折现率，将净现值计算出来。如果利用该折现率计算出的净现值为正，说明该方案可达到的内部收益率比估计的折现率要高，因此要提高折现率，可以重估一个较高的折现率进行计算；如果利用该折现率计算出的净现值为负，说明该方案可达到的内部收益率比估计的折现率要低，因此要降低折现率，可再估计一个较小的折现率重新计算。这样不断地试算，就可以找出两个相邻的折现率 A 和 B，将 A 带入计算可以令净现值大于零，将 B 带入计算可令净现值小于零，然后用插值法计算出一个确切的收益率值。其公式为：

$$\text{内部收益率} = \text{估计的较低折现率} + \left(\text{高低两个折现率的差额}\right) \times \frac{\text{低折现率计算的净现值(正值)}}{\text{高低两个折现率计算的净现值的绝对值之和}}$$

例：某旅游饭店有一投资方案，其投资额为 60 万元，各年的净现金流量如表 4-1 所示，用内部收益率分析一下此方案能否接受（资金成本率为 11%）。

表 4-1　各年净现金流量表　　　　　　　　　　单位：万元

年份	1	2	3	4
净现金流量	30	25	15	12

用测试法计算内部收益率，先用 15% 估算，如表 4-2 所示。

表 4-2　内部收益率为 15% 的净现值表

年份	净现金流量（万元）	现值系数 IRR=15%	现值（万元）
1	30	0.870	26.10
2	25	0.756	18.90
3	15	0.658	9.87
4	12	0.572	6.86
现值总额			61.73
减：投资额			60.00
净现值			1.73

净现值为正值,说明估计的折现率15%偏低,再以18%估算,如表4-3所示。

表4-3　内部收益率为18%的净现值表

年份	净现金流量（万元）	现值系数 IRR=18%	现值（万元）
1	30	0.847	25.41
2	25	0.718	17.95
3	15	0.609	9.14
4	12	0.516	6.19
现值总额			58.69
减：投资额			60
净现值			−1.31

可见,该投资方案的内部收益率应在15%与18%之间,可用插值法公式计算：

$$\text{内部收益率} = 15\% + (18\% - 15\%) \times \frac{1.73}{1.73 + |-1.31|}$$

（3）内部收益率分析

将计算出来的内部收益率与旅游饭店的资金成本率进行比较,如果内部收益率高于资金成本率,说明该方案的所得在抵补其资金成本以后还有一定的现金盈余,此方案可以接受,如例题计算出内部收益率为16.71%,大于饭店的资金成本率11%,说明该投资项目可行；反之,如果内部收益率低于资金成本率,此方案应被否决；如果几个相斥的方案的内部收益率都高于资金成本率,则要选收益率最高的投资方案。

内部收益率法与净现值法一样,都考虑了货币的时间价值,所不同的是内部收益率能对不同投资规模的项目进行比较,并且能提供收益率大小的信息；其缺点是假设前提与实际不符,即假设每期的净现金流量都按内部收益率再投资。所以比较而言,净现值法运用得更为广泛些。

【链接启示】

《注册会计师诚信宣誓办法》中的誓词

作为一名中国注册会计师,我宣誓:

宣誓人:×××

自觉遵守国家法律法规,恪守职业道德规范,严格执行执业准则;

树立诚信意识,保持良好执业行为,维护行业形象;

牢记社会责任,保证服务质量,维护公众利益。

愿与行业同仁一道,为维护社会经济秩序,促进行业健康发展,贡献自己的力量。

思考: 在财务工作中,可能会面对哪些不诚信问题?怎样确保自己的行为符合《注册会计师诚信宣誓办法》中的誓词?人生中如何保持自我诚信形象?

三、资金有限条件下对内投资决策分析

上一节介绍了对投资决策进行财务评估的各种方法,经过评价筛选,投资者可从若干投资项目中选出能获取最佳收益的一项或几项。但是,这种决策是建立旅游饭店可供利用的资源(如资金、技术、人才等)具有无限性的基础上的,尤其是资金来源是无限的。但在现实生活中,并非所有合格的项目都能实施,因为资金来源是有限的,特别是在需要借款来进行投资的时候,其决策的空间会进一步缩小。因而在进行对内的固定资产投资决策时,一定要结合资金的约束条件来考虑各备选方案的取舍,以充分利用资金,提高投资收益。

例:某旅游饭店现有资金55万元可用于投资,现有四个可供选择的备选方案,旅游饭店全部资金成本为10%,如表4-4所示。

表4-4 投资的备选方案表

投资方案	投资额(万元)	内部收益率(%)	收益顺序
甲	20	45	1
乙	20	30	2
丙	10	25	3
丁	15	20	4

从内部收益率与资金成本的比较看,这四个方案都是可行的,但旅游饭店现只有 60 万元资金,不足以同时进行四项投资,需从中进行筛选。筛选的原则是保留内部收益率高且在资金预算线内的项目,本例中甲、乙两方案都是可行的,共耗用资金 40 万元,还余 15 万元,可在丙、丁两方案中进行选择。若选择收益率较低的丁方案,则资金可得到充分利用,若选择收益率较高的丙方案,则资金没有得到充分利用,尚余 5 万元可存入银行(银行存款利率为 7%)。表 4-5 把这两种不同组合方式分别列出,并计算出它们各自的收益率,比较孰高孰低。

表 4-5　不同组合方案投资收益对照表

	第一种选择	第二种选择
组合方式	甲 + 乙 + 丁	甲 + 乙 + 丙 + 银行存款
加权平均的内部收益率	甲:$\frac{200000}{550000} \times 45\% = 16.36\%$ 乙:$\frac{200000}{550000} \times 30\% = 10.90\%$ 丁:$\frac{150000}{550000} \times 20\% = 5.45\%$ 32.71%	甲:$\frac{200000}{550000} \times 45\% = 16.36\%$ 乙:$\frac{200000}{550000} \times 30\% = 10.90\%$ 丙:$\frac{100000}{550000} \times 25\% = 4.55\%$ 存款:$\frac{50000}{550000} \times 7\% = 0.64\%$ 32.45%
预计投资收益	550000 × 32.71% = 179905(元)	550000 × 32.45% = 178475(元)

由计算可知,第一种选择(或称第一种组合投资方式)不仅充分利用已有资金,而且综合投资收益率较高。

如果旅游饭店进行上述投资活动所需资金是从银行借来的,则是否进行投资就要比较收益率与借款成本的高低,只要收益率能大于资金成本,就可以进行投资。

由于旅游饭店资金来源的有限性,常使旅游饭店在需要购置固定资产时不能如愿以偿,有时甚至会因此失去许多机会。因此,旅游饭店除了投资,还应寻求其他途径解决固定资产的更新问题,以实现最好的经营业绩。

案例思考

如何核算投资支出？

由于经营不够景气，CF饭店打算开发两个新的服务项目，一是针对饭店周边写字楼里工作的白领的午休服务，中午12：00-14：00可以使用饭店客房2小时，价格便宜；二是自习室服务，将部分客房的书桌、照明和座椅进行升级，打造豪华自习室，满足现在市场上对自习室的需求，如果试运营后前景很好，还可以进一步对客房进行改造，比如撤掉标间中的一张床，增加一些桌椅。参加新产品开发和投资会议的人员包括董事长、总经理、市场部经理、财务部经理等。在会议中，市场部经理首先介绍了新服务的特点、作用、市场前景，着重分析了需要投入的资金和回报。提供这两项服务的初始投资为240万元，其中40万元为市场调查分析的费用，午休服务的投资主要花在针对周边白领宣传上，预计80万元；自习室服务包含改造费用和宣传费用，将花费120万元，预计新设施使用年限为10年，期满无残值。在分析市场状况、投资机会和行业发展水平后，将投资的机会成本定为10%。分析可能产生的成本和收入后，预计未来10年，平均每年的净现金流量约为46万元。由于净现值为正，所以投资是可行的。

财务部经理听完介绍后，提出了质疑，一是这两项投资的资本支出为什么没有考虑客房设施设备等固定资产的支出；二是是否要考虑追加流动资金。对此，市场部经理的解释是，由于本饭店的客房出租率在50%左右，所以新的服务项目只是使用了原本没有被用到的饭店生产能力，无须将已有设施的固定资产支出放在项目投资中，只需要考虑新增设施的支出就可以了；新的服务项目开始运营后，确实需要增加约20万元流动资金，但是由于饭店账面上还有不少现金，而且是保持在一个较为稳定的状态，因此不需要追加流动资金，用现有的就可以了。饭店财务经理不同意市场部经理的观点，他指出，即使出租率不高，那么我们如果把一部分客房打包出租出去，比如给其他企业做办公室，那么一年也能获得不少的租金收入，因此，不能因为饭店现在有，就不把它作为成本的一部分。市场部经理指出，饭店有严格的经营规范，不能打包出租给别人，这不在经营执照许可范围内。有关如何核算投资支出和现金流量的讨论仍在继续。

思考：新服务使用饭店剩余的生产能力，是否应该列支投资成本？如何正确地计算投资成本？关于新服务所需的流动资金，到底应该如何计算其现金流量？考虑到 CF 饭店自身的情况，要投资开展这两项新服务项目吗？

四、旅游饭店固定资产更新改造的决策分析及其管理

（一）旅游饭店固定资产更新改造的决策分析

1. 固定资产更新决策

旅游饭店资产构成中，固定资产占的比例最大，这些固定资产在生产经营活动中，既发挥着劳动资料的作用，同时又作为向客人出租的商品而存在，这样的特点就决定了固定资产的完好程度和运转效率直接影响着客人对旅游饭店产品的价值判断，进而影响着旅游饭店的经济效益。

旅游饭店固定资产的使用和消耗，会使其效能下降，对此是通过大修理加以弥补呢？还是通过更新改造加以彻底解决？这是旅游饭店经营管理中常遇到的决策问题，如果决定通过更新改造加以解决，那么在什么时机开始进行改造才不至于给旅游饭店正常经营带来太大的影响，这又是决策中面临的另一个问题。通常为使决策更科学，需要进行净现值分析，下面举一个例子来加以说明。

例：明珠旅游饭店有一台已使用几年的锅炉，如果进行翻新，需立即支付翻新成本 220000 元，并预计在第五年末还需大修一次，预计大修理成本 88000 元。如果按时大修，这台锅炉还可运转 10 年，10 年后预计该锅炉有残值 48000 元，锅炉每年的营运成本估计为 150000 元。

在锅炉问题上还有另一种方案：购置一台新锅炉，预计购置成本 440000 元，同时将旧锅炉出售，收回 72000 元，新锅炉预计寿命为 10 年，期满后可收回残值 50000 元，新锅炉每年的营运成本为 120000 元。锅炉运行中到第 5 年末需大修一次，需支付大修理成本 28000 元。旅游饭店发生的资金成本为 16%。

从题中可知购置新锅炉每年营运成本为 120000 元，翻修旧锅炉每年的营运成本为 150000 元，则购新售旧方案比翻新旧锅炉方案每年节约 30000 元的营运成本，相当于每年增加净现金流量 30000，则：

$$\begin{pmatrix} \text{购入新锅炉增加的净} \\ \text{现金流量总额的现值} \end{pmatrix} = \begin{pmatrix} \text{每年增加的} \\ \text{净现金流量} \end{pmatrix} \times \begin{pmatrix} \text{年金现值系} \\ \text{数}(10,16\%) \end{pmatrix} + \begin{pmatrix} \text{大修理成} \\ \text{本节约额} \end{pmatrix} \times \begin{pmatrix} \text{复利现值系} \\ \text{数}(5,16\%) \end{pmatrix} +$$

$$\begin{pmatrix} \text{残值} \\ \text{增加额} \end{pmatrix} \times \begin{pmatrix} \text{复利现值系} \\ \text{数}(10,16\%) \end{pmatrix}$$

$$= (30000 \times 4.8332) + (88000 - 28000) \times 0.4761 + 2000 \times 0.227$$
$$= 144996 + 28566 + 454 = 175816 (\text{元})$$

$$\text{购入新锅炉增加的净现值} = \text{购入新锅炉增加的现金流量总额的现值} - \text{购入新锅炉需要增加的投资}$$
$$= 174016 - (440000 - 220000 - 72000)$$
$$= 174016 - 148000$$
$$= 26016(元)$$

购置新锅炉可增加的净现值为26016元,即节约了26016元的资金。

2. 固定资产更新时间决策

选择合适的时机对固定资产进行维护保养和更新改造,对于旅游饭店更好地满足客人的消费需要,创造经济效益的最大化是至关重要的。那么怎样决定在什么时候开始更新更为合适呢?一般来说,可通过以下公式测算最佳更新期:

$$T = \sqrt{\frac{2(S-E-S\times h\% + R)}{P\times m\% + 2H}}$$

式中:T为最佳更新期;S为固定资产购置费;E为使用一年后的残值;h%为逐年递减率(按原值的h%逐年递减);R为清理费用;P为使用后第一年的维修费;m%为逐年递增率(每年按P的m%递增);H为平均每年分摊的间接损失以等值H递增。

例:明珠旅游饭店购进一台设备成本为50000元,预计此设备使用一年后的残值为5000元,以后将按原值的5%逐年递减,投入运营后第一年维修费为230元,以后每年按40%递增,设备平均每年分摊的间接损失,随着使用年限的延长以等值为100元递增,清理费用为400元,则:

$$T = \sqrt{\frac{2(30000 - 12000 - 30000\times 5\% + 400)}{300\times 50\% + 2\times 100}}$$
$$= 9.8(年)$$

计算结果表明,该设备的有效寿命为9.8年,此时进行更新的经济效益最好。

(二)固定资产购买与租赁决策

由于旅游企业经营具有明显季节性,因此有些设备非常年使用,这种情况下,要考虑是采用租赁设备更经济呢?还是自己投资购买更经济呢?我们借助以下的例子通过净现值法来了解如何进行决策。

例:某饭店计划夏季在室外开设一个露天风味食廊,正在考虑对所需设备是购置还是租赁。假设该饭店可以按10%利率取得贷款,使用期按4年考虑,企业所得税率为33%。根据有关数据,购买与租赁的现金流量情况如表4-6所示。

表 4-6　购买与租赁的现金流量比较表　　　　　单位：万元

类别		0 年	1 年	2 年	3 年	4 年
购买	购买价格	-24				
	维修保养费		-1	-1	-1	-1
	维修保养费税收节约额		0.33	0.33	0.33	0.33
	折旧税收节约额		1.98	1.98	1.98	1.98
	残值					0
	残值税金					0
	净现金流量	-24	1.31	1.31	1.31	1.31
	净现值			-19.56 万元		
租赁	租金	0	-8	-8	-8	-8
	租赁的税收节约额		2.64	2.64	2.64	2.64
	净现金流量		-5.36	-5.36	-5.36	-5.36
	净现值			-18.15 万元		

其中：维修保养费税收节约额：$1 \times 33\% = 0.33$（万元）

折旧税收节约额：$24/4 \times 33\% = 1.98$（万元）

租赁的税收节约额：$8 \times 33\% = 2.64$（万元）

税后折现率：$10\% \times (1-33\%) = 7\%$

购买决策的净现值：$-24 + 1.31 \times (P/A, 7\%, 4) = -19.56$（万元）

租赁决策的净现值：$-5.36 \times (P/A, 7\%, 4) = -18.15$（万元）

通过比较以上计算出来的净现值可知，租赁决策带来的税收节约额较高，净现值更为有利，所以应该采用租赁方式。

通常在购买与租赁的决策中，是以支出为判断依据的，即比较投资成本和租赁费用，支出更少的方案便是最佳方案。

案例思考

投资与社会责任的关系

中央生态环境保护督察组对黄山市太平湖违规建设房地产项目整改工作推

进不力进行了通报，一些临湖而建的别墅群以及矗立于湖面之上的大型酒店面临着拆除、停业的命运，其中包括黄山太平湖绿地皇冠假日酒店以及太平湖安卓梅达酒店。长期过度的开发，导致湖泊沿岸被房地产项目、酒店现代建筑侵占，生态景观与湿地资源也遭受不同程度的破坏。部分沿湖而建的房屋下方出现了水土流失。自通报以来，黄山区太平湖流域内的太平湖码头综合服务中心、太平半岛休闲度假村、黄山御景假日山庄和悦龙湾违规项目的拆除工作已全面完成。一家酒店从选址、规划、设计到施工完成，可以说是一项巨大且复杂的投资工程，尤其是当酒店选址于像太平湖这样具有生态保护意义的地方时，为顾客带来赏山乐水的体验需要建立在恰当的商业理念以及符合规定的勘察规划之上。假如说表面的和谐实则是建立给自然带来伤痕的基础上，这样的美好也无法实实在在地触达人们内心。

资料来源： 新华视点（记者：姜刚、李明、金剑、水金辰）。

思考： 如何理解和处理旅游饭店投资与社会责任之间的关系？个人如何参与其中尽到社会责任？

第四节 旅游饭店对外投资管理

一、旅游饭店对外投资的概念与分类

旅游饭店对外投资就是饭店以现金、实物、无形资产等方式或者以购买股票、债券等有价证券方式向其他单位进行的投资，以期在未来获得投资收益的经济行为。

旅游饭店对外投资的动因主要有以下几方面：对内来说，可以使临时闲置的资金充分利用起来，提高资金的利用率和周转率，为增加饭店收益创造条件；对外来说，可以抓住有利的市场机会，在组合投资的前提下降低投资风险，为增强外部扩张能力奠定基础。总之，旅游饭店对外投资是饭店生存的需要，更是饭店发展的需要。

二、旅游饭店对外投资的计价

由于对外投资的方式不同，计价也不同：以现金、银行存款等货币资金向其他单位投资的，按投资时实际支付金额计价；如果以人民币对外投资，应按实际支出款项确认其投资价值；如果旅游饭店以外币对外投资，则应按交款当日的外币汇率折算成人民币确认其投资价值。以实物、无形资产向其他单位投资的，按评估或者合同确认的价值计价；以购买股票对外投资的，应按其取得时实际支出的款项确认价值，实际支付款项中含有应计利息的，按照扣除应计利息后的差额计价。

三、旅游饭店对外直接投资的管理

旅游饭店利用货币资产、实物资产、无形资产等对其他企业所进行的投资行为称为直接投资。旅游饭店通过对外投资可以有效地利用现有资源，提高其资金利用率，并通过扩大企业规模，谋求企业更长远稳定的发展。

对外直接投资一般的方式有：对外合资、对外合作、对外合并投资等。对于是否开展对外直接投资以及采取什么方式进行投资要考虑多方面的因素，如企业资产的利用情况、企业经营目标及现状、拟投资项目的预期财务获利前景、市场利率现状及趋势等，经过权衡对外投资的利弊，从而作出投资决策。

四、旅游饭店对外间接投资的管理

（一）旅游饭店对外间接投资的目的

旅游企业对外间接投资又称证券投资，从范围来看，主要分为债券投资和股票投资。旅游饭店进行证券投资的目的是多方面的，有的是为了追求预防的动机，用证券作为现金的替代品；有的是为了偿付时满足现金的需要，必要时以解燃眉之急；有的是为了解决资金收支波动大的矛盾，以更大地获取资金投资收益；还有的是为了获取控制权等。无论投资的最初动机有何不同，归根到底，获取最大投资收益是投资的共同追求，如何在证券投资中规避风险，增加收益是旅游饭店投资管理中的重要内容。

（二）债券投资的管理

1. 债券的概念

债券是发行者为筹集资金，向债权人发行的在约定的时间内支付一定比例的利息，并在到期时偿还本金的一种有价证券。

2. 债券的定价管理

债券发行价格的确定取决于债券的票面利率与市场利率之间的差距。一般来说，债券发行价格有面额发行、折价发行和溢价发行几种。若票面利率高于市场利率，则发行价格是溢价发行；若票面利率低于市场利率，则发行价格是折价发行；如果票面利率与市场利率相等，则发行价格为面额发行。

3. 债券的风险收益管理

债券投资具有较大的收益，但同时也有较大的风险。为此必须正确认识风险来源，采取措施努力降低风险，争取更大的收益。

一般来说，债券投资的风险包括违约风险、利率风险、购买力风险、变现力风险。违约风险是指发行者无法按时支付债券利息和偿还本金的风险。利率风险是指由于利率变动而使投资者遭受损失的风险。购买力风险是指由于通货膨胀而使货币购买力下降的风险。变现力风险是指无法在短期内以合理价格卖掉资产的风险。

要控制违约风险需要在进行债券投资时了解发行债券的信用等级及其偿债能力，并由此决定是否值得投资此债券。随着利率浮动，投资债券必然会产生利率风险，因此要做好利率波动的预测分析，这是至关重要的。购买力风险在通货膨胀时会更为突出，因此必须关注通货膨胀率的变动状况，在必要的时候可以提前变现，而降低变现力风险不仅取决于投资者的主观判断和决策，也取决于外部债券的二级流通市场是否健全完备。

债券投资收益是选择投资何种债券的主要评价标准，通常来说可以通过债券投资报酬率来衡量。其公式为：

$$R = \frac{S_1 - S_0 + P}{S_0} \times 100\%$$

式中：R 为债券投资报酬率；S_1 为债券出售价；S_0 为债券购买价格；P 为债券投资利息。

（三）股票投资的管理

1. 股票的概念

股票是股份公司发给股东的所有权凭证，是股东借以取得股利的一种有价证券。按股东所享有的权利，可以分为普通股和优先股。一般来说，旅游饭店进行股票投资有两种目的：一种是为了追求股利收入和股票买卖差价，另一种是为了达到控制投资企业的目的。

2. 股票投资收益风险管理

股票投资收益大，风险比债券高，它不像债券可以得到固定的收益，股票的股利多少取决于企业经营状况和财务状况，其价格的波动较大，若企业破产清偿，股东的求偿权在最后，所以说购买股票投资的风险是很大的。一般来说可以通过市盈率的高低估计股票风险的大小。市盈率是每股市价与每股盈利之比，市盈率低的股票风险较大，因为市盈率低表示投资者对该企业的未来缺乏信用，不愿意为每1元盈利多支付买价。

如果决策正确的话股票投资收益是很大的，从短期来看可以通过股价的上扬获取买卖差价收益，从长期来看可以获得投资分红收益，如果投资于某一企业比例达到一定程度的话，还可能收到控股权的好处。当然在追求这些收益的过程中，风险是时刻存在的，对此必须采取措施规避风险，最常用的方法是投资组合法，将风险大小不等，投资报酬呈负相关的（即一种股票的报酬上升而另一种股票的报酬下降的两种股票称为负相关股票）证券放在一起进行组合，从而达到风险最小下的报酬最大化的目的。

课后思考与练习

案例分析

提升投资"质价比"，酒店筹建品质与成本如何平衡？

新型投资环境下，如何能够用最低的成本打造高品质的酒店，是投资人最关注的问题。但当消费者的消费需求逐渐上涨，酒店投资市场逐渐内卷，也意味着不论是从消费角度还是从投资角度，"性价比"都要渐渐给"质价比"让路，在此背景下，酒店筹建品质与成本平衡的问题就成为投资人关注的重中之重。锦江酒店（中国区）维也纳国际&丽柏品牌发展部负责人幸仁冰先生认为，在筹建期内，投资人要判断品牌单房造价的真实性和可落地性；选择专业、经验丰富的施工方；投资人要对设计图纸、可视化进度、样板房、筹建过程中的重点进行管控，这样才能严格控制投资成本与酒店筹建品质。

"有很多酒店项目，单房造价最后往往会超出很多，这些超出的部分基本上都在公区。因此我们从一开始就要了解公区的各个面积和吊顶、系统类标准，比如大堂多大多高，空调风管机是水冷还是风冷？招牌做多少块？这些我们都要提前考虑清楚。"幸仁冰表示。据悉，丽柏酒店将高品质和低成本同时纳入酒店投资的考量范围，通过降低投资人的投入成本和提升目标消费者的高品质体验实现品牌商业价值的弯道超越。"丽柏按照消费者在每一个成本维度上的消费体验程度，分别对比同档次的行业上限和下限，对每一个维度上的成本目标设定进行控价，实现高品质、低成本。"幸仁冰介绍。以近日开业的天津静海万达广场丽柏酒店为例，酒店房间数量111间，装修施工150天，客房套内单房造价8万元，客房平均单房造价13.34万元（包含公区所有开业物资的客房单房平均成本）。

一位华东酒店投资人说自己曾经干过小餐馆，做过小旅馆，后来开始接触连锁品牌，近10年间，感触最多的就是酒店营销越来越重要了。用她的话说："时代在不断更迭，不接受不行。对于我们来说，客户在哪里，我们就要在哪里。"

如今，酒店的运营能力和营销能力已经在竞争赛道中占据越来越重要的分量。锦江酒店（中国区）维也纳国际&丽柏品牌事业（BU）管理部负责人黄芬女士认为，连锁品牌酒店运营阶段可以详细地分为筹备期、爬坡期、成熟期。在这三个阶段中，不论是品牌管理部、南北运营中台、区总/城区总还是酒店总经理，需要通过品牌运营标准、营销支持、私域推行等标准建立，进行高效的职责分工，提升门店运营能力。

具体来看，在筹备期，品牌要制定品牌标准，并对品牌形象进行管控，执行品牌标志性服务，同时评估定价，积累客户并进行销售推广。在爬坡期，品牌对于旗舰项目要给予"空中支援"，比如对营销推广、私域运营、标准赋能等给予业绩贡献支持。在成熟期，酒店运营要注重服务增值溢价、品质维护提升、非房整合与增收、渠道客源转化、团队优化赋能等，如针对客源拓展与创新单店服务特色，结合本地化文旅特征，增加溢价服务；早餐出品不断改进与丰富品类；提升会务服务设施设备品质，加强会务销售服务工作；推进早午餐、下午茶、午晚餐等差异餐饮服务；客源结构梳理与优化，主抓高溢价高流量客源；依据成熟期运营要求，建立健全与优化分店管理制度；强化人员标准、运营专业能力、岗位技能与综合素质的培训等。

资料来源：https://baijiahao.baidu.com/s?id=1774349915222614078&wfr=spider&for=pc.

思考：1. 饭店投资面临哪些不确定性？如何把握投资的发展方向？怎样在

不确定性下完成资源整合？

2. 人们生活水平提高后，出于对美好生活的需要，对饭店投资筹建有怎样的新需求？

小组讨论题

王先生是 C 饭店的餐饮部总监，为了饭店未来的发展更为绿色，他计划购买一套节能炉灶来替换现在使用的一般炉灶。当王总监与财务部总监郑先生商议时，郑总监关心的是节能炉灶所带来成本的节约，能否抵消购买价格。同时，郑总监希望该炉灶的回收期不要超过 3.5 年。王总监向郑总监提供了下列数据：

炉灶成本：141000 元。

成本节约情况　　　　　　　　　　　（单位：元）

成本节约项目	第 1 年	第 2 年	第 3 年	第 4 年	第 5 年
能源成本	18000	18000	18000	18000	18000
排污成本	12000	15000	18000	21000	24000

这套炉灶购买后，需要支付安装费 10000 元和操作培训费 2000 元，每年还要花费 1500 元请专业人员进行检修。目前，银行 1 年期的利率是 3%。

请结合王总监提供的信息和郑总监关注的问题，作出是否购买节能炉灶的决策。

复习思考题

1. 什么是投资？对投资如何进行分类？
2. 在开展旅游饭店投资环境分析时，应怎样结合我国社会发展的特点开展？
3. 旅游饭店投资管理的步骤有哪些？如何在不确定性下进行资源整合？
4. 怎样开展旅游饭店投资的可行性研究？人民对美好生活的向往对旅游饭店投资产生怎样的影响？
5. 旅游饭店固定资产投资财务评价的静态指标有哪些？其优缺点是什么？
6. 旅游饭店固定资产投资财务评价的动态指标有哪些？其优缺点是什么？最常用的动态评价指标是哪一个？为什么？
7. 某旅游饭店有一个投资项目需投资 300 万元，3 年建成，第 4 年初投产，投产后每年可收回利润和折旧 30 万元，项目使用寿命为 15 年，资金市场利率预计为 10%。通过计算净现值看此方案从财务上是否可行？

8. 旅游饭店固定资产投资管理的意义及要求是什么？
9. 如何进行旅游饭店固定资产投资决策分析？
10. 旅游饭店对外投资如何计价？
11. 谈谈对旅游饭店债券投资风险收益的认识。
12. 对股票投资如何进行管理？

第五章

旅游饭店资产管理

学习目的与要求

知识目的

通过本章学习,了解流动资产的概念及分类,掌握流动资产周转管理方法;掌握现金日常管理的主要内容,了解银行存款的管理内容,掌握业务周转金管理的要点;会运用存货管理的主要模式分析问题,掌握存货日常管理内容;了解结算资金含义,掌握应收账款管理内容;了解应收票据和低值易耗品管理的基本内容。了解旅游饭店固定资产概念、特点和管理重要性,掌握固定资产的分类及其意义,掌握固定资产计价方法;掌握固定资产折旧的概念、折旧的计提范围及其折旧的计算;掌握固定资产日常管理的主要内容;了解旅游饭店固定资产分析的指标及其作用,能够开展固定资产周转管理,认识资产组合与风险管理的价值。

思政目的

①从对流动资产管理的理解中体会保持信用的重要性,做诚实守信的人;

体会加速周转和提高效率的重要性；体会"君子爱财，取之有道"的教诲，处理好个人与组织的财务关系；②从对固定资产管理的理解中体会前瞻性思维的必要性，加强对社会变革的准确把握；体会创新能力提升的重要性；③从对资产组合理论的学习中体会结构思维的作用，学会辩证动态地看待问题，提高风险防范意识和能力。

主要内容

- 旅游饭店流动资产及其分类
  流动资产 货币资产 存货资产 结算资产 资产周转
- 旅游饭店货币资产管理
  货币资金 现金内部控制制度 现金限额管理 业务周转金
  银行存款最佳持有量
- 旅游饭店存货资产管理
  旅游饭店存货 ABC法 订货点法 经济订货量法 因素测算法
  定额日数法 存货盘点
- 旅游饭店结算资产管理
  结算资金 应收账款 信用政策 坏账 账龄分析表 期票
  汇票 低值易耗品摊销
- 旅游饭店固定资产概述
  固定资产 固定资产分类 固定资产计价
- 旅游饭店固定资产折旧管理
  固定资产折旧 平均年限法 工作量法 双倍余额递减法
  年限总和法 固定资产大修理
- 旅游饭店固定资产日常管理与分析
  固定资产管理责任制 归口分级管理 固定资产盘点清查
  固定资产维护保养 固定资产构成分析 固定资产增减分析
  固定资产新旧程度分析 资产组合

案例导学

"小金库"是资产吗？

近日，A市纪检监察机关收到举报，反映该市某乡镇企业管理站集体资产资金去向不明,站长易某存在违规吃喝等问题。A市纪检监察机关成立调查组,来到该管理站对问题线索进行核查,了解到,该管理站长期在潘某某的饭店进行聚餐,且餐费都是签单挂账。在管理站财务室,调查组查阅管理站历年的收支凭证和台账。经查,该饭店是15年前承包给潘某某经营,按照规定,潘某某应该定期缴纳租金,但是在财务账簿中没有找到租金的缴纳记录。

调查组找到潘某某,了解到该管理站的公务接待和职工用餐都是用租金抵消餐费的形式来结算。双方达成某种共识,易某和管理站的干部职工隔三岔五就在潘某某的饭店违规记账公款吃喝。调查组拿着潘某某提供的核销单找易某谈话,易某承认是因思想放松违背原则,出现违规私设"小金库",私分国有资产。

"小金库"是指违反法律法规及其他有关规定,应列入而未列入符合规定的单位账簿的各项资金(含有价证券)及其形成的资产。这种行为把他人创造的财物占为私人利益,是对经济和社会的一种危害。"小金库"成为一种社会现象,广受诟病,尽管国家大力管控,但仍有个别人员顶风作案,且形式越来越多、手段越来越隐蔽。常见的"小金库"资金来源有少计或虚开发票、截留下属单位经营性收益、虚报套取项目资金、克扣费用、违规罚款不入账等,严重扰乱了市场经济秩序,败坏了社会风气,损害了群众利益。

在中央三令五申,各级纪检监察机关严抓严管的高压态势下,仍有部分人员置纪律于不顾,暗中设立"小金库",将其视为笼络人心、推动工作的一种手段。饭店是较为容易出现与"小金库"设立和使用人员合作的场所,助长铺张浪费、奢靡享乐的歪风邪气。纪检监察机关始终都保持对"小金库"的零容忍态度,坚持做到发现一起、查处一起,对相关责任人依纪依法严肃处理,维护财经法规制度的严肃性。查处"小金库"可以从审查会计凭证、收款票据、货币资金、往来账户、收支情况等方面开展。"小金库"的形成和使用与财务工作有很强的相关性,为财务工作者敲响警钟,财务工作者要遵守法律法规,对社会公众尽职尽责,坚守职业道德。

资料来源:廉洁文化 藏在饭店里的"小金库",https://m.thepaper.cn/baijiahao_23208639,有改编。

思考:私设"小金库"违反了什么法律法规?"小金库"设立和查处与流动资产管理有怎样的关联关系?

第一节 旅游饭店流动资产管理

一、流动资产的概述

（一）流动资产的概念

流动资产是相对于固定资产而言的，是指可以在一年内或者超过一年的一个营业周期内变现或运用的资产，由于流动资产在饭店生产经营过程中的存在形态各不相同，因此，流动资产的组成内容是比较丰富的。具体来说，流动资产包括货币资金、应收及预付款项、存货、短期投资等。

流动资产是旅游饭店拥有的各类资产中的重要组成部分，流动资产有不同的种类，认识流动资产的不同分类有助于更好地管理流动资产，提高流动资产的管理效率。

（二）流动资产的特点

既然流动资产是相对于固定资产而言的，那么，它与固定资产的区别就构成了流动资产的特点。从价值周转的角度来看，流动资产具有以下几个特点：

1. 价值周转期限具有短暂性。饭店的生产经营过程也就是劳动对象等物质要素的消耗过程，每完成一次生产经营周期，流动资产也就完成一次循环。流动资产价值的一次性周转决定了其周转期限是比较短的。

2. 资金占用数量具有波动性。饭店经营的季节性特征影响到流动资产的占用数量也是起伏不定的，经营淡季的时候，各类流动资产的占用数量就会下降，反之，则会升高。流动资产使用的效益性决定了其占用数量必须随经营的波动需求而变化。

3. 资金占用内容具有多样性。从流动资产包括的内容上来看，不仅有实物资产，也有价值资产；不仅有原材料，也有半成品等。流动资产的多种功能决定了其组成内容的多样性。

（三）流动资产的分类

由于分类标准不同，流动资产可以分为不同的类别，常用的分类有以下几种：

1. 按资产的占用形态不同进行划分，流动资产可分为货币资金、存货资产和结算资产。

2. 按资产的变现状况不同进行划分，流动资产可分为速动资产和非速动资产。

3. 按资产周转中的领域不同进行划分，流动资产可分为经营领域的流动资产和流通领域的流动资产。

4. 按资产形成的来源不同进行划分，流动资产可分为自有流动资产和借入流动资产。

5. 按资产盈利能力的不同进行划分，流动资产可分为收益性流动资产和非收益性流动资产。

本章主要按照占用形态的划分方法，分别论述各类流动资产的管理，从而更好地促使流动资产的周转速度加快，以实现更大的价值增值。

二、流动资产周转管理

（一）提高流动资产周转率

对流动资产的管理目标就是要加速流动资产周转速度，以最合理的流动资产占用实现最大的投资效益。流动资产周转率有两种表示方法，即周转天数和周转次数，其计算公式为：

$$周转天数 = \frac{流动资产平均占用额 \times 计划期日数}{周转额}$$

其中，计划期日数按年 360 天计算，季度按 90 天计算，月度按 30 天计算。周转额以计划期内占用一定数量流动资产所完成的销售收入来计算。流动资产平均占用额以期初加期末之和除以 2 计算。

$$周转次数 = \frac{周转额}{流动资产平均占用额}$$

周转一次所需天数越少，说明流动资产周转越快，利用效果越好；同样，一定时期内流动资产周转次数越多，说明流动资产周转得越快，利用效果越好。因此，两个指标表达的经济意义是一样的，但由于周转天数表现得更简洁，因而用得更普遍些。

由于提高流动资产周转效率，必然会带来流动资金的节约，这种节约可以通过绝对节约和相对节约来表现。所谓绝对节约就是在接待任务量不变的情况下减少流动资金占用量，进而从资产周转中腾出一部分流动资金而形成的节约；所谓相对节约就是以原有的流动资金占用量来完成更多的接待量，从而通过多增加接待量少增加或不增加资金而形成的节约。

（二）控制流动资产占用量

在数量上要降低流动资产占用量，因为流动资产的货币表现是流动资金，降低流动资产占用量也就会降低流动资金占用量，从而可以节约资金投入或降低负债资金比率。从总量上控制流动资产占用量，降低无效占用，为提高周转速度奠定基础。为此可用以下方法核定流动资产占用标准：

1. 周转天数法

周转天数法是根据某项流动资产周转每日耗用量与周转天数来确定其占用标准的方法。其计算公式为：

$$某项流动资产占用额 = 平均每日耗用量 \times 周转天数$$

该方法是核定流动资产占用标准的基本方法，适用于原材料、物料用品、低值易耗品、商品等项目的核定。

2. 二次平均法

二次平均法是将各年某项流动资产平均占用额进行平均，求出第一次平均值，再将各年平均占用额低于第一次平均值的各占用额与第一次平均值再平均计算，求出第二次平均值，该值即为该项流动资产的占用标准。该方法可用于对应收账款等项目的核定。

3. 比例计算法

比例计算法是根据基期该项流动资产占用与营业收入之比和预算期预计营业收入来确定该项流动资产占用标准的一种方法。其计算公式为：

$$某项流动资产占用标准 = \frac{该项流动资产基期平均占用额}{同期营业收入} \times 预算期营业收入$$

4. 余额推算法

余额推算法是以上期某项资产实际余额为基点，考虑预算期发生额和摊销额来确定占用标准的一种方法。该方法适用于占用额较为稳定的项目如待摊费用，其计算公式为：

该项资产占用标准 = 预算年度期内结余额 + 预算年度发生额 − 预算年度摊销额

三、旅游饭店货币资金管理

（一）货币资金的含义

货币资金是旅游饭店持有的处于货币形态的经营资金，一般包括现金、银行存款、其他货币资金。货币资金管理水平如何，直接影响到饭店资金周转速度，进而影响到饭店整体资金的周转速度和周转效益，因此，饭店必须高度重视货币资金的管理。

现金是指库存现金，包括人民币和各种外币。

银行存款是指饭店存放在银行及其他金融机构的存款，包括人民币及各种外币存款。

其他货币资金是指饭店的外埠存款、银行汇票存款、银行本票存款和在途货币资金等。外埠存款是指饭店到外地进行临时或零星采购时汇往采购地银行开立采购专户的款项；银行汇票存款是指饭店为取得银行汇票，按照规定存入银行的款项；银行本票存款是指饭店为取得银行本票，按照规定存入银行的款项。

货币资金作为支付手段，具有普遍可接受性和高度流动性的特点，拥有了货币资金，便拥有了用于购买或偿还债务的能力，因此它是衡量旅游饭店短期支付能力的重要标准。

（二）货币资金的重要性

旅游饭店的经营活动离不开一定数量的货币资金储备。随着营业活动的进行，随时会发生大量的现金流入和流出，如果没有足够的货币资金储备，一方面，当需要进行支付的时候，就会因现金不足而无法偿还到期的债务，严重的会导致旅游饭店破产；另一方面，由于偿付能力不高，使信用等级受到影响，从而在利用借款或商业信用时会发生困难。强调货币资金储备的重要性，并不意味着旅游饭店需要保存的现金越多越好，因为大量闲置资金的存在会降低资金使用效率，丧失投资增值的机会。旅游饭店应保留多少货币资金依不同旅游饭店的规模和业务特点分别确定，不可一概而论。

案例思考

货币资金的重要性

有一家饭店的餐厅做得特别好，于是就打算单独扩张做餐厅分店。租房、装修、购置设施设备、聘用员工等花费了大量的资金，终于开起了第一家分店，生意依然很好，饭店就决定继续扩张两家分店。由于扩张需要的资金猛增，起先，饭店采用赊账的方式来解决一时供应不上的房租、装修、设备等费用。由于资金流吃紧，银行贷款迟迟没有批下来，第三、第四家分店一直不能正常营业，饭店本身和第一家分店的员工工资和供应商的应付账款也开始拖欠了，最终欠款像滚雪球一样越来越大，不得已进行了破产清算。虽然这家饭店发现了不错的投资机会，但是因为现金流管理不完善，最终导致经营和投资的失败。

思考：前瞻性思维要如何运用在货币资金的管理中？

（三）旅游饭店现金的管理

1. 旅游饭店现金管理的主要内容

现金是唯一能够转化为其他任何类型资产的资产，如果缺乏严格的管理措施，极易产生被盗窃、被挪用或其他不法行为。而饭店拥有一定数量的现金，对于降低饭店财务风险、提高饭店资金的周转具有十分重要的作用。因此，现金管理是饭店货币资金管理的重要组成部分。饭店现金管理的内容比较多，也比较繁杂。但是，归纳起来必须注意以下几个方面：

（1）编制饭店现金收支计划，合理确定饭店最佳现金余额；

（2）完善各种现金管理的规章制度，实现现金流动的有序化；

（3）制定日常化的现金管理措施，提高现金管理效率。

2. 现金管理的目标

饭店在日常运营中，出于不同的目的而持有不同量的现金。一方面，饭店必须持有一定数量的现金，以应付日常交易活动对现金的需要，而饭店经营的波动性也难以准确预测，因此，为了防范对现金的不时之需，也必须持有一定数量的现金。另外，为提高现金的收益性，饭店还必须抓住一切有利时机进行对外投资，这一切都需要饭店保持一定的现金持有量。

然而，现金持有量必须适度，否则会降低饭店资金的使用效益。如果一味地满足支付安全的需要，则可能会带来现金使用上的浪费。所以，必须对现金流转状况进行相应的预测和计划，便于确立现金管理目标，为现金管理的效果评价奠定基础。

综合来看，饭店既不能为安全目的持有太多现金，又不能为效率目的持有太少现金，为此，必须协调好安全与效率的平衡关系。在保证饭店生产经营所需现金的前提下，尽可能少占用现金，增加饭店现金使用效益和效率，这就是饭店现金管理的目标。

3. 旅游饭店现金收支计划的编制

（1）编制现金收支计划

现金收支计划是指根据对现金收支状况及未来趋势的预测，测算旅游饭店一定时期内的现金收支额，并由此确定现金收支差额，以有计划地融通资金，保证经营活动对现金的需要。

编制现金收支计划必须掌握足够的信息，如营业预测的有关资料，并根据以往的会计资料，确定营业额中现售与赊销的比例，成本中现付与赊付的比例，同时必须有其他营业时期的支付清单等。在掌握充分、必要的信息后就可以用现金收入支出法预测货币资金收支额了。其基本格式如表 5-1 所示。

表 5-1　现金收支计划表（年/月）

现金收支项目	上月实际	本月计划
（一）饭店现金收入		
（1）饭店营业现金收入 　现销和当月应收账款的收回 　以前月份应收账款的收回		
（2）饭店其他现金收入 　固定资产变价收入 　利息收入 　租金收入 　股利收入		
（3）饭店现金收入合计		
（二）饭店现金支出		
（1）饭店营业现金支出 　材料采购支出 　当月支付的采购材料支出 　本月付款的以前月份采购材料支出 　工资支出		

续表

现金收支项目	上月实际	本月计划
管理费用支出		
销售费用支出		
财务费用支出		
（2）饭店其他现金支出		
固定资产投资支出		
税收支出		
利息支出		
归还债务		
股利支出		
（3）饭店现金支出合计		
（三）饭店现金收支差额		
（四）饭店现金余缺		
饭店期初现金余额		
饭店现金收支差额		
饭店期末现金余额		
饭店最佳现金余额		
饭店现金多余或短缺		

旅游饭店经营的季节性很强，通过现金计划的编制，可以使旅游饭店管理者掌握旅游饭店现金流转及余缺现状，并根据经营特点，有计划地安排旅游饭店现金的筹措或投资，进而保障旅游饭店经营活动的顺利进行。

（2）确定最佳现金余额

①现金周转法确定最佳现金余额

现金周转法是指根据饭店现金周转期和计划期每日现金需要量来确定最佳现金余额的方法。其计算公式如下：

$$饭店最佳现金余额 = \frac{计划期现金需求总量}{360} \times 饭店现金周转期$$

饭店现金周转期 = 存货周转期 + 应收账款周转期 − 应付账款周转期

例：某饭店预计存货周转期为45天，应收账款周转期为30天，应付账款周转期为35天，预计全年需要占用现金600万元，计算该饭店最佳现金余额应是多少？

该饭店现金周转期 =45+30−35

=40（天）

$$该饭店最佳现金余额=（600/360）\times 40$$
$$=66.67（万元）$$

【链接启示】

现金周转期

现金周转期是从购买物资和服务支付现金到生产加工销售商品和服务而收回现金之间的时间间隔，还可以用存货周转天数加上应收账款收款期再减去应付账款付款期来计算。现金周转期越长，意味着饭店经营中需要持有的现金量越大，如果没有足够的现金就要进行贷款，所以支付的利息也就越多，故而现金周转期的长短直接影响饭店的利润。现金周转期又叫现金缺口，很容易与现金缺额这个概念混淆。现金缺额是实际现金结存水平与根据现金流入和流出所需计算出的最小现金结存水平之间的差额。可见，现金缺口（现金周转期）是一个时间概念，指的是现金短缺的时间，而现金缺额是一个数量概念，指的是缺少（富余）现金的多少。

思考：从现金周转中你体会到加速周转和提高效率的重要性了吗？

②因素分析法确定最佳现金余额

因素分析法是指在饭店上年现金实际持有量的基础上，分析计划年度内各项因素变动的可能性，加以调整后确定饭店最佳现金余额的一种方法。其计算公式为：

饭店最佳现金余额=（饭店上年现金平均占用额 – 饭店上年不合理现金占用）
$\times$（1 $\pm$ 预计销售收入变化的%）

4. 饭店现金管理的制度

（1）内部控制制度

建立现金收支业务的职责分离制度，将现金收付和保管与会计记账核算职能分开，即会计记账不管钱，出纳管钱不记账，这样便于及时发现错误，起到互相牵制的作用；现金收付要按规定的审批程序、按规定的操作规范来进行，做到日清月结；完善现金的清查核对制度，通过完备的内部稽核工作发挥监督作用，对违反现金管理规定的行为坚决予以处理。

（2）限额管理制度

库存现金限额是指根据旅游饭店规模大小、现金收支业务的多少和距离银行远近等条件，经与银行协商确定的可以保留现金的一定额度。一般来说，库存现金限额核定为相当于旅游饭店 3—5 天的日常零星开支水平，边远地区和交通不便地区的旅游饭店的库存现金限额可以适当放宽，但最多不得超过 15 天的日常零星开支。限额确定后，必须严格遵守，超过库存限额的部分必须在规定的时间内送存银行。在业务经营中所获得的现金收入，要按时送存银行，不得坐支。所谓坐支，是指旅游饭店从自己业务收入的现金中，直接支付自己支出的行为。旅游饭店不得以白条抵充库存现金，支取现金要如实说明用途，不准假造用途套取现金。

（3）安保制度

对每日实现的现金营业收入及其送存银行的过程要加强安全防范工作，按照规定这一工作流程必须由两人或两人以上共同完成，现金要在保安人员的押送下送存银行。出纳员要认真管理好保险柜，密码只有出纳员本人知道，人员若有变动，应立即改动密码。旅游饭店对现金管理设施要做好日常的维修保养，对出纳员等要加强安全教育和责任心教育，降低不安全事故的发生概率。

5. 饭店现金的日常管理方法

（1）遵守现金的使用范围

按照现金管理制度规定，现金只能用于支付个人款项及不够支票结算起点的公用开支。具体来说以下各项可用现金直接支付：

职工工资、工资性津贴及各种奖金。

个人劳务报酬，包括讲课费、稿费及其他专门工作报酬。

各种劳保、福利费以及国家规定的对个人的其他现金支出。

收购单位向个人收购农副产品和其他物资支付的款项。

出差人员必须随身携带的差旅费。

结算起点以下的零星支出。

确实需要现金支付的其他支出。

（2）严格现金存取手续，不得坐支现金

饭店经营收入的现金应于当日送存开户银行，如当日送存确有困难应与银行协商解决。有关现金的支出则必须从银行提取，不得从本单位现金收入中直接支付（即不得坐支现金）。

（3）严格对业务周转金的管理

业务周转金是饭店预付给本单位其他职能部门、营业点收银员和职工用于业务找零、零星开支、零星采购、差旅费等的款项。对业务周转金的管理可以根据情况采用不同方法，如定额周转金管理方式（即按预先规定的限额预付款项，实际支用后按规定手续报销，补足原来限额方式）、使用后报销的方式（即按估计需用数支付，实际支用后一次报销，多退少补方式）等。

由于饭店的部门组成比较复杂，各部门对业务周转金的管理可能会使用不同的方法，具体来说有以下几种方法可供选择：

① 职能部门业务周转金的管理

各职能部门根据业务需要提出周转金申请，按一定的审批手续办理业务周转金。各部门对业务周转金要按规定的用途使用，财务部要实施有效的监管，督促业务周转金使用部门按时报账，对不足的周转金进行及时补充，对不需用的业务周转金及时结清收回，对不合规定的支出应拒绝报销。

② 各收银点业务周转金的管理

对收银点找零周转金的管理，可以选择以下几种方法进行管理。一般来说，选用何种方法要考虑各饭店的不同管理状况的需要，以方便管理、提高效率为准则。无论选用哪种方法，都必须定期核查，防止私自挪用情况的发生。

班前领用，班后退还。收银员上班前到总出纳处办理领用手续，核收业务周转金，下班后再退还总出纳。总出纳处通过业务周转金登记簿记录收银员对业务周转金的领退情况。业务周转金登记簿格式如下表 5-2 所示。

表 5-2　业务周转金登记簿

日期	收银点	领用金额	领用人	核发人	退款额	退款人	核退人	备注

各自领用，各自保管。收银员一次性从总出纳处领用一定数额的业务周转金后，自行保管和使用。每个班次结束后，收银员扣除留下规定数额的业务周转金后，将其余的营业额及收款日报表送交总出纳处。

交接使用，每天退还。早班收银员上班前从总出纳处领取业务周转金，下班后与下一班收银员交接手续，晚班收银员下班后将业务周转金归还总出纳处。

（4）加强对现金管理效果的考核和分析

一般来说，可以通过现金周转率指标对现金管理效果进行考核，其计算公式为：

$$现金周转率 = \frac{计算期营业收入实际回收数额}{现金平均占用额}$$

【链接启示】

营运资金的局限性

营运资金等于流动资产减去流动负债，营运资金应该保持多少并没有一个统一的标准，不同行业的营运资金规模有很大差别。对短期债权人来说，希望营运资金越多越好，因为营运资金短缺会影响支付能力，增加债权人风险。但是过多的营运资金意味着流动资产多于流动负债，流动资产的获利能力差，会影响盈利能力。

思考： 在处理营运资金问题时，如何辩证动态地看待问题？

（四）饭店银行存款的管理

银行存款是指旅游饭店存放在银行或其他金融机构的货币资金，旅游饭店在银行的存款主要包括人民币存款和外币存款两种。按照国家有关规定，旅游饭店与其他企业的经济往来中，除规定的范围可以使用现金外，其他交易均应通过开户银行进行转账结算，因而，对银行存款的管理变得十分必要。

1. 银行存款管理制度

（1）开立银行存款账户的规定

按照国家规定，旅游饭店应向当地银行或金融机构申报开立账户，基本程序是：申请填制"开户申请书"，加盖单位公章；将"开户申请书"送有关部门审查，然后出具证明；将这些资料送交开户银行审核，批准后便可登记开户，进行银行存取款。旅游饭店在银行开立账户必须有足够资金保证支付，不准签发空头或远期的支付凭证。旅游饭店在银行开立的账户，只能供本企业业务经营范围内的资金收付，不准出租、出借或转让其他单位或个人使用。

（2）银行存款结算方式的规定

根据我国银行结算办法的规定，旅游饭店的结算方式主要有以下几种：支票结算、汇兑结算、银行本票结算、银行汇票结算、商业汇票结算、信用证结算、委托收款结算、异地托收承付结算等。旅游饭店选择适合旅游饭店自身的结算方式，提高结算效率。

（3）银行存款使用的操作程序

在需要办理转账支票的时候，应按规定进行登记，不准签发空头支票和远期支票。要正确使用和审核各种银行结算凭证，及时办理银行存款的收付业务，定期与银行对账单核对，如果银行对账单的存款余额与旅游饭店现金日记账中的存款余额不符，就需要编制银行往来调节表，调整未达账项，以利于旅游饭店正确了解银行存款余额状况。

2. 银行存款管理方法

按照内部牵制制度的管理原则，银行存款管理中应实行钱账分管、章证分管，前者是指负责银行存款收付业务的出纳员不得兼做会计核算等工作，后者是指旅游饭店印章不得交由出纳人员自行使用，也不得放在一起保管。通过分管制在一定程度上可以防止差错和舞弊行为的发生。

由于银行存款是一种获利能力较低的资产，如果过多持有，必将降低旅游饭店资产盈利能力，所以应当保持最佳持有量。通常可以用银行存款率指标测定存款的最佳持有量。银行存款率的计算公式如下：

$$银行存款率 = \frac{计算期银行存款平均余额}{计算期营业收入额} \times 100\%$$

报告期银行存款最佳持有量的计算公式为：

报告期银行存款最佳持有量 = 报告期预算营业额 × 基期银行存款率

（五）饭店外汇资金的管理

涉外旅游饭店，在其运营过程中不可避免地会存在外汇收付及债权债务关系，管理不好，会给旅游饭店带来较大损失，因此旅游饭店财务管理的重要内容之一便是对外汇资金的管理。

外汇是"国际汇兑"（Foreign Exchange）的简称，它分为动态和静态两种含义。外汇的动态含义是指将一个国家的货币转换为另一个国家的货币，以适应各种目的的国际支付或清偿的国际性货币兑换行为。外汇的静态含义是指以外国货币表示的用于国际结算的支付手段，我们通常所说的外汇，就是静态含义的外汇。

按照我国《外汇管理条例》的规定，外汇包括：外国货币，如钞票、铸币等；

外币有价证券，如政府公债、国库券、公司债券、股票、息票等；外币支付凭证，如各种票据、银行存款凭证、邮政储蓄凭证；其他外汇资金，如旅游者携带的美元、英镑、日元或各种外币、支票、旅行支票、旅游信用证、信用卡、侨汇以及各种非贸易项目收支的款项等。

旅游饭店，特别是接待海外旅游者的涉外饭店，以及中外合资、中外合作、外资独资的旅游饭店，在外汇管理中，必须有效利用外汇市场机制，及时掌握信息，利用有利汇率，辅助业务经营。外汇管理主要涉及外汇收支管理和外汇风险管理，其中外汇风险部分在本书第十一章有详细介绍。

旅游饭店的外汇收入一般包括外汇销售收入、技术转让收汇、购入外汇、借入外汇、境外投资外汇收入等；外汇支出一般包括进口付汇、技术引进付汇、出售外汇、还本付息用汇、分配外汇利润等。在外汇收支管理过程中，必须严格遵守国家外汇管理法规、实施外汇收支计划管理、编制外汇收支预算、建立外汇收支分管责任制、做好外汇收支日常调度工作、定期对外汇收支情况进行检查分析。此外，为了方便外国旅客在我国的消费，不少饭店受银行委托，可以按照外汇牌价开展外汇兑换业务。在兑换工作中，旅游饭店必须做好以下工作，第一，遵守外汇管理规定，与银行签订外币兑换周转金限额协议，设置严格的管理制度和出入库管理手续；第二，每日公布银行外汇牌价，准备连续编号的外币兑换水单；第三，兑换过程符合相关要求，例如查看顾客有效证件，收款员和复核员两级复核；第四，相关表格内容填写正确无误，交接班时清点数额，保障数量核算准确。

【链接启示】

"三到位、四举措"现场检查工作法

针对财务会计系统风险检查工作，形成许多行之有效的现场检查工作法，"三到位、四举措"就是其中有代表性的方法之一：

到位1：风险导向检查理念落实到位。

到位2：廉政保障措施保障到位。

到位3：检查责任落实到位。

举措1：做好检查前的准备工作。

举措2：完善"纵向到底、横向到边、管理到人"工作方法。

举措3：探索收费检查的方法和路径。

举措 4：针对被检查事务所的实际情况，制定切实可行的检查方案。

思考： "三到位、四举措"现场检查工作法的目的和效果有哪些？

四、旅游饭店存货资产管理

饭店在向游客提供产品的过程中，必须凭借一定的有形产品，而制作有形产品需要耗用一定的原材料等，为了保持饭店经营的持续性和盈利性，饭店必须备有一定量的存货。存货经常处于不断地购置、耗用、销售、再购置的过程中，流动性很强，波动性也很强，对存货的管理状况如何将直接影响饭店流动资产的周转速度，进而影响资产使用效益，因此，饭店必须高度重视对存货资产的管理。

（一）旅游饭店存货的含义

1. 存货的概念

存货是指旅游饭店在生产经营过程中为销售或者耗用而储备的物资，包括各种原材料、燃料、物料用品、低值易耗品、商品等。

原材料主要包括食品原材料、调料、配料等；汽车零配件；各种维修材料，如水暖电气照明的维修材料、建筑物维修材料、涂料；小五金等日常消耗材料。

燃料是指饭店消耗的各种液体、固体、气体燃料的储备。

物料用品是指饭店用于服务、办公及日常管理等方面的日常用品，包括为游客备用的物品、各种办公用品、营业部门的日常用品、针棉织品、包装物品及其他物品。

低值易耗品是指饭店不够固定资产标准的各种工具、用品等，如家具用品、办公用品、工具、劳保用品、仪器仪表、金属餐具、玻璃器皿、摆设挂件等。

商品是指商品部销售的商品储备。

2. 存货的作用

旅游饭店在经营过程中必须保持一定的存货数量，通过储存一定量存货可以获得以下利益：一是可以确保经营活动的连续性，防止由于缺货而产生的潜在利润损失或商誉损失；二是可以获得批量采购的成本优惠，为降低成本奠定基础；三是有可能获得升值利益。

（二）旅游饭店存货管理的内容

1. 存货管理的目标

旅游饭店存货资产管理目标是在保证旅游饭店正常经营需要的前提下，降低存货资产管理总成本。具体来讲，包括：合理核定存货资金占用额，以提高存货资金周转率；合理确定存货订货点和存货经济订货量，以降低存货资金成本；合理核算存货发出成本，以核定生产成本和控制纳税额；合理控制存货摆放位置，以降低存货损耗。

【链接启示】

存货管理的误区

误区 1：存货管理就是仓库管理。

误区 2：单纯运用期末存货平均值计算存货周转率。

误区 3：拼命降低"库存"。

思考：存货管理为什么会产生这些误区？

2. 存货成本费用的控制

（1）存货成本费用的类型

旅游饭店耗费在存货资产上的成本费用主要包括以下几部分：

存货采购成本：指旅游饭店为采购存货而发生的买价和运杂费等，其大小取决于存货的采购数量和单位价格。

存货订货费用：指为订货而发生的各种费用，包括固定订货费用和变动订货费用。前者如采购人员的工资，采购部的办公费、水电费、折旧费等；后者如订货的验收费用。

存货储存费用：指因储存存货而发生的各种费用，包括固定储存费用和变动储存费用。前者如库房的折旧费、库管人员的工资等；后者指占用资金而应计的利息、保险费、损耗等。

（2）存货成本费用的管理

由于存货采购成本取决于存货购买的数量和价格，所以在控制时应注意合理确定购买量，避免占用过多资金，同时货比三家，选择价钱合理并符合本旅游饭店服务档次的存货，以降低采购成本。有关存货订货费用和储存成本的降低，可利用经济订货量法，科学降低成本。

具体来说，饭店对存货成本费用的管理必须遵循全过程管理的思想，实施对库存物资的购、收、存、发等环节的控制，这样才能更好地提高饭店存货管理水平，为提高饭店整体经营效益奠定坚实的基础。

（3）采购环节的管理

① 存货定额的确定

为了减少在存货方面占压更多的资金，造成浪费，旅游饭店必须加强存货采购方面的计划控制，通过制定先进合理的存货定额实现减少资金占用，保证业务活动顺利进行的目标。一般来，说存货定额的确定方法如下：

第一，因素测算法。

这种方法是以上一年度存货实际平均占用额为基础，根据对预算年度各项变动因素的分析，剔除不合理占用部分，从而确定其定额水平的方法。这种方法确定存货定额的公式为：

$$存货定额 = \left(\begin{array}{c}上年度存货\\实际平均占用额\end{array} - \begin{array}{c}不合理\\占用额\end{array}\right) \times \left(1 \pm \begin{array}{c}预算年度接\\待量变动量\end{array}\right) \times \left(1 - \begin{array}{c}预算年度资金\\周转加速率\end{array}\right)$$

第二，定额日数法。

这种方法是根据存货平均每日耗用额和定额日数来计算定额的一种方法，其公式为：

$$存货定额 = 日平均消耗额 \times 定额日数$$

日平均消耗额 = 日平均消耗量 × 单价

定额日数 = 在途日数 + 验收整理日数 + 供应间隔日数 + 保险日数

定额日数是指从付款开始到存货领用日为止，即存货周转一次所需的时间，它包括在途日数、验收整理日数、供应间隔日数、保险日数。在途日数是指从付出货款到收到存货的间隔日数；验收整理日数是指存货运到后开箱验收、计量点数、卫生检验等所需的时间；供应间隔日数是指两次供货之间的间隔天数；保险日数是指为防止意外而多储备增加的天数。

第三，比例推算法。

比例推算法是根据资金占用量及有关因素之间的比例关系来确定存货定额的方法，其计算公式为：

$$存货资金占用额 = 预算年度某项指标 \times \frac{上年资金实际平均占用额 - 不合理占用额}{上年有关因素实际数} \times (1 - 预算年度资金周转加速率)$$

该方法适用于燃料、低值易耗品等项目的资金核定。

第四，余额推算法。

余额推算法以上年末结转的余额为基础，根据预算年度发生额、摊销额来计算存货资金定额的方法，其计算公式为：

存货资金占用额 = 预算年度期初存货结余额 + 预算年度存货发生额 – 预算年度存货摊销额

该方法更适合于低值易耗品、待摊费用等占用额较稳定的存货项目。

存货定额确定后，结合旅游饭店整体经营预算及其他方面的资料编制旅游饭店的采购预算，并按照预算规定进行采购资金使用情况的控制和考核。对超出预算规定的采购，要提出额外采购申请，按预算外采购程序进行管理。

② 存货采购量与采购时机的确定

第一，ABC 法。

ABC 法是意大利经济学家巴雷特于 19 世纪首创的，后经不断发展，现已广泛用于存货管理。该方法的核心思想是抓住重点，带动一般，具体来说就是将旅游企业品种繁多的各种物资划分为 A、B、C 三类，对不同类别的物资采用不同的管理方法。

该方法的基本步骤是：

第一步：计算每一种存货在一定时间内的资金占用额；

第二步：确定并排序每种资金占用额占全部资金占用额的百分比；

第三步：依据重要程度、消耗数量、价值大小、资金占用等情况对存货进行分类，A 类物资需重点管理，B 类物资次重点管理，C 类物资一般管理。这种对物资实行区别对待、重点管理的方法，可以使管理者的主要精力从烦琐的工作中解脱出来，因此 ABC 分析法是合乎经济原则的。

例：如表 5-3 所示，某饭店已将其存货划分为 A、B、C 三类，请提出存货管理的建议。

表 5-3 ABC 分类表

物资类别	品种占总量 %	资金占总量 %	管理方式
A	10% 左右	65% 左右	重点
B	35% 左右	25% 左右	次要
C	55% 左右	10% 左右	一般

分析：从上表可以看出，A 类物资品种数虽然只占整个库存物资品种数的 10%，但金额却占整个库存的 65%，如果将 A 类物资管好，就等于管好了库存资产总额的 65%。与此相反，C 类库存物资的品种数占整个库存物资的 55%，但累计的供应金额却只占整个库存的 10%，对 C 类库存资产只需进行一般的管理，就可以收到耗费少而收效大的效果。这种对物资实行区别对待、重点管理的方法，可以使管理者的主要精力从烦琐的工作中解脱出来。

第二，订货点法。

订货点是指某项物资在一定日期必须进行订货的存货数量，即存货量达到此点就要订货。

通常情况下，旅游饭店提出订货时尚有一部分存货未用，以便在发出订货单至货物抵达旅游饭店这段时间内继续耗用，这部分未用存货数量的多少取决于每日耗用量的大小及订货时间的长短。每当旅游饭店存货降至这一点时，就需要重新订货，以保证经营活动的顺利进行。然而旅游饭店经营的波动性会造成旺季对库存物资消耗量大增，如果没有一定的保险储备量，势必造成旺季脱销的局面，使旅游饭店蒙受信誉和营业收入方面的损失。因此，在确定订货点时，要加上一定的保险储备量，以防存货供应的中断。这样订货点量可以用下列公式表示：

$$订货点量 = 平均每日耗用量 \times 订货时间 + 保险储备量$$

例：某旅游饭店餐厅的食用油，全年耗用量 30 万千克，订货时间 5 天，保险储备量为 1000 千克，则订货点量为：

$$订货点量 = \frac{300000}{360} \times 5 + 1000 = 5167（千克）$$

即食用油库存降到 5167 千克时，就须进行采购，以保证餐厅业务经营活动的正常进行。

第三，经济订货量法。

经济订货量是指使旅游饭店在存货上所花费的总费用为最低的每次订货量。

在一般情况下（即不考虑享有价格折扣和缺货成本），与经济订货量相关联的存货总费用是由年订货费用和年储存费用两部分组成的。订货费用主要包括物资的运杂费和到货的检验费、采购人员的差旅费和办公费等；储存费用主要包括库房建筑物及设备的折旧、修理费、库存物资的保险费、仓库职工的工资及办公费、库存物资的合理损耗、库存物资占用资金的利息等。订货费用与订货次数成正比，储存费用则与订货次数成反比。如果每次订货量越大，则1年内订货次数就越少，储存量就越多，从而订货费用降低，而储存费用提高；反之，如果每次订货量越小，则1年内订货次数就越多，储存量就越少，从而订货费用增加，储存费用减少。这种关系如图5-1所示。

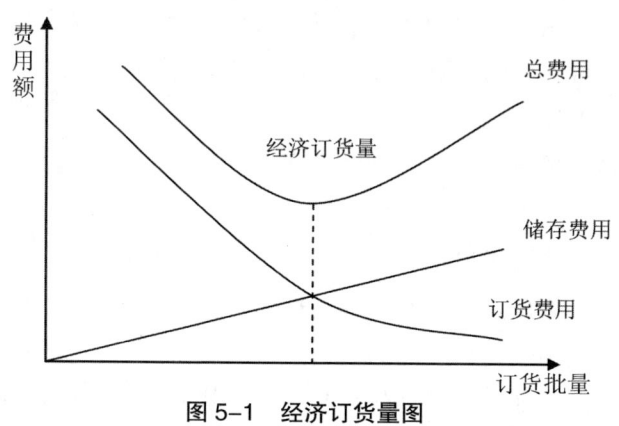

图 5-1 经济订货量图

图5-1中横坐标表示订货批量，纵坐标表示费用额。订货费用随订货批量的增加而减少，故为自左上方向右下方倾斜的曲线；储存费用随订货批量的增加（订货次数的减少）而增加，故为向右上方倾斜的直线。两条线相交之点就是总费用最低点，该点相对应的订货量就是经济订货量。

令：存货总费用为A；全年订货为H；每次订货量为Q；每次订货费用为S；单位商品储存费用为C。

则：平均储存量 $= \dfrac{Q+0}{2} = \dfrac{Q}{2}$（其中，0为最低储备量，即零储备量）

$$\text{平均储存量的储存费用} = \frac{Q \times C}{2}$$

$$\text{全年订货次数} = \frac{H}{Q}$$

$$\text{全年订货费用} = \frac{H \times S}{Q}$$

$$A = \frac{H \times S}{Q} + \frac{Q \times C}{2}$$

令A对Q的一阶导数为零，则有：

$$\frac{dA}{dQ} = -\frac{HS}{Q^2} + \frac{C}{2} = 0$$

$$Q^2 = \frac{2HS}{C}$$

$$Q = \sqrt{\frac{2HS}{C}}$$

经济订货量
（最佳订货量） $= \sqrt{\dfrac{2 \times \text{全年订货量} \times \text{每次订货费用}}{\text{单位商品储存费用}}}$

例：某旅游饭店有客房 200 间，计划年出租率为 80%，每间客房每天配备小香肥皂 2 块，每次订货费用为 120 元，年平均储存费用为 0.25 元，求最佳订货量和年度采购次数。

$$Q = \sqrt{\frac{2HS}{C}}$$

$$= \sqrt{\frac{2 \times 200 \times 80\% \times 360 \times 2 \times 120}{0.25}}$$

$$= 10516 （块）$$

$$\text{年采购次数} = \frac{\text{年需要量}}{\text{最佳订货量}}$$

$$= \frac{200 \times 80\% \times 360 \times 2}{10516}$$

$$= 11（次）$$

经计算求得该例中经济订货量为每次 10516 块，一年需采购 11 次。

运用经济订货量进行存货管理，需要具备一定的条件，如能正确地预测未来耗用量，并且全年各时期耗用量基本相等，这些条件对旅游饭店来讲，有时很难做到。同时，在实际工作中经常遇到的缺货成本、数量折扣及物价变动等问题，经济订货量也没有涉及。因此，在使用经济订货量法进行采购量控制时，必须考虑以下几个问题，以便帮助管理人员作出正确的决策：

首先要考虑缺货成本问题。缺货成本是指由于存货供应中断而给旅游饭店造成的损失。它包括由于因缺货而造成的经营活动中断或销售机会丧失所带来的利润减少，以及因无法满足游客正常需要所带来的商誉损失等。缺货成本具有很大的不确定性，其数量大小也难以准确估计，但在经营中它却时刻困扰着管理者，尤其在餐饮原材料库存方面表现更突出。为此必须密切注意游客消费需求的动态变化，提高对存货水平预测的能力，以降低缺货成本。

其次要考虑数量折扣问题。数量折扣是指每次订购某种物资的数量达到或超过某一限度后所享受的价格上的优惠。接受供应商的数量折扣，对旅游饭店来讲利弊共存。从利上说，接受数量折扣可以降低买价，并使订货费用降低；从弊上说，接受数量折扣会使资金占用量增加，储存费用也会随着订货量的增加而增加。正因如此，旅游饭店是否接受数量折扣就要看存货总成本的变化，总成本最低的便是最佳方案。这里总成本是由三部分组成的，即买价、订货费用、储存费用。

例：某旅游饭店全年需用软饮料 2000 箱，每箱购买价为 75 元，每次订货费用为 40 元，每箱饮料年储存费用为 8 元，供应商提出，若旅游饭店每次订购数量为 500 箱时，可给予 2% 的价格优惠，试分析该旅游饭店是否要接受数量折扣。

若不接受数量折扣的话，则所花费的存货总成本为：

$$Q = \sqrt{\frac{2HS}{C}} = \sqrt{\frac{2 \times 2000 \times 40}{8}} = 141（箱）$$

购买价 = 2000×75 = 150000（元）

订货费用 = 订货次数×每次订货费用

$$= \frac{2000}{141} \times 40 = 567（元）$$

储存费用 = 平均储存量×每单位储存费用

$$= \frac{141}{2} \times 8 = 564（元）$$

在存货上花费的总成本 = 买价+订货费用+储存费用
= 150000+567+564
= 151131（元）

若接受数量折扣的话，则所花费的存货总成本为：

购买价 = 2000×[75×(1−2%)] = 147000（元）

$$订货费用 = \frac{2000}{500} \times 40 = 160（元）$$

$$储存费用 = \frac{500}{2} \times 8 = 2000（元）$$

在存货上花费的总成本 = 147000+160+2000 = 149160（元）

从上述计算可以看出，接受数量折扣的存货总成本低于不接受数量折扣的存货总成本，所以应该接受。除了从成本高低上进行比较外，还要考虑资金的时间价值、该种存货的市场状况及其本身的物理属性和保质期限等。

最后要考虑物价变动问题。物价变动对存货的储备水平及资金占用都有重要影响，尤其是旅游饭店食品原材料存货受保质期影响不能储存过多，需要经常订购，因此其成本起伏较大。在通货膨胀比较严重的时候，对存货的影响就更大。因此，在对存货进行控制的时候，应考虑物价变动因素。

（4）收发环节的管理

采购物资入库前要经过严格的验收，以控制成本形成的第一关。对验收合格的物资可以接收入库，对验收不合格的物资要办理退货手续。如何判断验收中是否合格呢？一般来说，依据的判断标准就是饭店事前确定的采购规格，这是判断采购质量是否合格的唯一标准。

由于旅游饭店在存货上占用的资金较大，所以必须对其进行正确核算和计价，以便为正确核算发出存货的成本奠定基础。具体来说，在存货收发环节必须注意以下几方面：

①合理确定存货价值

因为存货计价的正确与否，直接关系到资产负债表和损益表的有效程度，因此必须正确予以计价。存货的计价是以存货的实际成本为依据的。对于不同来源的存货，由于实际成本不同，因而计价也就不同：

第一，对于购入的各类存货（除商品外），按原始进价加由旅游饭店可直接认定的运杂费和缴纳的税金等计价；

第二，对从国内购进的商品按购进商品原价计价，对从国外购进的商品按进价加进口税金、购进外汇价差和支付委托外贸部门代理进口的手续费计价；

第三，对自制的存货，按制造过程中各项实际支出计价；

第四，对投资者投入的存货，按评估价值或协议规定计价；

第五，对盘盈的存货，可按市价计价。

②准确核算存货发出成本

对存货发出要严格执行领发料制度，选择恰当的存货发出方式，以确定存货实际成本。各类存货的价格经常变动，同类存货在不同时间购进，其成本可能是不同的。在发出存货时，先发出哪批，后发出哪批，对存货的实际成本，对在用物资的成本都会产生影响，进而会影响到每期净利的大小，因此必须选择适当的方式来发出存货，确定成本。

常用的发货方式主要有先进先出法、后进先出法、加权平均法、移动平均法等。先进先出法是假定先购入的材料物资先发出，即日常发出存货的实际成本是按存货中最先购入的那批的单价计算发出成本。在物价上涨期间，采用此法的期末存货成本高于平均成本法的成本，发出的存货成本则较低。其优点是期末存货价值接近现价，缺点是发出的存货成本代表早期成本，不能真实地反映销售收入，影响利润的正确估算，同时计算起来也较麻烦。后进先出法则刚好与先进先出法相反。加权平均法是以存货的成本除以其数量，得到加权平均单位成本，计算期末存货应用此法，反映的成本比较正确，但期末存货不能反映当时价格。移动平均法是在每次收到货物后，立即对存货算出新的单位平均成本，作为发货的成本。应用这种方法可避免单位成本的剧烈变动，但是期末存货不能反映当时价格。

通货膨胀率高，旅游饭店采用后进先出法，因为它符合成本与收入相匹配的原则，比较稳健，可以减少虚增利润，减少所得税的上缴数额。但无论旅游饭店选择哪种方式计价，一经确定，不得随意变动。

为更好地了解各部门领用存货的情况，分析其使用是否合理，有必要编制仓库存货领用明细表，通过明细表的对比分析，对不合理的领用进行专项调查和改进，以提高收发环节的管理水平。

值得注意的是，在存货发出环节要明确存货的物流管理和价值管理的不同特点，选择相应的管理方法。存货发出的物流顺序一定要坚持先进先出法，即先购入的原料要先发出去，避免因超期而受损；存货发出的价值流顺序也可以采用后进先出法，甚或别的核算方法。

（5）库存环节的管理

对库存物资的在库管理主要是完善存货的定期盘点制度。旅游饭店存货品种较多，有些还是易腐烂变质产品，为保证存货核算的准确性，减少存货霉烂变质、过期失效的现象发生，加速资金周转，对存货要建立定期盘点制度。盘点方法既可以账面数字核对实物，也可以实盘数核对账目，前者对账内品种不易漏掉，但对账外品种容易漏盘；后者虽盘点比较全面彻底，但在与账面核对时较为麻烦。通过盘点要将结果反映在存货盘点表上，如表5-4所示。

表5-4 存货盘点表　　　　日期　　年　　月　　日

品名及规格	计算单位	单价	账面数		实际盘点数		盘盈		盘亏	
			数量	金额	数量	金额	数量	金额	数量	金额

盘点表一式两联，按规定由有关人员审核签章后交给仓库保管员一联，作为调账凭证，一联由财务部门作为对账、转账的凭证。

在存货盘点中，对盘盈、盘亏和毁损变质的存货要及时查明原因，填写盘盈、盘亏报告单，说明原因，提出处理意见，报请主管审批后，转给财务部凭此转账。对盘盈的存货可冲减管理费用；对盘亏和毁损的存货在扣除过失人及保险公司赔款和残料价值之后，可计入管理费用；对由于非常原因造成的毁损部分，在扣除保险公司赔款和残料价值之后，可计入营业外支出。

旅游饭店通过定期盘点，应保证账卡、账物相符。要将定期盘点制度纳入岗位责任制中，与对各岗位的业绩考核和物质利益挂钩，促使保管人员加强管理，减少损耗，提高存货管理效益。

案例思考

创新"334"党建工作法 打造社会经济财会智囊团

山东大明联合会计师事务所党支部成立于2010年1月18日，近年来，大明党支部始终以党建工作为引领，坚持党建、业务一体化推进，坚持"独立、客观、公正"的执业原则，遵循"维护社会公共利益和投资者合法权益"的服务宗旨，创新实践"334"工作法，着力打造"诚信执业，大明为公"党建品牌，为完成"强组织党员先锋力量，做社会经济财会智囊"使命提供不竭动力。

"334"工作法具体是指：

贯穿"三个注重"，打造坚强堡垒：注重责任落实，注重组织规范，注重品牌打造。

聚焦"三个创新"，亮出先锋底色：聚焦管理机制创新，聚焦学习方法创新，聚焦活动形式创新。

推进"四个融合"，引领业务发展：推进党建与工作岗位相融合，推进党建与业务攻坚相融合，推进党建与人才培养相融合，突出党建与社会责任相融合。

思考：党建工作如何引领财务会计工作的开展？

五、旅游饭店结算资产管理

（一）旅游饭店结算资产的概念

结算是指旅游饭店在业务经营过程中与外部单位发生的经济往来所产生的货币收付业务。结算资金是指旅游饭店在结算过程中发生的各种应收及预付款项，如应收账款、应收票据、待摊费用、预付款及其他应收款等。

应收账款是由于赊销劳务应向客户收取款项的一种短期债权。应收票据是旅游饭店在业务经营过程中因赊销劳务而发生的有正式书面文件证明的应收款项。在结算资金中，应收账款所占比例最大，对企业流动资金的周转速度有着重要的影响。

待摊费用是指旅游饭店已经支出但应由本期和以后各期分别负担的分摊期在一年以内的各项费用，如低值易耗品摊销、预付保险费以及一次购买印花税票需分摊的数额等。

其他应收款是指旅游饭店发生的各种赔款、罚款、支出保证金、应向职工收取的各种垫付款等。

（二）应收账款的管理

1. 应收账款的作用

在激烈的市场竞争中，旅游企业想尽各种方法吸引顾客，其中在结算方面采用的促销手段之一是应收账款结算。运用应收账款进行结算，相当于为客户提供一个短期无息贷款，可以起到刺激客户消费量的目的，从而为旅游企业扩大营业收入奠定基础。旅游企业在是否运用应收账款结账以及应收账款规模大小、期限长短时必须综合平衡利弊得失，以帮助旅游企业形成正确的决策。

2. 应收账款的管理

（1）应收账款管理的重要性

应收账款的管理对旅游饭店来说非常重要，主要表现在以下几个方面：第一，按照权责发生制，旅游饭店事实上需要依法为应收账款缴纳税金及附加，如果不能及时收回款项，对旅游饭店来说加大了资金需求量；第二，应收账款虽然是为客户提供的贷款，但旅游饭店通常没有利息收益，因而也就丧失了利用这笔资金投资其他业务获利的机会成本；第三，如果应收账款长期不能收回，必将影响到旅游饭店的正常经营，甚至出现三角债的情况，影响旅游饭店流动资金的正常运转，损害经营信誉。

（2）应收账款的管理方式

①制定信用政策

饭店赊销额的大小，取决于信用政策的松紧。信用政策是指旅游企业对应收账款容许的最大风险程度、信用期的长短及折扣率等方面所采取的政策，包括信用标准、信用期限、折扣方针和催收款政策等。

饭店信用政策通常是由饭店的信用委员会决定的。信用委员会一般由总经理、总会计师、信用主任、前台、营销、餐饮等部门经理组成。如果饭店采用紧缩的信用政策，则营业收入中赊销收入比例较小，现销收入比例较大；反之，如果采用松弛的信用政策，则营业收入中赊销收入的比例较大。这说明不同的信用政策会导致不同的赊销收入额，所以应收账款额的高低反映了饭店不同的经营目标和信用政策。

信用标准是指旅游饭店接受客户赊销条件时，客户必须具备的最低财务能力。降低信用标准会增大赊销规模，也会使坏账损失率增加；提高信用标准会增加营业收入，但相应的成本也会增加。旅游企业制定信用标准时，需要对客户进行信用评估，评估的内容包括偿债能力（Capacity）、信誉（Character）、资本（Capital）、担保品（Collateral）、其他情况（Condition），简称资信调查的"5C"。信用标准通常用预计的坏账损失率来衡量，对由此衡量的不同信用等级的客户采用不同的信用期限及最高信用限额，以确保应收账款及时收回。

信用期限是指旅游饭店允许客户推迟付款的时间期限，如"net 30"就表示客户需要在30天内付款。

折扣方针是指为了鼓励客户尽早付款所采用的让利政策，包括折扣率和折扣期限的确定。如"2/10, net 30"表示客户需要在30天内付款，但若能在10天内付款的话，则可以获得2%的现金折扣。通过这种方式可以刺激客户尽早付款，降低旅游企业资金占用量，减少时间价值损失。

催收款政策是指对过期应收账款进行催收所遵循的原则及采用的方式。采用何种收款政策需要视旅游企业经营状况的需要和对客户关系管理的需要确定，应以"服务为先、制裁为后"的原则循序渐进，可采用电话提示、信函催要、上门收账、诉诸法律等步骤，以尽量降低拖欠款损失。

旅游饭店信用政策还要随时根据需要和变化调整。可根据客户历史档案中记录的还款情况调整赊销额度和赊销期限，以降低应收账款方面的资金占用额，加速流动资金周转速度。

【链接启示】

应收账款的成本

- 机会成本
- 管理成本
- 坏账成本

思考：如何辩证动态地看待应收账款成本和政策之间的关系？

②开展应收账款账龄分析

影响应收账款风险高低的重要因素是应收账款期限及其分布，因此，加强对应收账款账龄的分析，可以使旅游饭店及时掌握在付款期内付款客户的比重、在折扣期内付款客户的比重、超过信用期后付款客户的比重以及坏账比重，从而及时发现问题，解决问题。某旅游饭店应收账款账龄分析如表5-5所示。

表5-5　某旅游饭店应收账款账龄分布百分比比较表

应收账款账龄	预算标准	实际完成情况
0—30天	45%	40%
31—60天	40%	32%
61—90天	9%	17%
90天以上	6%	11%

从账龄分析表可以看出，该旅游饭店账龄分布状况有恶化的趋势，因为账龄长的应收账款所占比重越来越大，说明拖欠款现象在增多。对此必须引起该旅游饭店高度重视，针对具体原因和情况采取不同对策。

除了定期进行账龄分析以识别危险来源外，财务人员还应熟悉一般常见的欠款信号，包括：我公司没有足够的流动资金；我公司的客户欠我的钱还没还，所以无法支付你们的欠款；我公司总经理住院了；你们的服务质量有问题，现在有客户投诉；支票已经寄出了，你们的账号不对；突然变更银行账号；下期交易额突然增大；在同行中传出不利的消息等。

③及时催讨欠款

一旦拖欠款事实成立，就必须采取强有力的、有序的收款步骤，力争减少不必要的损失。一般来说，催收款力度不够，会使拖欠款进一步延长，从而降低资金周转速度；而催收款力度过大，又可能导致与客户关系破裂，影响业务量增长。因此，在收款过程中要以收款成本最小化为原则，有计划有步骤地实施收款。对客户不同情况下的拖欠款要区别对待，对确有困难的客户要适当放宽信用期限，以帮助有困难的客户渡过难关，为形成忠实客户奠定基础；对于故意拖欠款的客户在屡次催要未果的情况下，必须采取严厉措施催收，以保护自身合法利益。

在催款过程中要坚决遵守信用政策中制定的催收款方针和步骤，本着"先礼后兵"的原则，有计划、有步骤、有礼有节地实施催收。一般来说，按照收取一定款项时常采用的顺序排列如下：

信函提示及催要：为体现服务在先的精神，可以在款项快到期限的时候（如还有一周到期）信函提示对方，做好结账的准备。一旦某款项已经到期，可以发出一封礼貌的催款函。如果在指定的期间仍未支付的话，就要再发出一封言辞比较强硬的催款函。

电话催要：除信函以外，可以给应付账款的负责人打电话。信用经理可以凭借其丰富的业务关系和良好的谈判技巧向对方经理直接催要，一般来说这一方法较为奏效。

登门拜访催要：这种方法适合于客户与旅游企业在同一城市的情况下，因此有一定局限性。但是这种方法可以有效对付那种"支票正在邮寄中"的托辞，因为收款人亲自前往就免去邮寄的问题，而且频繁登门也能给对方带来一定的压力或产生歉意。当然相对来说成本也比前两种要高。

收款代理催要：越来越多的代理公司专门提供信用管理和催账服务。由于这是一种比较昂贵的收账方式，只有在以上各种方法都不奏效时才被使用。

法律手段催要：此方法可以看作是收账方法中最为极端的一种。这种方式成本较高，并且可能引起借方的破产，就算收账成功了，法律手段的采用可能导致与借方关系的恶化，也就意味着双方贸易关系的结束。

3. 应收账款的坏账准备金管理

无论旅游企业采用何种管理手段，总是无法避免到期不还且最终无法收回的款项，这就是所谓坏账。现行财务管理制度规定，旅游企业必须实行坏账准备金制度，以为坏账损失规定一个稳定的资金来源。

（1）坏账损失的确认

一般来说，当发生以下任一情况时，便可确认为发生了坏账损失：一是债务人单位撤销，依照民事诉讼法进行清偿后，确实无法追还的部分；二是债务人单位撤销，既无遗产可供清偿，又无义务承担人，确实无法收回的部分；三是债务人逾期未履行偿债义务超过三年，确实不能收回的部分。

（2）坏账损失的核算方法

对坏账的核算一般有直接核销法和备抵法两种。直接核销法是当坏账发生时，将损失直接从应收账款中转销。备抵法是按期估计坏账损失，转作费用，记入"坏账准备"账户，待坏账发生时，冲减坏账准备金。采用备抵法来估算坏账损失可以有三种方法，即销售百分比法、账龄分析法、应收账款余额百分比法。我国分行业财务制度规定，采用第三种方法，按年末应收账款余额的3‰—5‰计提坏账准备金。如果当年发生的坏账损失，超过上一年计提的坏账准备金部分，计入管理费用；少于上一年计提的坏账准备金部分，则冲减管理费用。收回已核销的坏账，增加坏账准备金。对于不提坏账准备金的旅游企业，当发生坏账损失时，可计入管理费用。

【链接启示】

应收账款管理不善的后果

- 加速现金流出
- 夸大经营成果，增加风险成本
- 降低资金使用效率，使效益下降

思考：要如何管理应收账款？

（三）应收票据的管理

1. 应收票据的概念和类型

票据属于有价证券，是出票人自己承诺或委托付款人在见票时或指定日期无条件支付一定金额、可以流通转让的有价证券，包括期票和汇票两种。

期票是由客户签发的并承诺在指定日期无条件支付一定金额给收款人或持票人（旅游饭店）的票据。签发期票承诺付款者为出票人，即债务人，接受期票收款者为持票人，即债权人。持票人手中的期票就是一种应收票据，属于债权资产。它分带息和不带息两种。

汇票是由出票人（旅游饭店）签发，由付款人（客户）按约定的付款期限，对指定的收款人无条件支付一定金额的票据。汇票有商业汇票和银行汇票两种。承兑后的汇票分商业承兑汇票和银行承兑汇票。当旅游饭店持有的汇票尚未到期时，构成了旅游饭店的应收票据。

2. 应收票据的管理方式

为避免利用商业汇票套取现金等其他违法行为，签发、使用汇票必须遵守以下原则：使用汇票的单位必须是在银行开立账户的法人；以合法的产品交易为基础签发汇票；汇票上应记明签发日期、金额、付款人名称及账号、付款人开户银行名称及行号、收款人名称及账户、收款人开户银行名称及行号、汇票到期日、交易合同号码，并加盖签发人印章；商业汇票承兑期限由双方协商确定，一经承兑，负有到期无条件支付的责任；允许背书转让或贴现。

如果旅游饭店持有的应收票据尚未到期而又急需资金时，可持未到期的票据向其开户银行申请贴现，这是一种融通资金的方式。关于应收票据贴现的计算可参见第二章有关内容。在进行贴现决策时，要考虑贴现成本问题。旅游饭店向银行提出贴现，要付贴现息，由于贴现息是在办理贴现时预扣的，因此由贴现所带来的实际利率要高于名义贴现率，旅游饭店在贴现时要对贴现所获得的收益与贴现成本之间进行对比分析，以权衡利弊，获取最大收益。另外，票据的贴现必须经过背书，通常还必须说明带有追索权，也就是背书人同意在到期日付款人还未偿付时，负责清偿这一票据。这时金融机构的收款将获得双重的保证，贴现比较顺利。但旅游饭店作为持票人（贴现者）就增加了一重负担。当然也可以作无追索权的背书，但大多数金融机构不愿接受此种背书。

旅游饭店对应收票据要加强日常管理工作，应设置专门的应收票据登记簿，逐笔逐项进行记录，以便掌握票据到期日，及时将款项收回，避免占压更多的资金。

（四）低值易耗品摊销管理

旅游饭店的低值易耗品按其在经营活动中所起的作用属于劳动资料，但由于它的价值低、易损耗，所以将其列为流动资产加以管理。由于低值易耗品同时具有固定资产和流动资产的性质，所以在核算和管理上具有其自身的特点。

低值易耗品摊销是指其价值分批转移的方式。低值易耗品在领用和摊销上可以有三种方式：（1）一次摊销法，即领用时将其全部价值一次计入当月有关费用中；（2）使用期限摊销法，即根据其原价和预计使用期限求得每月平均分摊额，按月摊入有关费用中；（3）五五摊销法，即在领用时摊销其价值的 50%，报废时摊销剩余的 50%。三种摊销方法各有利弊，值得提出的是五五摊销法，对于老旅游饭店来讲低值易耗品占用资金比例日益提高，从而形成财产不实，利润不实，加大了管理的难度。因为一些低值易耗品尚存 10% 的使用价值，这时还不能摊销，而已损耗的 40% 价值不能转入成本，造成虚假利润和账面财产，随着低值易耗品不断购入和投入使用，虚假利润越来越大。为了简化核算手续，新的财务通则已经取消了五五摊销法，旅游饭店可在其他摊销方法中自主选择。如果使用期限摊销法，摊销期一般不超过 1 年。

第二节 旅游饭店固定资产概述

一、旅游饭店固定资产的概念及特点

（一）旅游饭店固定资产的概念

旅游饭店固定资产是指使用年限在一年以上的房屋、建筑物、机器、机械、运输工具和其他与生产经营有关的设备、器具、工具等。不属于生产经营主要设备的物品，单位价值在 2000 元以上，并且使用期限超过 2 年的也属于固定资产，但是这些资产都是因劳务、出租或经营管理而持有，不是为了日后销售。

旅游饭店的固定资产通常投资数额巨大，投资回收期很长，因此对旅游饭店固定资产管理的水平和效果如何，将直接影响旅游饭店整体的经营水平。

（二）旅游饭店固定资产的特点

1. 购置目的

固定资产与流动资产的主要区别是购置目的地不同，对固定资产投资的目的不是为了销售，而是在较长时期内业务经营的需要，因此购置固定资产的支出属于资本性支出。固定资产为旅游饭店的生产经营活动服务，如果是以日后销售为目的购置，则只能列为存货。

2. 循环周期

固定资产的循环周期就是固定资产完成一次循环所需的时间。通常固定资产一次性投资额大，使用期限长，并且在较长的使用期限中不改变原来的实物形态。固定资产在一定时期内其价值随磨损逐渐转移，因而价值周转速度较慢，且价值补偿和实物更新是分别进行的。价值补偿通常是根据固定资产的使用年限，采用一定的方法、以折旧形式按月完成的，而固定资产的更新通常是当该固定资产已不能使用或从经济角度考虑不适宜使用时，一次更新完成。

3. 有形资产

旅游饭店的固定资产应为有形资产，具有实物特征，这一特征将固定资产与无形资产区分开来。有些无形资产可能具有固定资产的一部分特征，例如专利权、商标权、土地使用权等，确实是为了旅游饭店生产经营目的而持有，且年限长、单位价值高，但由于其不具有实物形态，所以不属于固定资产。

（三）旅游饭店固定资产管理的重要性

从固定资产消耗主体来说，旅游饭店中更多地表现为顾客使用固定资产或顾客与员工共同使用固定资产，例如顾客入住客房后，客房中的各项固定资产是完全由顾客独立使用的，顾客在饭店餐厅用餐，则与员工共同使用餐厅中的各项固定资产。一般制造业是员工凭借固定资产生产出有形产品供顾客消费，而旅游饭店提供的是服务产品，员工的生产过程就是顾客的消费过程，因此固定资产数量能否满足顾客需要、档次能否适应顾客需求、固定资产维修保养及完好性如何，都直接影响到顾客对服务产品质量感知的高低，进而影响到旅游饭店在市场上的经营信誉和经营能力。因此，旅游饭店必须重视固定资产管理，注意把握固定资产更新速度和顾客需求变化趋势，区分好固定资产维护责任，提高固定资产服务能力。

二、旅游饭店固定资产的分类

旅游饭店的固定资产品种繁多、规格不一，为了便于固定资产的管理，有必要对其进行科学的分类。按照不同的划分标准，固定资产可被分为以下类别。

（一）按经营用途划分

按经营用途可分为营业用固定资产和非营业用固定资产。营业用固定资是指旅游饭店直接或间接地服务于顾客的固定资产,如客房、餐厅、商场、厨房、健身娱乐设施、库房、供电、供水、供热设施及运输设备等。非营业用固定资产是指不是用于服务顾客的固定资产,如员工餐厅、医务室、更衣室、宿舍等用于旅游饭店员工生活和福利的设备设施。

这种分类可以分析旅游饭店营业用和非营业用固定资产在全部固定资产中所占的比重,了解旅游饭店固定资产的总体构成,分析固定资产占用资金是否运用合理。

(二)按使用情况划分

按使用情况可分为在用固定资产、未使用固定资产和不需用固定资产。在用固定资产是指正在使用的营业用和非营业用固定资产,由于季节性或修理原因暂时不用的固定资产,如冬天闲置的制冷空调器等也是在用固定资产。未使用固定资产是指尚未投入使用的新增固定资产和停止使用的固定资产,如尚未安装调配好的固定资产,由于改扩建在一段时期内不使用的固定资产等。不需用固定资产是指不适合本旅游饭店使用或多余的等待处理的固定资产。

这种分类可以明确固定资产计提折旧的范围,反映旅游饭店固定资产的利用情况,监督旅游饭店及时将不需用固定资产处理掉,减少资金的不合理占用,提高固定资产的利用率。

(三)按所属关系划分

按所属关系可分为自有固定资产、外单位投入固定资产和租入固定资产。自有固定资产是指用资本金或其他自有资金购置的归属旅游饭店长期支配使用的各项固定资产。外单位投入固定资产是指旅游饭店与其他单位联合经营,由其他单位投资转入的固定资产。租入固定资产是指由旅游饭店向外单位或个人租入的支付租金的固定资产,只有使用权,没有所有权。这里还有一种属于融资租赁的固定资产,是指旅游饭店向经营租赁业务的公司租入的固定资产,租赁期满,租赁费用付清,资产所有权转归旅游饭店所有。

这种分类可以反映旅游饭店固定资产的来源情况,掌握旅游饭店实有固定资产的水平,划分计提折旧的界限,考核固定资产的使用效果。

(四)按实物形态划分

按实物形态可分为七大类,即房屋及建筑物、机器设备、交通运输工具、家具设备、电器及影视设备、文体娱乐设备、其他设备。

房屋及建筑物包括营业用房、非营业用房、简易房；机器设备包括供电系统设备、供热系统设备、中央空调设备、通信设备、洗涤设备、维修设备、厨房用具设备、电子计算机系统设备、电梯、相片冲印设备、复印打字设备、其他机器设备；交通运输工具包括各类客车、行李车、货车、摩托车；家具设备包括营业用家具设备、办公用设备、各类地毯；电器及影视设备，包括闭路电视播放设备、音响设备、电视机、电冰箱、空调器、电影放映机及幻灯机、照相机、其他电器设备；文体娱乐设备包括高级乐器、游乐场设备、健身房设备；其他设备包括工艺摆设、消防设备。

这种分类可以反映旅游饭店各类不同的固定资产类别，为确定不同类别固定资产的折旧年限奠定了基础。

案例思考

错误的品牌建设思维

某饭店管理公司的经营思路是打造一家样板店，重金投资前期包装、广告造势来开展授权特许经营业务，主要赚取一次性的加盟费，至于加盟后的饭店经营得怎么样，就推得干干净净。过几年这一品牌的名声在投资加盟市场上一落千丈后，就再打造一个新品牌，如此往复获取加盟费用。

思考：何谓品牌？品牌建设与固定资产管理有怎样的关系？通过营销打造品牌，没有实体饭店支撑的特许经营思路是可行的吗？

三、旅游饭店固定资产的计价

对固定资产进行计价，是真实反映旅游饭店财产状况的必要条件，也是计提折旧的重要前提。固定资产计价通常有以下三种方式。

（一）按原始价值计价

原始价值也称原价或原始成本，是指旅游饭店购置固定资产时所发生的全部货币支出，包括买价、运杂费、保险费等。由于获取固定资产的方式多种多样，因而其实际成本也各不相同。一般情况下，固定资产的原始价值按照下列规定计价：

1. 新购置的固定资产，以买价加支付的运输费、途中保险费、包装费和安装成本及缴纳的税金等计价。

2. 旅游饭店的在建工程按下列原则计价：

（1）工程用材料，以取得时的各项实际支出计价。

（2）工程管理费，按照实际发生的各项管理费用计价。

（3）出包工程，按应支付的工程价款及所分摊的工程管理费等计价；设备安装工程，按所安装设备的原价、工程安装费用、工程试运转支出以及所分摊的工程管理费等计价。

（4）虽已交付使用但尚未办理竣工决算的工程，自交付使用之日起，按工程预算、造价或工程成本等资料，估价转入固定资产，竣工决算办理完毕后，再按决算数调整原估价。

（5）在建工程的计价处理：在建工程发生报废或者毁损，在扣除残料价值和过失人或保险公司等赔偿后的净损失，计入施工工程成本；由于特殊原因造成的报废或者毁损，其净损失在筹建期间计入开办费，在投入生产经营以后计入营业外支出。工程交付使用前因试营业发生的支出，不能计入工程成本，发生的收入不得冲减工程成本，收入减支出后的净额计入当期损益。

3. 在原有固定资产基础上进行改造、扩建的，按原固定资产价值，加上由于改造、扩建而发生的支出，减去改造、扩建中发生的变价收入后的余额计价。

4. 自制自建的固定资产，按在建造过程中实际发生的全部支出计价。

5. 投资者投入的固定资产，按评估确认的价值或合同协议约定的价格计价。

6. 融资租入的固定资产，按租赁协议或合同确定的价款加运输费、途中保险费、安装调试费等计价。

7. 接受捐赠的固定资产，按发票账单或资产验收清单所列金额加上由旅游饭店负担的运输、保险、安装等费用计价。

这种计价方式可以反映固定资产的原始投资规模和经营能力，也是计提折旧的重要依据，如果把它与旅游饭店财务成果进行比较的话，还可以分析考核固定资产的投资效果和利用效率。

（二）按折余价值计价

折余价值又称净值，是指固定资产原始价值减去已提折旧累计额后的净额。这种计价方式可以反映旅游饭店当前固定资产实际占用资金水平，通过折余价值与原始价值的对比，还可以了解固定资产的新旧程度，为合理安排固定资产的使用和更新打下基础。

（三）按重置完全价值计价

重置完全价值又称重估价值，是指按当前生产条件和价格标准，重新购置固定资产所需的全部支出。对于旅游饭店来讲，以下几种情况可以使用重置完全价值计价：

1. 原始价值记录不全、不准，无法正确反映实际情况的固定资产。

2. 现有固定资产经改造、扩建后，如果实际价值与原来账面价值相差太远，经批准可以采用重置价值计价。

3. 盘盈固定资产可以按重置完全价值计价，接受捐赠的固定资产也可按重置完全价值计价。

这种计价方式，可以在统一价格的基础上综合反映固定资产的投资规模，考察旅游饭店各个时期固定资产的装备水平。

案例思考

职业道德底线必须坚守

为推进会计诚信体系建设、提高会计人员职业道德水平，财政部近日制定印发了《会计人员职业道德规范》。这是我国首次制定全国性的会计人员职业道德规范。

会计人员承担着生成和提供会计信息、维护国家财经纪律和经济秩序的重要职责。党的十八大以来，党中央、国务院部署加快社会信用体系建设、构筑诚实守信的经济社会环境，将会计人员作为职业信用建设的重点人群，要求引导职业道德建设与行为规范。加强会计人员职业道德建设，对长期以来会计职业活动实践中形成的职业道德要求进行总结提炼和大力宣传，引导会计人员形成正确的价值追求和行为规范，对于提高会计工作水平和会计信息质量，加强社会信用体系建设，推动经济社会高质量发展具有重要意义。

此次制定的规范，将新时代会计人员职业道德要求总结提炼为三条核心表述，即"坚持诚信，守法奉公""坚持准则，守责敬业""坚持学习，守正创新"。三条要求逻辑清晰、层层递进：第一条"坚持诚信，守法奉公"是对会计人员的自律要求；第二条"坚持准则，守责敬业"是对会计人员的履职要求；第三条"坚持学习，守正创新"是对会计人员的发展要求。

资料来源：申铖，梁晓纯. 倡导"三坚三守"推进诚信建设——我国首次制定会计人员职业道德规范. 新华社，2023-01-31.

思考：如何在固定资产计价中坚守会计人员职业道德规范？

四、旅游饭店固定资产折旧管理

案例思考

长期思维的重要性

某大型饭店管理集团在最近两年先后发布两次公告，宣布变更固定资产的折旧年限，其中，建筑物的折旧年限由20年增加到40年，机器设备的折旧年限由10年增加到12年，动力设备的折旧年限由10年增加到12年。该饭店管理集团的解释是由于近年来对固定资产的维护保养力度加大，提高了建筑物和设施设备的使用性能，延长了这些固定资产的使用寿命，并且声明调整后的折旧年限符合同行业同类固定资产折旧年限的平均水平。该饭店管理集团的财务年报显示，调整固定资产折旧年限后的当年营业收入下滑了7.9%，同时还面临着人力成本上涨的问题，但即使如此，该饭店管理集团的利润总额却上涨了，主要原因是调整固定资产折旧年限后，每年的折旧费用降低了。

思考：该饭店管理集团对固定资产折旧年限的处理是否合理？从短期和长期来看，调整固定资产折旧年限会对财务绩效产生怎样的影响？

（一）旅游饭店固定资产折旧的概念

固定资产折旧是指固定资产在使用过程中，由于损耗而转移到费用中去的那部分价值。这部分价值通过提供服务，从取得的营业收入中得到补偿，为今后固定资产的更新改造筹集资金。

固定资产的损耗按形成的原因不同可以分为两种：有形损耗和无形损耗。有形损耗是指由于使用或自然力的作用而逐渐丧失其使用价值。例如，随着使用年限的增加，墙面失去光泽、设施设备损坏等都属于有形损耗。无形损耗是指由于劳动生产率提高或技术进步而引起的价值损耗。由于劳动生产率提高，使耗费在产品中的社会必要劳动时间减少，原有固定价值的价值降低了，由此会形成一种无形损耗，或者由于技术进步使设备在性能上发生明显差异，继续使用在经济上不合算，只好提前报废，由此也会形成一种无形损耗。

分析有形损耗和无形损耗是为了使旅游饭店在确定固定资产折旧时，既考虑有形损耗所决定的自然使用年限，又考虑到无形损耗所决定的经济使用年限，这样才能使固定资产的所有损耗都能得到适当的补偿。尤其是在技术进步日益加快和顾客需求不断变化的环境下，必须高度重视无形损耗的影响。因此，理解有形损耗与无形损耗对折旧年限的科学确定具有重要意义。

（二）旅游饭店固定资产折旧的计提范围

正确计提固定资产折旧，首先要明确哪些固定资产需要计提折旧，哪些不能计提折旧，也就是固定资产折旧的计提范围。

1. 计提折旧的固定资产

房屋及建筑物；
在用的机器设备、仪器仪表、运输车辆；
季节性停用、修理停用的设备；
融资租入的设备；
以经营租赁方式租出的固定资产。

2. 不计提折旧的固定资产

房屋、建筑物以外的未使用、不需用的机器设备；
以经营租赁方式租入的固定资产；
已提足折旧继续使用的固定资产，未提足折旧提前报废的固定资产；
国家规定不提折旧的其他固定资产。

3. 固定资产计提折旧的时间

固定资产折旧按月初固定资产的账面数额提取，也就是说凡在月中使用的固定资产当月不提折旧，从下月起计提折旧；月中停止使用的固定资产，当月仍计提折旧，从下月起停止提折旧。旅游饭店所提的固定资产折旧，应计入成本费用，不得冲减资本金。

（三）影响固定资产折旧的因素

1. 固定资产的原始价值

固定资产的原始价值是指旅游饭店购置固定资产时所发生的全部货币支出。其原始价值是计提折旧的基础，与折旧额呈正向相关关系。

2. 固定资产的预计净残值

固定资产的预计净残值是指旅游饭店在固定资产报废时能够获得的净收益，也就是固定资产报废时所残留的材料、零配件的价值减去清理费用后所剩的余额。根据一般的折旧方法，固定资产的预计净残值越高，该资产每月（年）计提折旧额越小。

3. 固定资产的预计使用寿命

固定资产的预计使用寿命是指根据供应商提供的信息，在正常情况下，该固定资产能够投入使用、创造产值的时间长度，其计量单位可以包括年、小时、里程等。在固定资产原始价值和预计净残值一定的情况下，折旧年限越长，折旧额就越低。

4. 固定资产折旧采用的方法

目前，旅游饭店固定资产折旧所采用的主要方法有直线法和加速折旧法，采用不同的方法会对固定资产早期的计提金额产生较大影响，从而也会影响到旅游饭店的经营。

（四）旅游饭店固定资产折旧的方法

旅游饭店主要使用的折旧方法包括直线法和加速折旧法，直线法又可分为平均年限法、工作量法等；国家相关部门允许企业采用的加速折旧法包括双倍余额递减法、年限总和法。

1. 平均年限法

（1）计算方法

平均年限法是根据固定资产预计使用年限（折旧年限）和预计净残值，按年均等计算、提取折旧的方法。采用这种方法，各个计算期的折旧额是相等的，在直角坐标系内表现为一条直线，故而称为直线法。使用平均年限法计提折旧的计算公式如下：

$$年折旧额 = \frac{固定资产原值 - 净残值}{规定的折旧年限}$$

$$净残值 = 预计残值 - 预计清理费用$$

$$月折旧额 = 年折旧额 \div 12$$

固定资产残值是固定资产失去使用价值以后经过清理所得到的变价收入，

它不需要以折旧的方式来补偿,所以应从原值中减去。固定资产清理费用是因清理固定资产而发生的费用,如拆除费、搬运费等,它应从折旧中得到补偿。固定资产净残值,是固定资产残值减去固定资产清理费用后的余额。

例:某旅游饭店有批电脑,原始价值 15 万元,预计使用期限 5 年,净残值 3 万元,用平均年限法计算每月折旧额是多少?

$$年折旧额 = \frac{150000-30000}{5} = 24000(元)$$

$$月折旧额 = 24000 \div 12 = 2000(元)$$

如果用固定资产净残值比上固定资产原始价值便可以得到固定资产净残值率。按照旅游饭店财务制度的规定,固定资产净残值率一般按固定资产原值的 3%—5% 确定。在这种情况下,固定资产折旧额还可采用以下公式计算:

$$年折旧率 = \frac{1-预计净残值率}{规定的折旧年限}$$

$$月折旧率 = \frac{年折旧率}{12}$$

$$月折旧额 = 固定资产原值 \times 月折旧率$$

例:某旅游饭店固定资产原始价值 13 万元,净残值率 5%,预计可使用 5 年,则:

$$年折旧率 = \frac{1-5\%}{5} = 1.9\%$$

$$月折旧率 = 19\% \div 12 = 1.58\%$$

$$月折旧额 = 130000 \times 1.58\% = 2054(元)$$

平均年限法是在使用期限内平均分摊折旧的方法,凡是在一年中均衡使用或基本上均衡使用,各期磨损程度相似的固定资产都可以采用这种方法。

(2)固定资产折旧率的类型

固定资产折旧率按计算对象范围大小的不同,可以分为个别折旧率、分类折旧率和综合折旧率三种。三种折旧率的计算方法各有利弊,如果为了使折旧额真实反映固定资产实际损耗情况可以用个别折旧率,但逐项计算,工作量大;如果为了简化工作量,可以用综合折旧率,但无法真实地反映各项固定资产使用及折旧情况;综合二者利弊可以采用分类折旧率。旅游饭店固定资产品种较多，使用磨损状况各不相同，折旧期限差别也较大，因此采用分类折旧率比较适宜，即同一类别的固定资产采用同一折旧率。按照规定旅游饭店固定资产可分为房屋建筑物类、机器设备类、交通运输工具类、家具设备类、电器及影视设备类、文体娱乐设备类和其他设备类。以下所列为各类固定资产的规定折旧年限，旅游饭店可参考使用。

① 房屋、建筑物类

营业用房	20—40 年
非营业用房	35—45 年
简易房	5—10 年
建筑物	10—25 年

② 机器设备类

供电系统设备	15—20 年
供热系统设备	11—18 年
中央空调设备	10—20 年
通信设备	8—10 年
洗涤设备	5—10 年
维修设备	10 年
厨房用具设备	5—10 年
电子计算机系统设备	6—10 年
电梯	10 年
复印、打字设备	3—8 年

③ 交通运输工具类

客车		
大型客车（33 座以上）	30 万公里	8—10 年
中型客车（32 座以下）	30 万公里	8—10 年
小轿车	20 万公里	5—7 年
行李车	30 万公里	7—8 年
货车	50 万公里	12 年
摩托车	15 万公里	5 年

④ 家具设备类

营业用家具设备	5—8 年
办公用设备	10—20 年

纯毛地毯	5—10 年
混织地毯	3—5 年
化纤地毯	3 年

⑤电器及影视设备类

闭路电视播放设备	10 年
音响设备	5 年
电视机	5 年
电冰箱	5 年
空调器	
柜式	5 年
窗式	3 年
电影放映机及幻灯机	10 年
照相机	0 年
其他电器设备	5 年

⑥文体娱乐设备类

高级乐器	10 年
游乐场设备	5—10 年
健身房设备	5—10 年

⑦其他设备类

工艺摆设	10 年
消防设备	6 年

2. 工作量法

工作量法是根据固定资产在使用期间预计的工作量平均分摊折旧总额的方法。该方法用每单位相同的折旧额乘以一定时期内的工作量，求出此时期应提折旧额，其计算公式为：

$$每单位（工作小时、行驶里程等）提取折旧额 = \frac{原值 \times (1-预计净残值率)}{预计总工作量}$$

$$月折旧额 = 每单位计提折旧额 \times 每月工作量$$

例：某旅游饭店拥有小型运输车一部，原值 10 万元，预计总行驶里程 50 万公里，净残值 2 万元，则该车行驶了 20 万公里时应提折旧额为：

$$单位折旧额 = \frac{100000-20000}{50} = 1600(元)$$

行驶 20 万公里应提折旧为：

$$20 \times 1600 = 32000（元）$$

这种折旧额的计算方法，主要适用于磨损程度与工作量有密切关系的固定资产。这样计算，便于折旧与收入相互衔接，保持费用的合理性。

上述两种折旧方法是我国目前普遍采用的方法。对于旅游饭店来说，考虑到它特殊的服务对象以及要达到的服务标准，其设备设施的使用期限不能太长，也就是说旅游饭店固定资产无形磨损大，要求更新速度较快。因此，部分旅游饭店开始采用加速折旧法计提折旧。加速折旧法也叫递减折旧法。这种折旧法的最大特点是在固定资产有效使用年限的前期计提较多的折旧，在后期则计提较少的折旧，从而相对加快了折旧的速度。我国相关管理部门允许旅游饭店采用的加速折旧法包括双倍余额递减法和年限总合法。

3. 双倍余额递减法（Double Declining Balance Method，缩写 DDB）

这是以固定资产年初折余价值乘以一个固定不变的折旧率来计算折旧的方法。折余价值即固定资产净值，是固定资产原值扣除累计折旧额的余额。折旧率是直线法折旧率的 2 倍，故此称为双倍余额递减法。由于该方法不从原值中扣减估计残值，所以将固定资产原值作为 100%，除以折旧年限，便可得直线折旧率。具体计算公式如下：

$$折旧率 = \frac{100\%}{折旧年限} \times 2$$

$$年折旧额 = 年初折余价值 \times 折旧率$$

例：某旅游饭店一台设备原值为 8 万元，预计净残值为 2000 元，预计使用年限 5 年，则：

$$年折旧率 = \frac{100\%}{5} \times 2 = 40\%$$

该设备各年折旧额如表 5-6 所示。

表 5-6　该设备各年折旧额　　　　　　　　　　单位：元

年限	折旧额	累计折旧	账面净值（折余价值）
1	32000	32000	48000
2	19200	51200	28800
3	11520	62720	17280
4	7640	70360	9640
5	7640	78000	2000

采用双倍余额递减法，由于净值逐年递减，在折旧率不变的情况下，净值永远无法摊完。所以计算中如果该期应计折旧额小于用平均年限法计算的折旧，可以从该期开始，改用平均年限法计算折旧，固定资产使用期满时，其账面净值与预计残值相等。如上例中，第 4 年用双倍余额递减法计算折旧额为 6912 元，而用平均年限法计算的折旧额为 7640 元，所以从第 4 年开始改用平均年限法，则第 4 和第 5 年折旧额为：

$$第 4 和第 5 年折旧额 = \frac{17280 - 2000}{2}$$
$$= 7640（元）$$

有时为简化核算过程，可以在折旧年限到期前 2 年改用直线法计提折旧。此外，还有一种简便易行的处理办法，那就是始终用双倍余额递减法计提折旧，到最后计提所有余额。

4. 年限总和法（Sum-of-the-Years，Digits Method，缩写 SYD）

它是以固定资产原值扣除净残值后的余额与一个逐年变动的折旧率相乘来计算各年折旧额的一种方法。由于折旧率是逐年变动的，因此该方法也称变率递减法，其计算公式为：

$$固定资产年折旧额 =（固定资产原值 - 净残值）\times 当年折旧率$$

$$当年折旧率 = \frac{尚可使用年数}{年数总和}$$

该折旧率是将使用年限的序数之和作为分母，假设使用年限为 n 年，则分母可以通过 $\frac{n(n+1)}{2}$ 的公式来计算。仍以上例来说明：

$$年数总和为：\frac{5 \times (5+1)}{2} = 15$$

从第 1 年开始，尚可使用的年数分别为 5、4、3、2、1，折旧率分别为 5/15、4/15、3/15、2/15、1/15。上例该设备各年折旧的计算如表 5-7 所示。

表 5-7　该设备各年的折旧额　　　　　　　　　单位：元

年份	原值 - 净残值	尚可使用年数	折旧率	折旧额	累计折旧	账面价值
1	78000	5	5/15	26000	26000	54000
2	78000	4	4/15	20800	46800	33200
3	78000	3	3/15	15600	62400	17600
4	78000	2	2/15	10400	72800	7200
5	78000	1	1/15	5200	78000	2000
15				78000		

这里折旧额每年递减额为一个常数，为 5200 元，即折旧总额 78000 元的 1/15，5 年折旧额相加为 78000 元，再加上净残值 2000 元，与原投资额 8 万元正好相等。

5. 折旧方法的比较

无论是采用直线法折旧，还是采用加速折旧法折旧，在固定资产有效使用年限内计提的折旧总额是一样的。但由于采用加速折旧法在前期计提较多的折旧费，可以使投资的大部分尽早收回，减少投资风险，满足货币时间价值的要求；同时由于多提折旧，费用增大，利润减少，从而可以降低所得税的缴纳额。相对而言，直线折旧法各期摊提的折旧费用一致，虽然不能像加速法一样获得避税效应，但是也不会大幅降低利润，绩效比较均匀，与费用的匹配比较均衡。

（五）旅游饭店固定资产修理费用

在传统方法下，是通过提取大修理基金的办法来满足大修理对资金的需要。但在实践中固定资产的大修理与中小修理往往无法明确划分，而且各类不同的企业的大修理需求是不尽相同的，饭店有些固定资产就不适宜大修。因此，各行业比照折旧率标准统一计提大修理基金，往往形成一些饭店大修理基金结存，无法正确反映其大修理实际情况。为此新的财务制度规定：饭店发生的固定资产修理费用，不分大中小修理费，一律计入当期成本费用中。对修理费用发生不均衡的、数额较大的，可以分期摊入成本费用；也可以根据修理费计划，分期从成本中预提。凡采用预提修理费的饭店，实际发生的修理费应先冲减预提费用。实际发生数大于预提费用的数额，计入当期费用；实际发生数小于预提费用的数额，应冲减当期成本费用。凡采用待摊修理费的饭店，对发生的大修理支出可先计入待摊费用，然后根据大修理计划平均分次摊入有关成本费用。

【链接启示】

诚信的重要性

为贯彻落实《中共中央办公厅 国务院办公厅关于进一步加强财会监督工作的意见》《国务院办公厅关于进一步规范财务审计秩序促进注册会计师行业健康发展的意见》（国办发〔2021〕30号）要求，适应新时代高质量发展和全面建成社会主义现代化强国对注册会计师行业诚信建设提出的要求，增强行业诚信观念，提升执业质量，营造守法经营、诚信服务的行业文化，财政部制定了《注册会计师行业诚信建设纲要》。该纲要指出诚信是注册会计师行业的核心价值，是行业的立业之本和发展之要。注册会计师行业诚信建设是社会诚信建设的重要组成部分。为持续加强行业诚信建设，增强诚信自觉、诚信自信、诚信自强，提升行业自律性、公正性和专业化水平，以诚信驱动执业质量提升。

思考：诚信在旅游饭店固定资产管理中的作用。

五、旅游饭店固定资产的日常管理与分析

（一）旅游饭店固定资产的日常管理

1. 管理目标

固定资产的日常管理是对旅游饭店使用固定资产的各个部门所进行的经常性管理工作。固定资产是旅游饭店资产的主要组成部分，只有对其进行有效的管理，才能保证各部门固定资产的完好率，降低报损率，提高旅游饭店固定资产运营效益。

旅游饭店固定资产管理目标主要有两个方面：一是要保证固定资产完整无损，运转良好，满足顾客正常消费需要；二是要加速固定资产周转速度，提高效能，满足企业效益最大化需要。

2. 管理方法

（1）完善固定资产管理责任制

固定资产管理责任制，就是根据管用结合的原则，把管理权限和责任分解到各使用部门并落实到班组和个人，纳入岗位责任制中，使各部门使用的固定资产都有专人负责管理。

在固定资产管理责任制中，要明确饭店各部门职责，包括工程技术部门、使用保管部门和财务部门，实行归口管理责任制，完善以总工程师为首的设备管理体系，以总会计师为首的固定资产核算体系，以各部门经理为首的固定资产使用维护体系。对需购置的固定资产要按规定程序报经有关部门或人员批准后才能执行，并在交付使用时由财务部、归口管理部门、使用部门共同验收，以确保固定资产符合经营活动需要；对需调出的固定资产也须经有关人员批准，由归口部门填制"固定资产调拨单"，财务部和使用部门要签字盖章予以确认。

在实行归口管理的同时，必须配合使用部门管理责任制，实行分级管理。将对固定资产的管理权限和责任落实到每个班组、每个人，使人人都关心在用固定资产的使用、保管、养护和维修，并将结果纳入岗位考核内容。

为进一步落实固定资产管理责任制，可以实行财产编号，责任到人，管理定位的办法。财产编号就是将固定资产按项目编制目录，并据此进行编号，将编号贴在固定资产上，便于核对，以利于做到账实相符；责任到人就是坚持谁用谁管的原则，把责任落实到个人，建立固定资产卡片，以利于做到账卡相符；管理定位就是将各使用部门作为一个管理单位，设专人负责固定资产的维修和保管，对固定资产的调出调入、内部转移等变动，及时登记入卡，便于与财务部门核对。

（2）建立固定资产定期盘点清查制度

旅游饭店固定资产种类繁多，使用期限各不相同，且分布在旅游饭店各个部门，随着不断出现的报损和添置，固定资产的分布状况日益复杂，为了了解固定资产实有状况，旅游饭店必须对固定资产建立定期盘点清查制度。

通过定期盘点清查，保证账账相符，账卡相符，账物相符。一般应采用"账账核对""账物核对"的办法进行清查，对清查出来的盘盈、盘亏及毁损，要查明原因，及时处理。盘盈的固定资产，按其原价减估计折旧的差额计入营业外收入；盘亏及毁损的固定资产按照原价扣除累计折旧、过失人及保险公司赔款后的差额计入营业外支出；旅游饭店在工程施工中发生的固定资产清理净损失，计入有关工程成本；筹建期间发生的与工程不直接有关的固定资产盘盈、盘亏和清理净损益，以及由于非常原因而造成的固定资产清理净损失，计入开办费。

旅游饭店对于出售或清理报废固定资产所获得的变价净收入（变价收入、残料价值减清理费用后的净额）与固定资产净值（原始价值减累计折旧）的差额，计入营业外收入或营业外支出。

（3）做好固定资产的维修保养

旅游饭店固定资产是顾客消费中不可缺少的凭借物，管理中必须坚持维修保养在先、完好率第一的原则。为此，旅游饭店必须更新资产管理观念，从财务资源配置和服务操作规范上落实中小维修保养制度，避免过多的顾客投诉现象的出现，以完好的设备设施提高旅游饭店市场形象，满足顾客消费需要。因此，旅游饭店必须强化全员参与固定资产管理责任制，加强员工主人翁意识和责任意识教育，加强操作维护培训，不断提高员工使用与维护能力，确保正确使用和爱护使用,以达到降低经营成本的目的。

(二)旅游饭店固定资产周转管理

固定资产是构成旅游饭店经营活动的重要物质基础,固定资产利用的潜力是否得到充分地挖掘,固定资产构成是否合理等,对于提高固定资产使用效益、增加营业收入和利润起着重要的作用。下面从几个主要方面简要分析固定资产使用状况。

1. 固定资产构成分析

固定资产构成是指旅游饭店所拥有的各类固定资产在全部固定资产中所占的比重。固定资产划分类别前文已经分析过,对固定资产构成进行分析可以用下面一般公式:

$$某类固定资产 = \frac{该类固定资产原值}{全部固定资产原值} \times 100\%$$

根据固定资产使用情况,可以分析固定资产利用率和闲置率指标,其计算公式为:

$$固定资产利用率 = \frac{在用固定资产平均占用额}{全部固定资产平均占用额} \times 100\%$$

$$固定资产闲置率 = \frac{不需要、未使用固定资产平均占用额}{全部固定资产平均占用额} \times 100\%$$

固定资产构成状况如何直接影响固定资产效能的发挥,而固定资产在用比例的高低,在某种程度上反映了旅游饭店对资产本质的认识程度和资产管理水平的高低。旅游饭店作为营利性组织必须注意保持较高的固定资产在用率,降低闲置率,为增加固定资产盈利性奠定基础。

例:根据某旅游饭店资料,编制固定资产构成变动表,如表5-8所示。

表5-8 某旅游饭店固定资产构成变动表

项目	比重(%)	
	2007年末	2008年末
在用固定资产 (营业用、非营业用)	82	89
未使用固定资产	10	4
不需用固定资产	8	7
合计	100	100

从上表可以看出该企业固定资产构成状况在向好的方向发展，在用固定资产在增加，但尚需进一步分析营业用和非营业用固定资产的变化比例。未使用固定资产比例在下降，变化较大；不需用固定资产虽然也呈下降趋势，但下降速度较慢，说明企业在处理不需用固定资产方面还须加强工作，采取更有效的措施减少这部分资产所占的比重。

2. 固定资产增减变动分析

旅游饭店固定资产的数量随着经营的发展在不断变化。要了解固定资产的变动状况，比较简单的方法是将固定资产期末原值与期初原值相比，观察固定资产的增减变化。或者，可以通过一些指标的计算来加以反映：

$$固定资产增长率 = \frac{本期固定资产原值增加数 - 本期固定资产原值减少数}{期初固定资产原值} \times 100\%$$

$$固定资产退废率 = \frac{本期报废的固定资产原值}{期初固定资产原值} \times 100\%$$

通过对这两项指标的分析，可以了解旅游饭店固定资产的变动状况和日常管理水平，若是固定资产退废率较高，则要引起高度重视，要进一步分析是何原因造成的，如果因为保养不善、管理不严，导致较多的提前报损，则需从完善内部管理制度入手，同时加强对员工的培训和教育；如果是因为顾客的不良消费行为导致报损较多，则需要重新考虑目标市场定位策略及其促销手段，防止片面追求出租率而置设备设施的正常使用于不顾的情况发生。

3. 固定资产新旧程度分析

固定资产的新旧程度，反映了旅游饭店固定资产的现状，要求它与旅游饭店的档次和游客的需求状况相适应。通过对固定资产新旧程度的分析，可以使旅游饭店明确更新的时机和对资金的需求，从而尽早筹措资金，满足更新需要。分析固定资产新旧程度可以运用以下两项指标：

$$固定资产净值率 = \frac{固定资产净值}{固定资产原值} \times 100\%$$

$$固定资产折旧程度 = \frac{固定资产累计折旧额}{固定资产原值} \times 100\%$$

将不同时期的固定资产净值率或折旧程度进行对比，可以发现固定资产的新旧程度。

（三）资产组合与风险管理

1. 资产组合的含义

资产组合是指由两个或两个以上的资产构成的集合，如果资产组合中均为有价证券，则这种资产组合方式也称为证券组合。资产组合与预期收益和风险管理相关。资产组合的预期收益率就是构成总资产的各项资产的预期收益率的加权平均数，其权重等于各项资产在总资产中所占比例。资产组合具有降低风险的作用，一般而言，随着资产组合中的资产项目数量越多，则越有可能降低风险。但是，需要特别注意的是，能将风险降低到何种程度，需要分析各项资产项目收益之间的相关性程度。

2. 资产组合风险管理

用两项资产收益情况的相关系数可以表示其收益率的关系。

$$Y_{1,2}=\frac{\sum_{i=1}^{n}\left[(x_{i}-\bar{x})(y_{i}-\bar{y})\right]}{\sqrt{\sum_{i=1}^{n}(x_{i}-\bar{x})^{2}}\sqrt{\sum_{i=1}^{n}(y_{i}-\bar{y})^{2}}}$$

公式中，$Y_{1,2}$ 表示两项资产项目 x 和 y 收益率之间的相关系数，相关系数介于 –1 到 1 之间；x_i 表示第一种资产在第 i 种情况下的收益率，$\bar{x}$ 表示第一种资产的期望收益率；y_i 表示第二种资产在第 i 种情况下的收益率，$\bar{y}$ 表示第二种资产的期望收益率。

当 $Y_{1,2}=1$ 时，说明两项资产的收益率具有完全正相关关系，它们收益变化的情况是完全相同的，即两种资产的风险一模一样，故而这种资产组合不能降低任何风险。$Y_{1,2}=-1$ 时，两项资产的收益率具有完全负相关关系，它们收益变化的情况是完全相反的，即两种资产的风险变化幅度相同但变化方向相反，故而这种资产组合可以充分互相抵消风险，简单来说就是没有风险。不过在现实的旅游饭店经营过程中，资产项目的风险收益完全正相关或者完全负相关几乎是不存在的，大多数情况下处于不完全相关关系，故此资产组合可以分散风险，但不能完全消除风险。值得注意的是，在风险分散过程中，不应过度夸大资产多样性和资产数量的作用。如果资产组合中资产项目数量较少，那么适当增加资产项目确实可以起到风险分散的作用，但是，如果资产项目数量本身已经较多，此时再增加资产项目数量，对风险分散的作用是十分有限的，而且还会增加管理成本。

课后思考与练习

案例分析1

在处理饭店固定资产建设和管理与环境保护方面，有的饭店做得不错，比如悦榕集团旗下品牌均具有"尊重当地文化，与自然和谐共处"的鲜明特点。黄山悦榕庄酒店、普吉岛悦榕庄、瓦宾法鲁悦榕庄和民丹岛悦榕庄等设计与建造均与自然环境融为一体。"减少足迹"计划是监督并有系统地减少旗下所有度假村的碳排放量，带动其他旨在减少水电消耗量的资源节约项目，减少被送往堆填区的废料量，特别是塑料和食品。印度的马哈巴勒什瓦艾美水疗度假村通过在客房安装高效淋浴系统，以及将经处理的废水用于酒店冲洗系统等措施推动节水战略。

但是也有一些饭店在处理固定资产使用与环境问题的关系时，采取了不恰当的财务举措。例如，某度假村在5年前购买了大型水上娱乐设备，该设备启动时会对当地水环境产生负面影响。但是由于会计准则目前没有对饭店企业的弃置义务进行详细规定，因此，该度假村认为，为了节约成本，无须预计该设备可能发生的弃置费用。某饭店拥有一台污水处理设备，预计使用寿命为15年，由于该饭店的污水处理工作量较大，如果对饭店产生的全部污水都进行处理的话，会使其零部件磨损严重，需要定期更换，由于零部件更换费用较高，该饭店决定仅对运营产生的部分污水进行处理，其他污水直接排放到附近的河流中。为了应对环保部门的检查，某饭店购置了除尘器用于处理饭店更新改造中产生的灰尘，但是由于除尘器使用产生大量电费，为了减少开支，该饭店决定仅在环保部门检查时使用。而且，上述两家饭店虽然没有按照规定使用环保设备，但是由于环保设备的投入与使用可以享受企业所得税优惠政策，因此，饭店捏造了环保设备的使用情况、使用时间等数据，以便享受税收优惠。

思考：1. 查阅《中华人民共和国环境保护法》，对上述饭店做法的适当性进行评判。

2. 这些破坏环境的做法可以降低成本，但是，在财务工作中这样控制成本的方法对吗？

案例分析 2：扬子饭店的节能改造及改造效果

扬子饭店概况

扬子饭店位于上海市汉口路、云南中路交汇处，原名申江饭店。该房屋为葡萄牙建筑风格，共八层，顶部局部建有塔楼和屋顶水箱，地下局部有一层地下室，建筑面积为 11051.11 m^2。房屋建筑平面呈直角梯形，房屋纵向总长 42.456m，横向总宽为 36.728m。房屋平面自六层起层层缩进，立面呈阶梯形。房屋总高度为 43.587m，房屋底层层高为 4.572m，二到五层层高均为 3.429m，六到八层层高均为 3.505 m，塔楼高为 11.1m，地下室层高为 2.819m，室内外高差 0.305m。

该大楼基础为混凝土条形基础。大楼立柱为钢筋混凝土柱，梁、楼板和楼梯均为钢筋混凝土。2005 年，扬子饭店被列为上海市第四批优秀历史建筑（编码：4A030），保护级别为三类保护，保护要求为：不得改动建筑原有的外貌，建筑内部在保持原结构体系的前提下，允许做适当的变动。

扬子饭店节能改造前围护结构热工性能及设备情况

外墙热工性能。主墙体为 240mm 厚粘土砖墙，外墙粉刷厚度约为 50mm 厚混合砂浆，内墙粉刷为 30mm 厚 1：2.5 混合砂浆抹灰，墙体传热系数为 1.75W/（$m^2 \cdot k$），不满足公共建筑节能设计标准。

屋面热工性能。原屋面为 100mm 厚混凝土，120mm 厚轻质珍珠岩，20mm 厚水泥砂浆面层，屋面传热系数为 1.37W/（$m^2 \cdot k$），不满足公共建筑节能设计标准。

外窗热工性能。门窗主要为普通单玻窗，窗户传热系数为 6.4W/（$m^2 \cdot k$），不满足公共建筑节能设计标准。

具体情况如表 5-9 所示。

表 5-9 扬子饭店改造前设备概况

设备名称	基本概况
燃煤锅炉	引风机 7.5 kW（电输入功率），炉排 3kW，效率 0.85
电制冷机	50 万大卡离心机 2 台，125kW（电输入功率） 40 万大卡活塞式 1 台，95kW（电输入功率）

续表

设备名称	基本概况
冷却塔	2台运行，200吨，7.5 kW（电输入功率） 1台备用，7.5 kW（电输入功率）
生活水泵等	1台运行，11kW（电输入功率），备用1台
热水循环水泵	2台1.1kW（电输入功率），效率0.8
冷冻循环水泵	1台17.5kW（电输入功率），1台22kW（电输入功率） 1台30kW（电输入功率），效率0.8
冷却循环水泵	3台30kW（电输入功率），效率0.8

扬子饭店节能改造后围护结构热工性能及设备情况

围护结构节能改造措施。由于扬子饭店被列为上海市第四批优秀历史建筑，保护级别为三类保护类别，因此不得改动建筑原有的外貌，外墙除采取了适当的修缮措施，未采取任何节能措施。围护结构节能改造措施如表5-10所示。

表5-10 围护结构节能改造措施

设备名称	基本概况
外墙	外墙经过多次修缮，增贴了一层外墙面砖，20世纪90年代增加了一层砖红色喷砂（真石漆）。此次在保留历年来补贴材料的基础上，采用2层界面剂、2层柔性防水腻子、2层外墙涂料，颜色为浅色
屋面	铺设100mm厚挤塑聚苯板
外窗	外墙面门窗均采用断桥铝合金门窗替换原钢门窗，玻璃采用双层Low-e中空玻璃（5+6A+5）

外窗是围护结构节能的薄弱环节，必须进行节能改造。扬子饭店原采用单玻钢窗，不符合现行节能50%的要求。为保证外立面原有的艺术价值和历史人文价值，又要对外窗进行节能改造，扬子饭店的外窗节能改造方案采用以原钢窗框为原型，制作钢模，采用相同的材料制作钢窗框。所做的新窗与原窗在外形上完全一样，但新窗所采用的窗扇为双层Low-e中空玻璃（5+6A+5）。采用此方案所花费的成本高于普通的外窗改造方案，但这种方案不仅保证了外立面的原有风貌，又保证了节能效果，从这一层面来看，显然这种改造方式更适

合扬子饭店。

扬子饭店改造后设备概况如表 5-11 所示。

表 5-11 扬子饭店改造后设备概况

设备名称	基本概况
远大直燃型溴化锂吸收式机组	制冷量：872kW，75万大卡；制热量：672kW，57.8万大卡；功率：5.4kW
无渗漏密闭型冷水塔	2台，400吨，11kW（电输入功率）
生活水泵（热水）	低区：功率5.5kW，扬程30米，流量25m^3/h 高区：功率11kW，扬程70米，流量30m^3/h
生活水泵（冷水）	扬程 H=70m，Q=22.5 m^3/h，N=11kW，2用1备
上水泵	扬程 H=70m，Q=50m^3/h，N=11kW
冷却循环水泵	功率7.5 kW，共2台，效率0.92，流量241 m^3/h
热水循环水泵	功率1.1 kW，共2台，效率0.92，流量36 m^3/h
冷冻循环水泵	功率7.5 kW，共2台，效率0.92，流量150 m^3/h

扬子饭店改造后设备运行管理概况

拆除原有燃煤锅炉和电制冷机，采用两台75万大卡的远大直燃型溴化锂吸收式机组，同时提供冬季采暖和夏季制冷，并提供部分生活热水。

冷却塔采用防飞溅无渗漏密闭型冷水塔，节水5%左右。

更换空调冷热水管保温材料，9台上水泵全部采用变频控制。

每个楼面按照功能区安装计量表，并投资150万元，用电系统加装节电器，可以节电7%，年节约资金约39.7万元。

客房空调采用智能控制，客人离开时，风机自动低速运行，大幅度降低能耗。

洁具将原来的9升水箱改为6升水箱，节水明显。

在不影响使用效果的情况下，安装节能灯具，公共区域采用声控系统。

员工浴室采用IC卡智能控制用水，可以节约用水量25%，能耗大幅度降低。

扬子饭店建筑能耗

改造前

根据模拟分析，改造前建筑年耗电量约为1151918kWh，折合标准煤约为413.54吨（每kWh电平均耗煤量为0.359kg标准煤）。根据模拟分析，改造前建筑年耗煤量约为7032323Btu（7.4195×10^9J），折合标准煤约为253.49吨（1Btu=1055.06 J，1吨标准煤为2.927×10^7J）。该建筑建造年代久远，建筑围护结构及运行的设备不满足国家和地方现行节能设计标准，经模拟计算，建筑全年耗电量和耗煤量总和（折合标准煤）约667.03吨。

改造后

建筑年耗电量约为792909kWh，折合标准煤约为284.65吨；参照建筑年耗电量约为908758kWh，折合标准煤约为326.24吨。建筑年耗气量约为8448805Btu，折合标准煤约为304.54吨；参照建筑年耗气量约为9179901Btu，折合标准煤约为330.90吨。经建筑能效模拟计算，改造后建筑全年耗电量和耗煤量总和（折合标准煤）约589.19吨，参考建筑全年耗电量和耗煤量总和（折合标准煤）约657.14吨。

改造后，扬子饭店的建筑年模拟能耗值由原先667.03吨标准煤降低为589.19吨标准煤，降低11.7%。

改造后，扬子饭店的建筑年能耗值为589.19吨标准煤，小于参照建筑的年能耗657.14吨标准煤，符合现行50%的节能标准的要求。具体情况如表5-12所示。

表5-12 扬子饭店改造前后能耗汇总表　　　　　　　　　单位：吨

项目	改造前	改造后	标准建筑
年耗电量	413.54	284.65	326.24
年耗气（耗煤）量	253.49	304.54	330.90
总量	667.03	589.19	657.14

目前，上海既有公共建筑单位建筑面积能耗大，空调系统和照明系统为主要的用能大户。因此，公共建筑的节能改造主要包括三个方面：一是建筑物本身节能，即改善围护结构的保温性能，减少围护结构的热损失，降低室内环境的热冷负荷；二是设备节能，即提高建筑物暖通空调系统设备和照明系统设备的效率，减少设备的能耗；三是系统控制节能，即建立或升级楼宇自控系统

（Building Automation System， BAS），使建筑实现智能化管理，有效监控建筑内设备系统运转情况。监管暖通空调设备和照明设备，根据建筑的即时使用情况，自动调节用能设备系统的运行状态。

扬子饭店作为上海市优秀历史建筑，建筑的外立面为保护部位，不能改动。改造后，经实测，外墙传热系数为 1.55 W/（m²·k），不满足《公共建筑节能设计标准》的要求。因此，扬子饭店将节能改造的重点放在了设备、屋面和外窗上，并对建筑内的空调系统进行了智能化的控制，达到了节能50%的目标。由扬子饭店节能改造项目可知，即使没有对外围护结构进行大刀阔斧的改造，只对内部空调设备、照明设备等进行改造，并运用智能化的手段控制设备运行，依然可以取得不错的节能效果。

资料来源：赵为民，古小英，杨靖，张吉鑫. 扬子饭店的节能改造及改造效果分析［A］. 第六届国际绿色建筑与建筑节能大会论文集［C］. 2010：321-325.

思考：1. 为什么扬子饭店要投资进行固定资产的更新改造？

2. 分析扬子饭店开展的固定资产更新改造成功的原因。

3. 谈谈你对"绿水青山就是金山银山"生态环保理念的理解，该理念与饭店业的经营管理有怎样的关系？

小组讨论题 1

饭店库房管理人员经常发现一种奇怪的现象：库存水平越高，物料发生短缺的频率就越高。生产部门经常抱怨采购部门：该来的不来，不该来的都来了。

怎么会有这样的情况发生呢？一般情况下，满足饭店经营需要，特别是考虑到客户需求的波动以及原材料供应的不稳定，最简单的办法就是加大安全和缓冲库存，避免短缺问题，但为什么结果却适得其反呢？

请在实地调查、访谈饭店工作人员的基础上，收集理论性解释资料，完成对该问题的分析。

小组讨论题 2

传统的固定资产管理标签大多是手写的，制作时容易产生差错且工作强度大，时间长了字迹容易模糊和脱落。即便使用了其他材质的铭牌，也有制作周期的限制，而且更换也不方便。这给管理者带来了盘点慢、决策难的困境。

虽然有些饭店已应用了金蝶 ERP 软件来管理固定资产，但仍面临很多问题。例如，ERP 数据与实物不对应、盘点效率低等。通过使用条码标签，结合 ERP 以序列号方式进行管理，则可以很好地解决这一问题。

采用条形码对固定资产进行标识，实现了固定资产生命周期和使用状态的全程跟踪，标识后的资产在进行清查或日常管理中显示出条码技术最突出的特点：方便、快速、准确，大大提高了清查工作的效率，同时保证了信息流和资产实物流的对应。为解决固定资产实物管理中长期存在的工作量大、烦琐、账实不符、资产流失、保养不及时、毁损严重、管理不到位、责任不明确等问题提供了一个有效的途径。

1. 请结合调研，分析饭店现有的固定资产管理体系。
2. 是不是所有饭店都应该采用 ERP 软件和条形码技术进行固定资产管理？为什么？
3. 对已采用 ERP 软件和条形码技术进行固定资产管理的饭店财务经理进行访谈，阐述这一方法所能实现的效果，以及可能存在的问题。

复习思考题

1. 什么是流动资产？流动资产如何进行分类？
2. 在流动资产管理中如何做到诚实守信？
3. 如何对现金进行日常管理？
4. 对银行存款进行管理的主要内容是什么？
5. 如何对各收银点业务周转金进行管理？
6. 加速流动资产周转和提高效率的重要性是什么？
7. 什么是外汇？外汇风险及其管理对策是什么？
8. 旅游饭店存货的概念是什么？ABC 法的核心是什么？
9. 如何看待和运用订货点法进行存货采购时机的管理？
10. 你怎样看待经济订货量法在旅游饭店存货管理中的作用？
11. 某旅游饭店一餐厅需用某种罐头食品 1000 箱，每箱采购价格 50 元，储存费用占存货价值的 15%，每次订货费用平均 10 元，其经济订货量是多少？一年需采购多少次？
12. 如何对存货的库存环节进行管理？
13. 为什么要对应收账款进行管理？如何进行管理？
14. 如何对低值易耗品摊销进行管理？
15. 什么是旅游饭店固定资产？其特点是什么？
16. 为什么要对旅游饭店固定资产进行分类？如何进行分类？
17. 在固定资产管理中，如何理解前瞻性思维的必要性？怎样应对社会变革？

18. 如何对旅游饭店固定资产进行计价？

19. 什么是固定资产折旧？旅游饭店不计提折旧行不行？为什么？

20. 某旅游饭店有一项固定资产原值有 50 万元，残值预计为 4 万元，使用期限为 8 年，用双倍余额递减法计算每年的折旧额。

21. 某旅游饭店一固定资产原值 15 万元，残值 1 万元，可使用 6 年，用年限总和法计算各年折旧额。

22. 旅游饭店固定资产计提折旧的范围是什么？哪些固定资产不能提折旧？

23. 如何对旅游饭店固定资产进行日常管理？

24. 旅游饭店固定资产分析的主要内容是什么？

25. "君子爱财取之有道"如何应用在资产日常管理的成本控制中？

26. 如何应用资产组合理论来辩证动态地看待问题，提高风险防范意识？

第六章

旅游饭店成本费用管理

学习目的与要求

知识目的

通过本章学习,需要了解旅游饭店成本费用的概念、内容、分类,掌握成本费用管理的原则;掌握旅游饭店成本费用控制的含义和基本原则,了解旅游饭店成本费用控制的基本方法;掌握餐饮原料成本全过程控制的内容,能够开展成本费用控制效果分析;掌握量本利分析法的原理和计算,掌握量本利分析中的特例保本点分析。

思政目的

①从对成本概念理解中体会利己与利他的关系,树立正确的义利观和发展观;②从对量本利分析原理的理解中体会综合平衡观的重要性,构建起系统全面思考问题的思维能力。

主要内容

- 旅游饭店成本费用管理概述

  成本费用　固定成本　变动成本　可控成本　不可控成本

  成本费用管理原则

- 旅游饭店成本费用控制

  成本费用控制　成本费用控制原则　预算控制法　制度控制法

  标准成本控制法　旅游饭店成本费用考核　成本率　费用率　控制效果

- 旅游饭店成本费用的日常控制

  单位成本　餐饮成本全过程控制　销售费用

- 量本利分析法与应用

  边际贡献　量本利关系图　保本点　销售组合

案例导学

华住集团的财务数据

华住集团定于 2020 年 9 月 22 日在港交所二度上市，就在此次上市前夕，华住集团却突然遭到做空打击。做空机构博力达思（Bonitas Research）发布研究报告，称华住集团谎报其酒店投资组合的所有权以制造虚假财务报表，并表示正在做空华住集团。博力达思称，通过在北京和上海的实地调查证实，华住集团秘密支持"账外酒店"的运营成本，从而在财务报告中虚增 20 亿元人民币的利润。酒店经营许可证显示，华住集团秘密控制了共 1952 家酒店，而华住集团自称只运营 688 家酒店。截至 2019 年年底，中华人民共和国商务部的特许经营登记显示华住集团旗下共有 3020 家独立特许经营商，比华住集团报告的 4930 家管理和特许经营酒店少 37%。国家市场监督管理总局的记录显示，华住集团在美国证券交易委员会报告中起码低报了至少 16% 的雇员人数。博力达思认为华住集团利用未披露的关联方交易隐瞒经营费用，人为夸大华住集团的报告利润。

该报告一经发布，便引发市场高度关注。除新闻报道外，反映在二级市场上，"动荡"也很明显。据悉，沽空事件直接导致华住集团在美股收跌 3.66%，一夜蒸发约 31 亿元人民币，总市值 120.24 亿美元。华住集团对该事件作出回应："公司已经知晓了博力达思研究于 2020 年 9 月 22 日发布的沽空报告。基于对报告初步的检查和评估，公司认为这份报告是缺乏事实依据的，而且它包含大量的错误、未经证实的陈述，以及对公司业务及运营的误导性结论。"针对所控酒店数量，华住集团回应称，博力达思酒店归属数据来源于大众点评，但该平台并未对酒店的所有权明确区分。多数情况下大众点评显示集团附属公司的经营许可证，而并非公司特许经营酒店或管理加盟酒店（经营许可证）。对于商务部数据，华住集团表示根据中国法律，只有"特许经营合同"需要向商务部登记。但法律对于管理加盟酒店订立的特许经营及管理协议是否需要登记没有明确规定，因此这部分酒店未向商务部登记。针对员工数量华住集团回应称，报告表与国家市场监督管理总局的员工数据不具有可比性。工商数据反映公司在年度内办理社保登记的员工总数，而并非 12 月 31 日时间点上的数量。针对关联交易，华住集团回应称，公司禁止本集团员工成为集团加盟商，沽空报告中指出的承包商名单人士均不是集团现任员工。此外根据美国会计准则，本集团员工不得归类为关联方。尽管遭受做空打击，华住集团开盘报 305 港元，较发行价上涨 2.69%。

资料来源：博力达思研究报告。

思考：收入、费用和利润三者之间具有怎样的内在联系？为什么财务舞弊时会频繁使用这三个要素？怎样树立正确的义利观和发展观？

第一节　旅游饭店成本费用管理概述

一、旅游饭店成本费用的概念

关于成本费用的概念不同的学科有不同的理解，如从会计学的角度来看，成本是指取得某项资产或提供劳务所垫支的以货币表现的耗费，所以会计核算更加注重成本的补偿问题。而且按照收入和费用相匹配的原则，一般习惯于把尚未消耗的支出称为资产，已经消耗并能产生收入的支出称为费用。从经济学角度来看，成本是属于价值范畴的概念，即产品生产过程中物化劳动的转移价值和活劳动创造价值为补偿必要劳动消耗的那部分价值，即 $c+v+m$。从管理实践的角度来看，成本是指为实现一定的目标而付出的代价，这种代价不仅仅表现为以上的货币支出，而是有着更为丰富的内容，这包括非货币可计量的代价和非实际发生的代价等。成本费用作为财务管理的一项重要内容，对其概念的深刻理解是至关重要的，从不同角度来加深对它的认识，有助于在成本控制中更好地把握控制对象，以最大限度地实现控制目标。

一般来说，成本是指购进商品和雇佣劳动力时发生的支出，体现为取得经营活动所必需的资产的价值，如旅游饭店经营过程中购买的各种原材料、商品等的支出。而费用则是某个时期获取收入时发生的耗费，将上述商品或劳务耗用后，成本就转化为费用，费用仅与某个时期或当期的收益有关。成本与费用一方面存在着上述区别，另一方面又存在着密切联系，二者都是为取得收入而发生的可以用货币衡量的资产耗费。旅游饭店是向客人提供综合性服务的企业，因此，旅游饭店的成本费用是指向客人提供产品及劳务过程中发生的各项资产的耗费和支出。

二、旅游饭店成本费用的分类

（一）按照成本费用与经营业务量的关系划分

1. 固定成本或固定费用（Fixed Cost）

固定成本是指其总额不会随着经营业务量的增减而变动的成本。固定成本一般包括工资、租金、折旧费、利息费、保险费等。例如客房固定资产的折旧不会因为出租客房数量增多而提高，也不会因为出租数量减少而降低。虽然固定成本的总额不随业务量变化而变化，但单位固定成本却与业务量变化有关，即随着经营业务量的增加或减少，每单位产品分摊的固定成本随之提高或降低。如某一时期客房部的固定费用总额为10万元，该时期内如果客房出租量为5000间，则每间出售的客房平均分摊的固定费用为20元，但若该时期内客房出租量为10000间，则每间出售的客房平均分摊的固定费用就降为10元。由此可见，随着经营业务量的增加，固定成本总额不变，但单位固定成本是下降的。

2. 变动成本或变动费用（Variable Cost）

变动成本是指其总额随着经营业务量的变化而成比例变化的成本。变动成本主要包括经营中的各项直接支出，如售出的食品饮料成本、供客人消耗的客房用品费用等。例如餐饮的食品原材料支出会随着就餐客人的增加而增加；客房用品的消耗总额会随着客房出租率的提高，接待客人量的增加而增加。虽然变动成本总额随营业量的增加而增加，但是单位变动成本却不随业务量的变化而变化，即无论业务量是增加还是减少，单位变动成本是保持不变的。因为单位消耗额是固定的，如每出租一间客房，客房用品的配备数量是固定的。由此可见，随着经营业务量的提高，变动成本（费用）总额成比例增加，但单位变动成本（费用）固定不变。

3. 混合成本或混合费用（Mixed Cost）：

混合成本是指其总额中既包含变动成本部分也包含固定成本部分的成本项目。混合成本主要包括电话费用、汽车租赁、行政报酬、维修保养费等。如电话费用中，固定部分是指系统租金，无论电话次数或通话时间如何变化，旅游饭店都必须支付的相同的租用费，变动部分是随着电话次数增加或通话时间的延长而增加支出的费用。对混合成本要采用一定方式将其进行分解，使之分为固定部分和变动部分。进行分解的方式可以采用高低点法、散点制图法和回归分析法等。前两种方法比较简单但不太精确，第三种方法虽然较准确，但工作量较大，采用何种方法进行分解应依据旅游饭店管理的不同目的及具备的条件灵活选择。

案例思考

国家碳达峰试点建设方案发布

2023年11月6日国家发展改革委印发《国家碳达峰试点建设方案》，首批在15个省区开展碳达峰试点建设。《方案》重点部署了5方面试点建设内容：

确定试点任务方面，试点城市和园区要根据国家和所在地区"双碳"工作部署，谋划提出能源、产业、节能、建筑、交通等重点领域试点建设任务。

在实施重点工程方面，试点城市和园区要结合试点目标，在能源基础设施、节能降碳改造、先进技术示范、资源循环利用等领域规划实施一批重点工程，形成对试点工作的有力支撑。

在强化科技创新方面，试点城市和园区要创新绿色低碳技术推广应用机制，大力培育绿色低碳产业，加快形成新的产业竞争优势。

在完善政策机制方面，试点城市要加快建立和完善有利于绿色发展的财政、金融、投资、价格政策和标准体系，创新碳排放核算、评价、管理机制。试点园区要有力提升园区绿色低碳循环发展水平。

在开展全民行动方面，试点城市和园区要大力推广绿色低碳生活理念，普及"双碳"基础知识，探索绿色出行、制止浪费、垃圾分类等方面体制机制，切实增强各级干部推进绿色低碳发展的理论水平和业务能力。

资料来源：《经济参考报》，2023年11月7日。

思考： 酒店的成本构成中很大一部分是能源成本，如何理解这次碳达峰试点建设方案对酒店运营产生的重大影响？酒店如何抓住机遇做好降本增效？游客如何响应酒店绿色运营理念和举措，为实现碳达峰目标作出每个人的贡献？

（二）按照管理责任划分

1. 可控成本费用（Controllable Cost）

可控成本费用是指在会计期间由一个责任单位有权确定开支的成本费用。如餐饮部经理对售出食品的成本、工资费用等可以施加影响，因此这些费用对餐饮部经理来说就是可控成本费用。

2. 不可控成本费用（Uncontrollable Cost）

在一定时期内某一责任单位对成本费用的发生无法控制的项目，如折旧费用对餐饮部经理来说就是不可控费用。

从理论上说，成本都应该是可控的，有些成本费用从短期来看是不可控的，但从长期来看又是可控的；有些成本费用对某一责任单位来说是不可控的，但对另一责任单位或经营主体来说又是可控的。所以划分可控成本费用与不可控成本费用是相对一定时间和空间而言的，是为了明确各责任单位的职责，起到更有效地控制成本费用的目的，不能将其固定化。

案例思考

一家饭店设置八套账

一家饭店在税务稽查时被发现竟然同时设置八套财务账目，分别是：

内账（管理账）：反映饭店实际经营情况的账

外账（税务账）：应对税务机关的账

银行账：获取银行贷款的账

海关账：应对海关检查的账

高新账：申请高新优惠资格的账

社保账：应对社保检查的账

财政补贴账：应对财政拨款检查的账

残保账：应对残疾人保证金稽核的账

思考： 1. 这家饭店为什么要人为设置这么多账目？这种做法违反了什么法律？

2. 财务人员这种做法违反了什么职业操守？有什么恶劣影响？

三、旅游饭店成本费用管理的原则

（一）严格遵守国家规定的成本开支范围及费用开支标准

为了保证国家财政收入有可靠的来源，使旅游饭店成本费用负担合理及利润核算准确，国家对旅游饭店发生的各项支出能否计入成本作了明确的规定。旅游饭店要根据各项支出发生的不同用途和资金来源，在国家规定的成本开支范围内列支相关的成本，不得随意扩大开支范围。按照现行财务制度规定，下列支出不能计入成本费用。

1. 为购置和建造固定资产、无形资产和其他资产而发生的支出

因为这些开支属于资本性支出，其费用应按其原始价值计入资产类账户，在经营过程中，通过折旧、摊销等方式转入产品成本费用。

2. 对外投资支出和分配给投资者的利润

对外投资支出是企业资金运营的一种手段。它应通过对外投资的收入得到补偿，所以不能计入成本费用。分配给投资者的利润，是对经营成果进行的分配，不是经营中的耗费，因而不能列入成本费用。

3. 被没收财物的损失

因非法经营等行为被国家有关部门没收的财物，这类损失只能计入营业外支出，而不能计入经营费用。

4. 支付的各项赔偿金、违约金、滞纳金、罚款以及赞助、捐赠支出

这些支出都不是业务经营中必不可少的开支，因此不能计入成本费用。

（二）按权责发生制原则严格核算旅游饭店成本费用

权责发生制要求各期的支出应当归属各期，即凡属于本期的成本费用，不论其是否已经实际支付，均应列入本期的成本费用；凡不属于本期负担的成本费用，即使在本期已经实际付出，也不应作为本期成本费用处理，应由各受益

期分摊。例如旅游饭店采购原材料，6月份采购并消耗的原材料共10万元，其中60%在当月支付，剩余的40%在7月份支付，则6月份实际支付额为6万元，但是按照权责发生制的记账原则，6月份实际成本费用应是10万元而不是6万元。由于权责发生制强调在各会计期内收支配比的原则，因此对正确确定各期的收支、损益状况，提供准确的分析数据起着重要作用。旅游饭店必须严格按权责发生制的要求，核算成本费用，确定其归属期。

（三）正确处理降低成本费用与保证质量的关系

降低成本费用的含义是指在不影响产品质量的前提下，旅游饭店经过努力，使单位产品成本费用得到降低或控制。旅游饭店是以提供非物质产品为特点的服务类企业，它不同于一般的有形商品，发现质量不好可以退换。旅游饭店的这种"服务产品"不可退换，因此服务质量的好坏对旅游饭店的声誉乃至生存具有极其重要的意义。如果不考虑产品的质量而单纯以降低成本费用为目的，即使能够把成本费用降到很低，也失去了降低成本费用的实际意义。

明确了以劣质产品换得成本费用下降是得不偿失的这一原则后，就要求旅游饭店应主要从内部挖掘潜力，力求节约，减少浪费。例如，旅游饭店餐饮部不能为降低成本，制造低劣餐饮制品，但可以在原材料的购买、保存和转化过程中严格控制，杜绝浪费。

【链接启示】

降低成本的目的

降低成本的目的在于减少费用支出获得更高的经营效益，也就是说，在降低成本的同时也要保持销售量不变，降低成本才是切实有效的管理行为。如果因降低成本导致产品质量和服务质量下降，那么成本管理的目的并没有实现。

思考：有些饭店为了降低成本使用价格低廉的清洁用品，产生刺鼻气味，引起顾客投诉。你认为这样的做法是有效的成本管理吗？

（四）健全成本管理责任制，实行全员成本管理

旅游饭店成本费用是在整个经营过程中逐步形成的，它涉及各个部门、班组和个人，因此必须实行全员成本管理，为此要建立健全成本管理责任制，将成本费用计划指标分解落实到有关部门、班组和个人，并且和岗位责任结合起

来，将成本费用计划的完成情况作为评定考核的一个内容。为调动各部门、班组、个人降低成本费用的积极性，要将成本费用管理方面的责任、权利和利益结合起来，只有人人都注意成本，人人都关心成本的降低，旅游饭店的成本费用才能真正得到控制。

案例思考

做人与做事的关系

闫晓栋 2004 年入职中冶天工，先后在一线近 20 个项目担任财务管理工作，2020 年 12 月从一线回到公司担任财务管理部部长。16 年的时间里，他始终严格要求自己，面对各种诱惑始终坚守共产党人的底线不动摇，坚持清正廉洁的信念不褪色。他以学立身，不断提高思想修养，坚守共产党员的本色，在项目上曾担任党支部书记，积极做好各项党建工作，用党的理论武装头脑，指导实践，推动工作加快运转。他是公司各项规章制度的"守卫者"，深入贯彻落实公司的新理念和新要求，认真学习与工作相关的各种法律法规和规章制度，努力增强法治思维，切实做到依法、依规做事。他始终从细微处着手，从"小事"做起，践行"省一分钱比挣一分钱容易"的理念，严格控制各项费用支出，拒绝一切不合理的费用发生，为项目降本增效助力。

他常说："按合同按制度办事，是我从事财务工作以来一贯的作风，也是财务人员的底线。"他在工作中不为私利所动，不为杂念所扰，他廉洁自律的作风感染着身边的每一位同事，更是为刚加入中原大家庭的新员工树立了良好的榜样。作为党员他始终以高标准严格要求自己，多年来从未忘记初心。他总说财务工作者要廉洁从业、坚守原则，如此才能保护公司利益、保护自己和家庭，他说到也做到了。

资料来源：刘云.榜样力量 廉以立身 勤以成事——记中原公司财务管理部部长闫晓栋.

思考：从榜样的力量中，你学到哪些坚持旅游饭店成本费用管理原则的意义？

四、旅游饭店成本控制的意义

成本费用管理是饭店财务管理中的重要环节，是形成旅游饭店利润的基础。成本费用管理由成本费用预算、成本费用控制和成本费用分析三方面构成。成本费用预算是成本费用管理工作的开始,是成本费用控制的目标和依据。成本费用控制是按照成本费用管理制度和预算的要求,对成本费用形成过程的每项具体活动进行审核和监督,以保证成本费用预算顺利实行所采取的行动总和。如果只有预算而没有配套的控制、监督措施,那么成本费用预算只能是一纸空文,降低成本费用也只是纸上谈兵。要降低成本费用,实现预算目标,离不开有效的成本费用控制。完善企业成本费用管理体系对旅游饭店来说具有重要的意义。

第一,有助于宏观经济决策的实施以及宏观成本管理调控职能的实现。诸如根据产业政策,实现合理的工业布局,产业结构的调整与优化,固定资产投资的控制,技术结构的优化,以及利用国外资金、资源、技术和管理等。

第二,有助于转换企业经营机制,落实企业经营自主权,正确处理好促进企业发展与加强成本管理的关系,以及企业内部在成本管理方面的责、权、利关系。

第三,有助于提高生产要素运营效果,实现生产耗费与补偿的统一,促进生产要素合理流动,实现社会资源优化配置。

第四,有助于规范企业生产行为,促使企业在成本形成过程中正确贯彻执行国家规定的《企业财务通则》和《企业会计准则》,接受国家管理和监督,保证实现国有资产的保值、增值。

加强成本管理的目的在于组织和动员全体职工,开展"双增双节"运动,在保证和提高产品质量的前提下,挖掘降低成本的潜力,达到以最少的生产耗费取得最大的生产成果,提高企业的经济效益和社会效益。对旅游饭店来说,进行恰当的成本费用控制,有助于提高生产要素运营效果,实现生产耗费与补偿的统一,促进生产要素合理流动,实现社会资源优化配置。对宏观管理部门来说,合理监控旅游饭店成本费用,有助于饭店产业结构的调整与优化,转换经营机制,落实经营自主权,同时规范饭店的生产行为,促使饭店在成本形成过程中正确贯彻执行国家的相关规定,保证国家利益不受损害。

若成本费用管理不当,旅游饭店就像漏斗一样,创造的收入越多,漏掉的也越多。实践中,不少的旅游饭店将成本费用的控制仅仅看成是财务部的事,似乎其他部门与此关系不大,忽略了成本费用控制的全员和全过程体系的建立,结果成本费用控制的效果很不理想,形成了价值管理与实物管理"两张皮"的状况。在一些旅游饭店还存在割裂成本与效益的关系,一味降低成本的现象,结果成本是下降了,效益也没有了。这些成本控制的误区必须加以纠正,必须在正确理解成本费用概念的前提下,采用全员全过程的成本费用管理方法,提高我国旅游饭店的成本费用管理水平。

第二节 旅游饭店成本费用控制

一、旅游饭店成本费用控制的含义

(一)旅游饭店成本费用控制的概念

旅游饭店在生产经营活动中,根据一定的控制标准,对成本费用形成的全过程进行指导、监督和限制,并采取有效措施及时纠正偏差,从而实现控制成本费用目标的一系列行动称为成本费用控制。这一概念核心阐述的是要有控制标准,要有控制对象即成本费用形成的全过程,要有合理有效的控制方法即指导、监督和限制,要有控制行动即要纠正偏差,要有控制目标即实现既定控制目标,要有控制过程即这是一系列控制行动的总和。

(二)旅游饭店成本费用控制的对象

旅游饭店是人员密集型企业,旅游饭店提供服务产品需要员工和游客进行面对面的现场交流才能完成,因此员工行为如何对旅游饭店成本高低变化影响很大。那种忽略甚至侵害员工利益的行为会使员工产生不满的情绪和沮丧的心情,这些都会通过员工行为反映,如铺张浪费、大手大脚、慢待顾客、破坏工具等影响企业货币成本的高低,从而驱动货币成本上升。这种现象说明旅游饭店必须重新认识成本控制对象,不能仅从传统的会计学意义上来理解成本控制对象,应站在管理实践的角度理解为实现一定的管理目标而耗费的成本内容是什么,它不仅仅是货币开支的多少,更是非货币可计量付出的代价的高低。如果把前者看作是浮在水面上的冰山的话,那么后者就是掩藏在水面下的冰山,后者的动向在影响着水面上的冰山向何处移动。因此,成本控制对象不仅包括可用货币衡量的显性成本,更包括不可用货币衡量的隐性成本,从某种程度上说,对后者的控制是服务企业成本控制的重点,也是成本控制的难点。因为隐性成本易受忽略且难以把握,因此对于旅游饭店管理者而言,要有效控制成本,就必须明确控制对象,将隐性成本纳入企业控制对象之列。

二、旅游饭店成本费用控制的目标和原则

（一）旅游饭店成本费用控制的目标

在市场经济条件下，每一家旅游饭店都面临着激烈的竞争、股东分红和提高员工待遇的压力，因此，旅游饭店成本费用控制的首要目标就是通过不断降低货币支出来实现增收。

旅游企业作为服务性企业，存在自身特性，也就是其所提供的服务产品的生产和交换的同一性。因此，旅游饭店必须把控制产品质量纳入成本费用控制的目标中来，在不断提供优质产品满足顾客需要，在不断创造收入的过程中控制和降低成本费用。

（二）旅游饭店成本费用控制的原则

1. 节约性原则

这一原则强调控制要以事前控制为主，通过加强事中控制，做好事后反馈控制，达到防患于未然的目的。

2. 全面性原则

这一原则包含两层含义，一方面是强调全员的成本控制，另一方面是强调全过程的成本控制。

3. 目标管理原则

成本控制中强调控制的目标要明确，如以标准成本和预算成本为控制的目标，在实际运作中使成本控制在允许的范围之内。

4. 责权利相结合原则

在成本控制中要调动全体员工的主动性和积极性，将责权利真正结合在一起，将成本控制与经济责任制挂钩。

三、旅游饭店成本费用控制的基本方法

成本费用控制的方法较多，基本方法有预算控制法、制度控制法、标准成本控制法等。

（一）预算控制法

预算是旅游饭店未来一定时期计划的货币数量表现。预算成本是按标准成本计算的一定业务量下的成本开支额。这种控制方法是以预算指标作为控制成本费用支出的依据，通过分析对比，找出差异，采取相应的改进措施，保证成本费用预算的顺利实现。

为了与现行的会计核算制度相衔接，更好地实现预算控制，必须按不同的经营项目，分别预算营业成本与营业费用，并且将预算时期进行详细划分，如划分为月度成本预算或更细的成本预算。这样便于分部门、分项目、分时期地进行成本费用控制。

为了更好地实现预算控制，必须编制弹性预算，以控制不同业务量下的成本费用支出额。

（二）制度控制法

这种方法是利用国家及旅游饭店内部对各项成本费用的管理制度来控制成本费用开支。从财务管理的角度出发，国家规定了成本开支范围及费用开支标准，地方财政、税务及上级主管部门也都有各自的规定，这些都是旅游饭店在进行成本费用控制时应该遵循的。作为旅游饭店本身来讲，为有效地控制成本费用，必须建立健全各项成本费用控制制度和相应的组织机构，如各项开支消耗的审批制度、日常考勤考核制度、设备设施的维修保养制度以及各种材料物资的采购、验收、保管、核发制度、程序、报审批制度等。成本费用控制制度中还要包括相应的奖惩制度规定，对于努力降低成本费用有显著效果的要予以重奖，对成本费用控制不力造成损失的要给予惩罚。只有这样才能真正调动员工节约成本，降低消耗的积极性。

（三）标准成本控制法

标准成本实际上就是单位成本消耗定额。它是采用科学的方法，经过调查、分析和测算制定的在正常生产经营条件下应该实现的一种目标成本。标准成本是控制成本开支、评价实际成本高低、衡量工作质量和效果的重要依据。如客房部出租每单位床位的物料用品消耗定额、餐饮部制作单位餐食制品应消耗的原材料定额、提供单位产品服务所消耗的人工费定额等，这些定额作为标准成本发挥着控制成本支出的作用。

运用标准成本控制法进行成本控制的基本步骤是：

1. 制定标准成本(费用)

制定标准成本(费用)是极其重要的一项工作,标准制定得过高或过低,都不利于成本费用的控制,应该掌握在平均先进的水平上,即在过去一定时期平均实际成本的基础上,考虑到未来变动趋势,经过努力能达到的成本水平。为使标准成本制定得更科学合理,必须广泛吸收有关人员参加,既要有财务管理人员参加,又要有各部门标准成本的执行者参加。

制定标准成本时,为分清不同部门的责任,每个成本费用项目都要包括价格标准和耗用量标准。如食品原料标准成本 = 标准耗用 × 标准价格,前者反映单位产品原料耗用量标准,后者反映采购原料支付的单位价格标准。再如人工费标准 = 标准工时 × 标准工资率,前者反映提供单位产品所需的人工小时数,后者反映使用每一人工时所需支付的工资。上述这些标准需要依据不同营业部门的情况分别确定。

【链接启示】

工资要保密吗?

有些企业设置了薪酬保密制度,可以避免出现同一职级薪酬不同的尴尬。但是,这种保密容易引发员工的猜疑,以及对薪酬不公平的判断,也成为薪酬不公平现象的掩饰。如果将薪酬信息传递给员工,并向员工准确解释薪酬制度,能够建立起积极的认识,从而提升工作态度。

思考: 如何看待工资保密问题?

2. 进行成本差异分析

成本差异分析就是在某一经营期间结束后,将实际产生成本与标准成本的差异找出来,并分析形成差异的原因。

食品原料差异分析如下:

$$
\left.\begin{array}{l}
① \text{ 实际价格} \times \text{实际耗用量} \\
② \text{ 标准价格} \times \text{实际耗用量} \\
③ \text{ 标准价格} \times \text{标准耗用量}
\end{array}\right\} = \left.\begin{array}{l}
\text{价格差异①} - ② \\
\text{耗用量差异②} - ③
\end{array}\right\} = \text{原料差异①} - ③
$$

人工费差异分析如下：

① 实际工时 ×实际工资率 ⎱
② 实际工时 ×标准工资率 ⎬ = 工资率差异①－② ⎱
③ 标准工时 ×标准工资率 ⎭   工资差异 ②－③ ⎬ = 人工费差异①－③

找到形成差异的因素后，如何分析将在旅游饭店成本费用的日常控制里举例说明，这里不再赘述。

3. 对成本差异实施管理

无论标准成本制定得如何科学，由于旅游饭店的经营环境随时都在发生变化，成本差异是难以避免的。财务管理的目的在于通过对可控差异进行管理，寻找降低成本费用的有效途径。通过对各部门重大差异的分析，找到旅游饭店可以控制的因素，分清差异形成的责任，提出处理意见。

四、成本费用控制效果分析

成本费用控制效果是对旅游饭店进行成本费用控制的执行结果的评价。正确进行成本费用考核，可以促使旅游饭店改善经营管理，加强经济核算，努力降低成本费用水平，增加盈利。旅游饭店进行成本费用考核可以采用下列指标。

（一）成本率

成本率是指一定时期直接成本额占营业收入的百分比。旅游饭店可以利用成本率指标对餐饮部、商品部、洗涤部等部门耗费的直接成本水平进行考核。由于直接成本支出与业务量和客人的消费水平等有很大关系，所以通常是用毛利率来考核分析成本。一般情况下，为保证旅游饭店服务质量，毛利率不能过高。对毛利率的考核，实际上就是对成本进行了考核。当发现实际毛利率与计划毛利率有较大差异时，就说明在成本控制上可能出现了问题，要么多支出了，要么克扣客人应消费的部分了，需要采取措施，加以改善。

（二）费用率

费用率是指一定时期费用额占营业收入的百分比，说明每百元营业收入要支付多少费用，计算公式为：

$$费用率 = \frac{费用额}{营业收入} \times 100\%$$

如果将本期费用率与预算（或去年同期）费用率进行比较，所得差额表示费用率变化程度，用公式表示为：

费用率变化程度＝本期费用率－预算（或去年同期）费用率

如果所得差数为负数，说明费用水平下降了；如果为正数，说明费用水平上升了。

如果将费用率变化程度与基期（比较期）费用率水平进行比值的计算，可得到费用率变化速度，计算公式为：

$$费用率变化速度 = \frac{本期费用率-预算(或去年同期)费用率}{预算(或去年同期)费用率}$$

用一定时期的营业收入乘以费用率变化程度得到费用节约额。例如，表6–1为某旅游饭店营业费用考核情况。从表中可以看出，2013年预算费用率将比2012年费用率下降2%，下降速度为5.7%，旅游饭店将由此节约费用18.2万元。

截至2013年5月份，实际已实现营业收入415万元，发生的费用为130万元，则费用率为31%（130÷415）。由于1—5月份费用率比预算下降2%（31%—33%），所以6—12月份费用率只要控制在34%便能取得预算效果，即 $\frac{300-130}{910-415} \times 100\% = 34\%$。

表6–1　某旅游饭店营业费用考核表　　　　　　　　　　单位：万元

指标	2012年实际	2013年预算	差异
营业收入	700	910	
营业费用	245	300	
费用率	35%	33%	
费用变化程度			−2%
费用变化速度			−5.7%
费用节约额			18.2

除了营业费用外，还要对管理费用进行考核，主要是考核管理费用总额及其结构的变化，找出各成分变化的原因，消除不利因素的影响。由于管理费用直接抵消旅游饭店利润，所以要对管理费用的各个项目严格按预算要求支出，以降低消耗，增加利润。

第三节　旅游饭店成本费用的日常控制

一、客房部营业费用的日常控制

（一）客房部经营成果统计

客房作为旅游饭店经营的主要项目，其租金收入占整个旅游饭店的 50% 左右，因此，加强客房营业费用的日常控制与管理，对降低整个旅游饭店的费用支出具有重要的意义。

客房部的经营成果主要是通过客房出租率进行统计的，客房出租率是指已出租客房占可供出租客房总量的比例，计算公式为：

$$客房出租率 = \frac{计算期客房实际出租间天数}{可出租客房数量 \times 计算期天数} \times 100\%$$

客房实际出租间天数，是指在一定时间内每间可出租的客房实际出租天数之和；可出租的客房数量，一般情况下是一个常量。

（二）客房部成本费用管理

客房经营过程中发生的各项支出是通过营业费用进行核算的。客房营业费用的高低与客房出租率的高低有直接的关系。如前所述，客房费用可以分为固定费用和变动费用两部分。固定费用总额不会随出租率的高低而变化，但从每间客房分担的固定费用来讲，则会随着出租率的提高而减少。变动费用却与此相反，变动费用总额会随着出租率的提高而增加，但每间客房的变动费用却是个常数。因此控制客房费用的支出，降低消耗，需从以下两方面入手：

1. 降低单位固定费用

降低单位固定费用的有效途径是提高客房出租率，通过出租数量的增加来降低每间客房分摊的固定费用。虽然出租率对于降低单位固定费用至关重要，但如果旅游饭店是依赖降低客房销售价格来提高出租率，那么即使单位固定费用下降了，仍有可能造成总利润的下降，结果是得不偿失的。

2. 控制单位变动费用

控制单位变动费用主要是按照客房消耗品标准费用（即消耗品定额）控制单位变动费用支出。消耗品定额是对可变费用进行控制的依据，必须依据旅游饭店的不同服务档次，制定消耗品的配备标准。对于一次性消耗品的配备数量，要按照客房的出租情况落实到每个岗位和个人，领班和服务员要按规定领用和分发各种消耗品，并做好登记，以便对每个服务员所管辖的客房消耗品数量进行对比和考核，对费用控制好的班组和个人要给予奖励，对费用支出超出定额标准的要寻找原因，分清责任，对由于人为因素造成的超标准支出要给予一定处罚。对于非一次性用品的消耗，要按旅游饭店的档次和正常磨损的要求确定耗用量，尽量减少使用不当造成的损耗，加强布草房的领发控制和安全保卫工作。通过对固定费用和变动费用的有效控制和管理，就能达到降低消耗，增加盈利的目的。

【链接启示】

奖惩时机要找准

奖励或惩罚的时机直接关系到是否能够充分发挥其作用，这与制作菜肴是一个道理，同样的原材料，不同时间放入烹制工具中，得到的菜肴口感、色泽等就会发生变化，奖励或惩罚在不同时间开展收到的效果也不同。

思考： 管理中的时机把握很重要，你如何把握人生发展的时机？

（三）客房部成本费用分析

对客房部进行成本费用分析，就是要解剖客房部成本费用的内部结构，使其结构合理化。这是加强客房部经营管理、提高其经济效益的重要手段。表6-2是盛德饭店客房部2012年5月份与2013年同期成本费用对照表。

表 6-2　盛德饭店客房部成本费用对照表　　　　单位：元

项目	2012年5月	2013年5月	差异
工资	8000	8000	0
福利费	880	880	0
低值易耗品摊销	55000	54500	-500
电话租金	4500	4500	0

续表

项目	2012年5月	2013年5月	差异
服装费及其他费	3000	3000	0
不变费用小计	71380	70880	−500
消耗品	25000	24000	−1000
水费	8000	9000	1000
电费	18500	20000	1500
燃料费	16000	16600	600
维修费	7800	7000	−800
洗涤费	13000	11000	−2000
可变费用小计	88300	87600	−700
合计	159680	1584800	−1200

从表6-2可以看出，盛德饭店客房部2013年5月份比2012年同期减少了1200元，其中固定费用减少500元，是由于低值易耗品摊销费减少所致。可变费用减少700元，是由于客房单位可变费用下降所致。单位可变费用的计算公式为：

$$单位可变费用 = \frac{计算期客房可变费用总额}{客房数量 \times 计算期天数 \times 出租率}$$

盛德饭店2012年5月单位可变费用为9.13元，2013年5月单位可变费用为8.83元。如果用因素来表示可变费用总额的话，可写成如下公式：

可变费用总额 = 客房数量 × 计算期天数 × 出租率 × 单位可变费用

用因素分析法进行分析如下：

（1）出租率因素的影响：

$$400 \times 31 \times (80\% - 78\%) \times 9.13 = 2264（元）$$

由于出租率提高，可变费用总额增加了2264元。

（2）单位可变费用因素的影响：

$$400 \times 31 \times 80\% \times (8.83 - 9.13) = -2976（元）$$

由于单位可变费用降低，可变费用总额减少了2976元。客房部将两个期间的单位可变费用进行比较，可以发现经营管理中的问题和成绩。

【链接启示】

浪费的现象

饭店中浪费的现象比比皆是，例如办公室空无一人的时候，灯和空调全开着；员工下班回家，办公室电脑却不关闭；卫生间的水龙头坏了却没有人报修；因为一个小错误把上百页的报告重新打印一遍……

思考：请谈谈你看到的浪费现象，并分析如何减少这些浪费？

二、餐饮部成本费用的日常控制

餐饮经营也是旅游饭店经营的一大主要项目，而且这一部门降低成本费用的潜力相对于客房部来说，可能性较大。因为客房出租数量和价格的限制性较大，而餐饮却不同，无论是就餐人次还是客人的平均消费水平，都比客房部有更大的灵活性。因此制定有效的餐饮成本管理制度，实行严格的成本控制，对于提高旅游饭店经济效益具有重要作用。餐饮部成本包括直接成本和经营费用两部分，下面从日常控制的角度分别介绍一下。

（一）餐饮部直接成本的控制

对餐饮直接成本的控制要结合其成本形成的过程，实行全过程成本控制，将过程中的每一环节以及环节之间的衔接点控制好，避免不合理的成本泄漏点的出现，为此需要列出餐饮成本形成的各个环节，并按照全过程质量管理的思想进行控制。

1. 采购环节的控制

采购环节是餐饮成本控制的第一步，合格原材料的采购将有助于成本控制目标更好地实现。采购环节的控制目标包括三方面：质量适中、数量足够、价格合理。

（1）规格控制

为使控制更加有效，必须制定标准采购规格。一是有助于采购员更好地明确每次采购的质量要求，协调旅游饭店与供应商之间对原料价值的看法；二是有助于库房验收员客观地评价采购结果，在接收原料或拒收原料时有章可循；三是只有采购到符合要求的原料才有可能提高利用率，即提高出货率，降低单位产品成本，提升毛利率。

采购规格通常包括以下内容：产品通用名称或常用商品名称，国家规定的等级、公认的商业等级或当地通用的等级，商品报价单位或容器，基本容器的名称和大小，容器中的单位数或单位的大小，重量范围，最大或最小切除量，加工类型和包装，成熟程度，产地，防止误解所需的其他信息等。采购规格确定后在一定时期具有稳定性，但是随着旅游饭店的发展、旅游饭店设备的更新换代、市场环境的变化、菜单的更替采购规格必然会随之发生变化或调整，以适应新的需要。

（2）数量控制

控制数量有助于降低采购成本和储存成本，可以利用相关模型如订货点法、经济订货量法等进行决策。有关这方面的内容已在流动资产管理一章中论述过，这里不再赘述。

（3）价格控制

保证原材料采购价格合理对降低每单位产品成本有着重大的意义。控制价格一般可采用询价制，对市场价格的变动要及时作出反应，调整供应商。对重大物资的采购要由定价小组确定。饭店财务部门要加强对采购部的监督，避免非法行为的出现。

2. 验收入库环节的控制

首先要健全内部牵制制度，原料入库之前要由验收员和使用部门的人员共同对原料进行验货，防止不符合采购要求的原料入库，避免出现制成品的质量下降或成本上升现象。

其次要认真实施验收，有关人员应具有高度责任心和事业心，对采购原料的数量、质量、价格进行严格检验，如有不符应填写货方通知单或无购货发票收货单，验收员有权拒收不符合采购要求的货物，把好产品质量控制的第一关。

为使验收环节更好地发挥作用，要为其配备相应的设施，完善验收条件。总会计师、厨师长、采购员、仓库主任、餐饮经理等管理者要定期检查工作，强调验收环节的重要性。

3. 仓储环节控制

原料入库后的保管质量如何直接影响到营业成本的高低，因此做好仓储保管工作是餐饮成本控制的重要环节。仓储管理的基本任务是保障原材料的数量和质量不发生变化，及时向餐饮部和采购部提供存货信息。为实现保证供应的目的，达到经济合理的标准，必须从数量、时间、结构上进行优化，为此要建立定期盘点制度。另外，除常规盘点外，必要时还要进行临时盘点。盘点方法可以是以物盘账，也可以是以账盘物，如果出现物账不符的问题，应及时加以分析和解决。

仓储环节的日常控制要注意做好以下几点：一是分类存放，防止食品原料串味、变潮，影响质量；二是合理码放，贯彻物流的先进先出原则；三是保质期控制，及时将这方面信息反馈到生产部门，以利于尽快使用存放时间较久的原料；四是安全保证，防止原料存放中不安全事故的发生，减少损失和浪费。

4. 领发料环节控制

领发料环节是控制原料出库的环节，也是餐饮成本控制中的重要环节。在这一环节控制中主要注意以下几方面：一是严格实行领发料制度，健全领料单制。领料单是领料和发料的凭证，必须认真填写领料的数量、等级等，领料单的签发应由厨师长或餐厅经理、领料人和发料人签字，以便于监督。二是仓管员要选用合适方法对发出的原材料进行计价，正确核算发料成本。主要计价方法包括：个别计价、先进先出、后进先出、加权平均、移动平均等。三是对账面存货和实际存货进行比较分析，一旦发现账物不符，要及时查找原因并加以解决，一般可按以下公式核对：

$$期末账面存货数额 = 期初存货数额 + 进货数额 - 发料数额$$

5. 生产环节控制

（1）制定标准成本卡

标准成本卡上列明了制作食品菜肴的标准配方，包括每一种食品菜肴所需的原料、配料、调料的数量以及制作成本、烹饪方法、售价等，以此作为控制成本的依据。标准菜谱的制定，有助于确定食品成本，合理确定售价，保证制作高质量食品的一致性。标准菜谱配方的格式见表6-3。

（2）确定标准成本率

由于餐饮部饮食制品品种繁多，不同品种成本率不等，因而不同销售结构势必影响实际成本开支的大小。因此，必须结合各餐厅及部门的销售预测，制定它们的标准成本率，其计算公式为：

$$标准成本率 = \frac{销售成本}{销售收入} \times 100\%$$

表 6-3　标准菜谱配方　　　　　　　　　　　　　　单位：元

菜名：　　　　　　　　　份数：　　　　　　　　日期：
每份成本：　　　　　　　预计售价：　　　　　　编号：

名称	单位	用量	净料价	成本额	备注
主料					
配料					
调料					
原料成本合计					
附加成本					
总成本合计数					
售价					
成本率					
烹饪方法					

标准成本率确定后，还要掌握各期实际成本率的高低。为此要健全各种统计制度，掌握各餐厅每天的实际成本发生额和每天营业收入额，在此基础上确定实际成本率。然后将标准成本率与实际成本率进行比较，寻找差异原因，并采取措施加以改进。表 6-4 为旅游饭店使用的饮食制品成本日报表。

表 6-4　旅游饭店餐厅饮食制品成本日报表

餐厅	直接厨房数	仓库领用数	内部调拨数		员工食堂	营业成本		营业收入		实际成本率	
			调进	调出		当日数	累计数	当日数	累计数	当日数	累计数
中餐厅											
西餐厅											
风味厅											

（3）进行差异分析

在某一经营时期结束后，应将实际生产成本和标准成本卡的要求做一对比，如果实际成本超过标准成本，即出现不利差异（Unfavorable Variance），反之则为有利差异（Favorable Variance）。发现差异后，要进一步分析形成差异的原因，提出改进措施，从而提高餐饮成本控制水平。

例：某餐厅生产凤尾河虾仁菜，按照标准需投主料活虾仁500克，采购价为25元/500克，生产20份共需10000克，计500元。而实际是按23元/500克采购，实际用量为12000克。请对该餐厅进行成本差异分析。

该餐厅经营产生的实际成本：12000÷500×23=552（元）

不利差异：500-552=-52（元）

差异来源：

由于耗用量而形成的差异：

$$(12000-10000)\times 25 = 100（元）$$

由于采购价而形成的差异：

$$(23-25)\times 12000 = -48（元）$$

通过上题分析可以看出，该餐厅的标准成本应为500元，而实际成本为552元，实际成本比标准成本多支出52元，这是不利差异。进一步分析发现形成该差异的原因是实际耗用量和采购价与标准不一致。价格变化主要由采购人员负责，消耗量变化主要是由厨房生产人员负责。实际耗用量比标准多出2000克，原因可能是被偷盗、损耗、浪费，也有可能是由于采购规格不符合要求，降低了成货率，使耗用的原材料数量增加。实际价格比标准价低2元，可能是由于批量购买而享受了价格折扣，也许是降低了采购规格使价格降低。如果是由于后一种原因而降低采购价格是得不偿失的，虽然价格上稍有降低，却使消耗量增加，净料价格上升，同时还有降低食品质量的风险。价格上的原因主要由采购人员负责，消耗量上的原因主要由厨房生产人员负责。

以上就是进行差异分析的主要方法。旅游饭店在进行成本费用差异分析时应特别注意选取重大差异进行分析，因为差异分析耗时费力，如果不对分析对象进行选择，很有可能造成资源的浪费。

（4）控制紧急采购次数

紧急采购是指因日常采购无法满足经营要求而追加的采购行为。旅游饭店要严格控制紧急采购次数，如果紧急采购次数增加，数量增大，必然造成成本费用居高不下，这时需反思采购系统和生产预测系统是否存在问题，及时采取解决措施。

（5）严格内部调拨手续

如果原料需要从一个厨房转到另一个厨房，则必须履行内部调拨手续，即填写内部调拨单。一般来说，调拨单要一式两份，由调入厨房开出并签字，调出厨房接收并由厨师长签批,两联分别转给财务部成本核算人和领料部门,以便监督管理。

6. 楼面服务环节的控制

(1)领发菜控制

领发菜环节的控制直接影响服务质量和成本,要注意餐厅不同服务环节信息传递的重要性,防止缺货、缺记等现象的频繁发生。有些旅游饭店专设出菜检查员岗位,调控菜品的制作及上菜的速度,检查菜肴的质量,为减少差错率和降低投诉奠定基础。

(2)进餐服务过程的控制

服务员应按照标准服务程序提供服务,提高点菜记录的效率与准确率,提高顾客满意度,以降低相对成本。由于饭店员工的流失率较高,旅游饭店应加强对新员工的培训,增强其服务意识,提高服务技能,以降低人力成本。

(3)收银环节控制

旅游饭店应建立健全顾客账单控制体系,服务人员领用客账单要填写编号登记簿,按编号领用和退还,防止丢失和逃账。为此有的旅游饭店采用定制的客账单,不同餐厅使用不同颜色的客账单,防止仿制和串用情况发生。服务员应注意准确填写客账单,以利于厨师照单制作菜肴,客账单上没有的菜肴厨师不得烹制。对空白客账单要妥善保管,不得丢失。

7. 酒水成本控制

除饮食制品要依照其流经的环节实行严格的过程控制外,酒水的成本控制对餐厅来说也是十分重要的,因为相对于食品来说,酒水的销售成本较低,毛利率很高,一般可达60%—70%,如果能够实现合理控制,将提升旅游饭店的经营收益。上述食品生产过程控制的原则及一些做法对酒水控制同样是适用,如使用标准酒水配方,对调酒员、服务员进行严格培训,建立标准的度量制度等。

案例分析

反对餐饮浪费

在某饭店一楼餐厅内,"今天吃饭就光盘""光盘行动"等宣传海报赫然映入眼帘,每张餐桌上都放有"从今天起,关心粮食和蔬菜"的桌牌宣传标识。在餐厅接待处,张贴着"反对铺张浪费倡议书",引导顾客科学订餐,倡导"光盘行动",建议顾客对剩余菜品进行打包。在宴席预订和点菜时,工作人员会引导和协助顾客精准预订宴会桌数和人数,避免浪费。用餐结束后,会提醒顾客打包或提供打包服务。

在接待预订婚宴的顾客时,工作人员首先会向顾客介绍反对铺张浪费倡议书,防止食品浪费,弘扬中华民族传统美德。同时,工作人员也会根据实际情况将上菜节奏进行梳理和调整,更好地节约资源,保障客人用餐。饭店希望和顾客共同努力,通过制止食品浪费的一系列举措引导顾客养成简约适度、健康文明的饮食方式。

思考: 1. 餐饮浪费为什么不可取?

2. "顾客点菜越多,饭店赚得越多",你觉得这种经营理念对吗?

3. 如何营造反对浪费、节约消费、理性就餐的社会氛围?

(二)餐饮部营业费用的控制

餐饮部的营业费用包括人工费、经营用品费、水电燃料费及其他费用。

1. 人工费用的控制

人工费用一般情况下是基本不变的,但是在以下情况下会发生变化,如旺季营业量大增,为此需雇用一些临时工,会增加开支;或不增加人数,提高现有员工的工作强度,延长工时,也会由于支付加班工资,开支增大。为此需确定合理的工时标准和工资率标准,依据淡旺季不同加以调整。

2. 能源消耗费用的控制

水电燃料消耗是餐饮费用的一大支出项目,要严格加以控制。由于接待业务量不同,水电燃料的开支也不同,因此要编制弹性费用预算,通过标准费用消耗额进行控制。在确定每月标准费用消耗额时,要结合淡旺季特点予以合理分配,其公式为:

某项费用月度标准消耗额=该费用年度预算总额×季节指数

季节指数是指利用相对数将费用的季节变动规律反映出来,使各季应分摊的费用更加合理。它的计算过程是统计近年各季(或各月)发生的费用额,计算各季(各月)的总平均额,以总平均额为100%,计算各季(各月)的百分数,该百分数即为季节指数。季节指数大,表明该季(该月)是旺季,反之是淡季。在此基础上编制各项费用差额分析表,见表6-5。通过该分析表可以发现费用支出中哪些是有利差异,哪些是不利差异,从而进一步寻找原因,对主观能控制的因素提出解决的措施，从而降低费用开支。

表 6-5 餐饮部水电燃料费用差额分析表　　　　　　单位：万元

项目	年度预算①	某月指数②	单位费用③	某月消耗量④	标准费用 ⑤=①×②	实际费用⑥	成本差异 ⑦=⑥-⑤	合计⑧
水费								
电费								
燃料费								

3. 餐具损耗的控制

餐饮部费用控制的另一个重点是餐具的损耗。餐具是指供客人就餐时使用的碗、碟、杯、刀、叉、勺、筷子等。这些物品极易丢失和损坏，控制不好，会造成费用的大幅度上升。为了降低损耗率，需要对这些物品实行管用相结合的办法，制定出合理损耗率作为控制依据。为此要建立餐具损耗统计表，员工损坏餐具要如实填写，并按合理损耗率进行考核，对超过合理标准的，要予以相应的处罚；对控制损耗有突出贡献的，要依一定标准予以奖励，从而调动员工爱护餐具、降低损耗的积极性。

（三）餐饮部成本费用分析

构成餐厅费用支出的是直接成本和营业费用两部分。直接成本是指餐厅耗用的餐饮原料、调料、配料的支出，它的高低不仅与餐饮制作有关，而且与客人就餐的标准高低有直接关系。客人用餐的标准高，菜肴酒水的成本就高，反之则低。因此，对营业成本的分析一般采用毛利率指标。营业费用包括固定费用和可变费用，本章主要对可变费用进行分析。表 6-6 是盛德饭店 2012 年 5 月与 2013 年 5 月餐饮部成本费用对照表。

表 6-6 盛德饭店餐厅费用对照表　　　　　　单位：元

项目	2012 年 5 月	2013 年 5 月	差异
水费	7000	5800	-1200
电费	9100	11200	2100
消耗品	6700	7300	600
燃料费	7800	8500	700
原材料损失	400	500	100
运杂费	6000	6400	400
合计	37000	39700	2700

从表 6-6 可以看出，盛德饭店餐厅 2013 年 5 月份费用支出比 2012 年同期增加了 2700 元，增长了 7.29%。如果单从成本费用变化判断该餐厅费用控制得合理与否是不科学的，应根据配比原则，认识到随着接待量的增加，营业收入会不断上升，但成本费用也会相应随之增加。因此，可寻找接待量增加与可变费用增加之间的恰当比例，将营业收入与费用结合起来分析的。这个比例即收入费用率，其计算公式为：

$$收入费用率 = \frac{餐厅费用}{餐厅食品销售收入} \times 100\%$$

该公式可用来表明每 100 元食品销售收入所发生的可变费用额是多少。盛德饭店餐饮部 2012 年 5 月收入费用率为 4.49%，而 2013 年同期为 4.06%，2013 年比 2012 年下降了 0.43%，表明对成本的控制有一定效果。

三、商品销售费用的日常控制

（一）商品销售费用控制

商品销售成本包括商品直接成本（商品进价）和商品销售费用。商品销售费用包括运杂费、保管费、包装费、商品损耗、保险费、销售人员工资和福利、低值易耗品摊销等。

为了降低销售费用，增加盈利，必须加强对商品销售费用的日常控制和管理。首先，要对住店客人的需求有深入细致的了解，针对不同的需求，组织适销对路的商品，以扩大商品流通额，这是节约商品销售费用的基本途径。因为在销售费用中，有一部分费用如工资、低值易耗品摊销等属于固定费用，它们与销售额的多少没有直接的关系，随着销售额的不断扩大，每百元销售额所负担的相对固定费用会由此而减少。其次，要确定合理的储备定额，减少资金占用。最后，要加强库存商品的保管工作，降低商品的自然损耗率，防止由于商品霉烂、变质、变形造成的报废和贬值。为此要建立严格的管理责任制，严格考核，以减少损耗，增加盈利。

（二）商品流通成本费用分析

商品流通费是指除了商品购进价以外的支出，包括商品的运输费、包装费、整理费、保管费，还包括相关人员工资及其他各项费用。这些费用项目同样可以根据其与销售量的关系划分为固定费用和可变费用。一般来说，商品流通费占商品销售成本费用总额的 30% 左右，虽然比例不大，但却是商品部降低成本费用的主要领域。因为进销差价的大小受毛利率的制约，可伸缩的余地比较小。而商品流通费可以通过改善经营管理，严格费用控制而降低的。表 6-7 是盛德饭店 2012 年 5 月与 2013 年 5 月商品流通费用对照表。

表 6-7　盛德饭店商品流通费用对照表　　　　　　　单位：元

项目	2012 年 5 月	2013 年 5 月	差异
运杂费	4500	5800	1300
保管费	2910	3000	90
商品损耗	800	1150	350
包装费	3470	4820	1080
合计	11950	14770	2820

从表 6-7 可以看出，2013 年商品流通费用中的可变费用增加了 2820 元，增长了 23.60%。同样，不能单从流通费本身来判断其增加是否合理，应结合销售收入来判断。商品部 2013 年 5 月销售收入比去年同期增加了 68245 元，增长了 50.49%，用收入费用率指标进行分析：

$$2012 \text{ 年费用率} = \frac{11950}{135150} \times 100\% = 8.84\%$$

$$2013 \text{ 年费用率} = \frac{14770}{203395} \times 100\% = 7.26\%$$

从费用率上来看，2013 年比 2012 年下降了 1.58%，但这并不意味着商品部费用控制已经很完美了，要从每项费用的变化来寻找其不足之处并加以弥补。

第四节　量本利分析法与应用

一、量本利分析

量本利分析是旅游饭店经营管理中应用非常广泛的分析方法，是业务量、成本和利润三者之间相互作用关系分析的简称。量本利分析能够用计算和图示来揭示固定成本、变动成本、销售量、销售价格和利润之间的内在关系，为旅游饭店经营决策提供必要的财务支持。旅游饭店运用量本利分析主要实现两个目标,一是保本点分析,探查旅游饭店如何确保经营不亏损;二是保利点分析,寻找能够实现目标利润的销售量和销售额。

(一) 量本利分析的基本表达式

目前大多数旅游饭店都用损益法来计算利润,即确定一段时间的销售总收入相对应的总成本,计算两者差额得到这段时间的销售利润,即:

$$销售利润 = 销售收入 - 总成本$$

由于总成本可以被认为是变动成本和固定成本之和,所以销售利润的计算可以转化为:

$$销售利润 = 销售收入 - 变动成本 - 固定成本$$

在量本利分析中,通常把一段时间内的单位售价、单位变动成本、固定成本视为常量,只有销量和销售利润是变量。当销量是已知条件时,可以求出销售利润;如果确定要实现的销售利润,则可以求出应达到的销售量,计算方法如下:

$$销售利润 = 单位售价 \times 销量 - 单位变动成本 \times 销量 - 固定成本$$
$$销量 = (固定成本 + 销售利润) / (单位售价 - 单位变动成本)$$

当然,在实际的计算中,也可以通过确定其他已知条件来计算单位售价、单位变动成本或固定成本,具体如下所示:

$$单位售价 = (固定成本 + 销售利润) / 销量 + 单位变动成本$$
$$单位变动成本 = 单价 - (固定成本 + 销售利润) / 销量$$
$$固定成本 = 单位售价 \times 销量 - 单位变动成本 \times 销量 - 销售利润$$

(二) 边际贡献

边际贡献又称边际利润或边际毛利,是指从产品销售价格中扣除变动成本后为旅游饭店作出的贡献。第一步是贡献于生产经营活动所产生的固定成本,如果还有多余,第二步是贡献于旅游饭店利润的增加,计算方法如下:

$$边际贡献 = 销售收入 - 变动成本$$
$$单位边际贡献 = 单位售价 - 单位变动成本$$

边际贡献率是指边际贡献在销售收入中所占比重,边际贡献率高低能够反映该产品对旅游饭店固定成本和利润的贡献能力。变动成本率与边际贡献率是相对应的概念,是指变动成本在销售收入中所占比重,变动成本率与边际贡献率之和等于1。

边际贡献率＝（边际贡献/销售收入）×100%
　　　　＝（单位边际贡献/单位售价）×100%
变动成本率＝（变动成本/销售收入）×100%
　　　　＝（单位变动成本/单位售价）×100%

如果将边际贡献应用到量本利分析中，则相关公式可以改写为：

销售利润＝边际贡献－固定成本
　　　　＝销量 × 单位边际贡献－固定成本

也可以直接使用边际贡献率：

销售利润＝销售收入 × 边际贡献率－固定成本

当已知条件发生变化时，可以使用该公式的变形：

固定成本＝销售收入 × 边际贡献率－销售利润
销售收入＝（固定成本＋销售利润）/边际贡献率
边际贡献率＝（固定成本＋销售利润）/销售利润

（三）量本利关系图

将业务量、成本和利润三者之间的关系反映在直角坐标系中，构成量本利关系图，有助于开展直观的分析。一般而言，用横轴表示业务量，即一段时间的销售量；纵轴的单位金额（元），可以用来表示成本额和利润额，具体如图6-1所示：

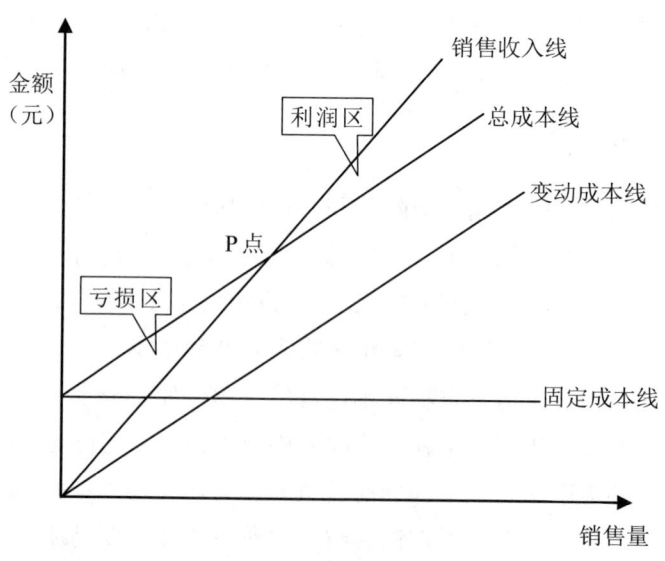

图6-1　量本利关系图

在量本利关系图中，固定成本线与横轴是平行的，表明在一段时间内，固定成本是稳定不变的；变动成本线是通过原点的一条斜线，说明变动成本随着销量的变化而成比例变化；总成本线与横轴之间的距离是总成本，是变动成本线向上平移到纵轴和固定成本交汇点后形成的，表示总成本是变动成本与固定成本之和。销售收入线也是通过原点的一条斜线，但是斜率与变动成本线不同，说明单位售价应大于单位变动成本。销售收入线与总成本线的交点 P 为盈亏平衡点，对应在横轴的销量意味着在 P 点的销量下总销售收入与总成本相等，不赚不赔。在此基础上，如果销量下滑，则产生亏损；如果销量增加，才会产生利润。

二、保本点分析

（一）保本点的概念和计算

保本点分析法也称盈亏临界分析（损益平衡分析），它是量本利分析法的特例。保本点是指旅游饭店经营达到不赔不赚时，应取得的营业收入的数量界限。在旅游饭店经营过程中，成本、销售量和利润之间存在着千变万化的关系，旅游饭店在进行成本状况分析时，要随时了解企业现有销售量或销售额是否已达到保本点的水平，若没有达到的话，应调整经营策略以弥补差距，进而为实现目标利润奠定基础。因此，保本点分析法在旅游饭店经营管理中具有很重要的地位。

在进行保本点分析时，首先需要将成本按照与销售量的关系划分为固定成本与变动成本。固定成本额一般保持不变，变动成本额随销售量的增减而变动。旅游饭店所获得的营业收入扣减变动成本后的余额，要先用来补偿固定成本，余额与固定成本相等的点即为保本点。固定成本补偿之后还有余额则形成利润。

保本点计算的一般公式为：

$$保本点销售量(额) = \frac{固定成本}{边际贡献} \quad (1)$$

边际贡献（Contribution Margin）是指每增加一单位销售量所得到的销售收入扣除单位变动成本后的余额。边际贡献首先要用来补偿固定成本，余额才能为旅游饭店提供利润。当边际贡献总额正好与固定成本相等时，旅游饭店经营活动就处于保本状态。如旅游饭店的平均房价为 150 元，每间客房的变动费用为 30 元，则边际贡献为 120 元（150-30），这是用绝对数表示的边际贡献；

如果把全部销售额看作100%，已知变动费用率为20%，则边际贡献率为80%（100%-20%），这是用相对数表示的边际贡献。如果边际贡献用绝对数表示，则计算的结果为保本点销售量，其公式为：

$$保本点销售量 = \frac{固定成本}{单位售价 - 单位变动成本} \qquad (2)$$

如果边际贡献用相对数表示，则计算的结果为保本点销售额，其公式为：

$$保本点销售额 = \frac{固定成本}{边际贡献率} \qquad (3)$$

$$边际贡献率 = \frac{销售额 - 变动成本}{销售额} \times 100\%$$
$$= 1 - 变动成本率$$

（二）旅游饭店保本点的计算

1. 客房部保本点的计算

例：某旅游饭店拥有客房250间，每天分摊固定费用15000元，客房出租房价为150元，单位变动费用为30元，运用公式（2）计算客房保本销售量为：

$$月保本销售量 = \frac{15000 \times 30}{150 - 30} = 3750(间)$$

运用公式（3）计算客房保本销售额为：

$$月保本销售额 = \frac{15000 \times 30}{1 - \frac{30}{150}} = 56.25(万元)$$

客房出租率是每个旅游饭店经理时刻关注的综合经营效果指标，当计算出保本出租量时，就可用下式计算出保本出租率：

$$客房保本出租率 = \frac{客房保本出租量}{可供出租客房数 \times 计算期天数} \times 100\%$$

那么上例中的客房保本出租率为：

$$客房保本出租率 = \frac{3750}{250 \times 30} \times 100\%$$
$$= 50\%$$

在实际经营过程中，客房部仅达到保本是远远不够的，它还要获得一定的盈利。如果要求客房部实现利润 15 万元，那么出租量和销售额要达到什么样的水平才能满足该目标利润的要求？对此可以用下面的公式来计算：

$$目标销售量(额) = \frac{固定成本 + 目标利润额}{边际贡献(率)}$$

上例中目标销售量应为：

$$目标销售量 = \frac{15000 \times 30 + 150000}{150 - 30} = 5000(间)$$

$$目标销售额 = \frac{15000 \times 30 + 150000}{1 - \frac{30}{150}} = 75(万元)$$

实现目标利润的出租率应为：

$$目标出租率 = \frac{5000}{250 \times 30} \times 100\%$$
$$= 67\%$$

2. 餐饮部保本点的计算

对餐厅进行保本点分析，由于食品菜肴的品种比较多，价格也较复杂，所以适宜用销售收入总额法，也就是前面所讲的公式（3），即：

$$保本点销售额 = \frac{固定成本}{边际贡献率}$$

进行分析时同样要划分固定成本和变动成本，固定成本由于短期内不发生变，计算起来相对容易。为了简化计算，通常认为餐饮部的变动成本仅指原材料成本，这样就可以使用毛利率取代边际贡献率计算保本点。相关计算公式如下：

$$毛利 = 营业收入 - 食品原料 \qquad 边际贡献 = 销售收入 - 变动成本$$

$$毛利率 = \frac{毛利}{营业收入} \qquad 边际贡献率 = \frac{边际贡献}{销售收入}$$

这时计算餐饮部的保本营业额的公式就可调整为：

$$保本点营业额 = \frac{固定成本}{毛利率}$$

由于经营种类不同，所以毛利率也不相同。因此，公式中的毛利率是按综合毛利率计算的，它可以用不同经营种类的销售额在总销售额中所占的百分比进行加权平均来计算。

例：某旅游饭店餐饮部预算期固定成本为 18 万元，综合毛利率为 52.5%，则保本营业额是多少？

$$保本点营业额 = \frac{180000}{52.5\%} = 34.3（万元）$$

该旅游饭店餐饮部月收入达到34.3万元时，可达保本经营。

三、量本利分析的应用

保本点分析法实际上是量本利分析法的一个特例。它是在利润为零的情况下研究销售量（额）与成本间的变动关系。对于饭店经营者来说，保本并不是目的，盈利才是目的。但只有先实现保本才可能有利润，从财务上说保本是经营活动的最低要求。在此基础上可以继续分析当存在一定利润的前提下成本、销售量和利润之间的变动关系，即开展保利点分析。

这三者间的关系可以用下面的公式来表示，即：

$$销售量（额）= \frac{固定成本+预期利润}{边际贡献}$$

（一）成本变动时销售量的变动情况

1. 固定成本变化

在产品销售价格不变的情况下，如果成本增加了，那么旅游饭店的利润就会下降。要想使利润总额不减少，就必须增加销售量（额）。如果成本的变化是固定成本增加了，那么计算销售量（额）的公式就要调整为：

$$销售额 = \frac{原有固定成本+新增加固定成本+预期利润}{1-变动成本率}$$

例：某旅游饭店共有客房250间，客房销售价格为每间150元/天，预计增加广告费6000元以扩大销售，如果仍要保持15万元的利润，在固定费用仍为45万元，变动费用率为20%的情况下，则销售额和销售量的增量分别是多少？

$$\frac{450000+6000+150000}{1-20\%} = 75.75（万元）$$

$$75.75-75=0.75（万元）$$

$$7500 \div 150 = 50（间）$$

在固定费用增加6000元的情况下，要使利润保持不变，必须使营业额由原来的75万元增加到75.75万元，增加了7500元，增加的销售量为50间。

2. 变动成本变化

仍是上例,如果单位变动费用发生了变化,由原来的 30 元提高到 35 元,如果房价保持不变,那么变动费用率将不再是 20% 而是 23%($35 \div 150 \times 100\%$)。如果仍想保持原有的利润水平,必须提高客房销售收入额,即:

$$销售额 = \frac{450000 + 150000}{1 - 23\%} = 77.92(万元)$$

营业收入必须提高到 77.92 万元时,客房才能保持 15 万元的利润额。

(二)客房价格变化时销售量(额)的变动情况

旅游饭店客房价格在旅游淡旺季是不同的,有时为了提高竞争能力也可能使价格下降一定幅度,在这种情况下,为不使利润总额下降必须提高客房出租率。例如,保持上例中的固定费用为 45 万元不变,预期利润 15 万元不变,这时价格平均下降 15%,单位变动费用仍为 30 元/间天,则销售客房数量应为:

$$销售量 = \frac{450000 + 150000}{150 \times (1 - 15\%) - 30}$$
$$= 6154(间)$$

$$客房出租率 = \frac{6154}{250 \times 30}$$
$$= 82\%$$

由于客房价格下降了 15%,客房出租率必须由原来的 67% 提高到 82%,即旅游饭店每天必须多出租 38 间客房($250 \times 15\%$)才能实现预期利润。

【链接启示】

利用应收账款虚增销售收入

在量本利分析中,利用应收账款粉饰利润具有易于操纵和隐蔽性强的特点。应收账款的变化可以直接导致公司主营业务收入的变化,从而影响最终利润。应收账款的增加是一种隐性操纵,采用这种方式不需要披露,容易隐藏,很难通过对财务报表的分析查清特定原因。

思考: 应收账款在增收中的风险在哪里?如何平衡好收益与风险间关系才能助力企业可持续发展?

（三）复合成本下的销售组合问题

旅游饭店是由多部门组成的集合体，在经营中会发生一些专属某一部门的变动成本，同时又会发生一些共同成本。如餐厅中的食品部和饮料部都要使用餐厅的几乎所有设备设施，固定成本是相同的。我们把两个或两个以上部门在经营中共同形成的成本定义为复合成本。在固定成本不变的情况下，食品部和饮料部的变动成本不同，边际贡献率也不同，对利润增长的贡献也不同。饮料部边际贡献率高，单位产品销售对利润增加的贡献较大；而食品部由于变动成本率高，即边际贡献率低，所以单位产品销售对利润增加的贡献要小于饮料部。这就是销售组合问题。

例：表6-8为某旅游饭店餐厅两个部门的经营情况。

表6-8　某餐厅两部门经营情况表　　　　　　　　　　单位：元

部门	销售额	变动成本	变动成本率	边际贡献	边际贡献率
食品部	180000	90000	50%	90000	50%
饮料部	70000	24500	35%	45500	65%

两部门的边际贡献总额为135500元，固定成本为100000元，利润总额为35500元。如果在其他条件不变的情况下，计划增加利润4500元，其途径有二：要么提高某一个部门销售额，要么同时提高两个部门销售额。在实际经营中常常是利用后一种途径。

由于食品销售额的增长与饮料销售额的增长对利润的影响不同，所以在计算总销售额增长多少才能实现计划利润增长额时，首先必须分别规定它们各自在总销售额中所占的比重，用A来表示，则 $A_食=72\%$，$A_饮=28\%$；用R'表示边际贡献率，则 $R'_食=50\%$，$R'_饮=65\%$，通过计算加权平均边际贡献率，求出总销售额：

$$实现利润必须的总销售额 = \frac{计划利润}{(A_食 \times R'_食)+(A_饮 \times R'_饮)}$$

$$= \frac{4500}{(72\% \times 50\%)+(28\% \times 65\%)}$$

$$= \frac{4500}{54.2\%}$$

$$= 8303（元）$$

我们可以将上述结果验证如下：

销售部	变动成本	对总利润的贡献率
食品部 8303×72%=5978	5978×50%=2989	2989
饮料部 8303×28%=2325	2325×35%=814	1511
		合计 4500

上面我们假设固定成本没变化，如果固定成本发生了变化，分析的思路是一样的，可以用下式计算，即：

$$销售额 = \frac{固定成本 + 预期利润}{(A_{食} \times R'_{食}) + (A_{饮} \times R'_{饮})}$$

这种计算方法可以推广运用到多个部门的分析中去，这里就不再举例说明了。

（四）为弥补亏损所必须的销售量的计算

前文所分析的问题均是旅游饭店为了实现一定的经营利润所要实现的产品销售量（额），如果旅游饭店经营出现了亏损，为了弥补亏损所必须实现的销售量（额）同样可以用相似的方法进行分析。

例：某旅游饭店客房部经营情况如下：

固定费用550000元，变动费用135000元（每间30元），销售额为675000元（4500间，房价150元），亏损10000元。

要消除亏损所必须的销售量为：

$$\frac{10000}{150-30} = 83(间)$$

消除亏损所必须的销售额为：

$$\frac{10000}{1-20\%} = 12500(元)$$

如果在扭亏的基础上计划获利20000元，则：

$$所需销售量 = \frac{10000+20000}{150-30} = 250(间)$$

$$所需销售额 = \frac{10000+20000}{1-20\%} = 37500(间)$$

课后思考与练习

案例分析 1

2022年12月，某饭店与旅行社签订合同，约定未来一年向旅行社以200元/间·夜的价格提供3000间·夜客房，不分淡旺季，来年实际有旅行团入住之后按照季度付款，如果年底没有达到3000间·夜，未入住客房收取100元/间·夜，如果超出3000间，每超出1间·夜按照220元付款。2023年第一季度末，该饭店确认了600000元的销售收入。

某饭店因经营管理和市场方面的原因，经营业绩滑坡，需要向银行贷款。该饭店的主要负责人要求财务人员对本年度财务报表数据进行调整，以增加账面收入和利润，以便获得更高额度的贷款。财务人员通过虚增营业额、隐瞒费用和成本开支的方法，调整财务数据并报送银行审核。银行基于其财务报告，认为该饭店经营业绩、财务风险等指标都符合贷款条件，向该饭店发放了贷款。

思考：1. 饭店提前确认收入的做法对吗？是否可以依据经营需要调整财务报表？

2. 分析饭店进行收入和成本核算的目的，构建系统全面思考问题的能力。

案例分析 2

索菲特酒店通过引入一套名为 Winnow 的智能废品管理系统，实现了餐饮成本的有效降低。该系统能实时分析餐饮废物的种类和数量，从而为酒店提供有针对性的改进方案。例如，通过系统分析发现前一天为早餐准备的食物过量，于是第二天及时调整了食物准备的分量。更进一步，这一智能系统的应用还让酒店有能力用节省下来的成本购买更高质量的食材。例如，酒店丰富了海鲜自助餐，提升了食品质量，但成本并没有增加。尽管该系统最初遭到了一些怀疑和不适应，但随着员工逐渐熟悉和使用，它已成为酒店降低食品浪费和成本的有效工具。

皇冠假日酒店套房尝试了一种独特的能源节约方式，即适度减少空调的使用，同时确保不影响客户体验。为了达到这一目的，酒店巧妙地使用了蜡烛和柔软的家居饰品，使空间感觉更为舒适和温暖。这一创新的方法不仅有助于减少能源消耗，从而降低成本，而且也为客人提供了一个更加舒适的用餐环境。

在现实经营过程中，一些饭店会随意取消服务项目甚至减少客房用品的标准配量，采购原材料时以次充好或者在食品加工中减少配料定额等，损害顾客的利益。有些饭店尤其是流动资金不足的饭店往往喜欢在设备、用品上打主意，像采购时用低价采购一般的设备或用品，以降低成本；不注重设备的日常维护，致使设施设备提前报废；某些设备老化或信笺、服务指南等低值易耗品早已过时，却不及时更新等，最终影响了饭店的服务质量。

思考：1. 如何正确地开展饭店成本控制？

2. 正确理解成本控制概念，从中体会利己与利他的关系。

小组讨论题

人力成本在旅游饭店成本中占较大比例，有人提出可以利用实习生制度，有效降低人力成本，其理由如下：第一，实习生制度可以降低酒店流失率和用人成本。酒店管理专业的学生到酒店顶岗实习，酒店只需付给学校管理费和学生的生活费，无须办理像正式员工一样的养老、失业、工伤等保险及负连带责任，费用低于聘用正式员工，大大节省人力资源成本。第二，实习生在实习之前都已经掌握了相应的酒店基本理论知识和技能，只要经过短时间的实践培训就能独立上岗，从而大大节省了培训费用和时间。学生的实习期通常为半年到一年，实习表现与学生的成绩挂钩。因此，大部分学生会在实习期间努力工作、坚持完成实习，这就降低了员工的流失率，从而减少了酒店因员工流失而招聘培训及管理的费用。

你认同这一观点吗？为什么？谈谈你对降低旅游饭店人力成本的理解。

复习思考题

1. 从管理实践的角度看待成本含义是什么？有何意义？
2. 旅游饭店成本费用如何进行分类？
3. 旅游饭店成本费用管理的原则有哪些？
4. 如何理解旅游饭店成本费用控制的含义与原则？
5. 谈谈你对旅游饭店成本费用控制基本方法的理解。
6. 如何对旅游饭店餐饮成本进行全过程管理？
7. 怎样确定一个恰当的成本管理目标，才能既不损害消费者利益，也能有效提高成本管理效率，最终实现良好的利己与利他关系？
8. 旅游饭店保本点的含义是什么？边际贡献是对利润的贡献吗？
9. 如何对旅游饭店成本费用进行考核分析？
10. 某旅游饭店拥有客房248间，每天分摊固定费用15000元，客房出租价格平均为150元,单位变动费用30元,该旅游饭店月客房保本出租率为多少?如果要实现月利润15万元,那么出租率需要提高到多少?

11. 在饭店财务管理中,确立怎样的义利观和发展观,才能真正高效地开展财务工作?

12. 在量本利分析中,要怎样系统全面地思考问题,才能实现饭店的经营目标?

第七章

饭店收入实现与分配

学习目的与要求

知识目的

通过本章学习,掌握饭店收入的构成特征,识别构成饭店收入的重要因素,解释其在财务报表中扮演的角色;认识饭店收入构成的方式,识别净收入、净利润等关键要素;掌握饭店收益管理的指标与方法,掌握饭店税金缴纳的基本规则,利润分配的方式和利润考核的方法。

思政目的

①从对收入构成管理的理解中体会核心任务的重要性,提高抓主要矛盾和关键节点的能力;②从对收益管理的理解中体会适配法的重要性,学会动态调整与适者生存,增强目标管理能力;③从对利税管理与分配的学习中体会公平合理原则的重要性和诚信创新的必要性。

主要内容

- 收入的构成与分类

  收入的构成　饭店收入的概念及分类　饭店收入管理的基本要求

- 饭店的定价管理

  门市价（挂牌价）　饭店产品价格的制定方法　饭店的其他价格

- 旅游饭店财务管理过程

  财务预测　财务决策　财务预算　财务控制　财务分析

  财务审计　财务关系　财务管理特点

- 收益管理

  收益管理的原理　收益管理的工具　收益管理的方法

- 利税管理与分配

  税金概述　饭店缴纳税金的种类　饭店利润管理

  旅游饭店利润分配　旅游饭店利润的考核

案例导学

"饭店刺客"不可取，诚实守法最重要

按照明码标价的规定[①]，虽然饭店挂牌价（门市价）是饭店执行的最高价格，如果出现旺盛的市场需求，饭店经营方可以超过挂牌价销售，超过的范围必须在当地市场监管局和物价局规定的价格浮动范围内。饭店的经营方和房价管理者一定可以通过当地的市场监管局和物价局查询到这个价格浮动，而且当地相关部门也会对当地饭店业公布这个价格浮动，并在节假日和需求旺季提前通知饭店注意价格调控。

但是，2023年"五一"假期，全国各地的"饭店刺客"层出不穷，更甚者，消费者预订的客房被饭店、民宿"恶意退单"转手以高价重新挂售。这种现象的原因首先在于供求关系决定价格，2023年"五一"假期释放了新冠疫情三年积累的旅游需求，旅游业火爆，为"五一"旅游提供了旺盛的市场需求。

---

① 《中华人民共和国价格法》第42条规定了明码标价的内容，商家应当在商品上标明价格并按照标价销售商品，不得搞虚假或欺诈行为。酒店应提前在经营场所的醒目位置，标明各类客房价格及服务内容，房价应在前台标价，该价格称为挂牌价或门市价，也是酒店执行的最高房价指导。

思考： 除了市场需求的原因外，还有什么原因导致"饭店刺客"？这种行为将导致什么后果？

第一节 收入的构成与分类

一家饭店的最高收入是多少？这个问题可能不好回答，但我们只要知道饭店收入是如何构成的即可。在本章的案例中某饭店某日最大客房收入就是客房全部以最高的门市价出售获得的房费收入，餐厅当日的全部简餐食品与当日零售品库存全部销售之和就是该饭店当日最高收入。

为了财务报表和数据收集的需要，需要计算饭店每个具有营收能力的业务部门或模块，然后汇总这些业务部门的收入就是饭店的全部收入。这些业务部门被称为"收入中心"。

一、收入的构成

为了财务数据收集的需要，饭店的业务部门可以被分为收入中心与支持中心。简单来讲，收入中心通过将商品和服务销售给顾客而产生收入，这是饭店管理团队能够通过自主经营创造收入的部门。支持中心向收入中心提供服务。收入中心构成收入的来源。

（一）饭店的收入中心

客房、餐厅、宴会等是饭店主要的收入中心。饭店的其他收入中心：车库和停车、住客洗衣、健康中心、游泳池等。饭店租金通常属于不可控收入，这是饭店的资产性收入，通常情况下不计入饭店管理团队经营绩效，因此有些饭店不将租金收入计入饭店经营管理创造的收入。

（二）收入中心和财务报表

饭店的规模和财务信息系统的设计将决定饭店单独提供财务报告的部门数量。大部分饭店管理团队自主经营部门会发布被称为"部门利润表"的财务报告。例如，一个独立的部门利润表是为客房部、餐饮部而编制的，其他次要收入部门，因为其销售量和交易费用并不显著，这些部门可能汇总形成一个被称作"其他经营部门"的财务报表。

根据责权制会计原则，每个收入中心发生的每一笔销售都需贷记而不管该项销售完成的地点和是否完成付款。例如，顾客在前台要求将早餐餐费记录在房账，离店时统一在前台支付所有花费，早餐收入属于餐饮消费，记入餐饮部，而不是客房部计入客房销售收入。

一家饭店可能会用到多个食品销售账户以区分不同部门对于食品销售的贡献。例如，食品销售账户可能由以下部门或收入中心完成：餐厅、大堂吧/咖啡厅、客房服务（送餐）。

（三）次要收入中心与财务报表

次要收入中心也创造收入，因此需要提供该部门的财务报表，以详细地记录销售收入、销售成本、工资和其他相应的营业费用，以及最终实现的部门利润还是亏损。还有的收入不是由饭店自主经营创造的，而是通过租赁或承包给其他经营方产生，这种情况常见于饭店内美容、健身房、纪念品零售店等经营设施。由于出租店铺或外包服务而形成的收入将出现在饭店租金及其他收入账户中。

综上所述，饭店收入首先来自其收入中心，或者说合理创造收入的部门。这些部门是在饭店筹建阶段就被规划设计好的物理空间和设施，这些创收的物理设施规模、数量、类型决定了饭店的初始盈利能力也就是饭店的最高收入，这是由饭店物业形态、规模、业主投资、饭店管理公司和设计师在饭店筹建阶段就已经设计好的，是饭店的"先天"因素，受后期运营管理能力的影响较小。在饭店运营管理阶段，管理公司也能利用饭店物理空间创造产生收入，例如增加一个冰柜售卖冷饮、冷食等，但是饭店主要收入中心和盈利能力也是在筹建阶段或者改造阶段被设计好，再通过后期的运营管理予以实现。

二、饭店营业收入的概念及分类

（一）收入的概念

商业交易的本质是：为获得现金或者应收账款而对商品、资产或者服务进行交换，而收入来自为获得现金或应收账款而将商品、服务销售给客人获得的结果。销售金额不包括任何的消费税。饭店按一定价格，通过提供劳务或出租、出售等方式所取得的货币收入被称为营业收入，包括出租客房、提供餐饮、出售商品及其他服务项目所取得的收入，饭店某类客房收入等于该类客房价格乘特定时间内销售量。

责权制会计原则要求,只有当服务或产品被提供并被接受完成,销售收入才予以承认。无论客人使用何种方式支付,该收入都应该被记录并被承认。饭店收入中应收账款的管理,能尽快收回现金,减少现金不合理占压,保证现金正常的循环和周转;不但促使饭店经营活动连续不断地进行,而且保障饭店投资人获得投资收益。

(二)收入的类型

饭店的收入类型取决于它开展业务活动的类型、规模及财务报表需要的信息详细程度。主要收入中心创造饭店的基本业务收入,即:由饭店的主要业务经营活动所带来的收入,又称为主营业务收入,它是营业收入中的主要部分。次要经营部门的营业收入也应建立独立的收入账户。饭店营业外收入是指与饭店业务经营无直接关系的各项收入,包括固定资产盘点盈余、处理固定资产净收益、罚款收入和确定无法支付的应付账款等。营业外收入具有不确定性和不可控性,本章所讨论的主要是对营业收入的管理和控制。

(三)折让与净销售收入

折让是销售收入被记录之后,产生折扣或退款的抵消收入的账户。饭店为与客人维持良好的客户关系,饭店业时常给予客人不同类型的折让,是抵消消费金额的方式;也有部分折让涉及有争议的费用、价格调整、修正超收及调整不满意的服务等。

净销售收入是销售收入减去折让的一个术语。例如,客房部当日销售收入为 5000 元,客房折让总计 80 元,客房实现的净收入则为 4920 元。由于它是用来计算各种商品销售额比例关系的公约数,净销售额在财务报表分析中是非常重要的,在经营管理中我们讨论的收入通常指"净销售额"。上述收入、折让、净销售收入都要记录在收入账户中,表示收入的产生。

案例思考

酒店的收入与中国民众旅游的发展

党的二十大报告提出"必须坚持在发展中保障和改善民生,鼓励共同奋斗创造美好生活,不断实现人民对美好生活的向往"。旅游活动需要一定的经济收入做支撑，是建立在满足人的需求基础之上，是基于生活导向、人性需求的产物，旅游不是个别人的"特权"，而是所有人的"权利"和"福利"。

人民群众旅游需求已经从"有没有，缺不缺"向"好不好，精不精"的时代转变。旅游行业应以丰富优质、安全的旅游产品和服务，不断满足人民日益增长的美好生活需要是行业发展面临的重要任务。

传统的酒店收入主要来自客房、餐饮，但是大众旅游住宿的需求已经从单纯的食宿服务延伸更多的需求。例如，五星级酒店出售酒店的花园作为举办活动的场所，将迷你吧（minibar，通常指酒店房间内的小冰箱）的食品饮料替换为平价的国内产品，提供自助洗衣服务等。

思考： 以大众旅游消费为出发点，除了传统客房、餐饮还应该考虑哪些收入？这些收入的价格应该设定在什么水平？

三、饭店营业收入管理的基本要求

饭店营业收入的实现分为两种形式：一种是现销收入，另一种是赊销收入。前者是客人在饭店各营业点消费后通过结账一次付清各项服务费，后者则是消费之后在若干期限后再予以结账，从而形成应收账款。一般来说，对饭店营业收入管理的基本要求有以下几方面。

（一）正确核算营业收入

营业收入核算的正确与否直接关系到利润核算的准确性。一般来说，营业收入的核算原则有权责发生制和收付实现制。权责发生制要求凡是在本期取得的收入，不论其款项是否已收回，都被视为本期收入；凡不属于本期的收入，即使款项在本期收到，也不作为本期收入。而收付实现制是以货币的实际收入为标准来确定营业收入的归属期，即凡是在本期实际收到的款项，不论其是否应当属于当期销售收入，都作为本期的收入；反之，即使属于本期的收入，只要实际款项并未收到，则不得作为本期的收入。

饭店应采用权责发生制来核算营业收入。饭店应当在劳务已提供、商品已发出，同时收讫价款或取得收取价款权利证据时，确认营业收入实现。由于实行权责发生制，在收入方面就会有预收账款和应收账款之分。预收账款是指本期或前期已经收到并已入账，但要到以后的经营中才能获得的收入，如预收的房费等。预收账款中只有那些属于本期的部分，才能作为本期的收入。应收账款是指本期已经获得，但尚未收到款项的收入，如客人已经消费住宿产品但尚未付款的收入，根据权责发生制，这些应收账款应作为本期的营业收入对待。营业收入核算时应按实际价格进行统计，当期发生的销售折扣、销售退回及折让，应冲减当期营业收入。

（二）结账服务

饭店使用的前台管理系统都能自动完成每日客房汇总，在客人结账时会自动完成过账，将客人消费汇总打印账单。即便当管理系统失效的情况下，前厅夜审也会在每天完成所有过账，更新客账信息，对明日将离店的客人应完成消费汇总。前厅工作人员应在客人离店前通过客房电话询问客人是否续住；如果电话无人接听，应在退房时间再次电话询问；如果还无人接听，应通知客房清洁人员敲门询问是否提供"客房清洁"服务，并提醒客人已到退房时间，是否需要延迟离店，并告知延迟离店政策。如果发现客房内无人，应由前台人员通过客人的联系方式联系客人。

（三）及时办理结算，尽早收回营业收入

饭店营业收入的取得主要有三种方式：（1）预收，即在提供服务之前，预先收取全部或部分服务费。如饭店在客房预订确认以后，会向客户收取一部分预订金；长住户也往往要在期初支付该期的全部费用。（2）现收，即在为客人提供服务的同时收取服务费，如一些饭店要求客人在餐厅、商场的消费不能挂账，要采取现收形式。（3）事后结算，即在向客人提供服务以后，定期地进行结算，这种形式常常应用在饭店与企事业单位之间的业务，如饭店和旅行社之间常采用事后结算方式。

不同的收费方式要用不同的方法进行管理。如果预收定金的客人到期没有来消费，则定金不再退回。采用现收方式时要严格各收银点的管理，做好记录，及时入账。对事后结算方式更要加强管理，及时办理结算，对结算期过长的款项，要设专人催收，以减少资金占压。

（四）做好营业收入的日常管理，提高营业收入质量

在营业收入规模一定的情况下，做好营业收入的日常管理工作对于提高营业收入回收质量是至关重要的。过去片面追求营业收入量的增加，忽略了日常管理工作，导致营业收入数量扩张的同时，净现金流量日益萎缩的状况，直接影响饭店效益的真正实现。因此，加强营业收入的日常管理是至关重要的。

第二节　饭店定价管理

饭店的房价主要受到市场需求、成本、经营管理方的要求、当地物价局和市场监管局五个方面的影响。饭店的经营具有明显的淡旺季特征，因此饭店采用灵活的浮动价格是经营的客观需要。通常价格是单位货物或服务的价值，其水平由市场供需关系决定。本章以饭店房价作为主要讨论对象。

一、门市价（挂牌价）

饭店的门市价在开业前需要到当地物价局报备价格区间，并在此区间销售客房，区间的最高值通常为饭店门市价。在饭店前台醒目位置标出的客房价格称为挂牌价。《价格法》第13条规定："经营者销售、收购商品和服务时，必须按照政府价格主管部门的规定明码标价，注明商品的品名、产地、规格、等级、计价单位、价格或服务的项目、收费标准等相关信息。""经营者不得在标价之外加价出售商品，也不得收取任何未予标明的费用。"饭店可以在报备的门市价以外价格区间进行销售，超过的范围必须在当地市场监管局和物价局规定的价格浮动范围内。

二、饭店产品价格的制定方法

从财务管理的角度看，饭店产品价格的制定应以成本为基础，因为经营活动的最低要求是保本，如果价格不能保证成本的回收，饭店经营活动将无法维持，因此以成本为基础制定产品价格是饭店持续经营的前提。当然影响价格的因素还有很多，饭店可以在以成本为基础的原则下，依据各种不同的影响因素适当调整价格，使之适应消费者的需求。以下介绍的价格制定方法均以成本费用为基础，对其他变化因素暂不考虑。

（一）客房产品价格的确定

1. 千分之一法

在饭店业中，一种常用的客房定价方法是千分之一定价法。这种方法是按照一间客房每投资1000元其房价为1元的原则来确定房价的。例如，假定拥有100间客房的一家饭店的总投资额为15000000元，其中基础设施投资的

20%是与非住宿活动如餐饮业务有关的。那么，把与住宿活动有关的12000000元的投资（15000000的80%）分配到这100间客房，我们可以确定每间客房的投资额为120000元（12000000÷100）。运用每1000元的投资定价1元的原则，那么客房的价格应确定为120元（120000÷1000）。

2. 公式定价法

客房经营所发生的费用包括固定费用和变动费用。固定费用不随销售量变化而变化，但一定时期内由于客房出租率的不断变化，未出租房间应分摊的固定费用就需要由已出租的客房来承担，因此需获得一个合理的出租率或当地同类型饭店行业平均值作为定价的基础。在进行客房固定费用分摊时可依据客房使用面积进行：

$$每平方米使用面积日固定费用 = \frac{全年客房固定费用总额 \div (365 \times 客房出租率)}{客房总使用面积}$$

客房变动费用总额可以按客房的间数进行分摊：

$$客房每间日变动费用 = \frac{全年客房变动费用总额 \div (365 \times 客房出租率)}{客房总间数}$$

$$每间客房日费用额 = 客房使用面积 \times 每平方米使用面积日固定费用 + 每间客房日变动费用$$

$$房价 = \frac{每间客房日费用额}{1-(税率+利润率)}$$

例：某饭店有客房54间，其中标准间50间，每间30平方米，大套房4间，每套45平方米。当地同类饭店行业平均值出租率为60%，根据利润表，推测客房全年固定费用为业主要求的承包费和人员工资，其他费用共计约242万元。根据7、8月份损益表发现除了人员工资外，其他费用均与销售收入保持的比率差异不大，因此可都归为变动费用，由此估算全年变动费用为125.6万元，税率为6%。

$$标间面积 = 50 \times 30 = 1500（平方米）$$

$$大套房面积 = 4 \times 45 = 180（平方米）$$

$$每平方米使用面积日固定费用 = \frac{2420000 \div (365 \times 60\%)}{1500+180} \approx 6.6（元）$$

$$每房日变动费用 = \frac{1256000 \div (365 \times 60\%)}{54} \approx 106（元）$$

$$标间房价 = \frac{30 \times 6.6 + 106}{1 - 6\%} \approx 323(元)$$

$$套房房价 = \frac{45 \times 6.6 + 106}{1 - 6\%} \approx 429(元)$$

该饭店7、8月份房价均为网络销售后的净房价，7月约为275元，网络销售佣金15%，实际销售价格323；8月份实际销售价格为335，已经超过保本价格，因此8月份完成承包费用，并实现净利润。饭店确定上述基本价格后，可根据具体情况予以调整。同时，客房销售结构的变化也会影响平均房价和最终的盈利水平。

（二）餐饮产品价格的确定

餐饮制品价格是由原材料成本与毛利额构成的。毛利额包括费用、税金和利润。原材料成本都有定额控制，因此定价的重点是掌握好毛利率的高低。不同餐饮制品类别和不同餐饮服务形式都有不同的毛利率标准，饭店要严格执行标准。餐饮制品价格可依据下式计算：

$$餐饮制品价格 = \frac{直接成本}{1 - 内扣毛利率}$$

或

$$餐饮制品价格 = 直接成本 \times (1 + 成本加成率)$$
$$(或外加毛利率)$$

三、饭店的其他价格

饭店会执行多层次的价格体系，这意味着同样的房间可以不同的价格出售。以下价格是在饭店面对不同细分市场或销售对象时常用的价格体系。

（一）公司协议价

饭店为预订许多间夜的潜在客人提供高额的折扣作为激励。公司旅行者对价格比较不敏感的原因很多，但是作为大量购买者他们议价能力强。公司客人在某一地区开展大量的商务活动，可以通过谈判获得优惠待遇。基于间夜量多少的公司价可以有很多。如果一家公司每年订房达到足够的间夜，可以获得公司折扣，饭店一般会给出基本的公司价。

还有协约房形式的特殊公司协议。例如，航空公司由于机组成员需要在当地过夜，每晚需要一定的客房数量，通常都会与机场附近的饭店以固定的价格达成长期协议。公司价的谈判可以在单体饭店层面进行，也可以在（连锁）集团层面进行。

（二）团队价格

由于可以一次性销售多个间夜和一次只能销售一个间夜相比占用的资源和产生的费用少很多，从销售的角度看每张订单产生的收益也更高。因此饭店重视团队业务，尤其是在销售淡季，团队业务是重要的客源。

团队价格的制定涉及一些变量，包括季节、需要的间夜数量（基于团队大小和停留天数）、其他收入（餐饮、多功能厅租用、音视频设备、高尔夫和水疗等），还有团队的历史资料。

团队市场的二级细分市场有：公司会议、展会、协会、奖励旅游团队、休闲旅游团队和 SMERF 团队（社会团体、军事机构、教育机构、宗教团体以及工会的简称），还有临时拼凑的团队和系列团队。团队协议决定房间价格和用餐等安排。经理需要考虑每个团队产生的边际贡献。

（三）促销价

有些企业或组织能够很大程度影响价格，它们包括大型团购企业、旅游电商、协会和打折券发行企业（美团、大众点评等），这些机构为它们的会员争取折扣，通常的做法是将门市价的百分比作为折扣，或提供代金券。从收益最大化出发，出租率最高的日期应不执行打折券，并避开销售旺季。

（四）政府采购价

政府采购规定饭店必须采纳政府为每个财政年度制定的固定房价，该价格受政府发布其不同工作对象每日出差津贴标准限额的影响。出差住宿标准因为物价标准不同而存在地区差异。

（五）特殊活动价格

特殊活动价格针对会务公司和会议管理很常见，根据季节和活动规模以及总体收入影响而上下浮动，该价格可能只是一次性的会议活动的房价。

会务公司与饭店协商价格除了要求相对低房价，也会对饭店其他收入（多功能厅出租、餐饮、烟酒采购等）造成重要影响。饭店经营方需要考虑这一活动总收入的影响，同时清楚该活动对不同收入来源造成的边际贡献。饭店配合该活动产生的费用不同，该活动的总收入会产生不同的利润。

(六)员工价

大多数饭店对于本品牌或本集团员工因公或因私旅行住宿收取折扣价格。房价和公司政策各不相同,员工和所谓亲属价格必须是在有房的前提下提供。

(七)免费房

为客户和不满意的客户提供免费房被认为是业务费用,作为促销推广的免费房属于市场营销费用。

案例思考

酒店前台收入管理的重点

酒店前台不仅是对客服务的中心,也是酒店客账管理的中心。预订、入住、客账管理、结账,都离不开前台,前台工作如果能在不同的房价中选择执行哪一种价格,缺少监督甚至与销售部门联合就会出现以下一些问题:

1. 转房赚差价:把高价房转低价房,这样容易赚差价。

2. 散客价变协议价:一般夜班常用,在过租之前做手脚,把散客入住登记表及订单找出来撕掉,并重新填写新的入住登记表及订单,如果大胆动用网络订房,就需要与网络中心合作(必须销售部补单时期,可以打电话携程下订单)。

3. 散客变团房:把散客入到团房中,并注明房费自付,但前期工作必须做好铺垫,与销售员合作,差价就出来了,适用入住天数相等的散客和团房。

因此,我们招聘前台员工的首要条件是诚实守信,这也是最重要的职业素养,不仅体现在对客人服务中,而且体现在对酒店的收入管理和财务制度中。

思考:为什么前台是酒店营收工作中最重要的一环?除了从财务程序上控制,还有哪些保证酒店收入特别是前台收银合规的方法呢?

第三节 收益管理的原理

收益管理是指在特定行业中改善营利能力的一系列促成收益最大化的战略和战术的组合,正因为它包含了管理控制中的很多方面,如房价管理、收入管理、分销渠道管理等是一个融合了定价、市场营销和财务管理等元素的跨学科的理论。在饭店经营中，收益经理常常要去关注饭店共出售了多少间房间（出租率），以什么样的价格（折扣），其他产品有没有销售（组合销售），卖给了谁（细分市场）和通过什么渠道（分销渠道管理），收益经理通过关注和管理这些要素使饭店在不断变化的供需情境下实现优化饭店收入的目标。

一、收益管理的原理

只有当某个行业具有几个比较典型的特征时，才能发挥收益管理的全部潜力。这些特定的行业特征包括：产能固定、产品易逝性、需求可预测、高比例固定成本和低比例的变动成本。

（一）产能固定

饭店只有一定数量的房间可供出售，即使市场需求提高了，饭店也无法超量卖房。如果我们看到市场将有一个持续的需求增长，我们自然会考虑再扩大客房数量，当然这通常需要耗费数月或者数年才能完成。餐厅也许可以通过开放露台改变一下服务方式或者重新进行桌椅的摆放来缓解容量的限制，但是这样的方法同样存在局限性。

（二）产品易逝性

饭店每间夜的产品保质期很短。当晚房间无法出租隔天就无法挽回损失了。如果饭店的一间房当晚不能被出租，饭店是无法把这个晚上的出租权保存起来用以未来继续出租的。明天，饭店卖的是这个房间明晚的居住权。

（三）需求可预测

饭店的市场需求呈现周期性、季节性、趋势性的变化。通常我国饭店住宿会出现在周末出租率相对较高的情况。需求的变化也会导致饭店会在忙碌的营业日和清闲的营业日之间转换节奏。

这些变化呈现一定的规律，这种规律和信息可以被用来制作饭店的需求预测报告。基于准确的预测，管理层可以更加有效地运用价格的策略，创造更多的销售收入。收益管理可以依据这些颇具价值的数据来描绘出季节性的需求变化。

（四）高比例固定成本和低比例变动成本

出租率并不会改变一些费用支出。当某项成本并不会因为销量的变化而变化时,我们就称它为固定成本。例如,利息支出、保险费用、固定资产摊销、年度的工资成本、维修基金等都是固定成本项目。只有一个部分的工资支出会直接关系到销量和出租率,那就是临时工与兼职员工的工资以及小时工的加班工资。因此,大部分的饭店工资支出也应被视为固定成本支出。我们应该注意到饭店的固定成本支出是巨大的,占了整个运营成本的很大比例。这样的成本结构反映了饭店业资本密集型的行业属性。

每卖出一个单位的产品(间夜)付出的成本即为变动成本,这是住客房和空房之间的成本差。客房的变动成本包括,网络分销的佣金、客用品、布草洗涤等。缩减变动成本往往不会非常有效,这并不仅仅因为饭店的服务质量会受到伤害,饭店能够缩减的往往是变动成本的支出,这部分只占整个成本支出的一小部分。所以,要想维持财务上持续不断的盈利只有使饭店收益最大化才可以。保持强劲和稳定的最大化收益才能完成既定的财务目标,这也是收益管理的意义。

二、收益管理的工具

(一)客房收入

客房收入对于收益管理来说是尤其重要,也是我们的第一个焦点,通常饭店客房收入占饭店收入比重最大。一旦经理对于客房收入管理有了很好的掌控,同时应用了收益最大化的战略,他们应该将其他的收入统筹考虑并立刻拓展至全面收益管理。客房收入的计算公式为:

$$客房收入 = 已出租的间夜 \times 房费$$

例:如果饭店以 300 元的单价售出了 850 个间夜,客房收入就是用 850 乘以 300 元,结果为 255000 元。

(二)出租率

出租率是住宿业中最常用的评价指标之一。它表示已出售的房间数占总房间数的比例。其计算公式是:

$$出租率 = \frac{某时间段内出售的间夜数量}{同时段可供出售的间夜数量} \times 100\%$$

例:某饭店 54 间客房,7 月份售出了 548 个间夜(每间客房出售 1 晚为 1 间夜),则该饭店这月的月出租率为:

$$出租率 = \frac{548}{1674} \times 100\% = 33\%$$

(三)平均房价

平均房价(每日平均房价)是指在某一时期内售出房间的平均房价。每日平均房价应当以每日、每周、每月作为计算周期。其计算公式为:

$$每日平均房价 = \frac{客房收入}{所售间夜数}$$

根据产品周期规律,市场需求的变化和饭店设施的老化可能会导致每日平均房价在不同财政年度出现下降。通过计算和追踪每日平均房价的变化,管理层可以量化价格变化的影响,逐步找到问题的根源,并以此找寻解决问题的方法。

免费房是否应该纳入每日平均房价的计算?免费间夜并没有被出售并贡献收入,所以如果包含免费间夜则每日平均房价就会出现误差。如果一个间夜没有因为赚钱的目的而被出售的话,就不应该被纳入销售表现的分析中。

(四)每间可供租出客房的平均实际营业收入(RevPAR)

将每日平均房价和出租率整合成一个指标,即RevPAR。RevPAR能够衡量一定时期内饭店管理团队运营饭店在市场中的盈利程度,即一段时期内,每间客房可以创造的收入。

RevPAR指标被广泛应用并成为在衡量客房收入水平时最常用的计算方法。下面列出了两个计算RevPAR的公式:

公式1:

$$RevPAR = \frac{一定时期内的房间总收入}{同一时期内的可卖房数量}$$

公式2:

$$RevPAR = 平均房价 \times 出租率$$

以上两个公式计算结果相同。

第一个营业日,饭店的出租率是70%,每日平均房价为200元。第二个营业日,饭店的出租率是80%,每日平均房价为180元。这两个营业日哪个看起来经营状况更好呢?

第一个营业日的RevPAR为200元乘以70%,结果为140元。第二个营业日的RevPAR为180元乘以80%,结果为144元,显然第二个营业日的经营结果更好。

RevPAR 是一个非常实用的指标，但是也应注意：

首先，RevPAR 指标的好坏本质上取决于收入，最高的收入自然会让 RevPAR 指标看上去很完美。但是最高收入并不一定能够换来利润的最大化。RevPAR 指标忽略了必须要考虑的成本因素。

其次，不同的营业状况很可能产生从收益管理团队角度看上去相似甚至相同的 RevPAR 结果。

例：某饭店有 300 间客房，在第一个场景中，饭店以平均 300 元的房价出售了 200 个间夜。在第二个场景中，饭店以平均 200 元的房价出售了 300 个间夜。两个场景中的房间总收入均为 60000 元，RevPAR 为 200 元。但这两个场景完全一样吗？

如果我们倾向于用低出租率、略高的每日平均房价来出售房间的饭店需要打扫的房间少，在同样的客房收入的情况下，变动成本最低；而倾向以较低的每日平均房价出售房间获得更高出租率的饭店，前提是更多客人来到饭店增加饭店其他收入（餐饮、停车、房内电影点播服务等）。在我们没有比较第一方案中的变动成本和第二方案中客房外净收入之前，很难判哪种方案更有利。

同样的房间一个愿意付 300 元的客人和一个愿意付 200 元的客人说不上谁好谁坏，这两类客人属于不同的两个市场细分。

每日平均房价或出租率的变化都可以导致 RevPAR 的变化，但在现实中这两个数值不会单一发生变化，实施收益管理应通过这个工具看到所反映的趋势并进行评估和决策。我们应分析出哪个变量（每日平均房价或出租率）是造成变化的主要因素。假设分析结果显示每日平均房价的上涨主要是由于房价上升而不是出租率的变化，那接下来要考虑的问题就是：

市场能够接受房价继续上涨的合理时间是多长？

未来是否存在刺激出租率增长的情况？

应该实行什么样的营销策略或价格措施？

（五）边际贡献（客房毛利）

房间边际贡献，包含管理要素中最具关联性的成本项目：提供产品（间夜）的变动成本。每销售一个单位（间夜）的变动成本指的是用于打扫、整理和重新补足客房用品的支出。如果房间没有被出售则没有这部分的成本发生。当我们知道了客房总收入和变动成本之后，就可以计算边际贡献或者房间净收入。边际贡献是销售收入余下的部分，用于抵偿固定成本支出；当固定成本全部抵偿完毕时，变为利润。一个房间的边际贡献计算公式为：

$$边际贡献 = 房价 - 变动成本$$

边际贡献是指每多销售一个单位产品所得到的额外收入，边际成本则是每多销售一个单位产品所带来的额外成本（或者称为单位变动成本）。

假设1：饭店财务经营情况良好，能够负担预算中的所有支出。基于这样的假设，我们会极力倾向于降低未售房间的房价以增加销量，从而最大化边际收益。这个假设的逻辑在于我们以高于变动成本的价格出售房间就可以赚得净收入。

假设2：饭店遭遇到极大的市场压力，在定价时片刻不忘计算边际收益。一些非同寻常的事件可能会导致需求的下降，这时只要房价能覆盖饭店的变动成本、人员工资和必要的固定成本就可以被销售；此时不再考虑税前净利润（业主的投资回报也可以视为是饭店经营的一种必要成本支出，因为业主将饭店交由一个管理团队或公司运营的前提是，比租赁建筑物能够获得更多的投资回报）、摊销、折旧等固定支出，只考虑饭店是不是能够继续生存。

（六）相同客房净收入

净收入也称边际贡献，它用于衡量不同的价格水平以及出租率水平。计算净收入的目的是在改变每日平均房价的情况下，计算出租率应为多少才能和变化以前的净收入持平。假设我们扣除的每日平均房价为338元，平均变动成本为68元。如果现在的出租率为72%，那么当我们把每日平均房价降为320元，出租率应该为多少才能取得和之前相同的房间净收入呢？计算如下：

$$所需的新出租率 = \frac{现在的边际贡献}{新的边际贡献} \times 现在的出租率 \times 100\%$$

$$= \frac{338-68}{320-68} \times 72\% \times 100\% = 77.14\% \approx 77\%$$

如果在上一个例子中的管理层考虑将每日平均房价提高到350元，则68.93%的出租率即可取得和调价前相同的边际贡献。

（七）每天每间可供出租客房的经营毛利润（GOPPAR）

每天每间可供出租客房的经营毛利润（以下用GOPPAR表示）是检验盈利

能力的更进一步的指标。每天每间可供出租客房的经营毛利润是通过比较一个时间段的总运营利润与那个时间段的可卖房得出的,我们可以每月、每季度或者每年进行计算。用公式表示为:

$$每天每间可供出租客房的经营毛利率(\text{GOPPAR}) = \frac{一段时间内的客房部总毛利}{那个时间段的可卖房间数量}$$

这个指标可以衡量成本效率。RevPAR 指标在衡量收入表现上是有效的,然而评价整体的盈利能力则更加重要。衡量总利润可以揭示运营效率低下的问题。我们既要能够创造好的收入,从而使收入表的第一行看上去吸引人,同时也应该让最后一行同样具有吸引力。

另外一个常用的术语是 EBIDTA,即未计利息、折旧、税项及摊销前的利润。我们用 EBIDTA 作为分子可以更好衡量管理团队运营饭店创造的盈利能力,饭店业主或管理集团可以通过该指标衡量每一个管理团队的经营绩效。

三、收益管理的方法

提高利润的办法无外乎提高收入和减少成本,但是饭店管理团队能控制的成本相对有限,几乎属于变动成本,同时变动成本影响饭店产品和服务的质量,因此削减成本不应是获得高利润的有效方法。扩大客房收入的方法只有提高销售量和提高房价,销售量除了受到客观市场需求的影响,价格因素会影响销售量,在短期内经理能控制的影响因素只有价格。

饭店使用收益管理最常用的部门是房务部或者说是确定客房房价的部门或工作岗位。实施收益管理的前提是能决定各种情况下的客房销售价格。本章我们介绍三个比较常用的收益管理工具,通过控制房价和观察房价带来的每间客房毛利进而决定执行何种决策。

(一)需求的价格弹性

客房销售量受到当地市场需求的客观影响,当销售量难以发生重大变化时,饭店盈利能力的重要决定因素是价格,我们要做的就是制定能使利润最大化的价格。我们介绍一个市场营销的重要概念——需求的价格弹性,这一概念为测算需求对价格变动的敏感度提供了一种工具。

$$需求的价格弹性 = \frac{\frac{|\Delta Q|}{Q_0}}{\frac{|\Delta P|}{P_0}} \qquad 需求弹性系数 = \frac{需求变动率}{价格变动率}$$

其中，ΔQ= 需求量的变化：| Q_1 期需求量 $-Q_2$ 期需求量 |

Q_0=基本需求量：$\dfrac{Q_1+Q_2}{2}$

ΔP= 价格的变化：| P_1 期价格 $-P_2$ 期价格 |

P_0=基本价格：$\dfrac{P_1+P_2}{2}$

于是，得出三种情况：

（1）当需求量变动百分数大于价格变动百分数，需求弹性系数大于1时，叫作需求富有弹性或高弹性。

（2）当需求量变动百分数等于价格变动百分数，需求弹性系数等于1时，叫作需求单一弹性。

（3）当需求量变动百分数小于价格变动百分数，需求弹性系数小于1时，叫作需求缺乏弹性或低弹性。

如果需求弹性超过1,这种需求就是有弹性的,即需求对价格变化是敏感的。对有弹性的需求来说,需求量变化的百分比超过了价格变化的百分比,也就是说,价格上升产生的额外收入会被需求的下降所抵消。因此,当需求具有弹性时,价格上升将导致总收入减少。同理,价格下降将增加总收入。

如果需求弹性小于1,这种需求就是无弹性的,也就是说,价格变化的百分比要大于需求量变化的百分比。每个饭店都希望它的产品和服务是无弹性的,当价格提高时,需求量减少的百分比就小于价格提高的百分比。因此,尽管需求数量减少,但是收入在一般情况下常常是增加的。

假设：某饭店在经营淡季：当天每间晚客房平均预订价格是205元，当天销售9间；转天每间晚客房平均预订价格下降到195元，需求量增加到11间，每间客房的成本率约是50%。

为了计算需求的价格弹性，我们采用平均价格和平均数量的百分比来表示价格与需求量的变动。原始价格205元，新价格是195元，则平均价格是200元。价格下降10元是平均价格的5%，则：

需求的变动率：$\dfrac{\Delta Q}{Q'} = \dfrac{|Q_1 - Q_2|}{\dfrac{Q_1+Q_2}{2}} = \dfrac{|9-11|}{\dfrac{11+9}{2}} = \dfrac{2}{10} \times 100\% = 20\%$

价格的变动率：$\dfrac{\Delta P}{P'} = \dfrac{|P_1 - P_2|}{\dfrac{P_1+P_2}{2}} = \dfrac{|205-195|}{\dfrac{205+195}{2}} = \dfrac{10}{200} \times 100\% = 50\%$

$$需求弹性系数 = \frac{需求变动率}{价格变动率} = \frac{20\%}{5\%} = 4$$

根据结果,降价能获得更多的销售收入。当价格变动时,总收入也在变动。但是,价格上升并不总是增加总收入。总收入的变动取决于需求弹性,并存在下列情况(注:为了使计算简洁,以下采取的是估算,但这并不影响结论):

(1)如果需求富有弹性,价格下降1%所增加的销售量大于1%,则总收入增加。

(2)如果需求缺乏弹性,价格下降1%所增加的销售量小于1%,则总收入减少。

(3)如果需求弹性为1,价格下降1%所增加的销售量等于1%,则总收入不变。

我们继续检验降价对饭店盈利能力的影响。根据客房边际贡献的公式和案例数据,我们大体计算出除了工资支出基本都是变动成本,且变动成本率约是50%。

客房边际贡献=该产品服务的价格×(1-成本率)×销售数量

当日预定收入=205×(1-50%)×9=922.5

下日预定收入=195×(1-50%)×11=1072.5

降价后收入提高,而且客房边际贡献提高,可见,降价是正确的选择。因为提高的边际贡献抵消固定成本后就是净利润。案例中我们选择降价,提高客房销售量,扩大了销售收入,多创造150元净利润。

(二)多层级价格体系

饭店制定多层级的价格体系的意义在于根据市场需求的变化,灵活调整房价。如果实时市场信息显示有调整的需要,饭店应该每天,甚至在一天之内多次更改房价。执行的房价低,把钱丢了;房价定高了,饭店又把自己挤出了市场。为了适应供需条件的不断变化,必须持续不断地调整价格,这时就需要制定对应的价格体系。

以某饭店为例,假设其设定两类房价:

假设1:230元的协议价和270元的散客价。

假设2:有多层价格体系,需求低时230元,随着出租率升高,陆续提供240元、250元和270元的价格。

两种假设下,饭店销售明细如表7-1、表7-2所示。

表 7-1 假设 1 价格体系销售表

假设 1 价格	230 元	270 元	合计
销量（间）	30	10	40
收入（元）	6900	2700	9600

表 7-2 假设 2 价格体系销售表

假设 2 价格	230 元	240 元	250 元	270 元	合计
销量（间）	10	10	15	5	40
收入（元）	2300	2400	3750	1350	9800

对比假设 1 和假设 2，假设 2 收入多出 200 元，平均房价增长 5 元，RevPAR 增长 3.7 元。假设 2 中，经理在出售了 10 间房以后关闭了 230 元的价格，以 240 元的价格又销售了 10 间房以后，这个价格也被关闭，以 250 元的价格再销售 15 间。这时已经销售出 35 间房，最后 19 间预订价格为 270 元，销售了 5 间。这个方法增加了客房收入，并没有多销售 1 间房。增加的 200 元没有担负任何变动成本，只是通过价格控制产生的净利润。

（三）替代性分析

饭店的市场需求受到季节性的影响，由于产品易逝性，在需求淡季需要各种销售渠道增加客房销售量，因此会通过团队补充客房销售；旺季则倾向于接待散客，因为散客议价能力最弱。

在饭店细分市场中，团队客户关系和团队生意是不容忽视的。如果整体需求疲软，饭店想从团队收入上受益，则在整体需求旺盛时也要接受团队业务。饭店有时候会放弃那些愿意而且有能力支付更高房价的散客，放出库存给价格较低的团队。这时，替代性分析可以确定不同选择的量化利益。

替代分析能比较不同情况下净收入差额，共有四个步骤：

1. 计算放弃散客产生的净客房净收入差；
2. 计算放弃散客产生的非客房净收入差；
3. 计算放弃散客产生的其他净收入或边际贡献差；
4. 差额汇总。

例：假设某饭店散客房价 320 元，每间客房布草洗涤 10 元，客用品 14 元，能耗约为 35 元，早餐成本 22 元 / 人，其他成本约为 7.5%，运营成本约为

35%，此外在线旅游平台（以下简称OTA）佣金15%，单位客房边际贡献约为153元。

为了计算净房价收入差额，还有下列变量需要明确：团队用房量、团队房价、团队房费收入、团队房费净收入、放弃的散客间夜量、放弃的散客价格、放弃的房费收入、放弃的房费净收入、团队房费净收入和放弃的散客房费净收入的差额。

例：某饭店9月分销系统介绍当地SY大学管理学院S省校友会举办一次小型聚会。这个团队需要每晚200元的单人间，三餐（早餐10元，午餐简餐24元，晚餐简餐32元），9月6—8日三天活动及服务如表7-3所示。

表7-3 团队9月6—8日三天活动消费表

日期	房间数	早餐数	午餐数	晚餐数	多功能厅半天200元
9.6	25	25	0	50	0
9.7	20	20	0	0	200
9.8	20	20	40	0	200
合计	65	65	40	50	400

团队恰好在周末抵达，9月6日、7日接待了16间，8日少11间，具体情况如表7-4所示。

表7-4 某饭店9月6—8日预计散客销售量

日期	9.6	9.7	9.8
预计销售量	45	50	45

初步比较发现：

散客房变动成本为：153元

团队房变动成本为：81+（200×7.5%）=96元

饭店的散客餐饮消费数据如表7-5所示。

表7-5 某饭店预计散客销售情况表

散客餐饮消费情况					
餐	价格(元)	成本率（%）	成本(元)	净收入(元)	非客房消费率（%）
早	22	0.3	6.6	15.4	包价
中	25	0.35	8.75	16.25	10
晚	40	0.35	14	26	30

团队用餐，早餐情况与散客一致，午餐、晚餐标准均为 30 元，餐饮成本如表 7-6 所示。

表 7-6 团队餐饮成本表

团队餐饮消费情况					
餐	价格(元)	成本率(%)	成本(元)	净收入(元)	非客房消费率(%)
早	22	0.3	6.6	15.4	包价
中	30	0.35	10.5	19.5	100
晚	30	0.35	10.5	19.5	100

散客在饭店其他消费率为 20%，消费为 20.00 元，平均成本率为 50%，即 10 元。团队无其他零售消费情况，但是团队创造 400 元会议室收入，成本为饮料 50 元，茶点 50 元，能耗及其他 40 元，成本共计 140 元。

1. 计算放弃散客产生的净客房收入差，如表 7-7 所示。

表 7-7 放弃散客产生的净客房收入差计算表

日期	团队房间数(间)	房价(元)	变动成本(元)	边际贡献(元)	放弃的散客客房数(间)	房价(元)	变动成本(元)	边际贡献(元)	放弃散客客房的客房净收入差(元)
9.6	25				16				
9.7	20	200	96	104	16	320	153	167	
9.8	20				11				
房数合计	65	65	65	65	43	43	43	43	
总计		13000	6240	6760		13760	6579	7181	421

计算如下：

- 团队用房量：65
- 团队房价：200
- 团队房费收入：13000=65×200
- 团队房费成本：6240=65×96
- 团队净房费收入/间：104=200−96
- 团队净房费收入合计：6760=65×104
- 放弃的散客房量：43
- 放弃的房费：320
- 放弃的房费收入：13760=43×320
- 散客房间成本：153
- 放弃的房费净收入/间：167=320−153
- 放弃的房费净收入合计：7181=43×167

房费收入分析表明接受团队预订的结果是净房费收入（边际贡献）减少421元。

2. 计算放弃散客产生的非客房净收入差，如表7-8所示。

表7-8 放弃散客产生的非客房净收入差计算表

	团队餐饮消费情况				65间	减少的散客餐饮消费情况				43间	
餐	价格（元）	成本率（%）	成本（元）	净收入（元）	团队用餐净收入合计（元）	价格（元）	成本率（%）	成本（元）	净收入（元）	非客房消费率（%）	减少散客餐饮净收入合计（元）	餐饮净收入差（元）
中	30	0.35	10.5	19.5	1267.5	25	0.35	8.75	16.25	0.1	69.88	
晚	30	0.35	10.5	19.5	1267.5	40	0.35	14	26	0.3	335.4	
总计					2535						405.28	−2129.73

3. 计算放弃散客产生的其他净收入或边际贡献差。

（1）放弃散客产生的其他净收入或边际贡献差，如表7-9所示。

表 7-9 放弃散客产生其他消费情况计算表

散客其他消费情况					43 间
单位价格（元）	成本率（%）	单位成本（元）	单位净收入（元）	非客房消费率（%）	放弃散客客房的其他消费净收入（元）
其他消费 20	0.5	10	10	20	86

团队没有其他消费，因此差额为 86 元。

（2）团队会议室净收入 260 元（400 收入 –140 成本）。

4. 差额汇总。

放弃散客产生的净客房边际贡献差：　　　　421.00
计算放弃散客产生的非客房净收入差：　　　–2129.73
放弃散客产生的其他净收入或边际贡献差：　–174.00=86+（–260）
汇总的接待团队收入增长：　　　　　　　　1882.73 元

接待团队的净收入增长 1882.73 元，虽然净房价收入降低，但是餐饮净收入和会议室收入弥补放弃的散客客房净收入。

【链接启示】

酒店为什么使用收益管理

酒店经营管理者使用收益管理工具的前提是什么？因为我们可以预判未来某段时间酒店的出租率变化，简单说可以预测未来的市场需求，而且这种需求呈现出特定的规律。

酒店行业的历史数据存在三种类型：趋势型、季节型和周期型，如下图所示。

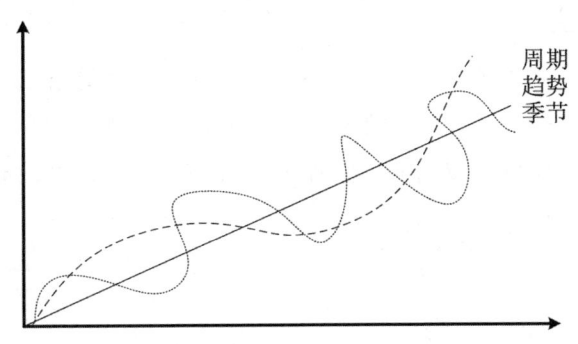

趋势型用于对业务活动长期评估的预测，数据常常显示若干年的情况。当一系列数据随时间以某种方式波动时，就存在季节型。业务可能随季节、月、周，甚至一周中的几天而有规律的波动。饭店业中数据的季节性波动主要来自行业的外部力量。周期型数据一般在一年以上的趋势线附近移动。

思考： 既然市场需求可以预测？我们用什么方法预测呢？

第四节　利税管理与分配

一、税金概述

税金是饭店按照税法规定向国家缴纳的款项，是国家财政收入的重要组成部分，是国家凭借政治权力，运用法律手段无偿地、强制地，为实现国家职能而对社会产品所进行的再分配。加强对饭店应缴纳税金的管理，是正确处理和协调好饭店与国家利益关系所必需的，因而是饭店财务管理中的重要内容。

我国现行税种共18个，分别是：增值税、消费税、企业所得税、个人所得税、资源税、城市维护建设税、房产税、印花税、城镇土地使用税、土地增值税、车船税、船舶吨税、车辆购置税、烟叶税、耕地占用税、契税、环境保护税、关税。

二、饭店缴纳税金的种类

饭店向国家缴纳的税金主要有：增值税、城建税、教育附加费、印花税、个人所得税、房产税、车船使用税7种。可以分为以下四类：销售税、纳入管理费用的税金、所得税（企业所得税、个人所得税）、固定资产投资方向调节税。

（一）增值税

增值税是以商品（含应税劳务）在流转过程中产生的增值额作为计税依据而征收的一种流转税。从计税原理来说，增值税是对商品生产、流通、劳务服务中多个环节的新增价值或商品的附加值征收的一种流转税，不同经营项目增值税率如表7-10所示。

表 7-10　饭店不同经营项目的增值税征收税率

	经营项目	税率
1	客房收入	6%
2	长包房、餐饮、洗衣、商务中心（打印、复印、传真）、秘书翻译、快递服务收入	6%
3	客房送餐	6%
4	饭店出租会议室场地用于会展场地租赁，属于提供"不动产租赁服务"	9%
5	单独提供场地，还包括整理、打扫、饮水等服务，应按照"会议展览服务"	6%
6	电话费收入	9%
7	饭店商品、迷你吧	按照所售商品适用税率征收
8	避孕药品和用具	免征
9	接送客人收入	9%
10	停车费收入、将场地出租给银行安放 ATM 机、给其他单位或个人做卖场取得的收入，均为不动产租赁服务收入	9%
11	客人支付的物品损坏赔款收入，按住宿、餐饮服务取得的价外费用	6%
12	向场地承租方收取的水电费	0%

（二）城建税

城市维护建设税是为了适应城乡建设的需要，扩大和稳定城乡维护建设资金的来源而开征的一种税，它属于地方附加税，是以实际交纳的增值税额为课税对象的一种税，属于增值税的附加。城市维护建设税的税率由纳税人所在地区确定，因而各地是不同的，如果纳税人所在地为市区，则税率为 7%，如果纳税人所在地为县城、建制镇，则税率为 5%，不在以上这些地区的，则税率为 1%。

城建税应纳税额 =（实际缴纳增值税 + 其他所售商品消费税）× 适用税率

（三）教育费附加

教育费附加是国家为发展教育事业而征收的一种费用，是按饭店缴纳增值税的一定比例计算，其附加率为 3%。

教育费附加 =（实际缴纳增值税 + 其他所售商品消费税）× 3%

（四）地方教育附加

地方教育附加按缴纳的增值税加消费税额的 2% 缴纳，根据 2019 年税法，地方教育附加减半征收。

地方教育附加 =（实际缴纳增值税 + 其他所受商品消费税）× 适用税率

（五）印花税

印花税是国家对饭店在经济活动中书立、领受的凭证而征收的一种税。这些书立、领受的凭证包括购销、财产租赁、具有合同性质的凭证、营业账簿等。不同的凭证税率是不同的，其中合同凭证的税率最低，为 0.03‰；资金账册则按固定资产原值与流动资金总额的 0.5‰ 缴纳印花税，其他营业账册以及权利许可证照每件贴 5 元印花税。一般饭店的印花税按合同按金额的万分之三贴花，即合同金额的 0.03%。

（六）所得税

在饭店获得税前净利润的前提下，企业所得税税率为 25%，小微企业为 20%。

（七）城镇土地使用税

《中华人民共和国城镇土地使用税暂行条例》规定，单位税额以每平方米年税额为单位，其中大城市 1.5—30 元，中等城市 1.2—24 元，小城市 0.9—18 元，县城、建制镇、工矿区 0.6—12 元，农村 0.3—6 元。各地方政府在规定幅度内根据实际情况确定适用税额。

（八）房产税

房产税是对在我国境内拥有房屋产权的单位和个人征收的一种税。它是在原有《中华人民共和国房产税暂行条例》基础上修订而成的。房产税的计税依据有两种情况：一种是依照房产原值一次性减去一定比例（10%—30%）后的余额计算征收，年税率为 1.2%；另一种是依照房产租金收入为计税依据进行计算征收，年税率为 12%。房产税按年征收，按期缴纳，具体纳税期限由省、市人民政府规定，具体征收则由房产所在地的税收机关负责征收。

（九）车船税

我国自 2007 年 1 月 1 日起开始实施《中华人民共和国车船税暂行条例》。该《条例》规定，将过去的车船使用税和车船牌照税两税合一。其中，载客汽车每年应纳税额为 60—660 元/辆；载货汽车年纳税额为按自重每吨 16—120 元；三轮汽车、低速载货汽车的年税额为按自重每吨 24—120 元；摩托车年税额为 36—180 元/年；船舶年税额为每净吨 3—6 元；私家车等其他车辆的具体缴税标准由各省级政府自行确定。

为公平赋税，该《条例》取消了对经营性车船、使用财政经费的单位的车船税。另外，为保护环境、照顾低收入群体，将非机动车船、拖拉机、捕捞和养殖渔船全部列入免税范围。

为解决车船税征管难度大的问题，该《条例》取消规定从事机动车交通事故责任强制保险业务的机构为机动车车船税的扣缴义务人，依法代收代缴车船税。

三、饭店利润管理

（一）饭店利润概念

饭店利润包含三层含义：经营利润、营业利润和利润总额。饭店的经营利润是指营业收入扣除营业成本、营业费用和税金以后的余额。饭店的营业利润是指由正常经营活动所取得的利润，是营业收入扣除营业成本、营业费用、税金、管理费用、财务费用后的净额。饭店的利润总额中除包含营业利润部分，还应再加上投资净收益和营业外收支净额。用公式表示为：

经营利润 = 营业收入 − 营业成本 − 营业费用 − 税金及附加

营业利润 = 经营利润 − 管理费用 − 财务费用

利润总额 = 营业利润 + 投资净收益 + 营业外收支净额

饭店投资净收益是指投资收益扣除投资损失后的数额。投资收益包括对外投资分得利润、取得的股利、债券利息、投资到期收回或中途转让取得款项高于账面净值的差额。投资损失包括投资到期收回或中途转让取得款项低于账面净值的差额等。

饭店的营业外收入和营业外支出是指与饭店生产经营无直接关系的各项收入和支出。营业外收入减营业外支出后的净额为营业外收支净额。营业外收入包括固定资产盘盈和变卖的净收益、罚款净收入、确实无法支付而按规定程序经批准后转作营业外收入的应付款、礼品折价收入、其他收入等。营业外支出包括固定资产盘亏和毁损、报废的净损失、非常损失、赔偿金、违约金、罚息、公益救济性捐赠等。

（二）饭店进行利润管理的意义

1. 利润是饭店对社会发展作出的贡献

饭店通过向顾客提供合格的产品及服务获取利润，同时将利润回馈社会。饭店利润回馈社会的最主要的方式是向国家纳税，即饭店按照国家税法的规定按期足额上缴各项税款，支持国家和社会建设的需要。另外，饭店也可以用利润做各种公益性赞助，为社会发展作出贡献。

2. 利润是饭店经营管理水平的反映

利润是一项综合性很强的指标，饭店经营管理的质量、市场开拓能力、成本费用控制能力与水平、各种财务风险防范水平等最终都会在企业利润上体现出来，因而利润的高低可以在很大程度上反映经营管理水平，同时它也是评估饭店经营状况的一项重要指标。

3. 利润是饭店对股东回报的源泉

股东投资饭店的主要目的是获取投资收益。饭店取得的利润在缴纳所得税以后，是饭店的可供分配的利润，按规定应先计提一定比例的公积金，所剩余额可以用于向股东发放股利。利润的不断增加，是股利不断增加的前提。饭店应以不断增加的股利回报股东的投资。

4. 利润是饭店扩大再生产的资金保障

利用留存收益追加投资，扩大饭店的经营规模，不仅能给饭店带来更多的利润，也有利于提高财务的安全性，实现企业的永续发展。

（三）饭店创利方式

1. 扩大营业利润

饭店的营业利润是营业收入减掉成本费用、税金、管理费和财务费后的余额，提高利润必须从增加营业收入和降低成本费用入手。客房部要增加营业收入，关键是提高出租率。而提高出租率很重要的一项工作是提供优质的服务，靠饭店良好的声誉来吸引顾客；另外，要注意运用灵活的价格减少客房空置期，以实现边际贡献。对餐饮部来讲，利润的多少是由毛利额与费用额决定的，而毛利额的大小取决于营业额的多少，因此要扩大营业收入，一靠优质的产品质量和良好的服务；二靠准确的核算，保证定质、定量、定价的真正落实；三靠降低消耗，综合利用各种下脚料，使之变废为宝，为利润的增加作贡献。商品部要组织好适销对路的货源，勤进快销，降低流通费用的支出，提高销售利润。

2. 扩大投资净收益

随着市场经济体制的不断建立和完善，饭店对外投资谋求更大收益的需求日益强烈，社会对企业这种需求提供的投资大环境也将日趋完善，因而饭店投资净收益在利润总额中的比重将会呈上升趋势。不断提高对外投资的管理水平，充分利用饭店闲置资金，提高投资收益率，将对饭店利润总额的增加作出重要的贡献。这里需要处理好多元化经营收益与风险的关系问题，不可盲目追求多元化而陷入困境，影响利润总额的增加。

3. 扩大营业外收支净额

营业外收支净额也是饭店利润总额的一部分，因此扩大利润总额不能忽视营业外收支净额的作用。增加营业外收入，应严格对营业外收支的日常管理工作，尤其是对固定资产使用及变动状况及时作出反映，减少资金占压，正确核算营业外收支净额，对保证利润总额的实现也起了重要的作用。

（四）饭店利润分析

利润是饭店财务成果的最终体现，是检验饭店经营状况、考核饭店管理水平的重要指标之一，利润是饭店发展的基础，也是社会经济繁荣的来源。

由于饭店利润的形成过程反映在饭店的损益表上，所以对饭店财务成果进行分析实际上就是对其损益表进行分析。在分析的时候通常要编制比较损益表，比较损益表上的比较标准可以是上年结果，也可以是预算指标。表7-11是盛德饭店2022年与2023年比较损益表。

表 7-11　盛德饭店 2022 年和 2023 年比较损益表　　单位：元

项目	2022 年	2023 年	变动数
一、营业收入	3873000	4510280	637280
减：营业成本	1316820	1578598	261778
毛利	2556180	2931682	375502
减：营业费用	1549200	1759009	209809
税金及附加	213015	248065	35050
二、经营利润	793965	924608	130643
减：管理费用	77460	67654	-9806
财务费用	58000	76600	18600
三、经营费用	658505	780354	121849
加：营业外收支净额	1000	1500	500
四、利润总额	659505	781854	122349

从上述比较损益表中可以看出，盛德饭店 2023 年实现的利润总额比 2022 年增加了 122349 元，增长了 18.6%，从财务成果上看，2023 年较之 2022 年取得了很大的进步。进一步分析损益表上促使利润发生变动的因素可以初步分为两类，一类是使利润增加的因素，如营业收入的增加、管理费用的下降等；另一类是使利润减少的因素，如毛利率的降低、财务费用的增加等。为了更清楚地反映影响利润的不同因素及其变动情况，编制盛德饭店利润增减分析表，如表 7-12 所示。

表 7-12　盛德饭店利润增减分析表　　单位：元

利润总额	2022	659505	
	2023	781854	
利润总额增加额		122349	
一、使利润增加的原因			
1. 营业收入的增加			
	2022	3873000	
	2023	4510280	637280

续表

2. 管理费用的减少			
	2022	77460	
	2023	67654	9806
3. 营业外收支净额的增加			
	2022	1000	
	2023	1500	500
合计			647586
二、使利润减少的原因			
1. 营业成本增加			
	2022	1316820	
	2023	1578598	261778
2. 营业费用增加			
	2022	1549200	
	2023	1759009	209809
3. 税金的增加			
	2022	213015	
	2023	248065	35050
4. 财务费用的增加			
	2022	58000	
	2023	76600	18600
合计			525237
利润增加额			122349

通过表7-12可以看出，使利润增加的主要因素是营业收入及营业外收支净额的增加，以及管理费用的下降；使利润减少的主要因素是营业成本、营业费用、税金及财务费用的增加。促使营业收入增加和抑制营业收入增加的两方面因素发挥相悖的作用，两相抵消后利润只增加了122349元。同时伴随着营业收入的增长，营业成本、营业费用会随之增加。单纯从绝对数量判定这些因素的增加是构成利润减少的原因是不科学全面的，而应当用相对的概念来说明绝对数比较中隐藏的问题。表7-13列出了盛德饭店比较百分率损益表。

表7-13 盛德饭店比较百分率损益表　　　　　　　　单位：元

项　目	2022年	2023年	百分比 2022年	百分比 2023年	增减
一、营业收入	3873000	4510280	100%	100%	1%
减：营业成本	1316820	1578598	34%	35%	−1%
毛利	2556180	2931682	66%	65%	−1%
减：营业费用	1549200	1759009	40%	39%	0
税金及附加	213015	248065	5.5%	5.5%	0
二、经营利润	793965	924608	21%	21%	−0.5%
减：管理费用	77460	67654	2%	1.5%	0.2%
财务费用	58000	76600	1.5%	1.7%	
三、营业利润	658505	780354	17%	17.3%	
加：营业外收支净额	1000	1500			
四、利润总额	659505	781854	17%	17.3%	0.3%

通过比较百分率损益表可以看出，使利润减少的原因之一是营业成本在营业收入中所占的百分比上升了1%，虽然看起来微不足道，但是如果不增加这1%的营业成本，则2023年就可以多获利45102.8元。营业成本增长快于营业收入增长（19.9%>16.5%），所以营业成本的增加使利润下降，即：

$$4510280 \times 1\% = 45102.8（元）$$

从营业费用来看，盛德饭店固定费用为800000元，则2022年变动费用为749200元，变动费用占营业收入比重的19.3%；2023年变动费用为959009元，变动费用占营业收入的百分比为21.3%，也呈上升的趋势。变动费用增长率为28%，比营业收入增长率要高，因此变动费用的增加也是使利润减少的因素之一，即：

$$(959008-749200)/749200 \times 100\% = 28\%$$

没有划分变动费用和固定费用，固定费用随着销售量的增加分摊到单位产品上的份额在减少，因而使费用率呈下降趋势。由于变动费用增长快于营业收入增长，故此利润减少。管理费用由2022年的2%下降到2023年的1.5%，为利润的增加作出了一定的贡献，但是财务费用却从2022年的1.5%上升到了

1.7%，财务费用和管理费用的变化相抵后，费用下降了 0.3%，相当于利润增长了 0.3%，即增长了 121849 元。

通过比较损益表可以大致寻找出饭店经营成果变化的原因，但是在实际的管理实践中，往往需要更进一步寻找导致各项目发生变化的原因。这就要求管理人员分部门分项目详细地逐一进行分析、对比，以便发现影响原因，采取对策，提高饭店利润。

四、饭店利润的分配

饭店利润的分配是财务活动的一个重要方面，是对饭店已实现的利润或亏损进行分配和处理的过程。它体现着饭店与国家、投资者及员工之间的经济利益关系，因此，必须在兼顾各方利益的基础上给以合理的分配。

（一）分配原则

按照《中华人民共和国企业所得税法》规定，纳税人发生年度亏损时，可以用以后年度的所得弥补，但延续弥补期最长不得超过 5 年。

（二）分配顺序

按照财务制度的规定，饭店在缴纳所得税后的利润，按下列顺序分配：
1. 支付被没收财物损失和各项税收的滞纳金、罚款。
2. 弥补饭店以前年度亏损。
3. 归还贷款。
4. 提取法定盈余公积金。
5. 提取公益金，主要用于员工集体福利设施支出。
6. 向投资者分配利润。

对于股份制饭店在提取公益金后按下列顺序分配：
1. 支付优先股股利。
2. 按公司章程或股东会议提取任意盈余公积金。
3. 支付普通股股利。

如果饭店由于经营不善而出现严重亏损，净现金流量不足出现债务危机时，有可能会以破产而告终。破产须由清算组执行：首先要清理破产财产，已抵押担保的财产不能作为破产财产；其次审查破产债权有多少；最后按清算方案要求进行有关财产的变卖，将变卖后的所得按求偿顺序进行清偿。

五、饭店利润的考核

利润是一项能全面体现饭店经营状况和最终财务成果的综合性指标，对其进行考核可以通过以下指标来进行。

1. 利润额

利润额是反映饭店经营成果的绝对值指标。但对于不同的饭店，由于经营规模或其他条件不同，有时难以从绝对值上进行比较。

2. 人均利润额

人均利润额是饭店在一定时期内的利润总额与饭店全部员工平均人数之间的比值，表示在一定时期内每人平均实现的利润额。人均利润额是一项侧重于从业人员潜力利用角度评价饭店经营效益的综合性指标。

【链接启示】

提高销售收入的目的

提高销售收入的目的在于增加"边际贡献"，进一步说就是提高酒店毛利，根据利润表和利润产生的过程我们发现，提高销售量会增加售收入，扣除与销售量相关的变动成本（销售成本），才能得到更多的边际贡献，用于抵消各种费用和固定成本。

提高经营收入获得更高的经营效益，也就是说，能够创造更多的毛利抵消各种费用和成本，创造更多收入才能产生利润。

思考：酒店创造收入的方法无外乎提高客房销售量和提高客房价格。降低价格可以提高销售量，但是会导致销售成本增加，客房单位边际贡献降低（售价－单位变动成本＝单位边际贡献），可能会降低毛利。降价是最有效的提高销售量的手段，那么你认为在何种情况下降价扩大销售量提高销售收入是可行的呢？

课后思考与练习

案例分析

某饭店是一家有 54 间客房的小型饭店（建筑物自有），位于旅游城市的郊区，紧邻地铁站。由于风景优美，四季气候宜人，且该城市拥有机场和高铁站，全年旅游度假住宿需求旺盛，类似的小型饭店极多。

该饭店客房 30 平方米，房间内有冰箱，迷你吧用品不再另收费用，餐厅 50 个餐位只供应早餐，其他时间可提供加热简餐、零售饮料，有 1 个包房（可作为会议室、棋牌室），饭店配置客用洗衣房，客用咖啡间。

业主承担全部装修改造费用，筹建筹开费用，并负担保险、折旧摊销等固定费用支出，但是每年收取 100 万元的承包费，每月支付 1/12。管理团队承包该饭店，并于 2023 年 6 月开业，客房网络营销成本 15%，房价包含早餐。该饭店 7 月、8 月份损益表如表 7-14 所示。

表 7-14 某饭店 7 月、8 月份损益表

某饭店损益表				
经营收入 – 客房（月）	7 月		8 月	
经营天数（日）	31		31	
出租客房数（间套）	889		1240	
平均房价（元）	278.46		287.00	
平均入住率（%）	53.1%		74.1%	
客房营收小计（客房）	219941.93	99.8%	355880.00	99.4%
餐饮	40.00	0.02%	320.00	0.09%
客用品营收	0.00	0.00%	0.00	
其他营收	383.00	0.17%	1760.00	0.49%
配套营收小计（餐饮、棋牌、会议）	423.00	0.19%	2080.00	0.58%
总营收合计（元）	220364.93	100.0%	357960.00	100.0%
经营成本费用（月）	7 月		8 月	
基本工资（高管）	31000.00	27.6%	31000.00	26.2%
基本工资（员工）	65000.00	57.8%	70000.00	59.1%
基本工资（合计）	96000.00	85.3%	101000.00	85.3%
保险（15%—17%）	16500.00	14.7%	17359.38	14.7%
福利	10500.00	9.3%	10500.00	8.9%

续表

某饭店损益表				
工资+福利（合计）	112500.00	51.1%	118359.38	33.1%
能耗（客房+配套）	28000.00	12.7%	40075.56	11.2%
布草洗涤（客房+配套）	7166.50	3.3%	10546.20	2.9%
客用成本（客房）	11600.00	5.3%	17233.40	4.8%
早餐成本（客房）	7230.00	3.3%	11718.00	3.3%
其他经营成本+费用（简餐+员工餐等）	6300.00	2.9%	8349.08	2.3%
杂项（通信网络、行政办公、维修等）	11303.00	5.1%	16698.15	4.7%
税费	13221.90	6.0%	21477.60	6.0%
经营成本费用合计（元/月）	197321.40	89.5%	244457.36	68.3%
经营利润率GOP（元/月）	23043.53	10.5%	113502.64	31.7%
租金	83333.33	37.8%	83333.33	23.3%
经营净利润率NOP（元/月）	(60289.80)		30169.31	8.4%

思考：1. 某饭店收入的主要来源为客房收入，构成收入的要素是什么？

2. 创造利润最有效的手段是什么？

3. 如果在未来的9月份没有达到业主要求的利润目标，作为总经理或店长应该怎么做？

小组讨论

随着经济型饭店日益受到旅游者青睐，一些单体饭店开始走向集团化发展道路。友谊宾馆本是由某事业单位招待所在转轨后建立的三星级饭店，之后联合其他几家同类型饭店，共同使用"友谊之家"这一品牌，建立起一家地方性连锁饭店集团公司。当地政府确立了大力发展旅游业的思路，并制定了相关的鼓励和优惠政策。在产业政策和旅游市场发展潜力的鼓舞下，"友谊之家"经济型连锁饭店集团上下齐心协力，2023年实现利润总额达到6000万元，公司财务部门根据有关规定，调整如下：

（1）投资收益600万元。

（2）往年累计未分配利润2000万元。

（3）向职工集资800万元，按照8%的利率支付利息64万元，同期银行贷款利率为 6.5%。

（4）支付职工工资 1080 万元，税务部门核定工资总额为 1000 万元。

（5）支付滞纳金 10 万元。

如果"友谊之家"连锁饭店集团所得税的适用税率是 25%，请分析该公司应纳税所得额和应纳所得税额。

复习思考题

1. 构成饭店营业收入的因素是什么？
2. 饭店会执行哪些客房价格？执行该价格的依据是什么？
3. 饭店业的经营特点是什么？
4. 饭店的经营指标有哪些？
5. 为什么说房价控制是饭店提高营业收入最有效的方法？
6. 饭店在选择接待团队客人的时候需要考虑哪些因素？
7. 所得税的纳税对象是什么？主要内容是什么？
8. 如何理解饭店利润的概念？怎样看待投资净收益和营业外收支净额在利润总额中的作用？
9. 饭店利润分配的顺序是什么？
10. 对饭店利润进行考核的主要指标有哪些？

第八章

饭店的预算管理

学习目的和要求

知识目的

通过本章学习，了解财务预算的主要因素，解释预算在财务信息中扮演的角色。了解在旅游饭店中谁负责编制预算，掌握编制经营预算的方法和原则。掌握零基预算的原理。掌握总预算和弹性预算之间的差别。掌握导致预算与实际经营结果之间差异的原因是什么，如何分析预算差异。通过预算编制的过程了解企业经营中整体与部分的辩证关系原理。

思政目的

①从对财务预算原理学习中理解计划的重要性，学会目标管理与过程管理，提高自律性；②从对财务分析方法与内容的学习中提高透过表象看实质的能力，理解关联性、全面性、客观性看待社会现象的重要性。

主要内容

- 财务预算的含义与意义

  财务预算的含义　旅游饭店预算的种类

- 旅游饭店编制预算的程序与方法

  旅游饭店编制预算的依据和原则　旅游饭店预算编制的程序

  编制预算的方法

- 旅游饭店财务预算的编制

  旅游饭店销售预算的编制　旅游饭店成本费用预算的编制

  旅游饭店利润预算的编制　旅游饭店现金预算的编制

  预计损益表　预计资产负债表

- 预算分析

  预算的差异　差异分析

案例导学

理解整体与部分辩证关系，树立全局观

例如，饭店业主制定了 10 万元的税前净利润，为了完成业主的收益至少需要 30 万元的客房部门利润指标；管理团队将这个销售目标分解到客房收入、餐饮收入，确认销售费用、人力资源费用、运营费用等。管理团队接受利润指标和可用的资源后，把指标和资源再往下分解和配置，这个分解和配置的过程就是预算编制和执行的过程。预算是先由投资方、租金、利息等整体的盈利要求产生，再由管理团队分配到各个收入中心和支持中心；各个部门的盈利能力又直接决定了整体预算的盈利情况。饭店整体财务目标是各部门经营计划的逻辑起点，与每个员工、管理团队、投资人等的利益相关，这些利益相关者又是预算的组成部分。

因此，饭店预算的制定与执行必然是"上下关联，前后呼应"，整体决定部分，部分影响整体的过程。在财务预算编制过程中一旦一个产品的价格改变，就会导致净利润、报酬率、回收期三个数据的变化，牵一发而动全身。在财务报表的编制过程中，需要从业主、管理团队、员工考虑饭店整体的财务关系。

思考：结合整体与部分辩证关系原理，即整体是指事物的全局，是事物发展的全过程，部分是指事物的局部，是事物发展的某个阶段。通过辩证法原理，我们应该如何理解饭店整体的经营目标与部分之间的关系呢？如果没有预算这

个系统的工具，如何能够将资源以最有效率的方式配置下去呢？又如何利用公司配置的资源调动你所管辖部门的员工的积极性，从而顺利地完成公司下达给你的指标呢？如果没有预算这套体系做支撑，人力资源部门又用什么依据来制定业绩考核标准呢？把这个本质搞清楚了，我们才能在预算编制中，首先树立全局观，立足饭店整体营收计划，重视部分在预算中的执行作用，只有局部良好执行才能促进整体目标的实现。因为预算并不是来控制管理团队和各部门的，它是帮助各部门合理地配置资源的，实现组织的目标。

第一节 财务预算的含义与意义

每一个成功经营的饭店都是综合了所有收入中心、支持中心和其他部门各种经营活动的总计划。这一总计划包括目标设定、组织层级、资源配合、实现目标的步骤，以及监测组织的每个组成部分完成计划进度的方法。总计划有很多种形式，但它们都包括一个共同的组成成分：预算。用货币表示的收入预测和费用预测构成预算，即饭店的经营目标。总计划也包括不是用货币表示的内容，例如客房销售量、用餐人数、工作时间等。

一、财务预算的含义

（一）财务预算的概念

预算就是饭店的经营目标，即用货币表示的收入预测和费用预测构成的经营目标。预算不仅仅是一种控制支出的方法。如果预算编制是恰当合理的，那么预算就成为战略规划，规划是管理的主要功能。财务规划在任何饭店企业中都起着重要作用。

理解财务预算的概念，必须把握以下几个关键点：

第一，财务预算是用数量形式反映出来的正式计划。

第二，预算所反映的是未来时期的经营活动和财务状况，所以饭店预算应表明在未来某一特定时期内实施某些行动所获取的预期财务成果。

第三，饭店财务预算作为全面预算是由各部门的预算汇总而成的。

第四，财务预算以财务预测为前提，二者既有联系又有区别，只有作出正确的预测，才有可能作出正确的预算。财务预测主要是估量未来一定时期内企业某些经济情况和经济活动将会发生什么变化；而财务预算则是在财务预测的基础上，为实现饭店目标而编制的用数量形式反映的正式计划，是企业控制的依据和考核的标准。

即使预算的编制和执行中的监控耗费精力和资源，但编制良好的预算所创造的收益超过其花费的成本。预算不仅仅是一种控制支出的标准，合理的预算是饭店的经营计划。在预算过程中要求饭店的主要管理人员去思考未来，安排诸如资产、劳动力等资源被分配到最具生产力、产生最多利润的地方去。预算也是一种控制工具，为衡量实际经营成果提供了对比依据。各部门的主管要为实际与预算的差异负责。

【链接启示】

《关于进一步完善国有资本经营预算制度的意见》

2023年11月7日中央全面深化改革委员会召开了第三次会议，审议通过了《关于进一步完善国有资本经营预算制度的意见》，国有资本经营预算是国家预算体系的重要组成部分，要完善国有资本经营预算制度，扩大实施范围，强化功能作用，健全收支管理，提升资金效能。会议强调，要始终坚持"过紧日子"的思想，加强财政资源科学统筹和合理分配，合理确定预算收支规模，统筹保障和改善民生，杜绝奢靡浪费等现象。要坚持预算法定，强化预算约束，推动预算绩效管理，发挥人大监督作用。

资料来源：《经济参考报》，2023年11月8日。

思考： 企业经营预算对企业可持续发展有什么作用？在预算约束下如何平衡好执行预算的被动性与主动性之间的关系？

（二）预算周期

预算的编制是以一个财务年度为周期，通常一年为一周期，这样便于预算期间与会计年度一致，以利于预算执行结果的分析、评价和考核。当然在年度预算的基础上，还必须再分成期限更短的预算，如季度预算、月份预算，有些甚至还有周预算或日预算。这样做一方面是为了更有效地实施控制，另一方面也反映了饭店经营的波动性。

二、饭店预算的种类

饭店使用多种类型的预算。饭店使用资本预算来计划和控制固定资产的购买。饭店使用现金预算来监控现金使用,并依据实际需要制定借款计划。饭店使用经营预算来预测销售收入和成本费用,以便实现预期利润目标。本章主要探讨经营预算。虽然经营预算只是饭店预算中的一种,但它是最常用的和最重要的,其主要内容是预测销售收入和成本费用。经营预算是涉及企业所有收入和成本费用的利润计划。经营预算的最终形式与利润表的格式一样,但是表中的数值是估测的,即所有数值都不是真实存在的。经营预算预计整年的情况,然后合理地分割为每个月的计划,构成衡量当月实际经营成果的对比依据。

编制经营预算,首先要预测每个部门的销售收入和成本费用,且得到预算委员会的认可。之后,会计部门将审阅这些部门计划在数学上的精确性和完整性。审阅完成后,会计部门将部门预算整合为企业预算。

从预算的时间角度看,饭店预算包括短期预算和长期预算。短期预算是指预算期在一年以内的预算,经营预算通常表现为短期预算,它还包括季度预算、月预算、周预算等。长期预算是指预算期在一年以上的预算,有的长达十年以上,资本预算通常表现为长期预算。

案例思考

凡事预则立,不预则废

"事预则立"的意思是指无论做什么事,事前有准备就会成功,没有准备就要失败。财务部门的主要工作就是为管理人员提供资讯,预算就是财务部门发挥大量价值信息的优势,对未来的企业资金情况和营收计划作出预测,由此构成管理的基础。其意义在于:

1. 实现经营目标,投资收益最大化;
2. 明确各部门之间的工作内容和部门计划,提高管理效率;
3. 预警、降低未来经营风险;
4. 是绩效考核的依据。

思考:既然预算在酒店经营管理中如此重要,制定预算的起点是什么呢?酒店投资人、管理公司、员工的利益在预算中如何体现?

第二节 饭店编制预算的程序与方法

一、饭店编制预算的依据

(一)预算编制的依据

科学预测是饭店编制预算的基础和依据,而要做好预测则需要搜集各方面的信息,占有丰富的资料,并对这些原始材料进行加工整理,作出对未来发展的基本预测,为预算的编制奠定坚实的基础。

(二)预算编制所需要的材料

一般来说,预测所需资料的来源包括外部与内部两方面,分类方式包括第一手直接资料和第二手间接资料。饭店财务预算的编制必须符合市场的需要,体现国家发展国民经济的方针和政策,贯彻执行企业制定的经营目标、经营方法和经营决策,并且要尽可能使预算指标先进合理。为此,编制预算所需资料主要包括:

1. 国民经济和社会发展计划

国民经济和社会发展计划为饭店编制全面财务预算提出了宏观的指导方针和策略,更为饭店编制预算时确定筹集资金、投资方向、盈利目标等提供了重要依据。

2. 市场调研资料

饭店财务预算是建立在对市场的科学预测基础上的,因此,市场调研资料是编制预算的重要现实依据,主要包括:价格水平的调研资料、供求关系调研资料、竞争对手调研资料和资金利用效果调研资料等。

3. 财务分析资料

财务分析既是确定饭店经营目标、经营方针和进行经营决策的依据,又是编制财务预算的依据,尤其是对主要财务指标发展趋势的分析。

4. 饭店的经营目标、经营方法和经营决策

经营目标包括市场占有目标、业务发展目标、财务目标等,为具体编制预

算提供依据；经营方法是饭店为实现经营目标针对经营中的重大问题提出的方向性措施和方法；经营决策则是对经营中各项问题如何解决的决断，包括目标问题、措施方法等。

二、饭店预算编制的程序

饭店预算编制及执行是饭店运营中的一个重要的系统工程，为此需要有健全的规章制度来落实这些工作。规模不大的饭店一般由财务部牵头进行预算编制，规模较大的饭店则设有预算委员会制定财务目标，财务部则具体操作预算的编制。一般来说，预算委员会由饭店总经理、计财部总监（总会计师）、财务部经理、营销部总监、工程部总监、餐饮部总监等高层管理者组成，主要任务是审议确定预算的编制方针，从饭店全局的角度来协调和审查各部门编制的预算，并最终确定饭店预算，对预算执行中的问题予以关注和解决，指导饭店顺利完成预算确立的目标。

良好的收入预测和费用预测离不开收入中心与支持中心经理的参与，并且是所有高层管理者和会计部门的共同努力。发挥这些专业人员各自的才能完成预算编制并确定后，监管和评估过程是十分重要的。具体包括以下三个步骤：

（一）确定预算方针

由业主和饭店管理团队提出编制下年预算的方针和要求，财务部对此进行分析理解，并提出符合编制方针要求的预算指标建议值；财务部将其意见上报预算委员会审议并确定编制方针及其建议指标。预算方针的内容如何，将对预算的质量产生直接的影响。为指导预算编制得更准确，应尽可能用金额和数量指明饭店及各部门在一个会计期间内开展经营活动的目标。

（二）部门预算编制

通过财务部将整个饭店编制预算的方针要求下达到各部门，由各部门编制自身的预算草案，各部门预算草案的编制要注意广泛发动群众，征求意见，使预算更全面，更有群众基础，从而便于贯彻执行。由财务部将各部门预算汇总，递交到预算委员会上加以讨论协商，对预算草案提出修改意见。各部门从自身完成预算的角度考虑，有时会留有一定余地，由此可能会带来一些浪费和低效率的现象。饭店需从全局考虑，对各部门预算进行一些调整，以使全店的预算发挥更大的作用。各部门预算草案经预算委员会综合平衡后，由总经理批准确定，再下达到各部门征求意见。

（三）最终预算确定

将各部门反馈的意见收集上来在预算委员会上对原预算进行修改和调整，形成正式的最终预算，将其下达到各部门，以便按预算指标实施。

三、编制预算的方法

（一）传统预算法

这种预算方法以历史的数据为基数，按预算期内一定的增长率或节约率来编制预算。这种预算的编制方法简便易行，省时省力，但缺乏科学性和先进性，如果未来预算期的实际情况与历史数据产生的市场环境差距较大，就会给预算执行和修改造成困难。

例如，某饭店 2022 年营业收入为 430 万元，预计 2023 年将递增 4%，则 2023 年营业收入预算指标为 430×（1+4%）=447.2 万元。但实际上，2023 年受新冠疫情影响，旅游行业遭受打击，无法完成 2023 年的预算指标。

（二）滚动预算法

滚动预算法也称永续预算法。这是一种随着时间的推移而自行延伸从而始终使预算期保持在一个特定的期限内的预算方法。如 2024 年全年费用预算已编制完毕，当 2024 年第一季度的预算已执行完毕时，又续上 2023 年第一季度的预算，这样始终保持四个季度的预算。采用这种预算方法，由于需要逐期修改，因而工作量较大。但正由于它逐期修改，不断适应变化了的情况，从而使费用预算更加符合实际，更加便于控制。

例如，某饭店 2026 年全年营业费用预算为 300 万元，其中第一季度 45 万元，第二季度 91 万元，第三季度 90 万元，第四季度 74 万元。当第一季度过去后，要将 2027 年第一季度的预算提上来，如 2027 年第一季度预算为 47 万元，这样整个预算期仍为四个季度，如此反复，连续不断。除了按季度滚动外，还可以按月、按周甚至按日滚动，那样工作量更大，不过计算机的普遍使用，已有可能完成这样巨大的工作量，从而使预算能够更加准确。

（三）零基预算法

零基预算法是指以零为基础编制预算的原理。通常适用于支持中心，它要求对预算期内的支出从零开始，并证明每一项支出都是必要的来确定支出总额。

也就是撇开上一年度的开支水平，一切以零为起点来编制预算。这种编制预算的工作量很大，但也正是如此，才为饭店创造了量力而行，节约开支，提高效益的条件，从而使预算更充分地发挥控制实际支出的作用。

零基预算法一般适用于针对企业管理费用编制预算。通常企业管理费用的预算是在上一年基础上有所增减。但历史上已发生的支出未必都是合理的，如果以历史数据为基础递增，就有可能造成浪费。因此零基预算对控制管理费用是十分有效的，饭店可以结合自身实力选择是否应用，在多大范围内应用。

（四）弹性预算法

1. 弹性预算法的概念

弹性预算法是以饭店预算期内预计业务量为基础，编制出能反映在预算期内多种业务量水平的预算。传统的预算是在某一固定的业务量基础上编制的静态预算，当实际业务量与预算业务量发生显著差异时，难以准确地衡量业绩，控制作用也因此受到削弱。为改变这种状况，就必须编制弹性预算。饭店业是一个波动性很大的行业，很容易受到外界环境因素变化的影响，当实际完成业务量与预算发生较大的差异时，对不同业务量水平下的成本费用进行比较的结果不能反映经营成果的好坏，因此，对饭店编制弹性预算是非常必要的。

2. 弹性预算的特点

（1）能适应一系列经营业务量

所谓一系列经营业务量是指饭店可能经常发生的若干级业务量水平。该系列是根据历史资料和发展趋势确定的业务量会发生波动的一个区域，在该区域内按5%或10%的间距划分为若干级，从而适应不同业务量水平。

（2）动态性质

弹性预算有利于随业务量的变动调整其计划，它是按变动成本的变化情况分类排列，据此计算预算期末实际业务活动量的成本预算数额，然后再对实际成果和计划数进行比较，因此它构成了在管理上非常有用的决策工具。

（3）有利于业绩评估

与静态预算相比，它不仅能衡量销售方面的业绩，而且能在更加现实和可比的基础上进行成本控制方面的绩效评估，这对于全面准确地衡量饭店及各部门的工作业绩是非常有效的。

3. 编制弹性预算的程序

（1）确定业务量水平。确定预算期内所涉及的业务量发生波动的相关范围，一般可控制在正常业务量的70%—120%之间，范围过大会加大工作量，范围过小又可能找不到相近似的数值进行比较，不便于控制。

（2）划分成本类型。根据成本产生情况，将总成本划分为固定成本和变动成本。

（3）确定在预算中所包含的各个成本项目的成本特性模式。

（4）运用成本特性模式，编制弹性预算。

弹性预算成本费用的计算公式如下：

弹性变动成本(费用)＝预算期内实际活动量×单位业务量的变动成本(费用)

弹性成本(费用)＝固定成本(费用)＋弹性变动成本(费用)

编制弹性预算时，业务活动量的计量单位要结合饭店特点进行选择，所选择的计量单位应和成本费用间存在必然的联系，如客房部采用客房出租数，餐饮部和商品部可以用营业收入，接待团体客人可用人次数等。有了弹性预算，就可以与实际执行结果进行比较，衡量业绩，寻找存在的问题和解决的途径。

【链接启示】

弹性预算的适用情况

弹性预算可以随着业务量的变化而反映出该业务量水平下的支出控制数，具有一定的伸缩性。其优点在于：一方面，能够适应不同经营活动情况的变化，扩大了预算的范围，更好地发挥预算的控制作用，避免了在实际情况发生变化时，对预算作频繁的修改；另一方面，能够使预算对实际执行情况的评价与考核，建立在更加客观可比的基础上。

其不足之处在于，弹性预算设置的多水平比较基准，编制起来麻烦费时；使用其评价和考核实际成本时，需要计算实际业务量与预算数据，比较麻烦。

弹性预算适用于各项随业务量变化而变化的项目支出。例如，采购预算，由于来年会展中心启用，周围的市场需求发生变化，使用弹性预算设置不同比较基准便于对比收入、成本和利润。

思考：除了销售量变化的不确定，还有哪些因素的不确定导致预算会有多个比较基准？你在人生中做好应对不确定性的准备了吗？

第三节 饭店财务预算的编制

预算是计划工作的结果,它既是决策的具体化,又是控制生产经营活动的依据。预算是使企业的资源获得最佳生产率和获利率的一种经营决策方法。预算控制就是通过建立信息反馈系统,以预算编制为基础,检查其执行进度及结果,及时发现偏差及其原因,并采取纠正偏差的一系列活动。饭店使用资本预算来计划和控制固定资产的购买。饭店使用现金预算来监控现金使用,并依据实际需要制定借款计划。饭店使用销售预算和成本预算来预测销售收入和成本费用,以便实现预期利润目标。预算控制通过预算管理体系来执行。预算管理系统是由一系列预算构成的体系,各项预算之间相互联系,饭店整个预算体系可简单用图8-1表示。

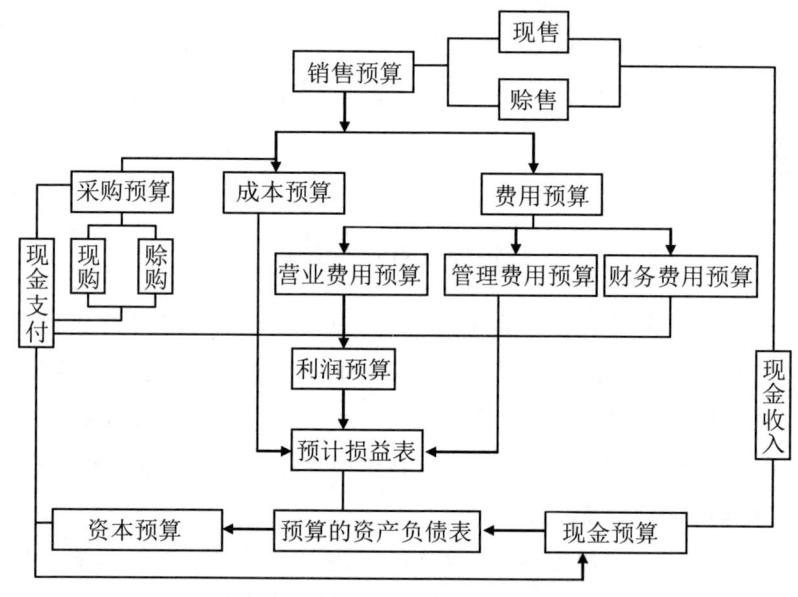

图8-1 旅游企业预算体系示意图

一、饭店销售预算的编制

(一)编制饭店销售预算的意义

要编制饭店财务预算首先需要编制经营预算,因为财务预算所需的一些数据是建立在经营预算基础上的。大多数人讨论预算时,想到的就是预测销售收入和成本费用。而业务预算的编制必须从销售预算开始,没有销售预算,就无法编制损益表和资产负债表。如损益表中的成本、费用、税金都与营业收入的变动有直接的关系。资产负债表中的现金、存货、应收账款、应付货款及固定资产投资等项目都与营业收入有关。例如随着营业量及营业收入的增加,现销部分造成现金收入增加,赊销部分造成应收账款增加;采购量增加造成负债项下的应付货款增加,存货也随着变化;固定资产在已充分利用的情况下,也可能增加投资,使固定资产拥有量增加。上述这些情况都说明销售预算是饭店整个预算编制的关键,必须予以足够的重视。编制出销售预算后,可以利用它与其他项目间的比率关系,编制其他各项预算。由于销售预算是饭店财务预算的起点和基础,所以把握好销售预算的准确性,就能够使饭店整个财务预算的质量都有可靠的保证。

(二)饭店销售预算的编制过程

1. 销售预测

饭店销售预算必须以销售预测为基础。销售预测可以分为定性预测和定量预测,前者包括专家意见、推销人员意见、德尔菲法、消费者意见等;后者包括时间序列预测法(算术平均法、移动平均法、指数平滑法)和回归分析预测法。由于预测是假设过去的影响因素及因果关系在未来时期仍继续存在和发生影响,因此预测时必须掌握大量的历史数据及现实资料,主要包括以往的销售量和发展趋势、价格及其他经营策略、社会经济发展的周期性变动情况、市场竞争状况及其他影响销售的因素。

反映实际销售额的时间数列,是受多种因素影响的,包括趋势性、季节性、周期性、随机性等,在进行预测时,要加以综合考虑。如采用趋势分析和周期性变动分析,对饭店以往各期销售收入进行简单平均或加权平均,将各期收入描绘在坐标图里,将前期与后期计算的两点平均值用直线连接起来,可以看出销售额的变化趋势,再依据周期性变动分析对长期趋势的预测结果进行调整,从而预测下一年度的销售额。饭店的销售具有季节性因素,因此可以用季节指数反映季节变动的规律性,对预测值加以调整。下面以饭店几个主要部门为例加以说明。

2. 客房部营业收入预算的编制

(1)客房部营业收入的计算公式

通常,要计算饭店客房部的销售收入,可通过以下公式获得:

$$\frac{客房部预算}{营业收入} = 可供出租客房数 \times 预计出租率 \times 预计平均房价 \times 预算期营业天数$$

例：松江饭店有客房200间，预计2023年5月出租率可达到75%，预计平均房价为300元，则5月份客房收入预计为：

$$200 \times 75\% \times 300 \times 31 = 1395000（元）$$

（2）客房部营业收入的影响因素

决定客房部营业收入的因素主要有客房出租率和房价两个因素。一般情况下，出租率越高，客房收入应该越多，但有时出租率很高，而客房收入并没有增加多少，这是因为饭店常常为了提高出租率给一些客人房价上的优惠。在出租率不变的情况下，客房部营业收入将与房价的变化方向相同。因此，在编制客房部营业收入预算时要尽可能将影响出租率和房价的因素考虑周全，这样才能使预算更符合实际。

上例中，以往3年的5月份客房营业收入额分别为1270693元、1294705元、1328571元，销售量每年基本上递增2%。按照以往的销售资料分析，如果增长率不变，2023年5月销售额将达到1355100元左右。但是，由于该月这个饭店所在的城市将举办一次世界性展会，这将促使客房销售量在正常基础上进一步增加，预计可比去年同期增长大约5%，从而使销售额达到1395000元左右。

如果考虑价格调整因素则营业收入也会发生变化。如果有8间客房经过重新装修，增添了设备，房价由300元/间天上升为350元/间天，从5月1日起全部租出去，则会增加收入12400元（50×8×31）。

如果再考虑住房客人的消费结构则营业收入还会发生变化。按规定房价为300元/间天，但如果其中按80%收费的房间占全部出租客房数的10%，则：

5月份营业收入 =（300×180+300×20×80%）×75%×31=1367100（元）

$$1367100+12400=1379500（元）$$

考虑了以上两个因素后，5月份客房预算收入是1379500元，比上次计算少了15500元，所以制定预算时一定要全面考虑。

将各月营业收入预算额填列在营业收入预算表中，则客房部全年营业收入预算就做好了。为了进一步编制现金预算，通常在营业收入预算表下面附上现金收入预算表，它包括从本期销售中获得的现金和从上期应收账款中获得的现金。客房部营业收入预算表如表8-1所示。

第八章　饭店的预算管理

表 8-1　松江饭店客房部营业收入预算表（2023 年）

单位：元

营业收入	1	2	3	4	5	6	7	8	9	10	11	12	全年
	380000	415000	814500	969500	1379500	1381300	1383200	1383800	1388000	1490700	1058800	671000	12715300
年初应收账款余额	186000												186000
1月	266000	114000											380000
2月		290500	124500										415000
3月			570150	244350									814500
4月				678650	290850								969500
5月					965650	413850							1379500
6月						966910	414390						1381300
7月							968240	414960					1383200
8月								968660	415140				1383800
9月									971600	416400			1388000
10月										1043490	447210		1490700
11月											741160	317640	1058800
12月												469700	469700
合计	452000	404500	694650	923000	1256500	1380760	1382630	1383620	1386740	1459890	1188370	787340	12700000

注：每个月的营业收入中有 30% 要到下个月才能收到现金。

3. 餐饮部营业收入预算的编制

制定餐饮部营业收入预算，要结合客房出租量、客人数量、消费水平，以及各种促销手段。由于早、中、晚餐的座位周转率和人均消费额差别很大，所以应该针对不同餐厅、不同就餐时间段分别计算，然后再汇总。可以用下列公式计算：

$$\text{某餐厅某餐预算营业收入} = \text{餐厅座位数} \times \text{座位周转率} \times \text{人均消费额} \times \text{预算期营业天数}$$

例：松江饭店餐饮部2023年5月份营业收入预算如表8-2所示。

表8-2 松江饭店餐饮部营业收入预算表（2023年5月）　　　单位：元

部门	计 算 依 据	金额
中餐厅	早餐：200×40%×10×31=24800	198400
	午餐：200×50%×28×31=86800	
	晚餐：200×50%×28×31=86800	
西餐厅	早餐：100×45%×15×31=20925	104625
	午餐：100×40%×30×31=37200	
	晚餐：100×50%×30×31=46500	
宴会厅	早、午餐：—	62000
	晚餐：200×20%×50×31=62000	
自助餐厅	早餐：60×30%×28×31=15624	54684
	午晚餐：60×30%×35×31×2=39060	
咖啡厅	早餐：50×40%×8×31=4960	21700
	午、晚餐：50×45%×12×31×2=16740	
酒吧	早餐：—	24800
	午餐：40×40%×20×31=9920	
	晚餐：40×60%×20×31=14880	
合计		466209

将每月营业收入预算汇总成松江饭店餐饮部全年营业收入预算，同客房预算一样，在预算表下面列出现金收入预算。该餐饮部营业收入预算如表8-3所示。

表 8-3 松江饭店餐饮部营业收入预算表（2023 年）

单位：元

	月份													
	1	2	3	4	5	6	7	8	9	10	11	12	全年
营业收入	208300	241000	395600	471000	466209	467100	464700	471000	479300	501600	438500	305700	4910009
年初应收账款余额	91500												91500
1月	145810	62490											208300
2月		149800	64200										214000
3月			276920	118680									395600
4月				291900	125100								417000
5月					326346	139862							466208
6月						326970	140310						467280
7月							325290	139410					464700
8月								329700	141300				471000
9月									335510	143790			479300
10月										351120	150480		501600
11月											306950	131550	438500
12月												213990	213990
合计	237310	212290	341120	410580	451446	466832	465600	469110	476810	494910	457430	345540	4828978

注：每月营业收入中的30%要到下个月才能收到现金。

4. 商品部营业收入预算的控制

商品部营业收入预算的编制，可以根据各类商品预计销售数量和预计售价来计算，其计算公式为：

预算商品部营业收入 = ∑（某类商品销售数量×销售价格）

商品部营业收入预算也可以用另一种方式，如将商品部划分为不同营业柜组，分别对不同营业柜组编制预算，然后再汇总到一起。

例：松江饭店商品部分百货柜组、工艺品柜组、食品柜组、医药柜组，各营业柜组从 2014—2018 年营业收入统计资料如表 8-4 所示。

表 8-4　松江饭店商品部历年营业收入表　　　　　单位：元

部门	营业收入				
	2014 年	2015 年	2016 年	2017 年	2018 年
百货柜组	512000	674300	685130	742100	763920
工艺品柜组	819300	847400	936910	939750	991450
食品柜组	436700	529100	537000	561300	594400
医药柜组	641800	653730	665410	718430	982730
合计	2409800	2704530	2824450	2961580	3332500

根据上述统计资料，用平均发展速度计算方法预测 2019 度各营业柜组营业收入额，预测计算公式为：

$$营业收入预算值 = T_n^{n-1}\sqrt{\frac{T_n}{T_1}}$$

其中：T_n 为第 n 年营业收入额（离预测年最近的一年）。

T_1 为第 1 年营业收入额（离预测年最远的一年）。

$$百货柜组营业收入预算值 = 763920 \times \sqrt[4]{\frac{763920}{512000}} = 844291（元）$$

$$工艺品柜组营业收入预算值 = 991450 \times \sqrt[4]{\frac{991450}{819300}} = 1039866（元）$$

$$食品柜组营业收入预算值 = 594400 \times \sqrt[4]{\frac{594400}{436700}} = 642026（元）$$

$$医药柜组营业收入预算值 = 982730 \times \sqrt[4]{\frac{982730}{641800}} = 1093182（元）$$

营业部 2019 年营业收入预算值 =844291+1039866+642026+1093182

=3619365（元）

采用分柜组进行预算，便于实行经营承包责任制，对柜组进行考核和评价。年度预算编制出来后，可以结合不同季节指数，将指标分解为月度预算指标，落实到各柜组。

饭店的其他经营部门也应分别编制部门的营业收入预算，将各部门营业收入预算汇总起来便是饭店总营业收入预算。依照弹性预算法，饭店应编制不同水平的营业收入预算。

二、饭店成本费用预算的编制

（一）编制饭店成本费用预算的意义

饭店成本费用预算是以货币形式预先规定饭店在预算期内成本费用的开支标准和降低成本费用的任务。饭店成本费用预算是在销售预算的基础上进行的。由于销售预算要受市场上多种因素的影响，所以销售额是波动的。为有效地进行成本费用控制，在弹性销售预算的基础上应编制弹性成本费用预算。

成本费用预算可以指导饭店有序地安排各项费用支出，力求使饭店的各项成本费用支出做到科学合理，以提高饭店的净收入。

（二）饭店成本费用预算的编制过程

1. 客房部营业费用预算的编制

按照会计核算的要求，经营客房的各种消耗和支出，通过"营业费用"科目汇集，因此客房部成本预算也就是营业费用预算。首先应将费用项目按照其与客房出租量的关系划分为固定费用与变动费用，分别计算预计发生额，然后再汇总为客房部营业费用预算。

（1）固定费用预算的编制

客房部固定费用主要指与部门经营活动直接相关的固定开支，包括固定工资、折旧、大修理费、保险费、服装费等。固定费用不受客房出租量的影响，在预算期内比较稳定，可以通过计算掌握其总额，如按规定费率计算折旧费、福利费、保险费等。其计算公式为：

某项费用 = 收（计）费基数 × 规定收（计）费率

具体来说就是：

$$全年折旧费预算数 = \sum \left[\left(\begin{array}{c} 使用全年的各类 \\ 固定资产原值 \end{array} \times \begin{array}{c} 该类资产 \\ 年折旧率 \end{array} \right) + \left(\begin{array}{c} 新交付使用各类 \\ 固定资产原值 \end{array} \times \begin{array}{c} 该类资产 \\ 月折旧率 \end{array} \times \begin{array}{c} 使用的 \\ 月数 \end{array} \right) + \left(\begin{array}{c} 减少或封存各类 \\ 固定资产原值 \end{array} \times \begin{array}{c} 该类资产 \\ 月折旧率 \end{array} \times \begin{array}{c} 减少或封存 \\ 前使用月数 \end{array} \right) \right]$$

$$福利费预算数 = 预算年度计职工福利基金的工资总额 \times 14\%$$

$$保险费预算数 = 预算年度投保额 \times 保险费率$$

通过计算，本例中客房部固定费用预算数为 289000 元。

（2）变动费用预算的编制

变动费用是随客房出租量的变化而变化的，如燃料费、洗涤费、水电费、物料用品消耗费、修理费、其他费用等，对这些费用可以根据掌握的资料计算出出租单位客房的额定标准费用，汇总为每间客房每天变动费用额，再乘以预算期内预计客房出租数量。其计算公式为：

$$\begin{array}{c} 预算期客房 \\ 可变费用支出额 \end{array} = \begin{array}{c} 每间客房每天 \\ 变动费用消耗额 \end{array} \times \begin{array}{c} 客房 \\ 拥有数 \end{array} \times \begin{array}{c} 预计 \\ 出租率 \end{array} \times \begin{array}{c} 预算期 \\ 天数 \end{array}$$

例：仍以松江饭店为例，2013 年 5 月份预计客房出租率为 75%，根据有关资料编制客房部营业费用弹性预算，见表 8-5。

表 8-5 客房部营业费用弹性预算表（2013 年 5 月） 单位：元

业务量	出租数	3720	4216	200×75%×31 =4650	5146	5580
	出租率	60%	68%	75%	83%	90%
占预计出租数的百分比		80	90	100	110	120
变动费用						
燃料费：a=2.8		10416	11805	13020	14409	15624
洗涤费：a=3		11160	12648	13950	15438	16740
水电费：a=8		29760	33728	37200	41168	44640
物料用品：a=5		18600	21080	23250	25730	27900
修理费：a=2		7440	8432	9300	10292	11160

续表

业务量	出租数 / 出租率	3720 / 60%	4216 / 68%	200×75%×31 =4650 / 75%	5146 / 83%	5580 / 90%
其他费用：a=1.2		4464	5059	5580	6175	6696
小计		81840	92752	102300	113212	122760
固定费用小计		289000	289000	289000	289000	289000
总计		370840	381752	391300	402212	411760

注：a 表示出租每间客房费用。

在上述营业费中，有的饭店某些费用发生后无法直接计入某个营业部门，如燃料费、水电费等，对于这些费用，需要选择一定的标准分摊到各个部门。具体如何分摊应根据不同情况决定，如可以根据各部门营业收入占饭店总收入的比例等。具体分摊方法是先计算出某个营业部门的收入占饭店总收入的百分比，再用本期该项费用总额乘以上面计算的百分比即可。

将客房部每月营业费用预算汇总在一起，便为客房部年度预算。通常在营业费用预算表的下部加列现金支出预计表，以便为编制现金预算做准备。这里不再赘述。

2. 餐饮部成本费用预算的编制

（1）固定费用预算的编制

同客房部固定费用预算的编制一样，餐饮部固定费用也可按照相关公式计算获得。

（2）变动费用预算的编制

餐饮部的变动费用由直接成本和营业费用构成。

①直接成本

直接成本是制作食品菜肴的原材料、调配料以及直接销售的材料的购入价格。直接成本随着接待客人数量及消费水平的不同而变化，事先较难预测，可通过毛利率来预计直接成本支出额，其公式为：

预算期预计餐饮直接成本=预算期预计餐饮营业收入×(1-预计餐饮毛利率)

在编制餐饮成本时，应注意到除食品成本外，还包括各类饮料的直接成本。酒店各个餐厅经营的毛利率是不同的，所以要分别计算，然后汇总为餐饮总成本。松江饭店餐饮部成本预算见表8-6。

表 8-6　松江饭店餐饮成本预算表（2013 年 5 月）　　　单位：元

部门	计算依据	金额
中餐厅	198400×（1−55%）=89280	89280
西餐厅	104625×（1−50%）=52313	52313
宴会厅	62000×（1−60%）=24800	24800
自助餐厅	54684×（1−60%）=21874	21874
咖啡厅	21700×（1−70%）=6510	6510
酒吧	24800×（1−70%）=7440	7440
合计		202217

②营业费用

营业费用包括燃料费、低值易耗品摊销、洗涤费、水电费、物料消耗及其他费用等。由于营业费用也是随营业额的变化而变化的，所以应编制弹性预算。

餐饮部水电能源消耗较大，可以按其营业收入额的百分比分摊，其计算公式为：

$$预算餐饮部水电能源费用 = A \times B \times (1 - \Delta N)$$

其中：A 为上年全店水电能源费用实际消耗数。

B 为餐饮部预算营业收入额占全店营业收入额百分比。

ΔN 为预算期内水电能源费用降低率。

也可以根据上一年水电能源费用的实际消耗数，结合预算期营业收入增减百分比和水电能源费用降低率加以考虑，其计算公式为：

$$预算餐饮部水电能源费用 = C \times (1+M) B \times (1 - \Delta N)$$

其中：C 为上年餐饮部水电能源实际消耗数。

M 为预算期内营业收入增减百分比。

ΔN 为预算期内水电能源费用降低率。

例：仍以松江饭店餐饮部为例说明弹性成本费用预算的编制。以中餐厅为例编制 2013 年 5 月份弹性成本费用预算：中餐厅 5 月份预算营业收入为 198400 元，固定费用为 4000 元，则餐饮部中餐厅 5 月份弹性成本费用预算见表 8-7。

表 8-7 中餐厅弹性成本费用预算（2013 年 5 月）　　　　单位：元

营业额	158720	178560	198400	218240	238080
占预算营业额（%）	80%	90%	100%	110%	120%
变动成本：					
食品材料：					
成本率 45%	71424	80352	89280	98208	107136
水电能源消耗 8%	12698	14285	15872	17459	19046
物料用品及其他消耗 3%	4762	5357	5952	6547	7142
小计	88884	99994	111104	122214	133324
固定费用小计	40000	40000	40000	40000	40000
总计	128884	139994	151104	162214	173324

注：水电能源消耗、物料用品及其他消耗根据以往该项费用占营业收入的百分比，加以适当调整确定。此例中两者分别占收入的 8% 和 3%。

餐饮部其他经营单位可参照中餐厅弹性预算格式编制各自的成本费用弹性预算，将各餐厅预算汇总便构成餐饮部成本费用预算。在对餐饮部成本费用作出预算的基础上，要对各期现金收支做一预测，列在预算表下。这里不再赘述。

3. 商品部成本费用预算的编制

商品部的营业成本是指已售商品的进价成本。商品部经营商品种类较多，且毛利率各不相同，如果直接按综合毛利率来制定成本预算，可能会使预算与实际产生很大的差异，因为不同毛利率的商品在总销售量中所占比例不同，它会直接影响到商品部销售成本。因此，应该分别计算各类商品的成本，或者将毛利率相同的商品归为一类，将个别计算的结果汇总为营业成本总额，用公式表示则为：

$$\text{商品部营业成本预算额} = \sum [\text{预算期某类商品预计销售额} \times (1 - \text{该类商品毛利率})]$$

例：松江饭店商品部现有四个柜组，即百货柜组、工艺品柜组、食品柜组、医药柜组，它们的毛利率分别为 30%、50%、40%、45%，则商品部成本预算如表 8-8 所示。

表 8-8　松江饭店商品部成本预算表（2013 年）　　　　单位：元

项目	百货柜组	工艺品柜组	食品柜组	医药柜组	合计
预算营业收入	844291	1039866	642026	1093182	3619365
毛利率	30%	50%	40%	45%	
毛利额	253287	519933	256810	491932	1521962
营业成本	591004	519933	385216	601250	2097403

商品部的营业费用也分为固定费用和变动费用，相关计算与餐饮部营业费用计算方法相似，这里不再赘述。本例中商品部营业费用为 197560 元。

4. 饭店其他部门的预算编制

为更好地满足客人的需求，饭店一般都设有康乐中心，主要项目有保龄球、健身房、游泳池、桌球以及矿泉疗养地（SPA）、美容美发等。康乐中心营业收入受住店客人影响较大，一般比较稳定。其成本费用的预算方法和其他部门相同，可用平均发展速度法加以预测，并用季节指数调整分解到各个月份。如松江饭店康乐中心预算营业收入为 1130000 元，费用预算为 405000，其中固定费用为 220000 元，全年变动费用为 185000 元。

饭店一般还设有洗衣房，不仅满足客人洗衣的需求，而且满足饭店各部门的洗涤要求。为客人洗衣有营业收入，属于经营行为；饭店其他部门洗涤为内部行为，所发生费用要进行内部核算。当期洗衣房营业收入的预算可根据平均洗衣价格和历年住店客人洗衣人数占住店客总人数的百分比预测，并综合考虑加以确定。洗衣房成本是指其所耗用的洗衣用品、用料等费用，可以根据消耗定额和预计业务量予以确定。本例中洗衣房预算营业收入为 863000 元，营业成本为 155340 元，营业费用 296000 元，其中固定费用为 134000 元，变动费用为 162000 元。

5. 管理费用预算的编制

管理费是饭店管理部门发生的费用及一些未分摊到各经营部门的费用。其预算可在上一年费用水平的基础上，结合预算期费用节约的潜力和其他因素加以确定，这里就不再举例说明。本例中管理费预算数额为 1055000 元。

在各营业部门成本费用预算编制的基础上，可进行现金支出的预算。因为在成本费用支出额中，有些项目是需现金支付的，而有些项目是可延期支付的，如采购食品原材料、物料用品等，有可能先付一部分，赊欠一部分。因此在每个月的预算中，现金实际支出额和成本费用发生额是不一致的，其编制方法和前面现金收入的预算法相同,在此不再举例。

三、饭店利润预算的编制

获取利润是饭店的经营目标,饭店利润预算是在收入预算和成本费用预算的基础上编制而成的。利润预算的编制主要可采用以下几种方法进行。

(一)直接计算法

这种方法是根据预算期的营业收入预算、成本费用预算、税金预算,直接计算出利润额的大小。运用这种方法需要区别不同的营业项目,分别计算各项目的预算利润额,再汇总为饭店总的利润预算额,其计算公式为:

$$\text{某营业部门利润预算额} = \text{某营业部门预算收入} - \text{某营业部门预算成本费用} - \text{某营业部门预算税金}$$

例:松江饭店客房部2023年预算营业收入为12715300元,营业费用为3565324元,税金为692984元,则:

$$\text{客房部利润预算额} = 12715300 - 3565324 - 692984$$
$$= 8456992(\text{元})$$

根据以上计算出来的结果,可编制饭店损益表,见表8-9。

表8-9 松江饭店2023年预计损益表　　　　　　　单位:元

项目	总额	其中					备注
		客房部	餐饮部	商品部	康乐部	洗涤部	
营业收入	22293674	12715300	4829009	3619365	1130000	863000	
营业成本	4224588		1971845	2097403		155340	
毛利	18069086		2857164	1521962		707660	
毛利率	81%		59%	42%		82%	
税金	1250459	686626	260766	195445	61020	46602	
营业费用	5620284	3565324	1156400	197560	405000	296000	
部门收益	11198343	8463350	1439998	1128957	663980	365058	
管理费	1055000						
财务费用	1476500						
营业利润	8666843						
所得税(25%)	2166711						
净利润	6500132						

（二）指标计算法

这种方法是利用相关指标来预测利润的一种方法，如利用营业收入利润率、费用率来测算利润。

例：某饭店预计营业收入为 860000 元，营业收入利润率预计为 20%，则弹性利润预算如表 8-10 所示。

表 8-10　某饭店弹性利润预算表（2023 年）　　　　　　　单位：元

预计营业收入	688000	774000	860000	946000	1032000
预计利润	137600	154800	172000	189200	206400

（三）变动成本法

这种方法是在保本点分析的基础上运用下列公式预测利润，即：

预计经营利润 =（营业收入 − 保本点收入）× 边际贡献率

例：某饭店客房部有客房 200 间，固定费用每月为 150350 元，客房出售价格为 200 元/间天，每出租一间客房变动费用为 45 元，如果客房部预算营业收入为 350000 元，则预算利润额为多少？

边际贡献率 =（200−45）/200=0.775

保本销售额 =150350÷0.775=194000

$$预计经营利润 = (350000-194000) \times \frac{200-45}{200}$$
$$= 120900（元）$$

餐饮部也可用这种方法来预测利润额，只要将边际贡献率转化为毛利率即可，其公式为：

预计经营利润 =（预计营业收入−保本点收入）× 毛利率

例：餐饮部固定费用 120000 元，毛利率为 50%，如果预算营业收入为 500000 元，那么预算经营利润是多少？

保本销售额 =120000÷50%=240000

预算经营利润 =（500000−240000）× 50%
=130000（元）

无论饭店采用哪种方法预算利润，只要将各部门预算利润额计算出来后汇总便为饭店总的利润预算。将预算的利润额与营业收入相比即利润率指标。

利润预算表（即损益表）编制出来后还要制定利润分配预算，它是根据饭店董事会或最高决策层的决议,对预算期利润总额进行分配和年末未分配利润结余情况的一种预算。

四、饭店现金预算的编制

现金预算是反映预算期内由于营业和资本支出引起的一切现金收支的详细情况。编制现金预算是饭店进行现金管理的一个非常重要的手段。饭店要对预算期内的全部现金流量进行预测和估算,其目的在于实现现金余额的最佳化,使之既能满足经营活动的需要,又不至于拥有过量现金而降低盈利。通常现金预算包括四个组成部分:

(一)现金收入

现金收入的主要来源是营业收入中的现收部分和应收账款的回收部分,由期初现金余额和预算期现金收入组成。

(二)现金支出

现金支出是指预算期预计要发生的一切现金支付,既包括成本费用支出,也包括税收、投资、分红等支出。

(三)现金余额

现金余额是现金收入与现金支出的差额,差额为正数表示现金盈余,差额为负数表示现金不足,在现金预算表中,对现金不足的数额用括号括起来表示。

(四)现金筹措

通常饭店要规定一个现金的最低限额,以保证一定的支付能力。如果可供利用的现金低于这一限额,就需筹措资金,如向银行借款或出售有价证券;当饭店拥有的现金余额大大超过最低限额时,则需考虑进行短期投资以提高资金利用率。

现金预算期不可以太长,否则起不到有计划安排现金的作用,一般情况下按季、按月编制,将各月现金预算综合在一起,便构成饭店年度现金预算。有的饭店为更好地实施现金管理,还要编制周、日的现金预算。

例:松江饭店要编制5月份现金预算,要求每月月末保持不低于50000元的现金余额。5月份购置一台设备支付145000元,归还借款600000元,支付利息5000元，则5月份现金预算如表8-11所示。

表8-11　松江饭店5月份现金预算表　　　　　　　　　单位：元

项目	金额
期初现金余额	65000
加：现金收入	2390240
本月现售	1918240（2740343×70%）
收回上月应收账款	472000（1573333×30%）
可用现金合计	2455240
减：现金支付	
预计购买原材料支付现金	
预计耗用原材料	312700
加：期末预计存货（下月耗用数×20%）	63000
减：期初预计存货（本季耗用数×20%）	62540
预计购入原材料	313160
当期支付采购金额（预计购入数×60%）	187896
支付上期采购金额（上期购入数×40%）	114850
材料采购支付现金	302746
各项费用支付现金	451928
工资	187540
营业费用	176472
管理费用	87916
其他支出：	746167
税金	115267
所得税	185900
设备购置	445000
现金支出合计	1500841
现金余缺	954399
归还借款	（600000）
支付利息	（5000）
购买短期债券	200000
期末现金余额	149399
（最低限额50000）	

五、预计损益表

预计损益表反映饭店在预算期所能获得的利润,因而是整个预算的关键组成部分。预计损益表也要按月编制,所需数据来自业务预算的有关资料。详见本节业务预算中的利润预算的编制。

六、预计资产负债表

资产负债表反映饭店在某一特定日期的财务状况。预计资产负债表是对预算期末资金占用和资金来源状况的预计,它是根据上年末资产负债表、本年度业务预算、现金预算及其他预算所反映的各项余额的预期增减情况编制的。如果资产负债表中余额及关系不符合某些要求,如银行要求的最低流动比率等,饭店还需对其经营计划进行调整,直到符合要求为止。

【链接启示】

时间序列

预算编制依赖预测,前文我们介绍了根据历史数据,酒店市场需求呈现趋势性、周期性和季节性的变化规律,因此我们可以用"时间序列"法进行短期预测,在此介绍移动平均数和指数平滑法。

1. 移动平均数

在有些情况下,用于预测的数据产生波动的主要原因在于其随机性。由于管理者不会以偶然发生的随机性数据为基础作出经营决策,因而他们试图通过对特定时期的数据作平均或"平滑"处理以消除随机性。这样的预测方法叫作移动平均法,用数学公式表述如下:

$$移动平均数 = \frac{前 n 个时期的业务活动}{n}$$

公式中 n 为移动平均中的时期数。

例如,预测第 13 天用餐客人人数,如下表。

天	实际用餐客人数
1	100

续表

天	实际用餐客人数
2	90
3	95
4	105
5	125
6	100
7	97
8	100
9	95
10	125
11	100
12	105

使用3天的数值移动平均,预计第13天需供应的客人数为110,计算如下:

3天移动平均数=(125+100+105)/3=110(客)

在这种方法中,平均值的计算"移动了"一次,计算时就要以最新观测值更新数据一次。例如,如果在第13天供应95餐,那么预测第14天的数量,就可以用3天移动平均,其计算如下:

第14天客数预测=(11天–13天的销售总量)/3=(100+105+110)/3=102(人)

相似地,可以用更多天的数值计算预测值。例如,用12天的移动平均估计第13天的销售量为103。

2. 指数平滑法

指数平滑法是一种使用平滑系数和近期实际与预测的业务活动估计未来活动的预测方法。这种方法在短期预测中广泛使用。有这样的说法,"如果一个时期预测值偏高,下一时期降低一些;如果本期预测值偏低,下一期则调高一些"。这一方法的主要优点在于只需保留两期数据,平滑系数以这些有限的数据为基础即可计算得出。使用指数平滑法时,只需要两种类型的数据:

(1)前两期的预测值;

(2)前两期中早期的实际业务活动。

用这些数据可计算平滑系数:

$$\text{平滑系数} = \frac{\text{第 2 期预测值} - \text{第 1 期预测值}}{\text{第 1 期实际值} - \text{第 1 期预测值}}$$

例如，使用指数平滑法预测，第 1 期预测值和实际需求分别为 100 和 120，第 2 期预测值为 110，平滑系数为 0.5，计算如下：

$$\text{平滑系数} = (110-100) / (120-100) = 0.5$$

平滑系数要求管理者确认良好的反应率是什么。如果过去时期销售量相对稳定，平滑系数应较小，如果销售正经历高增长则平滑系数应较大。一旦确定了平滑系数，可以将其插入指数平滑公式中，其计算如下：

新预测值 = 过去预测值 + 平滑系数 ×（实际需求值 − 过去预测值）

思考：还有什么其他的方法可以预测？非客房收入应该使用哪种方法预测更准确？

第四节　预算分析

一、预算的差异

差异是指预算量与实际量之间的差别。在实际的经营中，每月的预算量与实际量之间通常都会存在差异。即使实际销售收入多于预算收入，或者没有差异，这也可能存在问题。为了使部门更好地执行经营计划，管理更加高效、获利性更强，每个部门经理必须找出差异发生的原因。

事实上，可能除了某些固定费用之外，所有预算的销售收入和成本费用最终都会和实际结果有出入。有经验的饭店业经理通常能够识别出哪些需要被分析的差异。通常，销售收入的差异来源于价格变化、销量变化，或两者共同变化。例如平均房价或平均消费额。数量是以产品单位计算的销售量，例如 H 饭店 9 月份客房销售收入与销售成本，如表 8-12 所示。

表 8-12　H 饭店 9 月份客房销售收入与销售成本

项目	预算	实际	差异
客房收入	576000.00	585000.00	9000.00
客房销售成本	86400.00	87750.00	1350.00
餐饮销售收入	36000.00	34700.00	−1300.00
食品销售成本	11880.00	10980.00	−900.00

良性的差异不见得有利于饭店的经营，例如良性的食品销售成本差异可能是供应商降价，降低了采购成本，也可能是购买了低质量的原材料所致。低质量的产品很容易被顾客发现，降低顾客满意度，最终导致销售量下降。人力资源支出的良性差异也可能是工资成本低于预期造成的，工资成本较低的原因是员工配备不足，这可能导致无法在正常工作时间完成必要的工作量，导致服务质量下降。非良性客房销售成本差异可能是由客房销售量增加导致成本上升，也可能是供应商价格上涨导致的。寻找到造成差异的原因，有助于管理者采取改进措施。

二、差异分析

本章介绍因素分析法确定形成差异的原因。销售收入的差异与价格和销售量相关，而成本和费用的差异与单位采购或支出价格和采购量相关，可见这些指标都离不开数量和单价。因此，我们只需要确定五个因素，就可以确定差异产生的原因，即预算、实际、差异、单位价格/成本、数量。

差异分析的第一步，对将要分析的差异分解为实际、预算、价格、数量、差异五个因素，并将数据填入工具表，如表8-13所示。

表8-13 预算差异分析表

	价格/成本	数量
预算		
实际		
差异		

第二步，得出价格/成本差异因素，数量差异因素导致的原因，根据乘法运算规则，原因会出现正数或负数，由此可计算出：

价格差异 × 实际数量 = 价格原因

数量差异 × 预算价格 = 数量原因

第三步，计算价格因素和数量因素的和，确认是哪种因素导致的最终差异。

（一）收入的差异分析

例如：H饭店OTA客房收入的差异

	预算	实际	差异
客房收入	552000.00	580800.00	28000.00

9月份的预算是依据8月份OTA为460元房价和50%出租率；在实际经营中我们计算发现市场需求价格系数具有弹性，因此下调OTA房价为440元，销售1320间晚。销售收入由平均房价和销售量组成，填入工具表，如下表所示。

第一步，确定差异因素。

项目	价格（元）	数量
预算	460	1200
实际	440	1320
差异	−20	120

第二步，计算差异产生的原因。

价格差异 × 实际数量 = 价格原因

$-20 \times 1320 = -26400$

数量差异 × 预算价格 = 数量原因

$120 \times 460 = 55200$

第三步，计算价格因素和数量因素的和为正数28800元，是因为降低价格后，销售更多客房产生的收入大于价格下降造成的损失，实际的OTA销售收入大于预算。

$-26400 + 55200 = 28800$

（二）费用的差异分析

H饭店客房用品和迷你吧的成本30–35元；8月份的客房用品成本35元，预算客房销售量1300间晚，并按此制定预算；实际上，9月份更换迷你吧供应商，其中两款饮料价格下降，单位客房用品成本33元，实际客房销售量1338间/晚。H饭店客房用品费用差异 −1346元。

	预算	实际	差异
客房用品费用	45500.00	44154.00	1346.00

第一步，确定差异因素。

项目	成本（元）	9月份客房销售数量
预算	35	1300
实际	33	1338
差异	−2	38

第二步，计算差异产生的原因。

价格差异 × 实际数量 = 价格原因

–2×1338=2676

数量差异 × 预算价格 = 数量原因

38×35 = 1330

第三步，计算价格因素和数量因素的和为负数 –1346 元，这是因为采购价格下降后，采购成本降低的金额大于销售数量增加产生的成本，导致实际的客房用品费用小于预算。

$$-2676+1330=-1346$$

【链接启示】

差异分析对管理的意义

预算与实际结果之间的差异是一种普遍现象。我们对预算差异进行分析，找出影响偏差的因素是第一步，接下来还要分析是什么原因导致的。

例如，本章最后对客房用品的差异分析，发现是因客房用品采购单价下降，产生了良性差异。虽然给企业提高效益，是否也是企业执行采购计划过紧造成的？反之，如果是采购单价上升的原因导致成本增加，为什么采购单价增加？是否有其他替代品？这是饭店要采取的措施。

因此，预算差异对企业来说不是一件坏事，它可以帮助业务管理者更加合理、科学地对企业进行管理，提高企业的盈利能力和市场竞争力。

课后思考与练习

案例分析

编制预算的作用

H 酒店在中国西南的一个省会城市，2023 年 6 月开业。预算 80 间客房，平均客房面积 35 平方米；酒店包含一个全日餐厅，经营早餐、午餐和晚餐，但只经营简餐（预制食品）和酒水饮料；酒店每年租金 25000 元。物业自有，业主承担所有的改造费用共计 1000 万元，每年折旧摊销 100 万元，另外业主要求每年承包费用 100 万元，以后每年增长 5%（承包费包括 25 万元贷款利息，

75万元承包费）。酒店佣金15%，以下的房价是扣除佣金的净房价，每间客房的其他运营成本15%。

8月份网络平均房价460元，净房价391元（460×（1-15%）=391），出租率65%；根据历史经验，9月份开学后市场需求下降，但是我们谈下了三个企业用户。根据8月份的销售情况制定经营预算，OTA房价460元，50%出租率，销售收入552000元；加上已经确定在9月份预订团队销售24000元，预计客房收入为576000元。在实际经营中我们发现460元房价不具备竞争力，下调至440元，网络销售收入为580800元；实际团队销售4200元，总计585000元。H酒店9月份收入预算表与实际经营对比如表8-14所示。

表8-14 H酒店9月份预算与实际经营对比表

H酒店2023年9月份预算与收入对比				
项目	预算	占比	实际	占比
营业部门收入情况				
客房收入	576000.00	93.2%	585000.00	93.7%
客房销售成本	86400.00	14.0%	86400.00	13.8%
客房人员工资及福利	51500.00	8.3%	51500.00	8.2%
客房其他费用	1666.67	0.3%	1700.00	0.3%
客房部利润	436433.33	70.6%	445400.00	71.3%
餐饮收入	36000.00	5.8%	34700.00	5.6%
销售成本	11880.00	1.9%	10980.00	1.8%
人员工资及费用	37500.00	6.1%	37500.00	6.0%
其他费用	1250.00	0.2%	1000.00	0.2%
餐厅部门利润	（14630.00）		（14780.00）	
零售及其他收入	4166.67	0.7%	2700.00	0.4%
销售成本	1375.00	0.2%	810.00	0.1%
零售利润	2791.67	0.5%	1890.00	0.3%
租金	2083.33	0.3%	2083.33	0.3%
营业部门净利润	426678.33	69.0%	434593.33	69.6%

续表

H 酒店 2023 年 9 月份预算与收入对比				
项目	预算	占比	实际	占比
总收入	618250.00	100.0%	624483.33	100.0%
未分配费用				
税费	37095.00	6.0%	37469.00	6.0%
后勤管理和综合费用	30912.50	5.0%	29700.00	4.8%
资料处理费	4166.67	0.7%	4166.67	0.7%
行政及后勤人员工资	35500.00	5.7%	35500.00	5.7%
市场营销费	12000.00	1.9%	14000.00	2.2%
饭店经营和保养费	18547.50	3.0%	17500.00	2.8%
能源及相关费用	109440.00	17.7%	111500.00	17.9%
未分配费用总额	247661.67	40.1%	249835.67	40.0%
扣除固定费用前利润	179016.67	29.0%	184757.67	29.6%
固定费用				
保险费	12500.00		12500.00	
利息	19176.99		19176.99	
折旧和摊销	83333.33		83333.33	
承包费	62500.00		62500.00	
固定费用总额	177510.32		177510.32	
税前利润	1506.35	0.2%	7247.35	1.2%
所得税	376.59		1811.84	
净利润	1129.76		5435.51	

思考：1. 预算并不准确，为什么我们依然需要制定预算呢？如何分析预算与实际经营结果的差异呢？

2. 如果无法准确预测饭店的经营情况，我们应该如何编制预算？在这个案例中，我们如何使用预算指导经营呢？

3. 如果是一个新酒店，无法准确预测饭店的经营情况，我们应该如何编制预算？在实际的经营中导致预算与实际经营结果之间的差异是什么？

小组讨论题

案例中 H 饭店制定 10 月份的预算，以按照 9 月份的实际经营情况制定合理吗？为什么？如果 H 饭店是今年新开业，而且管理团队没有在当地经营过其他酒店，什么预算比较适合？

（提示：10 月份有中秋、国庆两节）

复习思考题

1. 谁负责编制预算？掌握编制经营预算的方法和原则？
2. 你如何看待饭店编制预算的意义？
3. 饭店编制预算的程序应是什么？
4. 饭店编制预算的方法有哪些？饭店适宜用哪种方法？
5. 如何理解饭店弹性预算的特点？
6. 某饭店拥有可出租客房 300 间，固定费用为每月 210000 元，客房平均出售价格为 300 元/间天，每出租一间客房变动费用 50 元/日，如果客房部预算营业收入为 390000 元，则预算利润额是多少？
7. 某饭店 100 间客房，预算出租率 65%，平均房价 300 元，4 月份预算客房销售收入 585000 元。实际客房收入 600600 元，平均房价 260 元，出租率 77%。请分析预算差异是由什么因素造成的？

第九章

饭店兼并与财务风险管理

学习目的与要求

知识目的

通过本章学习，了解兼并的概念和分类，学会使用理论分析饭店企业兼并的动因，熟悉旅游饭店兼并的财务分析方法和兼并程序。掌握饭店兼并目标公司的选择和价值评估方法，熟悉兼并时可选择的支付方式和筹资方法，清楚饭店兼并后的整合管理内容。了解风险和财务风险的概念，理解风险的分类，明确风险管理的含义和方法，掌握防范旅游饭店外汇风险和负债风险的手段。了解财务风险预警的含义，熟悉财务风险预警的流程，理解财务风险预警指标体系的设计思想和设计原则，掌握财务风险预警指标体系的基本结构，并能够运用该体系为旅游饭店的财务管理进行风险预警。

思政目的

①从对兼并的动机与行为特征的理解中提高对企业能力尤其是文化能力的理解，把握兼并重组中的矛盾复杂性和化解矛盾手段的多样性，提高对人性

的理解和认识；②从对海内外兼并案例的分析中理解中国逐渐强大和全球化发展的必然性，提高国际化运营能力和信心；③从对酒店集团的跨国兼并重组案例的分析中，探索传播中华优秀传统文化的方式方法，增强文化自信，培养家国情怀；④从对财务风险管理的学习中理解社会责任的重要性，塑造正确的职业观，倡导诚信服务、爱岗敬业，提高系统性思维能力和韧性恢复能力。

主要内容

- 旅游饭店兼并概述
  兼并　财务协同效应　经营协同效应　管理协同效应
  价值低估理论
- 旅游饭店兼并的战略选择
  价值评估　经营业务整合　资产整合　财务整合　管理整合
  文化整合
- 旅游饭店财务风险概念和管理方法
  风险　财务风险　财务风险管理　风险控制方法　外汇风险
  负债风险
- 旅游饭店财务风险预警
  财务风险预警　预警指标体系

案例导学

酒店兼并浪潮及全球酒店集团兼并事件摘录

20世纪80年代开始，国际酒店开启兼并的步伐，尤其是法国雅高集团接连不断通过兼并扩充其品牌序列。进入21世纪，随着经济全球化的深入发展，酒店集团的品牌兼并也变得更加频繁，迎来了一波"酒店兼并浪潮"，形成了洲际酒店、希尔顿酒店、万豪酒店等知名国际酒店品牌。21世纪的第二个十年，国际酒店兼并依旧活跃，2016年，万豪国际集团兼并喜达屋酒店及度假村国际集团，成为全球第一大酒店集团。在国内，以锦江为代表的国内酒店集团也加入了酒店兼并浪潮。2010年，锦江酒店集团联合美国德尔集团兼并美国州际酒店集团，这是中国酒店集团参与的首例国际酒店集团兼并项目。随后的十余年期间，锦江酒店集团不断加快兼并节奏，并于2022年，超越希尔顿国际酒店，成为全球第二大酒店集团。全球酒店集团兼并事件摘录如表9-1所示。

表 9-1　全球酒店集团兼并事件摘录

年份	事件
1980 年	法国雅高集团兼并杰克·槐斯·玻勒尔国际公司，引进索菲特品牌
1981 年	大都会有限公司兼并洲际饭店公司
1987 年	莱德布鲁克集团（1999 年更改为希尔顿集团）兼并希尔顿国际公司
1989 年	英国巴斯有限公司兼并假日集团
1990 年	法国雅高集团兼并美国 6 号汽车旅馆公司
1992 年	四季饭店集团兼并丽晶国际饭店集团
1997 年	法国雅高酒店集团兼并德国的诺伯尔酒店集团
1998 年	万豪国际集团收购丽思·卡尔顿饭店公司 99% 的股份
1998 年	喜达屋兼并 ITT 集团和威斯汀饭店度假村国际集团
2001 年	英国巴斯有限公司兼并洲际酒店集团
2002 年	法国雅高酒店集团兼并国际连锁酒店集团 Century 和 Zenith
2003 年	洲际酒店集团兼并美国蜡木酒店式公寓集团
2003 年	锦江集团与上海新亚集团合并组成锦江国际集团
2005 年	胜腾酒店集团兼并万豪全球范围内华美达品牌
2006 年	美国黑石集团兼并拉昆塔酒店集团
2007 年	美国黑石集团兼并希尔顿酒店
2007 年	如家兼并上海七斗星商旅酒店旗下 25 家酒店
2010 年	锦江酒店集团联合美国德尔集团兼并美国州际酒店集团
2011 年	如家酒店集团兼并莫泰 168 国际控股公司
2012 年	万豪国际集团收购美国盖乐德酒店品牌的管理权
2012 年	如家酒店集团兼并安徽优乐时尚酒店和安徽美邦酒店
2012 年	中国香港鹰君集团兼并美国纽约曼哈顿 Setai 第五大道酒店
2013 年	锦江国际集团兼并时尚之旅酒店
2014 年	锦江国际集团兼并法国卢浮集团
2016 年	中国首旅集团兼并如家酒店集团

续表

年份	事件
2016 年	万豪国际集团兼并喜达屋酒店及度假村国际集团
2016 年	锦江国际集团收购深圳维也纳酒店管理有限公司 80% 的股权
2016 年	法国雅高酒店集团实现了 5 项并购整合项目，包括：FRHI 酒店集团及其 3 个酒店品牌：费尔蒙、莱佛士和瑞士酒店、Squarebreak 49% 股份、Oasis Collections 30% 股份、onefinestay、25hours Hotels 30% 股份
2017 年	法国雅高酒店集团实现了 3 项并购整合项目，包括：BHG 集团的 26 家酒店（巩固了其在巴西的领导地位）、VeryChic、Availpro
2017 年	华住酒店集团兼并桔子水晶酒店集团
2018 年	法国雅高酒店集团实现了 8 项并购整合项目，包括：雅高巴黎总部大楼、sbe Entertainment Group 50% 股权、21c Museum 酒店、Adoria、Mantra 集团、Atton 酒店、Mövenpick Hotels & Resorts、ResDiary
2019 年	洲际酒店集团兼并六善酒店集团
2019 年	OYO 酒店兼并千屿母公司北京贝壳友家科技有限公司
2019 年	复星旅游文化集团收购 Thomas Cook 品牌及其酒店品牌 Casa Cook、Cook's Club
2020 年	华住集团兼并德国第一大本土酒店集团 Deutsche Hospitality
2021 年	凯悦酒店集团兼并 Apple Leisure Group
2022 年	上海地产集团兼并上海外滩茂悦大酒店
2022 年	锦江国际集团拟现金收购维也纳酒店有限公司和深圳市百岁村餐饮连锁有限公司各 10% 股权
2022 年	凯悦集团宣布兼并酒店管理公司 Dream Hotel Group 及其生活方式酒店品牌

资料来源：根据有关资料整理。

思考：1. 酒店为什么要频繁地进行兼并？

2. 酒店兼并会带来哪些正面和负面的影响？

3. 在全球酒店国际化发展浪潮中，中国酒店集团跨国兼并的机遇和挑战有哪些？

4. 中国酒店集团如何通过兼并在国际上传播和弘扬中华优秀传统文化？

第一节　旅游饭店兼并概述

一、兼并的概念和类型

（一）兼并

在经济活动中，兼并是企业增强实力的外部扩张策略之一，是指一个企业为获得被兼并企业的控制权，以现金、证券或其他形式购买其产权，使被兼并企业丧失法人资格或改变法人实体，并获得被兼并企业决策控制权的经济行为。

兼并有时也称"合并"，在我国《公司法》中，合并被分为吸收合并和新设合并。狭义的兼并指吸收合并，是指被兼并企业（一家或多家）加入兼并企业，兼并企业存续，被兼并企业解散并取消原法人资格。广义的兼并除了吸收合并，还包括新设合并。新设合并是指两个或两个以上的企业合并成立一个新的企业，合并各方的法人实体地位都消失。

企业的兼并活动多发生在被兼并企业财务状况不佳、生产经营停滞或半停滞之时，兼并企业购买被兼并企业的产权并获取其控制权的同时，也需要承担被兼并企业的债权和债务，同时被兼并企业作为法律实体不复存在。因此兼并活动是一项比较彻底的经济活动，兼并发生后，其资产一般需要重新组合、调整。与兼并类似的概念是收购，二者都是以产权交易为对象，目的是获得另一企业的控制权。不同之处在于，收购一般发生在被收购企业正常经营之时，被收购企业仍以法律实体存在，因此也以收购出资的股本为限承担有限的债权和债务，所以是一种不太彻底的兼并活动，收购后公司变化形势比较平和。由于经济活动的复杂性，在实际使用中，兼并和收购的区别不大，有时也统称为并购。

（二）兼并的类型

企业兼并，根据不同的标准，可以划分为不同的类型。不同类型的兼并有着不同的成本和工作流程，适用不同的行业环境和企业情况。

1. 按照兼并双方行业的联系，可以划分为横向兼并、纵向兼并和混合兼并

（1）横向兼并

横向兼并是指同一行业内的竞争对手之间的兼并，是最常见的兼并形式。例如表 9-1 中，锦江国际集团兼并时尚之旅酒店、万豪国际集团兼并喜达屋等案例都是发生在酒店行业内部的横向兼并活动。横向兼并可以有效减少竞争对手，扩大市场份额；也可以集中资本、扩大生产和销售规模达到最佳规模经济。例如，锦江酒店收购维也纳酒店以后，能够扩大中端酒店市场份额，同时整合公司资源，降低管理成本。但是，横向兼并也会减少一个行业内的企业数量，容易形成垄断，破坏竞争，因此横向兼并一直是反垄断法的管制重点。

（2）纵向兼并

纵向兼并是指同一产业链上前后关联的企业间的兼并，分为上游兼并和下游兼并两种。上游兼并是指兼并位于企业产业链上游的企业的行为，通常是兼并供应商。下游兼并是指兼并位于企业产业链下游的企业的行为，通常是兼并销售商、使用者或客户。饭店的产业链上游主要包括房屋租赁及配套企业、原材料供应商等，产业链下游主要是旅行社、网络平台和客户等。例如表 9-1 中，中国首旅集团兼并如家酒店集团，就是产业链上前后关联企业间的兼并。纵向兼并可以通过纵向整合产业链上的资源来减少企业生产成本，有助于企业间的协同发展，实现产业链的纵向一体化，实现产业结构调整，促进行业高质量发展。

（3）混合兼并

混合兼并是指生产和经营活动没有任何关联的企业间的兼并。例如表 9-1 中，上海地产集团兼并上海外滩茂悦大酒店就是混合兼并。混合兼并的目标企业通常与企业现有业务没有直接关系，所以其兼并目的往往不易被外界发现。但总体来说，混合兼并是企业多元化经营的策略之一，其目的在于通过扩大生产经营范围来分散整体运营风险。

【链接启示】

中国饭店行业如何通过兼并实现高质量发展？

党的二十大报告指出："高质量发展是全面建设社会主义现代化国家的首要任务。"所谓"高质量发展"，是能够很好满足人民日益增长的美好生活需要的发展，体现创新、协调、绿色、开放、共享的新发展理念。

对于中国饭店行业来说，横向兼并有利于提升产业集中度，让饭店企业迅速做大做强；纵向兼并有助于产业纵向一体化，促进产业链上下游企业协调发展，调整产业结构；混合兼并可以开放的心态吸引新的资本进入饭店行业，也可以实现酒店多元化经营，提升整个行业的抗风险能力。

思考：兼并将如何影响中国饭店行业的产业布局？如何通过兼并实现中国饭店行业高质量发展？

2. 按照交易的方式，兼并分为现金购买式兼并、股权交易式兼并、承担债务式兼并。

（1）现金购买式兼并

现金购买式兼并是指兼并方以现金购买被兼并方的资产或者股权的兼并行为。在旅游饭店兼并中，所涉及的交易现金额巨大。例如，锦江国际集团在 2014 年兼并法国卢浮集团使用了 12.90 亿欧元，约合人民币 102 亿元现金进行支付；2021 年，凯悦酒店集团以 27 亿美元现金兼并苹果休闲集团（Apple Leisure Group）。因此现金购买式兼并对兼并企业的现金流是一项巨大的挑战。

（2）股权交易式兼并

股权交易式兼并是指兼并企业以自己的股权交换目标企业的股权或资产的行为。以股权换取股权包含两种类型，一种是以股权换取被兼并方全部股权，那么被兼并方则失去法人资格；另一种是以股权换取被兼并方部分股权，被收购方法人资格仍然存在，两个公司之间形成相互持股关系，通常称为收购部分股权的行为。以股权换取资产是指被兼并企业将其清产核资后的净资产作为股本投入兼并企业，被兼并企业成为兼并企业的一个股东，原法人资格不复存在，这种方式通常适合于控股母公司通过已上市的子公司"借壳上市"。

（3）承担债务式兼并

承担债务式兼并是兼并方以承担被兼并方全部或部分债务为条件交换被兼并方资产或股权的行为。通常而言，如果兼并方承担了全部的债务，被兼并方的法人资格就会消失，如果只承担部分债务，则被兼并方只是更换领导层，其法人地位不会改变。

3. 按兼并双方是否友好协商，分为善意兼并和非善意兼并

（1）善意兼并

善意兼并是指兼并方事先与被兼并方友好协商，征得其同意并通过谈判就兼并相关事宜达成一致意见而完成的兼并。善意兼并的兼并双方能够充分交流

和沟通，被兼并方会主动向兼并方提供必要的资料，有利于降低兼并的风险和成本，有助于兼并双方未来良好关系的建立。但同时兼并方必须牺牲自身部分利益，以换取目标公司的同意和合作。

（2）非善意兼并

非善意兼并是指兼并企业不与目标企业协商，直接发出要约，无视被兼并方的抵抗，强行兼并的行为。非善意兼并中，兼并方完全处于主动地位，行动节奏快、时间短，可以有效控制兼并成本。但是兼并风险大，经常会遭遇被兼并公司所设置的反兼并障碍，一些国家的法律法规也会对非善意兼并予以限制，因此兼并成功率会受到影响。

【链接启示】

增强法治意识 守好法律底线

兼并是一项复杂的经济活动，在实施行业兼并时，要时刻警惕法律红线，增强法治意识。例如，过度横向兼并可能会违反《反垄断法》的相关条例；非善意兼并要受到《证券法》《公司法》和《反垄断法》的制约。遵守法律法规是企业应履行的基本义务，也是兼并活动能够顺利进行的基础条件。许多兼并项目的流产，都是因为触犯了相关的法律法规。

做人做事，均是如此，在法治社会，恪守法律底线，遵守道德规范，堂堂正正做人，踏踏实实做事。

思考： 法治意识的重要性体现在哪里？企业不守法会有什么后果？法治的他律与企业（个人）的自律是什么关系？

二、兼并的动因和影响

（一）兼并的动因

1. 财务协同效应

财务协同效应是指兼并给企业带来的由于税法、会计处理以及证券交易等规定的作用而产生的财务收益。包括：（1）合理避税。根据税法规定，亏损企业可以免缴当年的所得税，并且可以向后递延亏损金额以抵消以后年度盈余。兼并有亏损的企业，可以用被兼并企业的累积递延亏损金额抵减当年的盈余，从而达到少缴纳所得税的目的。（2）降低交易成本，提升财务能力。一方面，兼并后企业的偿债能力、融资能力明显增强；另一方面，兼并后实现的规模扩张或产业链整合都会降低企业的交易成本。（3）信号理论。兼并活动传递了积极的市场信号，使得股票市场对兼并后企业的信心增加，导致股票价格上涨。

2. 经营协同效应

经营协同效应是指兼并给企业生产经营活动带来的经营效率的提高以及由此产生的经济效益。包括：（1）规模经济。如果兼并后产生合理的规模经济，会实现规模效益。（2）消除竞争。兼并可以有效地消除竞争对手，提高企业的竞争优势。（3）优势互补。产生 1+1>2 的效应，兼并后企业的整体价值大于兼并前兼并双方的价值之和。

3. 管理协同效应

管理协同效应是指企业兼并后，因管理效率的提高所带来的收益，通常发生在横向兼并中。包括：（1）撤换无效率的管理者。兼并后，可以撤换原先不称职的管理者，提高管理效率。（2）释放超额管理能量。兼并后，可以为管理能力超出原企业需要的人才提供更多的机会，释放其管理能量，提高人才利用率。

4. 价值低估理论

根据价值低估理论，当兼并企业发现目标企业的市场价值估计低于其真实价值时，兼并就很容易发生。价值低估现象经常发生在以下情境：（1）被兼并企业管理层能力有限，缺乏长远眼光或经营能力差。（2）兼并者有更广阔的信息渠道。（3）通货膨胀时期，股票价格低，资本成本高，企业资产的重置价值高。在目标企业的价值被低估时进行兼并，相当于低价买入高价值的企业，可以迅速提高经营业绩。

5. 谋求战略价值

企业通过兼并谋求战略价值，实现战略重组，进行低成本扩张，开展多元化经营。包括：（1）战略性防御，是指为避免企业遭受本产业或单一产业的经营风险，通过兼并实现分散风险的战略性防御目的。（2）战略性扩张，是指为了低成本进入新市场，快速完善产业链结构，最大程度地接收被兼并企业的市场份额和客户，增强本企业盈利能力而进行兼并，最终目的是实现多元化扩张。

（二）企业兼并对宏观经济的影响

1. 积极影响

（1）提高资产利用效率。企业兼并可以实现资产流动和重组，通过再分配和再利用，提高滞存资产的使用效率，能够有效地解决资产闲置和浪费的问题。

（2）增强产业集中度。企业兼并能够促进行业整合，形成规模经济，从而提高资源利用率，增强产业集中度。

（3）提升行业国际化水平。企业兼并有助于形成具有国际竞争力的大企业，尤其是跨国兼并，是企业走向世界、进入国际市场、参与国际竞争的重要战略之一。

（4）促进社会稳定。兼并可以保证行业稳定发展，实现行业经济效益和社会效益的统一。兼并经常发生在被兼并企业濒临破产时，与破产相比，兼并所产生的社会动荡非常小，是许多企业避免走向破产的一项行之有效的积极防御措施。

2. 消极影响

（1）垄断风险。兼并可以增强行业集中度，但是超过一定程度的行业集中就会形成垄断，破坏市场竞争。

（2）增加竞争压力。行业外企业通过兼并进入本行业后，对于行业内部的弱小企业来说，竞争压力骤增，可能会导致新的行业动荡，阻碍行业的整体发展。

（3）国家安全风险。跨国兼并时，若外资进入一国关键行业，可能会接触该国的机密信息，从而危害国家安全。

【链接启示】

国家安全与个人利益

党的二十大报告指出，国家安全是民族复兴的根基，社会稳定是国家强盛的前提。当代国家安全包括16个方面的基本内容：政治安全、国土安全、军事安全、经济安全、文化安全、社会安全、科技安全、网络安全、生态安全、资源安全、核安全、海外利益安全、生物安全、太空安全、极地安全和深海安全。

根据我国《刑法》规定，危害国家安全罪是指危害国家主权、领土完整和安全,分裂国家、颠覆人民民主专政的政权和推翻社会主义制度的行为。危害国家安全罪是一个概括性罪名,是对各种危害国家安全的犯罪行为共同特征的概括。危害国家安全罪是中国刑法中规定的危害性最大的一类犯罪,最高法院要求,各级法院要依法严惩危害国家安全的犯罪行为,进一步增强人民群众安全感。

在日常生活和企业的经营管理中,要时刻警惕国家安全风险,面对利益诱惑,要坚决捍卫国家安全底线。

思考:如何将全面安全观运用到企业管理和运营中?个人在日常行动中如何践行国家安全要求?

三、旅游饭店兼并的财务分析

(一)旅游饭店兼并的成本

兼并成本是指兼并活动的一系列支付的总和,主要项目见表9-2。

表9-2 兼并成本项目类别及内容

项目类别	内容
兼并交易成本	兼并方向被兼并方支付的兼并款项
兼并活动成本	除兼并交易成本外,其他发生在兼并过程中用于开展兼并活动的费用,包括债务成本及信息搜寻、策划、谈判、法律鉴定、公证等费用
整合、运营成本	兼并后为了实现企业的长期健康发展而进行重组、整合的费用,包括经营业务整合、资产整合、财务整合、管理整合和文化整合等产生的费用
兼并退出成本	整合不成功时,退出兼并活动的成本
兼并机会成本	由于兼并而放弃的其他项目投资的收益

如果考虑货币的时间价值,并购成本就是以上各项成本的总现值。

(二)旅游饭店兼并的收益

广义上的兼并收益包括规模收益、节税收益、战略收益和财务收益等。狭义上的兼并收益就是指财务收益。影响兼并是否可行的最主要财务收益指标是净收益。兼并净收益是指兼并后新企业的价值超过原企业价值和兼并成本之和的数额，只有当该数额为正时，兼并才具有可行性。

假设 A 酒店以 P 作为交易价兼并了 B 酒店，两家酒店的市场价值分别为 V_A、V_B，兼并后酒店的价值为 V_{AB}，兼并过程中除交易价格以外的其他成本总额为 C，兼并净收益为 NS，则兼并的净收益计算公式为：

$$NS=V_{AB}-(V_A+P+C)$$

在市场中，为了促成兼并活动达成，交易价格 P 通常会高于 B 酒店的市场价值，二者之间的差值称为兼并溢价，用 P′ 表示，则兼并溢价的计算公式为：

$$P'=P-V_B$$

通常情况下，当 NS>0、P′>0 时，兼并才会相对顺利地进行下去。

例：甲酒店打算兼并乙酒店。甲的市场价值为 30 亿元，乙的市场价值为 3 亿元，兼并后酒店的价值为 35 亿元，双方约定甲兼并乙需要支付 5 亿元，其他兼并活动成本的现值为 0.5 亿元，则：

兼并溢价 =5-3=2（亿元）

兼并净收益 =35-（30+5+0.5）=-0.5（亿元）

（三）旅游饭店兼并的风险

1. 信息风险

在企业兼并中，兼并方所了解的信息越真实、全面、及时，对目标企业的价值估计越准确，对兼并交易价格的估计越接近可交易水平。但是信息不对称性广泛存在于资本市场中，兼并时所获取的信息有限或者虚假时，会使企业作出错误的决定，导致兼并失败。

【链接启示】

提高信息意识 增强深度学习能力

全球信息化时代，无论是企业兼并，还是个人发展，都需要良好的信息素养。信息素养是利用各种信息工具和信息源解答问题的能力。一个具有良好的信息素养的人，第一，需要热爱生活，有主动查找、探究新信息的意愿，具有自觉获取新信息的先导意识；第二，需要具备能够辨别、分析和评估信息的科学和文化基础；第三，需要能够灵活支配信息，具备选择信息、拒绝信息、利用信息和分享信息等能力；第四，要遵守法律法规，严守信息道德。信息道德包括两个方面，一是个人信息道德，指对个人信息的价值认同，不得非法窃取他人信息成果；二是社会信息道德，指对社会道德规范的认同，例如惩恶扬善、遵守契约精神等。

思考：1. 有哪些常用的合法获取信息的渠道？
2. 如何提高信息素养？

2. 融资风险

饭店行业兼并需要大量资金，对兼并方的资金规模和资本结构会产生重大影响，因此兼并伴随着巨大的融资风险，包括资金是否能保证兼并需要、现金支付是否会影响企业正常生产经营和偿债风险等。

3. 反兼并风险

在非善意兼并中，被兼并企业往往不惜代价进行反兼并，从而使兼并企业面临巨大的挑战和风险。在善意兼并中，反兼并风险相对较小，但也不是完全不存在，在双方协商的过程中，被兼并方也会采取各种措施对兼并交易价格进行争取。

4. 政策风险

为了规范市场秩序，各国法律都对兼并有约束，在一定程度上增加了兼并的难度。在我国，有一些国有企业的兼并是由政府部门依靠行政手段推动、规划和主导的，应当警惕"父母之命"推动的兼并企业在兼并后可能出现的各种问题。

5. 运营风险

运营风险是指在兼并完成后，无法通过整合和运营实现兼并的效益的风险。例如兼并后规模过大而产生的规模不经济效应等。

6. 文化整合风险

文化整合风险是指兼并双方企业文化差异而导致的一系列消极后果。兼并双方企业的发展背景、地方文化、发展历程等不尽相同，尤其是在跨国兼并中，往往面临巨大的文化冲突，导致后续运营中管理矛盾不断，明显降低企业效率。

四、旅游饭店兼并的程序

一项兼并活动需要经历调查、谈判、实施、整合、评价五个流程。具体步骤见表9-3。

表 9-3 兼并的流程及其步骤

流程	步骤
调查	确定兼并的价值创造逻辑和兼并策略 搜寻、初筛、审查和确定目标企业 兼并项目的可行性分析
谈判	评估目标企业的价值 确定兼并价格 兼并双方协商谈判 签订兼并协议
实施	确定支付方式 兼并企业融资 执行兼并协议，完成交易
整合	经营业务整合 资产整合 财务整合 管理整合 文化整合
评价	兼并效果评价

第二节　旅游饭店兼并的战略选择

一、旅游饭店兼并目标公司的选择和评估

（一）目标公司的选择

目标公司的选择是指选择潜在兼并对象的过程，发生在调查阶段，包括搜寻、初筛、审查和确定目标四个步骤。

1. 兼并目标的搜寻

搜寻的过程是信息收集和市场调查的过程。兼并企业需要在准确评估自身优劣势的基础上，开展广泛的市场调查，再根据兼并的战略和目标，确定目标企业的入围标准。入围标准需包含行业标准、市场前景标准、营运能力与财务状况标准、股权结构标准等，根据入围标准海选目标企业。

2. 兼并目标的初筛

根据搜寻的结果,初步确定几个符合标准的目标企业。了解初选企业的基本概况,包括企业资产规模、结构与质量,与资产相对应的负债和所有者权益情况;近几年的盈亏情况,导致盈亏的原因以及发展前景;企业所拥有的市场份额,产品在质量和价格方面的竞争实力等。

3. 兼并目标的审查

对初筛的目标企业进行分析评估和实质审查,审查的内容包括:

(1)出售动机。对出售动机的掌握有利于更准确地评估目标企业价值和确定正确的谈判策略。常见的出售动机有经营不善、股东转行、股东急需资金回笼、更换管理集团、调整多元化经营策略等。

(2)法律文件。审查目标企业是否符合国家法律的相关规定,包括审查公司章程、主要财产目录清单、合同契约等。

(3)财务审查。财务审查是一项极其重要的工作,兼并方尽量使用经注册会计师审计过的财务报表,分析目标企业的偿债能力、盈利能力、营运能力等。

(4)业务审查。检查目标企业的业务能否满足本次兼并的战略目标需要。根据兼并的目标不同,业务审查的重点也不同。例如,横向兼并要重点审查目标企业的业务是否与本企业相同,能否合并;纵向兼并是为了布局产业链,需要审查目标企业业务与本企业业务是否构成产业链上下游关系。

(5)风险审查。分析兼并过程中可能存在的各种意外风险,包括融资风险、经营风险、反兼并风险等。

4. 兼并目标的确定

根据审查结果,确定最符合本次兼并需求的目标公司。整体上,目标企业应当符合投资环境良好、规模大小合适、可利用价值高等基本条件。

(二)目标公司的价值评估

价值评估是兼并双方对购入或出售的资产或股权作出的价值判断。价值评估是决定交易是否成功的价格基础,是双方进行谈判和博弈的重要依据。由于兼并活动的复杂性,价值评估往往具有一定的主观判断性,为提高评估的准确率,企业会选择多种方法进行估值。

1. 市盈率法

市盈率法又称收益法，是根据目标企业的收益和市盈率确定其价值的方法。市盈率法使用目标企业在被兼并后持续经营可能取得的净利润作为收益指标，能够反映企业股票收益的未来水平、企业投资的预期回报等多方面的经营状况。同时便于操作，容易被股东理解和支持。应用该方法的步骤见表9-4。

表 9-4 使用市盈率法进行企业价值评估的步骤

步骤	工作内容
检查、调整目标公司近期的利润业绩	（1）审查目标企业的会计政策 （2）剔除非常项目和特殊业务对净利润的影响 （3）调整不合理的关联交易导致的利润增减
选择标准市盈率	三种常用的标准市盈率： （1）在兼并时点目标企业的市盈率 （2）与目标企业具有可比性的企业的市盈率 （3）目标企业所处行业的平均市盈率
选择、计算目标企业的估价收益指标	三种常用的目标企业估价收益指标： （1）目标企业最近一年的税后利润 （2）目标企业最近三年的税后利润平均值 （3）采用与兼并企业相同的资本收益率计算的税后利润
计算目标企业的价值	市盈率法的计算公式为： 目标企业的价值 = 估计收益指标 × 标准市盈率

例：甲酒店拟横向兼并乙酒店，假设甲、乙两家酒店的长期负债利率为10%，所得税税率均为30%。

首先，检查乙酒店的会计政策，再按照甲酒店现行会计政策对乙酒店的财务数据进行调整，得到双方基本情况如下：

表9-5是甲、乙两酒店2022年12月31日的简化资产负债表，表9-6是甲、乙两酒店2022年度的经营业绩及其他指标。

表 9-5 甲、乙两酒店 2022 年 12 月 31 日的简化资产负债表（单位：万元）

资产	甲酒店	乙酒店	负债与股东权益	甲酒店	乙酒店
流动资产	2000	1000	流动负债	500	250
			长期负债	500	250
长期资产	1500	500	股东权益		
			股本	1500	600
			留存收益	1000	400
			股东权益合计	2500	1000
资产总计	3500	1500	负债与股东权益合计	3500	1500

表 9-6 是甲、乙两酒店 2022 年度的经营业绩及其他指标 （单位：万元）

指标	甲酒店	乙酒店
2022 年度经营业绩		
息税前利润	600	125
减：利息	50	25
税前利润	550	100
减：所得税	275	50
其他指标		
资本收益率＝息税前利润÷（长期负债＋股东权益）	18.33%	10%
利润增长率	20%	14%
近三年的平均利润		
税前	245	88
税后	123	44
市盈率	18	12

其次，需要选择标准市盈率。在本次兼并中，兼并双方处于同一行业，从兼并企业甲酒店的角度出发，预期目标企业乙酒店未来可达到同样的市盈率是合理的，所以甲酒店可以选择自身的市盈率为标准市盈率。

在选择标准市盈率的基础上，若选用不同的估价收益指标，运用公式可以分别计算目标企业的价值。

（1）选用目标企业最近一年的税后利润作为估价收益指标。

乙酒店最近一年的税后利润 =50（万元）

同类上市公司（甲酒店）的市盈率 =18

乙酒店的价值 =50×18

=900（万元）

（2）选用目标企业最近三年的税后利润平均值作为估价收益指标。

乙酒店最近三年税后利润的平均值 =44（万元）

同类上市公司（甲酒店）的市盈率 =18

乙酒店的价值 =44×18

=792（万元）

（3）选用采用与兼并企业相同的资本收益率计算的税后利润作为估价收

益指标。

$$乙酒店的资本额 = 长期负债 + 股东权益$$
$$=250+1000$$
$$=1250（万元）$$
$$兼并后的乙酒店：资本收益 =1250 \times 18.33\%$$
$$=229（万元）$$

减：
$$利息 =250 \times 10\%$$
$$=25（万元）$$

减：
$$所得税 =102（万元）$$
$$同类上市企业（甲酒店）的市盈率 =18$$
$$乙酒店的价值 =102 \times 18$$
$$=1836（万元）$$

三次估值的结果分别是 900 万元、1250 万元和 1836 万元，说明采用不同的估值指标，会得到差别巨大的估值结果。企业在选取指标时会有一定的主观倾向性，要客观严谨地看待估值结果，本着谨慎的工作态度，最好参考多种估值方法，用科学的手段提高估值的准确率。

【链接启示】

方法科学　态度严谨

从市盈率法的三种估值结果可以看出，科学的方法和严谨的态度对酒店经营决策至关重要。尤其是在财务工作当中，要始终秉持一丝不苟的严谨态度，坚决避免应付了事，工作不仅要"完成了"，更要"完成好"。谨慎严谨的态度是完成好工作的前提，而科学有效的方法则是完成好工作的重要保障，二者缺一不可。

思考：如何理解完成工作与完成好工作之间的区别？你在学习工作中是以怎样的态度来做呢？

2. 贴现现金流量法

贴现现金流量法，又称拉巴波特模型（Rappaport model），是用贴现现金流量方法确定最高可接受的兼并价格,其基本原理是假设任何资产的价值等于其预期未来现金流量的现值之和。该模型认为,决定目标企业价值的主要因素有五个,包括销售和销售增长率、销售利润、新增固定资产投资、新增营运资本、资本成本率。该方法分以下五个步骤:

(1)预测自由现金流量,包括经营性现金流量、企业自由现金流量和股东自由现金流量等,是对整个企业进行估价;

(2)估计贴现率或加权平均资本成本,包括股权资本成本和债务资本成本;

(3)预测企业存续期,预计企业的生存寿命,确定5—10年的预测期,对于预测期内的现金流量要逐期预测,对于预测期后的现金流量要根据企业发展阶段及未来趋势作出价值评估;

(4)计算现金流量的现值,作为目标企业的价值来估计购买价格;

(5)贴现现金流量的敏感性分析,揭示现金流量预测中的缺陷以及一些需要兼并企业关注的重大问题。

3. Q比率法

Q比率是企业的市场价值与资产重置成本之间的比率。其计算公式为:

$$Q = \frac{市场价值}{资产重置成本}$$

Q比率理论值是1,但是实际上一般会大于或小于1,是反映证券市场上价格偏高或偏低的一个指标。如果一家企业的Q比率在相当长的一段时间内都大于1,说明该企业的市场价值高于资产重置成本,意味着该企业拥有某些无形资产,可以保证企业未来增长;反之,则低于重置成本。Q比率法简单易懂,但是Q值的选择比较困难。一般来说,实践中用市净率近似代替Q值,市净率的计算公式为:

$$Q \approx 市净率 = \frac{股票市值}{净资产值}$$

确定Q值后,则目标企业实际的股票价值的计算公式为:

$$企业价值 = Q \times 资产重置成本$$

例:假设某目标酒店的各项资产的重置成本合计7亿元,市净率为2,那么该酒店的市场价值=7×2=14(亿元)。

二、支付方式的选择和筹资

（一）旅游饭店兼并的支付方式

1. 现金支付

现金支付是兼并方支付现金换取被兼并方的资产或股权的支付方式。现金支付的短期流动性强，容易被兼并方接受，是使用频率最高的支付方式，在非善意兼并中尤其多。但是所需现金流量大，兼并方需要警惕流动资金周转困难的风险，在跨国兼并中使用现金支付需要考虑汇率等问题。

2. 股票支付

股票支付是兼并方通过增加发行本企业的股票，以新发行的股票替换被兼并方的股票，从而达到兼并目的的出资方式。该支付方式能很好地解决现金支付中资金流短缺、货币性质差异等问题，是目前国际上通常采用的兼并支付方式。

3. 债权债务支付

债权债务支付是兼并方通过承担被兼并方全部或部分债务，获取被兼并方资产或股权的支付方式。多发生在被兼并方具有高额债务时，是一种不常见的支付方式。

4. 混合支付

混合支付是指兼并方使用现金、股票、承担债权债务等多种形式的组合，获取被兼并方资产或股权的支付方式。例如，2016年，万豪国际集团用119亿美元股票和3.4亿美元现金的混合支付方式，兼并喜达屋酒店与度假村国际集团。混合支付可以融合多种支付方式的优点，是近年来逐渐受欢迎的支付方式。

（二）旅游饭店兼并的融资方式

1. 内部融资

内部融资是指从企业内部筹措兼并所需要的资金，包括自有资金和未使用或未分配的专项资金。

（1）自有资金。自有资金是企业在发展过程中所积累的、经常持有的、按照规定可以自行支配并且不需要偿还的资金，包括资本公积、盈余公积、未分配利润、折旧等。自有资金稳妥、有保障，是内部筹资的主要来源。

（2）未使用或未分配的专项基金。企业的专项基金，包括企业提取的发展基金、设备的更新改造基金、维修基金、新产品试制基金等，在使用或者分配之前可以作为一项稳定的内部筹资资金来源，一旦需要使用或者分配，专项基金就必须及时按需支付。

2. 外部融资

外部融资是指融资资金来自企业外部的融资方式，包括股权融资、债务融资、杠杆融资等。

（1）股权融资。能发行股票的企业，通过发行股票筹集资金来支付兼并费用的方式就叫股权融资。股权融资可以筹集大量资金，满足企业兼并所需资金规模，但同时增发股票也会稀释每股收益，可能导致股价下跌。

（2）债务融资。债务融资是指使用贷款、债券等形式筹集资金来支付兼并费用的方式，包括向商业银行等金融机构申请贷款和发行债券融资两种。其中，银行贷款可以为兼并方提供大量的资金，但是偿还期长，风险较大。债券融资需要企业具有发行债券的资格，且符合国家法律要求。我国债券市场容量小，因此不能作为企业兼并融资的主要来源。

（3）杠杆融资。杠杆融资是指通过增加兼并企业的财务杠杆来完成兼并交易的融资方式。兼并企业为筹资，大量向银行或金融机构借债，或发行高利率、高风险的债券，这些债务的安全性以目标企业的资产或将来的现金流入做担保。杠杆兼并中的债务融资可以高达交易成本的 90% 以上，因而能够帮助一些企业实现"大鱼吃小鱼"的兼并目标。

3. 卖方融资

卖方融资是一种由卖方参与的"分期付款"的融资方式。当兼并的买方（兼并方）不愿采用普通的融资方式、卖方（被兼并方）急于出售资产时，卖方可以低于市场利率的条件为买方提供所需资金。买方在付清全部贷款后才能得到卖方资产的全部产权，如果期间买方无力偿还贷款，则卖方有权按照协议收回资产。

三、兼并后企业的整合

企业兼并的实质是社会资源的重新布局，兼并后如何整合资源直接关系到兼并的成功与否。兼并后的整合包括经营业务整合、资产整合、财务整合、管理整合、文化整合等内容。

【链接启示】

把握矛盾的复杂性 在复杂环境中稳步前行

随着酒店产业多元化布局的展开，兼并活动越来越复杂，涉及的整合任务也越来越繁重，稍有不慎，便会导致兼并失败。兼并后的整合不是简单的"1+1"，而是涉及经营业务、资产和财务、管理和文化等多方面、多维度的整合。并且每一个维度的整合内容、重点和难度都不尽相同，但是对于管理者而言总有多样手段可以化解复杂问题。例如，在跨国兼并中，文化冲突是重中之重的任务，面对文化差异，兼并企业可以选择直接覆盖、和谐并存、融合发展和创新文化等多种方式来实现文化整合。

思考：你能想到哪些兼并中可能会遇到的矛盾？你认为该如何化解这些矛盾？如何理解兼并后企业整合中的矛盾复杂性和化解矛盾的手段多样性？

（一）经营业务整合

经营业务整合是兼并方按照自身发展战略对被兼并企业进行产品、技术等方面的科学整合，以达到经营协同效应。其目标是合理利用资源，最大化资源配置效率。通过分析双方产品、技术和市场范围，使兼并后的企业在扩大经营范围的同时保证现金流稳定，实现兼并后的稳步过渡和健康发展。

（二）资产整合

资产整合是指企业兼并后将双方资产进行有效配置和科学整合，其目的是充分利用企业资产。企业资产的处置流程见图9-1。

首先，要分析被兼并企业资产的适用性、成本收益和协调性，保留符合企业生产经营目标、预期收益高于预期成本并且与兼并企业其他相关资产协调一致的资产，其余的进行出售。

其次，将出售资产的收入合并其他渠道筹集的资金，用于购置兼并后缺少的企业生产经营急需的必备资产。

最后，被兼并方的保留资产、兼并企业的原有资产和兼并后新购置的资产共同组成新企业的资产，服务于兼并后企业的正常运营。

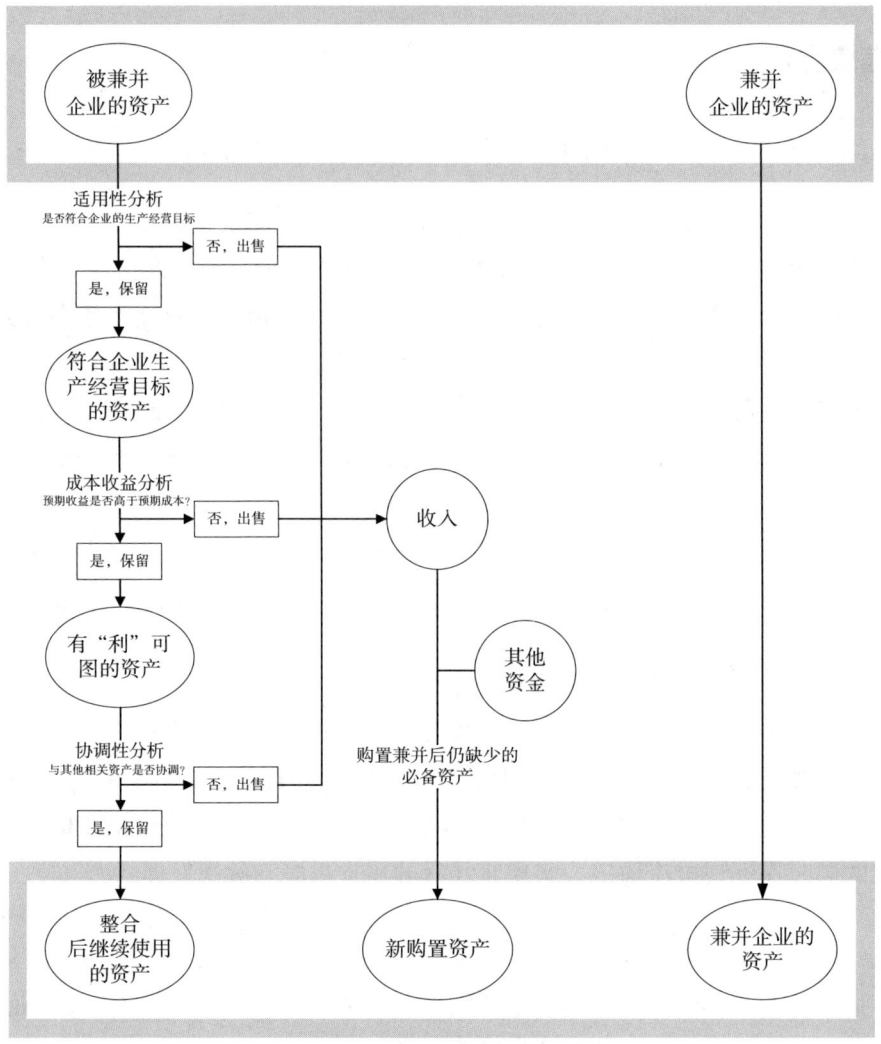

图 9-1 企业兼并后资产整合流程图（假设只有两个企业进行兼并）

（三）财务整合

财务整合是建立和整合兼并后企业的财务管理体系，优化配置兼并双方财务资源，厘清内外部财务关系，使财务系统有效运作的过程。其目的在于获取被兼并企业的控制权，实现财务协同效应。财务整合包括五个步骤：

1. 整合财务管理目标。制定统一的财务目标，使兼并后的企业在该目标的指引下运营。财务管理目标有利润最大化、股东价值最大化、企业价值最大化和相关者利益最大化等多种。统一的财务目标有助于财务运营一体化、高效化和规范化。

2. 整合财务管理制度，包括货币资金管理制度、借款报销制度、内部银行核算管理制度、结算资金管理制度、存货管理制度、固定资产管理制度、在建工程管理制度、对外投资管理制度、内部稽核制度等。

3. 整合会计核算体系，账本形式、凭证管理和会计科目、账务处理程序等。

4. 整合资产和债务，流动资产、固定资产、长期投资、无形资产等。

5. 整合现金流转内部控制，现金收支日报、现金收支月报、公司预算执行情况的分析报告等。

（四）管理整合

管理整合是指对兼并后企业的管理方式进行整合，以提高管理效率，达到管理协同效应，主要包括人力资源整合和组织架构调整等。

1. 人力资源整合

人才作为一种资源，是企业管理决策重要的组成部分。兼并后的人力资源整合是希望通过调整企业人力资源结构来适应新的发展目标和战略，提高人才利用效率，包括调整人员搭配、管理人才人数、年龄结构、知识结构等。

具体来说，需要重新审定兼并后企业的人力资源需求，对标设置工作岗位，然后对员工进行定员定编。针对编外人员，要以内部吸收为主，先进行职业培训，再进行岗位考核，不合格者要调离技术性工作岗位。针对冗员，要妥善安置，如提供退休补偿、向社会保险机构缴纳一次性保障金，由社会保障机构对有关职工负责保障等。

2. 组织结构调整

组织结构是组织内部的构成方式，代表了组织内部对工作的正式安排，是保证企业各要素之间协同发展的重点内容。企业兼并后，发展战略、生产经营目标都有所调整，组织结构也需要调整以适应企业发展变化。组织结构调整的内容包括：（1）部门增减、权责增减以及分布搭配调整；（2）调整组织垂直沟通体系；（3）调整部门之间的力量搭配；（4）综合性调整等。

（五）文化整合

文化整合是指兼并双方不同文化相互吸收、融化、调和而趋于一体化的过程。文化整合可以有效减少或避免文化冲突的发生，提高兼并后企业员工的归属感，充分发挥团队凝聚力，是影响兼并成败的关键因素。在企业兼并后，为了尽快实现文化融合，充分发挥企业文化软实力的作用，以实现"1+1>2"的协同效应，需要采取人为干预促进文化整合。文化整合方法可以概括为以下四种模式。

1. 覆盖型

覆盖型文化整合模式是指被兼并企业完全放弃自己的文化，接受兼并企业文化的整合方式。它适用于兼并企业的文化极其强大且优秀，被兼并方企业文化很弱的情况。其优点是整合速度较快，效果明显；缺点是强制性大，整合风险高。

2. 并存型

并存型文化整合模式是指被兼并双方保留自己原有文化，保持文化独立的整合方式。它适用于兼并双方都具有较强且优质的企业文化，同时兼并后双方接触机会较少，不会因文化差异产生巨大矛盾冲突的情况。它通常在纵向兼并中使用。其优点是包容性强，避免整合风险；缺点是在双方有交集时，会因文化差异导致合作效率低下。

3. 融合型

融合型文化整合模式是指兼并双方不同的文化双向渗透、相互融合并发展创新，形成一种得到双方认可的新文化的整合方式。它适用于兼并双方文化势均力敌且有共同之处的情况。其优点是可以利用来自兼并双方的多元化优势；缺点是兼并双方都需要改变自己的一部分文化并且吸收另一部分新文化，相比较覆盖型和并存型，涉及的员工范围较大。

4. 新设型

新设型文化整合模式是指兼并双方原有文化完全消失，引入一种全新的、优秀的企业文化的整合形式。它适用于兼并双方文化都很弱，甚至存在巨大缺陷的情况。其优点在于可以引入新的优秀文化，提高企业管理效率；缺点在于新文化能否被员工接受，是否适合企业的发展需要，具有不确定性，整合风险高。

案例思考

锦江兼并卢浮集团后的八年整合之路

2014 年,上海锦江对欧洲第二大酒店集团卢浮酒店集团完成兼并,这是当年酒店业的一个重磅消息,也是国内酒店发展三十年截至当时最大的一笔收购,这笔交易在 2015 年 2 月完成交割,交易金额为 12.77 亿欧元,约折合人民币 88.50 亿元。截至 2023 年,时间已经过去整八年,这八年,锦江如何进行整合,卢浮酒店在锦江旗下完成了什么样的蜕变?

(1) 锦江的海外兼并第一步

2009 年,锦江联合美国德尔集团兼并美国洲际酒店集团(现名为"洲逸酒店和度假村")。兼并方式是通过锦江集团在香港上市的上海锦江国际酒店(集团)股份有限公司(简称"锦江酒店")先期在美国设立公司,再由该公司与德尔集团在美国成立各占 50% 股份的合营公司 Hotel Acquisition Company,LLC(简称 HAC),然后通过 HAC 逐步兼并美国洲际集团。这一兼并方式能很好地规避跨国兼并中的跨国投资主体的国别身份问题,大大提高了兼并的成功率。2016 年 5 月,锦江出售了控股方 HAC 的全部股权,收回 2.6 亿美元现金,锦江此前的投入为 1.115 亿美元。

参与投资洲际是锦江迈出国际化的第一步,也是重要一步,为锦江探索国际兼并道路提供了宝贵经验,为兼并卢浮集团进行了一次很好的"演练"。

(2) 兼并卢浮酒店的始末

卢浮酒店集团成立于 1976 年,是欧洲和法国第二大连锁酒店集团,兼并前,其 100% 股权由喜达屋资本通过旗下私募股权基金持有。截至 2014 年 6 月,卢浮酒店集团布局全球 46 个国家,拥有、管理和特许经营 1115 家酒店,91154 间客房。旗下酒店品牌覆盖 1—5 星级,在欧洲的核心市场知名度高,位于全球领先地位。

2011 年,锦江旗下的锦江之星连锁酒店和卢浮集团下的经济型酒店康铂(Campanile)形成品牌联盟。在约定的范围内,双方将各自的品牌互相许可给对方,供其在协议规定的期限内无偿使用。根据该计划,有 15 家锦江之星在法国的巴黎、尼斯、里昂、马赛、普罗旺斯、波尔多 6 个城市同时亮相。法国成为锦江之星进入欧洲的首站,锦江之星则将卢浮酒店品牌引入中国。品牌联盟的友好达成为后续的兼并进行了预热。

当时，上海市委市政府将锦江国际集团定位为未来3—5年上海国资要重点打造的5—8家全球布局的本土跨国企业之一，核心任务是在国际上进入酒店集团三强。锦江国际顺应趋势，加快了国际化战略布局。2014年，因合约到期，卢浮酒店的全资控股方喜达屋集团退出，锦江的兼并时机悄然而至。

本次兼并的交易方式依旧是由锦江股份在境外（卢森堡）设立的全资子公司作为兼并主体，以现金方式收购卢浮集团100%股权。兼并完成后，锦江国际的酒店规模由1600多家、25万间客房增至2900多家、36万余间客房，由分布全球11个国家扩展到52个国家和地区，跻身全球酒店排名前8位。

（3）卢浮系列品牌的整合之旅

锦江完成对卢浮集团的兼并后，开始施行中国化"引入"战略。先引入的是卢浮旗下的康铂（Campanile）品牌。Campanile被译为康铂，于2016年登陆中国，定位中档酒店品牌。

2017年，卢浮旗下的凯里亚德（Kyriad）进入国内，被纳入由锦江控股的维也纳体系发展与运营。同年，郁锦香酒店（Golden Tulip）品牌在上海亮相，该品牌名直译为金色郁金香，进入中国后，译为"郁锦香"，意欲实现与锦江的融合。

同年，锦江成立上海锦江卢浮亚洲公司，统一管理锦江旗下的中高端品牌，包含白玉兰、锦江都城、康铂、郁锦香等，锦江开始了整体的中高端战略与卢浮本土化新战略。

2017年到2019年间，锦江先后又吞下了铂涛酒店集团、维也纳酒店集团，旗下多个板块不同时段放大，卢浮系列品牌也发展出了一定的规模。

2020年，锦江整合维也纳酒店和铂涛，形成国内的业务组合，统一归到锦江酒店（中国区）体系内，而旗下的卢浮品牌国内业务全部归到锦江酒店（中国区）。至此，整个锦江酒店（中国区）拥有的品牌超过40个。而卢浮亚洲公司已经成为锦江全球创新中心（GIC），以品牌和产品研发为主要方向，不再参与业务方面的事务，成立的三年里，从GIC平台产出的品牌已经达到近十个。

2021年，顺应中国长租公寓市场消费升级新机遇，锦江酒店（中国区）携手GIC将公寓与酒店概念进行结合，共同打造憬黎品牌。成为继康铂、凯里亚德和郁锦香之后的卢浮旗下本土化落地的第四个品牌，填补了锦江体系内公寓酒店这个概念板块。

2020年到2023年，锦江集团（中国区）加快了头部集团的规模效应，新开业门店增长 2000 余家，新签门店 3000 余家。截至 2022 年底，卢浮旗下四大品牌在中国发展总规模已达 589 家，中国在营酒店数量已占卢浮全球市场的 17.4%。四大品牌除了郁锦香定位较高，发展较慢之外，康铂和凯里亚德品牌开业规模都已经进入百家店。

资料来源：中九平．上海锦江收购卢浮集团八年启示录［EB/OL］．酒店观察网，2023-03-06. https：//mp.weixin.qq.com/s/QY2lrZrneSaumbE61niGTw. 作者有改动。

思考：1. 锦江兼并卢浮集团后进行了哪些整合措施？
2. 如何评价锦江兼并卢浮集团后八年的整合结果？
3. 锦江兼并卢浮集团后进行了哪些本土化发展策略？
4. 在我国酒店全球化发展的进程中，如何传递"中国元素"？

第三节　旅游饭店财务风险概念和管理方法

一、风险的概念

（一）风险

在饭店管理过程中，风险是指可能出现的结果的不确定性，即结果与期望之间的偏离。如果想对风险进行管理，就必须去度量风险，我们可以借助统计学中概率分布、标准差、方差等指标去测量风险，从而实现管理目的。

（二）财务风险

依据风险本身的概念，财务风险可以被视为来自饭店在不确定环境中生产经营时，财务管理面临的各种不确定性。从狭义上来说，这种不确定性主要是由饭店负债引起的，具体来说是因为借入资金使饭店面临偿债风险和股东收益的变化。广义的财务风险是指饭店在融资、投资、生产经营和收益分配中客观存在的，由于受到各种无法预期和控制的因素影响，使得在一定条件和时期内发生的未来实际收益与预测收益的偏离程度。财务风险是客观存在的，是现代企业财务管理的一个重要特征，风险可能是实际收益高于预期收益的额外收入，也可能是实际收益小于预期收益的亏损。

二、风险的分类

（一）静态风险和动态风险

静态风险是由于自然力的不规则作用，或者由于人们的错误行为而招致的风险，如自然灾害损害饭店的固定设施，旅游饭店因集中维修设施引发现金流风险。动态风险则是指因社会经济变化而导致的风险，如旅游饭店的利率风险、外汇风险等。

（二）纯粹风险和投机风险

风险发生的后果可以分为两类，一种是纯粹风险，即只有损失而无获利的可能，如饭店发生火灾所引发的财务风险；另一种是投机风险，即有发生损失的可能，但也有获利的机会，旅游饭店大多数投资活动的风险都属于此类。

（三）基本风险和特种风险

基本风险是指社会中的特定个体或组织无法控制或预防的风险，这种风险不是短期形成的，而是长期积累的结果，如通货膨胀、经济危机等。特种风险是与特定个体或组织有因果关系的风险，例如饭店存货被盗，这种风险一般可以采取相关措施加以控制。

（四）主观风险和客观风险

在饭店企业中，主观风险主要是由决策者的主观臆断导致的，例如依据过去经验而非实际情况判断客户资质，最终导致信用风险。客观风险是指不以人的意志为转移的客观存在的风险，如意外事故等，一般可以根据历史资料，采取统计的方法进行概率估测，进而提前采取防范手段。

三、旅游饭店财务风险管理

（一）财务风险管理的含义

近年来，旅游饭店所处的经营环境瞬息万变，汇率、利率不断发生剧烈波动，危及饭店经营的事件时有发生，风险管理日益受到重视，财务管理者越来越多地尝试使用各种风险管理方法来规避风险，作出正确决策。

风险管理，就是经济单位通过对风险的确认和评估，采用合理手段对风险进行规避或者控制,缩小实际收益与期望收益的偏差。需要注意的是,风险管理耗费成本,只有当规避风险产生的收益大于成本时,风险管理才有意义。

(二)财务风险管理的内容

1. 财务风险管理的作用

财务风险管理是现代饭店管理中的重要内容,是整个企业管理的重要组成部分,饭店的所有者、经营管理者等利益相关者都需要提高财务风险的防范意识和识别能力,对可能发生的财务风险提高警惕,加强管理,保障饭店实现利润最大化和长期可持续发展目标。

开展财务风险管理,有利于为饭店创造一个相对安全稳定的生产经营环境,避免过高负债率,加速资金周转,实现资金管理的安全性和营利性。财务风险管理有助于制定正确决策,如帮助饭店所有者避免错误的投资决定,帮助饭店经营者合理利用杠杆作用。

2. 财务风险管理的步骤

财务风险管理第一步是风险识别。如果不能准确发现并确认风险,就无法预计饭店财务危机,也无法完成管理步骤。

风险识别后,必须进行风险评估。风险评估是在风险识别的基础上,进一步对风险进行分析和评价,为后续风险控制决策奠定基础。

依据风险评估结果,饭店管理层需要作出风险控制决策,即选择风险控制方法,这是财务风险管理中最重要的一环。风险控制决策的目的在于改变饭店所承受的风险程度,降低不利影响。依据财务风险的水平不同,风险控制方法包括风险降低、风险分散、风险自担和风险转移。

(三)财务风险控制方法

1. 风险降低

选择最佳资本结构是降低财务风险的重要方式。合理的资本结构能使饭店财务风险最小而盈利能力最大。饭店在筹措资金时,需要考虑行业特点和本企业发展阶段,依据经营规模、盈利能力和金融市场情况,综合选择融资组合,动态平衡短期、中期和长期负债比率。

此外,饭店还可通过认真分析财务管理的宏观环境及其变化,树立风险意识，提高财务人员素质，改进财务决策的科学化水平，健全内部控制制度等手段有效地防范和降低财务风险。

2. 风险分散

多元化经营和投资是分散饭店财务风险的首选方法。饭店在经营好主营业务和发展具有核心竞争力的产品基础上，可依据自身实力和市场变化，进行多元化经营。例如，饭店经营不仅面向住店顾客，同时面向当地居民的康体服务、餐饮服务，以及与饭店主营业务相关的租车业务、旅游服务等。多元化经营在时间、空间和利润上相互促进，分散饭店经营风险。

多元化投资是根据证券投资组合理论，考虑投资产品（或投资项目）间的相关性、风险性和报酬率，通过持有多种不同投资产品（或投资项目），从而分散隐含在个别产品（或个别项目）的集中风险，同时保障投资回报率。

3. 风险自担

饭店必须自己承担的财务风险是指那些在生产经营过程中不可避免的财务风险。风险自担是在对风险损失进行充分估计后，通过事先的财务安排，采用预先提取风险补偿基金，或对可能产生的风险损失实行分期摊销的方法，自行承担财务风险。例如，目前我国实施的提取应收账款坏账准备金、存货跌价准备金等制度，都属于风险自担。

4. 风险转移

饭店应对潜在的财务风险时，可以借助一些有效手段转移风险。最常见的方法是通过购买保险将风险转移给保险公司。此外，还可以通过契约形式将风险损失转移给他人，例如通过应收账款售让或抵押等转让方式，将应收账款变现中的坏账风险转移给其他经济实体。当然，在风险转移过程中，也需要考虑转移成本问题，即只有当风险转移成本小于风险发生可能带给饭店的损失时，采用这种方法才是有价值的。

【链接启示】

亡羊补牢的哲理：防患于未然

风险管理的重点在于"防患于未然"，成语故事"亡羊补牢"告诉我们的就是这一道理。要使用科学的方法预估风险并提前做好防范准备，若等风险发生后再进行补救，为时较晚。当然，没有人可以预知未来，企业也无法预知所有风险。这就需要在日常工作中，既要有面对失败的勇气，又要有东山再起的韧性，还要有吃一堑长一智的智慧，发扬探索精神，积极寻求有效的风险管理办法。

思考： 如何更好地预知和防范风险？

四、旅游饭店常见财务风险管理

（一）外汇风险

1. 外汇风险的概念

外汇资金的管理重点是对外汇风险进行管理。外汇风险就是由于外汇汇率变动使旅游企业外汇实际价值发生增减变化可能给其造成的损失。如果旅游饭店能够有效地进行外汇风险管理，将会避免因汇率变动造成的损失，或减少损失程度，增加收益；反之，则可能造成巨大的损失。

虽然旅游饭店在外汇管理体制改革后将不再收入外币，而改用人民币计价、结算，但仍然会存在外币支付、外汇资产及债务等经济行为，因此外汇风险仍是存在的。尤其是在当今国际金融领域动荡不定，普遍实行浮动汇率制以后，汇率不仅频繁波动，而且常出现难以预料的强弱势的变化，更加深了涉外经济主体的外汇风险。在这种情况下，如何正确认识外汇风险，采取正确的外汇风险管理对策，趋利避害，以争取最大的收益，将是一个十分重要的问题。

2. 外汇风险的类型

正确认识外汇风险的种类，是进行外汇风险管理的首要条件。对外汇风险种类的划分，通常是以汇率变动后对一项经济活动产生影响的时间快慢和可能程度为标准来进行的，依此可将外汇风险划分为交易风险、会计风险及经济风险。

（1）交易风险

交易风险（Transaction Exposure）是指某一经济实体在以外币计价的交易中，由于外汇汇率波动而产生的应收资产与应付债务价值变动的风险。具体可分为买卖风险与交易结算风险。买卖风险又称金融性风险，在以外币计值的国际借贷业务中，企业在债权债务尚未清偿前由于汇率变动而承担的风险；在远期外汇交易中，合约到期时，由于汇率变动而承担的风险。交易结算风险又称商业性风险,这种风险是伴随着物资及劳务买卖的外汇交易而发生的。如国际贸易中购买或销售商品及劳务时,从提供商品或劳务到债权债务清偿要经历一段时间,在这段时间里汇率有可能发生变化,从而使未结算金额承担风险。

(2)会计风险

会计风险(Accounting Exposure)又称折算风险、评价风险或转换风险,是指经济主体对资产负债表进行会计处理中,在将功能货币(在具体经济业务中使用的货币)转换成报表货币(编制会计报表所使用的货币)时,因汇率变动而呈现账面损失的可能性。当经济主体将其以外币计量的资产、负债、收入、费用等折算成以本币表示的有关项目时,汇率的变动很可能给其造成账面损失,这种风险就是会计风险。会计风险主要出现在跨国公司编制综合财务报表中。

(3)经济风险

经济风险(Economic Exposure)又称经营风险,是指意料之外的因外汇汇率变动引起企业未来一定期间收益或净现金流量变化的一种潜在风险。汇率的变化可能影响到产品的成本、价格以及销售量发生变化,进而影响收益的大小。经济风险是一种概率分析,是企业从整体上进行预测、规划和分析的一个具体过程。经济风险的分析很大程度上取决于企业的预测能力。

3. 旅游饭店外汇风险的表现

(1)旅游饭店的交易风险

汇率变化给旅游饭店带来的交易风险体现在以下方面:

一是当外汇汇率变化时,旅游饭店在向国外购买设备、原材料时会使购买成本随之发生变化,由此会给旅游饭店带来外汇风险。如当汇率下调,即本国货币贬值、外币升值时,用外汇购买设备、原材料就会增加成本;反之,就会降低成本。

二是当外汇汇率变化时,会给借入外汇债务的旅游饭店在还款时带来风险。因为旅游饭店所借外汇债务到期必须偿还外汇,而旅游饭店在经营中收到的都是人民币,旅游饭店必须将收到的人民币按一定汇率兑换成外汇,如果外汇升值,旅游饭店将付出比原来更多的人民币才能偿还原定数额的外汇借款;如果外汇贬值,旅游饭店则可以用较少的人民币兑换成外汇,用于偿还借款。

(2)旅游饭店的经营风险

对于旅游饭店来讲,对经营风险实施管理是极其重要的,因为它的影响是长期的,而交易风险和会计风险的影响是一次性的。因此必须对经营风险有足够认识，并采取措施强化管理。

在我国，旅游饭店尤其是三资旅游饭店对外依赖程度较高，如从国外采购物资、支付外方管理人员工资及利润分配等都须使用外汇，外汇汇率变化后会对其纯利带来不同的影响。通常情况下衡量旅游饭店经营风险的大小，可以由两种汇率下的净现值之差来表示。净现值之差的大小即表示旅游饭店经营风险的大小。

（3）旅游饭店的会计风险

这种会计风险主要体现为三资旅游饭店在不同币种进行折算时的风险，这种会计风险还体现为大型旅游饭店集团在国外的分支企业或国外的中资企业集团在国内建立的旅游饭店进行报表编制时不同币种折算时的风险。如三资旅游饭店外方以外汇投资入股，当汇率发生变化，必然使外汇资产的价值折合成人民币记账本位币时发生升值或贬值的现象，这时就会产生风险。如香港某中资集团在内地开设一家旅游饭店，若一年盈利200万元人民币，按当时汇率HK\$1=RMB0.7803折算，约合港币256万元。但当会计报表报送到香港该集团时，由于人民币汇率下调，变为HK\$1=RMB0.8019，则200万元人民币折合港币就变为约249万元，即由于人民币贬值，使该旅游饭店账面上出现了7万元港币的损失，这就是会计风险。

4. 旅游饭店外汇风险的管理对策

（1）通过预测汇率降低风险

外汇汇率是指用一个国家的货币单位来表示另一个国家货币单位的价格，或指两国货币之间的比价。既然外汇风险主要是由汇率的变动引起的，那么避免外汇风险的关键就应该是对外汇汇率的变动趋势作出准确的预测。一般来说，影响汇率变动的因素有很多，主要包括：国际收支平衡情况、通货膨胀程度、利率水平、政府干预力度、关税政策、对外贸易政策、外汇市场的投机活动以及国际政治局势的动荡变化等。

目前，对汇率进行预测的方法主要有三种：

①计量经济学法：在计量经济学的基础上通过建立预测模型，将各种因素的预测值代入其中求出汇率的预测数值。

②图表分析法：是把汇率波动的日、月、年平均值等连成曲线，然后根据各种数值的位置来预测现时汇率趋势，从而确定其变动方向的方法。

③主观分析法：把影响汇率的因素归纳为通货膨胀率的差异、经常收支的

动向和内外利差三个主要方面，人们会对上述因素变化产生不同的心理预期，它会作用于外汇市场，从而引起汇率的变动。这种变化是瞬息万变的，有时正规的分析方法难以适应，需要以分析预测者长期积累的经验作出预测。

（2）对交易风险的控制

①选择货币法，通常情况下货币的选择需要由双方谈判并签订合同来决定。在人民币尚未成为可自由兑换货币的情况下，应争取付汇使用软货币，收汇使用硬货币。所谓软货币（Soft Currency）是指那种汇率不稳定，而且有下浮趋势的货币；所谓硬货币（Hard Currency）是指那种汇率比较稳定，且有上浮趋势的货币。当然所谓软硬货币都是相对的，为平衡双方利益，采用组合货币法不失为一种可行的选择。

②调整价格法，即加价保值或压价保值。如旅游饭店从国外采购物资，付汇采用硬货币结算，这时可将预测的汇价损失从进口物资价格中剔除掉，以转移汇率变动的风险。这时的即期成交计价公式为：

$$压价后商品单价 = 原单价 \times (1-货币升值率)$$

③提前错后法，这种方法是在预测到外汇汇率将要上升时，拥有外汇债权的企业延期收汇，拥有外汇债务的企业提前付汇。如某旅游饭店要向日本采购物资，如果预测到日元将升值，就应提前进行采购。采用这种方式时，要考虑到避免外汇汇率风险所发生的成本就低问题。

④平衡法，是指在同一时期内创造一个与存在风险相同货币、相同金额、相同期限的资金反方向运动，以抵消或减轻汇率波动的风险。

⑤外汇交易法，这是国际上普遍采用的防止汇率风险的有效措施，主要是通过外汇市场上的远期外汇买卖、掉期外汇买卖、外汇期货买卖、外汇期权买卖等起到保值作用，从而减少外汇风险。随着我国外汇管理体制改革的不断深入，这种外汇风险的管理方法将会被运用。

（3）对经营风险的控制

随着市场经济体制的建立，旅游企业经营管理权不断扩大，筹集资金的渠道和方式越来越多，投资的领域也日益扩大。外汇体制改革后，普遍推行结售汇制，为旅游企业筹集外资的多样化与采购付汇币种的多样化奠定了基础，为各种外币的资产与负债间进行对抵，促使外汇风险相互抵消创造了条件。

（4）对会计风险的控制

对会计风险的管理，通常实行资产负债表保值。它要求在资产负债表上使用各种功能货币表示的受险资产与受险负债的数额相等，以使其折算风险头寸

（受险资产与受险负债之差）为零。只有这样，汇率变动才不致带来会计折算上的损失。

（二）负债风险

1. 负债风险的种类

负债经营同时也面临着风险，这种风险主要体现在以下几方面：一是不能按期偿还本息的债务风险。旅游饭店在负有一定规模债务的情况下，如果经营管理不善，出现偿付能力下降甚至丧失，就不能履行偿还债务的责任，并由此导致财务危机的发生。二是利率波动的成本风险，市场经济条件下利息率波动是正常的，当利息率提高时，负债经营旅游饭店的债务成本就会增加，从而减少企业的盈利。三是银根紧缩的政策风险，负债经营旅游饭店需要宽松、稳定的金融环境，如果由于经济发展的需要，国家采取了抽紧银根的金融政策，那么就可能造成旅游饭店资金难以按时回笼，债务难以偿还，正常的生产经营活动会由于资金短缺而受到影响。

2. 负债风险的测量

衡量筹资风险的高低一般可以用概率来进行，为此要计算以下几项指标：

（1）自有资金利润率的期望值

自有资金利润率的期望值计算公式为：

$$自有资金利润率期望值 = 期望投资利润率 + \frac{负债资金}{自有资金} \times (期望投资利润率 - 借款利率)$$

例：某旅游饭店投资 120 万元，预期投资利润率可达 20%，其中自有资金 70 万元，负债资金 50 万元，负债资金利率为 10%，则：

$$自有资金利润率期望值 = 20\% + \frac{50}{70} \times (20\% - 10\%)$$
$$= 27.14\%$$

如果没有使用负债资金，则资金利润率只有 20%；使用负债资金后，自有资金利润率期望值由 20% 上升到 27.14%。这说明自有资金利润率的期望值会随着负债资金占自有资金的比例变化而变化，负债资金越多，自有资金利润率越高，但同时风险也越大。这就需要计算下一个指标，即自有资金利润率的标准离差。

（2）标准离差

$$自有资金利润率标准离差 = \left(1 + \frac{负债资金}{自有资金}\right) \times \sigma$$

其中：

$$\sigma = \sqrt{\sum_{t=1}^{n}(投资利润率 - 期望投资利润率)^2 \times 概率}$$

标准离差越大，说明风险越大。

例：仍以上例来说明，预期投资利润率为20%，实际可能实现的利润率有以下几种情况：利润率为20%，概率为20%；利润率为15%，概率为50%；利润率为10%，概率为30%。如果使用负债资金50万元，则：

$$\sigma = \sqrt{(20\%-20\%)^2 \times 0.2 + (15\%-20\%)^2 \times 0.5 + (10\%-20\%)^2 \times 0.3}$$
$$= 6.52\%$$

$$自有资金利润率标准离差 = \left(1 + \frac{50}{70}\right) \times 6.52\% = 11.18\%$$

如果使用负债资金不是50万元，而是70万元，则

$$自有资金利润率标准离差 = \left(1 + \frac{70}{50}\right) \times 6.52\% = 15.65\%$$

这说明随着使用负债资金比例的增大，标准离差也在逐渐扩大，风险也随之增大。

（3）标准离差率

标准离差率是指标准差与期望值之比。标准离差率越高，表明风险程度越大。如上例中，自有资金70万元，负债资金50万元，这时自有资金利润率期望值为27.14%，标准离差为11.18%，则：

$$标准离差率 = \frac{11.18\%}{27.14\%} = 41.19\%$$

如果将资金结构做一改变，自有资金为50万元，负债资金70万元，这时自有资金利润率期望值为34%，标准离差为15.65%，则：

$$标准离差率 = \frac{15.65\%}{34\%} = 46.03\%$$

由上面的计算可以看出，负债资金比例越高，标准离差率越大，风险也越大。

3. 负债风险防范

影响旅游饭店负债风险的因素有许多，但归纳起来主要有三个：一是负债

比的大小;二是利息率的高低;三是经营利润率的多少。负债比是旅游饭店负债资金占全部资金的比重,这一比重过大,超过旅游饭店盈利能力和偿还能力,将会由于债务负担过重,无力按期偿还而加大负债风险。利息率作为负债成本的表现形式,其高低将直接影响资金使用效益的大小和债务偿付能力的高低,涉外旅游饭店在进行外债借贷的时候还要考虑汇率波动的因素。因此,旅游饭店在向外举债筹集资金时,要选择利息率低于经营利润率的借款,两者相差越大,对旅游饭店越有利,反之风险就越大。经营利润率的大小是旅游饭店筹集资金的出发点和落脚点,是偿还债务的基础。经营利润率过低会使负债资金的风险加大,如果低于利息率还要使用负债资金,那无异于饮鸩止渴。因此,经营利润率的高低也是能否举借外债的分界线。

利息率是影响筹资风险的一个客观因素,虽然旅游饭店对它很难控制.但是旅游饭店却有权选择利息率低的资金来源。旅游饭店在选择贷款时,应尽可能地争取低息贷款,在向国外借款时,也要选择低利率的贷款,并尽量使其贷款偿还期能够延长为宜。同时还要考虑到汇率风险的防范问题,进行汇率走势预测,防止由于汇率波动而给旅游饭店借贷外债带来的风险。另外,还要注意研究债务结构,做到分期、分批地偿还债务,不要形成还债高峰期。债务的合理安排,加强债务管理,是旅游饭店负债经营、避免或降低风险的一项重要措施。

案例思考

亚朵的高负债分析:债务是中性的,经营才是王道

在经济活动中,屡有上市公司因为债务问题陷入危机,前有乐视、海航,后有苏宁、恒大……尤其是在市场情绪脆弱时,投资者常常谈"债"色变,毕竟谁会愿意自己真金白银重仓的公司,哪天突然被传出"现金流断裂或破产重组""资金链断裂多地贷款已违约"的劲爆消息呢?因此,投资者经常关注资产负债率这一评价公司债务水平的综合指标,很多投资者一听说哪家公司资产负债率高于行业水平,恨不得就直接给它判"死刑"。

不过,随着商业模式的不断创新,会计准则的不断更新,简单粗暴地看资产负债率高低,而不研究其背后的商业逻辑和成因,也可能让投资者错失好公司。亚朵酒店就可能是这样的一个案例。

从亚朵的财务数据来看,2019年、2020年、2021年一季度,亚朵的负债率分别为67.96%、71.5%、72.85%,都高于同时期的行业均值(A股酒店行业

上市公司在50%左右）。那么问题来了，作为国内新锐中高端连锁酒店，亚朵为何会出现这个畸高的指标呢？不搞清楚原委，就没法做投资决定。

其实，负债也分高风险的负债和低风险的负债。所谓高风险的负债，就是金融负债，包括银行借款、发行的债券等，这类负债是未来需要用现金偿还的款项，会产生资金费用，负债越多，利息费用越高。

亚朵的金融负债其实很少。2019年，亚朵长、短期借款占总资产的比重为4.41%；2020年，为6.12%。截至2021年第1季度末，亚朵银行借款为2亿元，而现金储备有8.8亿元，现金储备足以多倍覆盖银行借款。综合反映到利息费用上的结果就是，亚朵2019年、2020年利息费用为430万元、150万元，相较于该年度15.671亿元、15.666亿元的净收入，占比非常低。所以，尽管亚朵的资产负债率看起来高，但真正需要其支付利息的负债并不多，负债风险并不高。

那到底是什么导致了亚朵高于行业均值的负债率？

经过研究，我们认为，答案是美国会计准则对酒店加盟费的处理方法。

亚朵是一家以管理加盟为主的酒店，截至2021年第一季度末，加盟酒店数在亚朵酒店总数中占比达95%，加盟客房数在亚朵客房总数中占比达93%，均高于行业可比公司。加盟自然会产生加盟费。但在美国会计准则下，酒店行业收取的加盟费会被确认为递延收益，递延收益在报表上会被纳入负债那一栏。

2019年、2020年、2021年第一季度，亚朵的负债中递延收益金额分别是3.725亿元、4.159亿元、4.400亿元，在当期总负债中占比达33.26%、29.29%、28.73%。若剔除该部分的影响，亚朵2019年、2020年、2021年第一季度的资产负债率为45.33%、50.56%、57.9%，放在行业内，是挺不错的数字。算到这里，真相就水落石出了。

递延收入的会计确认使得亚朵的资产负债率看起来畸高，但实际需要其支付利息的负债并不高。并且，高递延收入说明亚朵酒店网络在不断扩大，公司规模在不断增长。这里的高递延收入就是低风险的负债，甚至可以说是"有利"的负债。亚朵在有利负债主导的看起来"高资产负债率"模式下，运转得良好。

因此，当我们在进行饭店财务分析时，不能一味依赖报表数据，要深入分析数据背后的原因。本案例中资产负债率既不是越高越好，也不是越低越好，而是要看相应的负债所需要的资金成本到底是什么样的，并结合公司经营基本面等情况，综合辨析公司的质地。归根到底，债务是中性的，经营才是王道。

资料来源： 信披头条. 从亚朵看酒店负债：不必谈"债"色变，经营才是王

道［EB/OL］.环球旅讯,2021-08-09. https://mp.weixin.qq.com/s/coDTv76zq9oW1oxRKsA95A. 作者有改动。

思考：1. 为什么说债务是中性的？
2. 该案例对亚朵资产负债率畸高的分析，给你带来哪些启示？
3. 你如何看待亚朵酒店资产负债率过高的现象？
4. 你认为亚朵酒店该如何应对资产负债率过高的事实？

第四节　旅游饭店财务风险预警

一、财务风险预警的含义

财务风险预警，即全面收集、整理、分析旅游饭店所有财务信息，利用及时的数据化管理方式，通过财务指标的变化预知饭店可能面临的潜在风险，同时通过财务数据分析找出财务危机发生的原因和饭店财务管理体系中隐藏的问题，提出有效的解决方案及措施。

为了提高财务风险预警能力，有必要依据饭店行业特点，设计并完善一整套财务风险预警指标体系，即以饭店财务报表中的相关资料为基础，依据指标体系，采用模型分析和比率分析等方法，凭借计算机管理信息系统，对饭店经营管理过程中潜在的财务风险进行检测跟踪、提前预报、完成诊断、实施应对措施等。

二、财务风险预警的流程

（一）选择财务指标

选择财务指标的过程就是构建预警指标体系的过程，这些指标必须能够反映饭店企业财务特征，因此是从繁杂的数据中筛选出来的。指标反映的是数量的差别性，不同财务风险预警模型，对单一变量和多变量综合指标的取值区间是不同的，因此，旅游饭店应该依据自身情况，科学选择。

（二）建立适合的财务预警模型

对财务数据进行预处理后，得到依据指标体系测算的特征值，带入合适的财务预警模型中，取得最终预测数据。目前较为常见的预警模型是单变量预警模型和多变量预警模型，多变量预警模型又包括 F 分数模型和 Z 分数模型等。一般说来，单变量模型研究的是单个比率的变化趋势，对企业某一方面的财务风险深入测算；多变量模型将多个指标值同时汇集到一个模型中，看重的是整体风险情况。

（三）财务风险水平评估

财务风险水平评估的关键是确立预警区间，一般旅游饭店可以依据历史经验进行划分，并结合理论数量分析，取得较为合理的区间值。通过建立指标体系，选取预警模型，结合饭店状态变量，可以较为准确地预测饭店财务风险水平。

三、旅游饭店财务风险预警指标体系构建

（一）旅游饭店财务风险预警指标体系的设计思想

1. 设计目的

财务风险预警指标体系的设计目的是通过对饭店现有财务报表、财务数据及其他相关资料的分析，利用先行指标对饭店各环节进行监控，分析财务工作中隐藏的问题，指出可能发生财务危机的环节和潜在风险，从而提早开展防范、规避措施。

2. 设计原则

在进行旅游饭店财务风险预警指标体系在设计时，应遵循四项原则：一是重要性原则，即在设计预警指标时，考虑所选取指标对饭店经营和财务风险预测的重要性程度，因为选择指标不同，所得到的结论会出现较大差异，因此选择贡献度大的指标很有必要。二是代表性原则，在财务统计时，一般会存在几个指标共同反映某一财务特征的现象，此时应当选择具有代表性的指标，可以降低预警信息收集、计算的工作量，节约成本。三是灵敏性原则，对财务特征进行反映的相关指标，通常有着不同的灵敏度，有的较为敏感，有的较为迟缓，在预警指标体系设计中，有必要将敏感指标纳入，使饭店的财务前景能得到更为准确、科学的反映。四是可操作性原则，有一些财务指标，可以对饭店外部财务环境状况作出一定推测，例如行业平均值类指标，但这样的指标值如果没有政府或专业统计单位测算，单凭一个饭店的力量，很难取得准确信息，因此，在针对个别饭店企业进行预警指标体系设计中，需要考虑可操作性，避免指标

体系变成一个设计完善但无法应用的展示型工具。

（二）旅游饭店财务风险预警指标体系的基本结构

旅游饭店的财务活动是由筹资活动，投资活动，运营活动，分配活动四个系统构成的有机整体，因此可作为一级指标。每项财务活动都应设置一个能够反映其特征变化的预警体系，因此设置二级指标。所有预示结果，实际是通过比率反映出来的，因此设置测量指标。这些指标共同构成一个相互联系、相互影响的指标体系。因此，财务风险预警指标体系的建立，要从全局的角度出发，处理并协调好各个子指标体系间的关系，使预警指标以及警戒线的设定能够提高整个预警系统的整体效果。

根据饭店财务工作的分类，并结合现有财务评价指标体系，可为饭店风险预警指标体系设置4个一级指标，11个二级指标和19个测量指标，具体如表9-7所示。

表9-7 旅游饭店财务风险预警指标体系

一级指标	二级指标	测量指标
筹资预警指标	资本结构	资产负债率
	支付能力	经营现金流动负债比率
		盈余现金保障倍数
	偿债能力	已获利息倍数
		带息负债比率
投资预警指标	投资结构	对外投资与权益比率
	投资能力	总资产增长率
		现金再投资比率
	资产利用效率	净资产收益率
		可用于投资分配股利现金比率
营运预警指标	盈利能力	销售利润率
		成本费用利润率
		总资产报酬率
	资产运营能力	存货周转率
		应收账款周转率
	获取现金能力	资产现金回收率
分配预警指标	分配结构	股利支付率
	资金增长能力	资本积累率
		盈余公积增长率

（三）旅游饭店财务风险预警指标预警能力分析

筹资预警指标总体上反映了旅游饭店在筹资过程中风险的大小。例如，资产负债率反映饭店较长时期内的总体偿债能力，该比率越高，风险越大，指标值在60%到70%之间较为合适；经营现金流动负债比率反映饭店偿还短期负债的能力，指标值越高，偿债能力越强，风险越小；已获利息倍数从偿债资金来源视角分析偿还债务利息能力，倍数越大，风险越低。

投资预警指标反映旅游饭店在对外投资过程中可能面临风险的大小。例如，对外投资与权益比率反映饭店所有者对内投资和对外投资之间的比例，指标值越高，说明对外投资越大，过多的对外投资会削弱企业经营主营业务能力，导致财务风险偏高；总资产增长率衡量饭店一定时期内资产规模的增加情况，一定程度上反映出资产规模对发展后劲的影响，该指标值越高，说明本周期内扩张速度越快，要特别小心盲目扩张。可用于投资分配股利现金比率反映饭店的现金流入在满足运营开支后的结余情况，如果该指标小于1，则说明饭店没有多余资金用于其他项目，要做好筹集资金的准备。

营运预警指标反映的是饭店主营业务的经营水平，关系着饭店的生死存亡。销售利润率和成本费用利润率相互关联，这两个指标值如果出现不正常的下降，将导致整个饭店运营出现问题；总资产报酬率还受到财务杠杆的影响，杠杆作用越大，饭店财务风险越大。存货周转率越低，说明产品转换为现金的时间越长，导致饭店流动资金紧张，严重时会导致资金链断裂。应收账款周转率必须得到有效监控，尽量缩短周转提升，提高资金回笼速度和数量。资产现金回收率越大，说明饭店全部资产创造的现金流入越多，整体资产利用效果较好。

分配预警指标反映旅游饭店获取净收益后的分配情况，分配不当，也会造成导致财务问题。例如，如果饭店的战略以扩张为主，则应该降低股利支付率，提高盈余公积增长率，使饭店在未来发展中，有充足的资金。当然，这一举措也要考虑到各个股东的接受度，一旦出现股东意见不一致，会使企业元气大伤。

【链接启示】

发扬团队精神，塑造正确的职业观

"一根筷子，轻轻被折断；十根筷子，牢牢抱成团"，团结协作是中华民族的传统美德。在现代企业运营中，常常因为个体利益冲突使得企业内部分帮结派，导致管理效率低下，元气大伤。作为员工，要着眼大局、诚信服务、爱岗敬业，塑造正确的职业观。作为管理者，一方面要履职尽责、主动作为，平衡多方面的利益；另一方面，也得学习管理艺术，巧妙化解团队中的矛盾冲突，促进团队的和谐发展。

思考：如何树立助人乐己的价值观，在团队协作中发扬奉献精神，为团队成长助力？个人与集体关系如何处理好？

课后思考与练习

案例分析

锦江：巨额筹码"撕开"海外市场，加速国际化布局

2014年，锦江集团为了加速国际化布局，使用巨额筹码兼并了法国卢浮集团。首先，锦江酒店卖掉了地理位置优越、物业品牌价值较高的锦沧文华大酒店和银河宾馆的主楼与裙楼。

其次，通过上述资产处置与定向增发引进资金，合计获得了50亿元。用这50亿元内存资金作为担保，以内存外贷的形式在境外担保贷款相当于102亿元的欧元。通过此番贷款，锦江酒店仅用了一半现金，便拿到了卢浮集团100%股权。但这同时也意味着，锦江酒店需要面临高额的利息支出。

最后，由于上述操作，锦江酒店的负债率快速上涨。2011年末到2014年上半年，锦江酒店的资产负债率分别为19.15%、20.82%、38.15%和38.32%，呈逐渐上升趋势，而收购卢浮集团的交易交割完成后，其负债率将升至82%。

这番操作，在锦江酒店全球化布局的大战略下，为其"撕开"海外市场的空间，兼并后，锦江酒店迅速扩大了全球规模，跻身全球酒店排名前八位，但同时，也给锦江酒店带来了一定程度的财务风险。

2015年2月28日起，上海锦江集团将卢浮集团纳入财务报表合并范围。并表后的锦江业绩更加好看。2015年，卢浮集团实现营业收入37933万欧元，净利润3255万欧元。这种情形延续到2019年，这段时间内，卢浮集团一直都是为锦江酒店贡献经营业绩。

2020年，卢浮集团开始了连年亏损。2020年、2021年以及2022年前三季度，卢浮集团分别实现营业收入23433万欧元、30182万欧元和35748万欧元；分别实现净利润-9625万欧元、-5166万欧元和-2095万欧元。卢浮集团成为

锦江酒店少有的连续亏损的子公司之一。

亏损之外，锦江酒店还在持续为卢浮集团提供担保。卢浮集团的负债总额也在持续攀升。2020年，该数据为10.82亿欧元，而到了2022年9月30日，负债总额为14.72亿欧元。同期，银行贷款总额也由1.82亿欧元增长至2.16亿欧元。

资料来源：胖大海.卢浮集团化身锦江"双刃剑"：本土酒店出海再思考［EB/OL］.酒管财经，2022-12-05. https：//mp.weixin.qq.com/s/IfySad9CnfhlMTqI6LaMwA. 作者有改动。

思考：1. 锦江使用巨额筹码收购卢浮的利与弊分别是什么？

2. 在跨国兼并中，应该如何权衡财务风险和战略机遇？

3. 对锦江兼并卢浮集团后的财务风险进行识别。

4. 你认为锦江该如何应对此次兼并后的财务风险？为什么？

小组讨论题

上海锦江国际酒店股份有限公司2023年上半年的财务报表如表9-8、表9-9和表9-10所示。

表9-8 合并资产负债表　　　　　　　　单位：元　币种：人民币

项目	报告期	
	2023年6月30日	2022年12月31日
流动资产：		
货币资金	9576513808.01	7567915568.57
交易性金融资产	266642788.47	241862002.58
应收账款	1651254421.69	1887853652.13
预付款项	146904055.19	153400091.22
其他应收款	764579107.44	687832320.40
其中：应收股利	202098130.07	125115376.50
存货	58624747.32	67832600.30
一年内到期的非流动资产	70471342.07	54973595.46
其他流动资产	433120215.01	347894883.70
流动资产合计	12968110485.20	11009564714.36

续表

项目	报告期	
	2023年6月30日	2022年12月31日
非流动资产：		
长期应收款	384501353.80	398193500.62
长期股权投资	425550344.33	423429276.11
其他权益工具投资	55667172.50	50313896.89
其他非流动金融资产	801300000.00	698000000.00
固定资产	5021501301.12	4919510273.84
在建工程	633788655.26	526903159.56
使用权资产	7982797174.11	8036807415.33
无形资产	7017481070.16	6903790994.54
商誉	11842993938.67	11557527507.62
长期待摊费用	1347058660.03	1475932598.02
递延所得税资产	1036514984.90	916736772.92
其他非流动资产	252834724.54	1490309144.74
非流动资产合计	36801989379.42	37397454540.19
资产总计	49770099864.62	48407019254.55
流动负债：		
短期借款	435746267.54	148809807.19
应付账款	1316483929.35	1364819332.04
预收款项	17899078.93	15481587.48
合同负债	924480501.98	718111623.60
应付职工薪酬	1004354826.64	948880469.15
应交税费	522361796.65	306192656.24
其他应付款	2566916518.17	2130280123.92
其中：应付股利	138553647.45	140372240.91
一年内到期的非流动负债	6744242422.00	6657971262.18
流动负债合计	13532485341.26	12290546861.80

续表

项目	报告期	
	2023年6月30日	2022年12月31日
非流动负债：		
长期借款	8537456300.39	8058109070.53
租赁负债	8253157579.68	8323024486.49
长期应付款	5982058.79	7915958.71
长期应付职工薪酬	68117284.16	69127545.32
预计负债	51821481.78	46480966.82
递延所得税负债	1869074951.40	1824602533.67
其他非流动负债	355383268.92	153706872.32
非流动负债合计	19140992925.12	18482967433.86
负债合计	32673478266.38	30773514295.66
所有者权益（或股东权益）：		
实收资本（或股本）	1070044063.00	1070044063.00
资本公积	12104478256.94	13052750102.00
其他综合收益	-27442191.60	-31261816.31
盈余公积	715703320.00	715703320.00
未分配利润	2520108974.57	2061190310.07
归属于母公司所有者权益（或股东权益）合计	16382892422.91	16868425978.76
少数股东权益	713729175.33	765078980.13
所有者权益（或股东权益）合计	17096621598.24	17633504958.89
负债和所有者权益（或股东权益）总计	49770099864.62	48407019254.55

表9-9　合并利润表　　　　　　　　　　　单位：元　币种：人民币

项目	报告期	
	2023年半年度	2022年半年度
一、营业总收入	6806076775.33	5150190183.84
其中：营业收入	6806076775.33	5150190183.84

续表

项目	报告期	
	2023年半年度	2022年半年度
二、营业总成本	6223130246.64	5391367576.52
其中：营业成本	3951544766.11	3547728128.67
税金及附加	80239532.79	64467041.42
销售费用	513918857.99	413102813.83
管理费用	1340716565.32	1137846974.03
研发费用	14032131.70	14017798.14
财务费用	322678392.73	214204820.43
其中：利息费用	213845154.02	120754164.57
利息收入	100028669.28	104732863.75
加：其他收益	39509771.89	80976143.76
投资收益（损失以"-"号填列）	144395284.84	84682734.61
其中：对联营企业和合营企业的投资收益	48320767.52	-6998125.97
公允价值变动收益（损失以"-"号填列）	109363009.96	-13036336.54
信用减值损失（损失以"-"号填列）	5004543.84	-13727441.67
资产处置收益（损失以"-"号填列）	5610015.37	92314010.64
三、营业利润（亏损以"-"号填列）	886829154.59	-9968281.88
加：营业外收入	17817063.95	19878615.39
减：营业外支出	14468549.73	20686929.51
四、利润总额（亏损总额以"-"号填列）	890177668.81	-10776596.00
减：所得税费用	221051567.61	41339795.63
五、净利润（净亏损以"-"号填列）	669126101.20	-52116391.63
（一）按经营持续性分类		
1. 持续经营净利润（净亏损以"-"号填列）	669126101.20	-52116391.63
（二）按所有权归属分类		

续表

项目	报告期	
	2023年半年度	2022年半年度
1. 归属于母公司股东的净利润（净亏损以"-"号填列）	523121308.28	-116052540.25
2. 少数股东损益（净亏损以"-"号填列）	146004792.92	63936148.62
六、其他综合收益的税后净额	12384390.78	-366116.50
（一）归属母公司所有者的其他综合收益的税后净额	3819624.71	2691035.40
1. 不能重分类进损益的其他综合收益	5788865.10	6907580.97
（1）重新计量设定受益计划变动额	2728952.33	9401712.37
（3）其他权益工具投资公允价值变动	3059912.77	-2494131.40
2. 将重分类进损益的其他综合收益	-1969240.39	-4216545.57
（1）权益法下可转损益的其他综合收益	-3171.36	44113.80
（6）外币财务报表折算差额	-1966069.03	-4260659.37
（二）归属于少数股东的其他综合收益的税后净额	8564766.07	-3057151.90
七、综合收益总额	681510491.98	-52482508.13
（一）归属于母公司所有者的综合收益总额	526940932.99	-113361504.85
（二）归属于少数股东的综合收益总额	154569558.99	60878996.72
八、每股收益：		
（一）基本每股收益（元/股）	0.4889	-0.1085

表 9-10 合并现金流量表　　　单位：元　币种：人民币

项目	报告期	
	2023 年半年度	2022 年半年度
一、经营活动产生的现金流量：		
销售商品、提供劳务收到的现金	7675905541.48	5181949479.57
收到其他与经营活动有关的现金	571388404.18	327314812.32
经营活动现金流入小计	8247293945.66	5509264291.89
购买商品、接受劳务支付的现金	1680376836.19	1282147930.79
支付给职工及为职工支付的现金	2421773852.03	2325200257.91
支付的各项税费	531752032.89	361556578.38
支付其他与经营活动有关的现金	930839833.95	760802789.48
经营活动现金流出小计	5564742555.06	4729707556.56
经营活动产生的现金流量净额	2682551390.60	779556735.33
二、投资活动产生的现金流量：		
收回投资收到的现金	1750000000.00	500000000.00
取得投资收益收到的现金	182657317.77	56004679.71
处置固定资产、无形资产和其他长期资产收回的现金净额	16900303.54	41904310.21
收到其他与投资活动有关的现金	113170765.59	20428527.40
投资活动现金流入小计	2062728386.90	618337517.32
购建固定资产、无形资产和其他长期资产支付的现金	365987465.80	344610296.89
投资支付的现金	7573011.93	5638023.70
支付其他与投资活动有关的现金	50000000.00	--
投资活动现金流出小计	423560477.73	350248320.59
投资活动产生的现金流量净额	1639167909.17	268089196.73
三、筹资活动产生的现金流量：		
取得借款收到的现金	500291789.71	1889552520.19

续表

项目	报告期	
	2023年半年度	2022年半年度
收到其他与筹资活动有关的现金	287760000.00	--
筹资活动现金流入小计	788051789.71	1889552520.19
偿还债务支付的现金	275865406.03	2758431568.69
分配股利、利润或偿付利息支付的现金	276955084.88	129698549.69
其中：子公司支付给少数股东的股利、利润	2774071.43	12662257.27
支付其他与筹资活动有关的现金	2046699975.37	913691866.12
筹资活动现金流出小计	2599520466.28	3801821984.50
筹资活动产生的现金流量净额	-1811468676.57	-1912269464.31
四、汇率变动对现金及现金等价物的影响	32905707.33	-7114971.62
五、现金及现金等价物净增加额	2543156330.53	-871738503.87
加：期初现金及现金等价物余额	5646938787.25	7096506587.77
六、期末现金及现金等价物余额	8190095117.78	6224768083.90

资料来源：上海锦江国际酒店股份有限公司财务报表，已删去空白项目。

依据上海锦江国际酒店股份有限公司的合并资产负债表、合并利润表和合并现金流量表，对锦江酒店的财务风险进行预警分析。

复习思考题

1. 什么是兼并？兼并有哪些类型？
2. 分析企业兼并动因的理论有哪些？
3. 旅游饭店兼并对宏观经济会产生什么样的影响？
4. 企业兼并的成本、收益和风险都有哪些？
5. 企业兼并的步骤有什么？
6. 旅游饭店如何评估兼并的目标企业？

7. 旅游饭店兼并后如何进行整合？
8. 什么是风险？什么是财务风险？财务风险的种类有哪些？
9. 财务风险管理的主要步骤是什么？
10. 控制财务风险的方法有哪些？
11. 如何对旅游饭店的外汇风险进行管理？
12 旅游饭店的负债风险如何测量？
13. 为什么要对旅游饭店的财务风险进行预警？
14. 旅游饭店财务风险预警指标体系的设计原则是什么？
15. 试分析旅游饭店财务风险预警指标的预警能力。

附　录

附录一

一元复利终值系数表（FVIF 表）

n\i（%）	1	2	3	4	5	6	7
1……	1.010	1.020	1.030	1.040	1.050	1.060	1.070
2……	1.020	1.040	1.061	1.082	1.103	1.124	1.045
3……	1.030	1.061	1.093	1.125	1.158	1.191	1.225
4……	1.041	1.082	1.126	1.170	1.216	1.262	1.311
5……	1.051	1.104	1.159	1.217	1.276	1.338	1.403
6……	1.062	1.126	1.194	1.265	1.340	1.419	1.501
7……	1.072	1.149	1.230	1.316	1.407	1.504	1.606
8……	1.083	1.172	1.267	1.369	1.477	1.594	1.718
9……	1.094	1.195	1.305	1.423	1.551	1.689	1.838
10……	1.105	1.219	1.344	1.480	1.629	1.791	1.967
11……	1.116	1.243	1.384	1.539	1.710	1.898	2.105
12……	1.127	1.268	1.426	1.601	1.796	2.012	2.252
13……	1.138	1.294	1.469	1.665	1.886	2.133	2.410
14……	1.149	1.319	1.513	1.732	1.980	2.261	2.579
15……	1.161	1.346	1.558	1.801	2.079	2.397	2.759
16……	1.173	1.373	1.605	1.873	2.183	2.540	2.952
17……	1.184	1.400	1.653	1.948	2.292	2.693	3.159
18……	1.196	1.428	1.702	2.206	2.407	2.854	3.380
19……	1.208	1.457	1.754	2.107	2.527	3.020	3.017
20……	1.220	1.486	1.806	2.191	2.653	3.207	3.870
25……	1.282	1.641	2.094	2.666	3.386	4.292	5.427
30……	1.348	1.811	2.427	3.343	4.322	5.743	7.612
40……	1.489	2.208	3.262	4.801	7.040	10.286	14.974
50……	1.645	2.692	4.384	7.107	11.467	18.420	29.457

续表

n\i（%）	8	9	10	11	12	13	14
1……	1.080	1.090	1.100	1.110	1.120	1.130	1.140
2……	1.116	1.188	1.210	1.232	1.254	1.277	1.300
3……	1.260	1.295	1.331	1.368	1.405	1.443	1.482
4……	1.360	1.412	1.464	1.518	1.574	1.630	1.689
5……	1.469	1.539	1.611	1.685	1.762	1.842	1.925
6……	1.587	1.677	1.772	1.870	1.974	2.082	2.195
7……	1.714	1.828	1.949	2.076	2.211	2.535	2.502
8……	1.851	1.993	2.144	2.305	2.476	2.658	2.853
9……	1.999	2.172	2.358	2.558	2.773	3.004	3.252
10……	2.159	2.367	2.594	2.839	3.106	3.395	3.707
11……	2.332	2.580	2.853	3.152	3.479	3.836	4.226
12……	2.518	2.813	3.138	3.498	3.896	4.335	4.818
13……	2.720	3.066	3.452	3.883	4.363	4.898	5.492
14……	2.937	3.342	3.797	4.310	4.887	5.535	6.261
15……	3.172	3.642	4.177	4.785	5.474	6.254	7.138
16……	3.426	3.970	4.595	5.311	6.130	7.067	8.137
17……	3.700	4.328	5.054	5.895	6.866	7.986	9.276
18……	3.996	4.717	5.560	6.544	7.690	9.024	10.575
19……	4.316	5.142	6.116	7.263	8.613	10.197	12.056
20……	4.661	5.604	6.727	8.062	9.646	11.523	13.743
25……	6.848	8.623	10.835	13.585	17.000	21.231	26.462
30……	10.063	13.268	17.449	22.892	29.960	39.116	50.950
40……	21.725	31.409	45.259	65.001	93.051	132.78	188.88
50……	46.902	74.358	117.39	184.57	289.00	450.74	700.23

附录二

一元复利现值系数表（PVIF 表）

n\i（%）	1	2	3	4	5	6	7	8	9
1……	0.990	0.980	0.971	0.962	0.952	0.943	0.935	0.926	0.917
2……	0.980	0.961	0.943	0.925	0.907	0.890	0.873	0.857	0.842
3……	0.971	0.942	0.915	0.889	0.864	0.840	0.816	0.794	0.772
4……	0.961	0.924	0.888	0.855	0.823	0.792	0.763	0.735	0.708
5……	0.951	0.906	0.863	0.822	0.784	0.747	0.713	0.681	0.650
6……	0.942	0.888	0.837	0.790	0.746	0.705	0.666	0.630	0.596
7……	0.933	0.871	0.813	0.760	0.711	0.665	0.623	0.583	0.547
8……	0.923	0.853	0.789	0.731	0.677	0.627	0.582	0.540	0.502
9……	0.914	0.837	0.766	0.703	0.645	0.592	0.544	0.500	0.460
10……	0.905	0.820	0.744	0.676	0.614	0.558	0.508	0.463	0.422
11……	0.896	0.804	0.722	0.650	0.585	0.527	0.475	0.429	0.388
12……	0.887	0.788	0.701	0.625	0.557	0.497	0.444	0.397	0.356
13……	0.879	0.773	0.681	0.601	0.530	0.469	0.415	0.368	0.326
14……	0.870	0.758	0.661	0.577	0.505	0.442	0.388	0.340	0.299
15……	0.861	0.743	0.642	0.555	0.481	0.417	0.362	0.315	0.275
16……	0.853	0.728	0.623	0.534	0.458	0.394	0.339	0.292	0.252
17……	0.844	0.714	0.605	0.513	0.436	0.371	0.317	0.270	0.231
18……	0.836	0.700	0.587	0.494	0.416	0.350	0.296	0.250	0.212
19……	0.828	0.686	0.570	0.475	0.396	0.331	0.277	0.232	0.194
20……	0.820	0.673	0.554	0.456	0.377	0.312	0.258	0.215	0.178
25……	0.780	0.610	0.478	0.375	0.295	0.233	0.184	0.146	0.116
30……	0.742	0.552	0.412	0.308	0.231	0.174	0.131	0.099	0.075
40……	0.672	0.453	0.307	0.208	0.142	0.097	0.067	0.046	0.032
50……	0.608	0.372	0.228	0.141	0.087	0.054	0.034	0.021	0.013

续表

n\i（%）	10	11	12	13	14	15	16	17	18
1……	0.909	0.901	0.893	0.885	0.877	0.870	0.862	0.855	0.847
2……	0.826	0.812	0.797	0.783	0.769	0.756	0.743	0.731	0.718
3……	0.751	0.731	0.712	0.693	0.675	0.658	0.641	0.624	0.609
4……	0.683	0.659	0.636	0.613	0.592	0.572	0.552	0.534	0.516
5……	0.621	0.593	0.567	0.543	0.519	0.497	0.476	0.456	0.437
6……	0.564	0.535	0.507	0.480	0.456	0.432	0.410	0.390	0.370
7……	0.513	0.482	0.452	0.425	0.400	0.376	0.354	0.333	0.314
8……	0.467	0.434	0.404	0.376	0.351	0.327	0.305	0.285	0.266
9……	0.424	0.391	0.361	0.333	0.300	0.284	0.263	0.243	0.225
10……	0.386	0.352	0.322	0.295	0.270	0.247	0.227	0.208	0.191
11……	0.350	0.317	0.287	0.261	0.237	0.215	0.195	0.178	0.162
12……	0.319	0.286	0.257	0.231	0.208	0.187	0.168	0.152	0.137
13……	0.290	0.258	0.229	0.204	0.182	0.163	0.145	0.130	0.116
14……	0.263	0.232	0.205	0.181	0.160	0.141	0.125	0.111	0.099
15……	0.239	0.209	0.183	0.160	0.140	0.123	0.108	0.095	0.084
16……	0.218	0.188	0.163	0.141	0.123	0.107	0.093	0.081	0.071
17……	0.198	0.171	0.146	0.125	0.108	0.093	0.080	0.069	0.060
18……	0.180	0.153	0.130	0.111	0.095	0.081	0.069	0.059	0.051
19……	0.164	0.138	0.116	0.098	0.083	0.070	0.060	0.051	0.043
20……	0.149	0.124	0.104	0.087	0.073	0.061	0.051	0.043	0.037
25……	0.092	0.074	0.059	0.047	0.038	0.030	0.024	0.020	0.016
30……	0.057	0.044	0.033	0.026	0.020	0.015	0.012	0.009	0.007
40……	0.022	0.015	0.011	0.008	0.005	0.004	0.003	0.002	0.001
50……	0.009	0.005	0.003	0.002	0.001	0.001	0.001	0	0

附录三

年金终值系数表（FVIFA 表）

n\i（%）	1	2	3	4	5	6	7
1……	1.000	1.000	1.000	1.000	1.000	1.000	1.000
2……	2.010	2.020	2.030	2.040	2.050	2.060	2.070
3……	3.030	3.060	3.91	3.122	3.153	3.184	3.215
4……	4.060	4.122	4.184	4.264	4.310	4.375	4.440
5……	5.101	5.204	5.309	5.416	5.526	5.637	5.751
6……	6.152	6.308	6.468	6.633	6.802	6.975	7.153
7……	7.214	7.434	7.662	7.898	8.142	8.394	8.654
8……	8.286	8.583	8.892	9.214	9.549	9.897	10.260
9……	9.369	9.755	10.159	10.583	11.027	11.491	11.978
10……	10.462	10.950	11.461	12.006	12.578	13.181	13.816
11……	11.567	12.169	12.808	13.486	14.207	14.972	15.784
12……	12.683	13.412	14.192	15.026	15.917	16.870	17.888
13……	13.809	14.680	15.618	16.627	17.713	19.882	20.141
14……	14.947	15.974	17.086	18.292	19.599	21.015	22.550
15……	16.097	17.293	18.599	20.024	21.579	23.276	25.129
16……	17.258	18.639	20.157	21.825	23.657	25.673	27.888
17……	18.430	20.012	21.762	23.698	25.840	28.213	30.840
18……	19.615	21.412	23.414	25.645	28.132	30.906	33.999
19……	20.811	22.841	25.117	27.670	30.539	33.760	37.379
20……	22.019	24.297	26.870	29.778	33.066	36.786	40.995
25……	28.243	32.030	35.459	41.646	47.727	54.865	63.249
30……	34.785	40.588	47.575	56.085	66.439	79.058	94.461
40……	48.886	60.402	75.401	95.026	120.80	154.76	199.64
50……	64.463	84.579	112.80	152.67	209.35	290.34	406.53

续表

n\i（%）	8	9	10	11	12	13	14	15
1……	1.000	1.000	1.000	1.000	1.000	1.000	1.000	1.000
2……	2.082	2.090	2.100	2.110	2.120	2.130	2.140	2.150
3……	3.246	3.278	3.310	3.342	2.374	3.407	3.440	3.473
4……	4.506	4.573	4.641	4.710	4.779	4.850	4.921	4.993
5……	5.867	5.985	6.105	6.228	6.353	6.480	6.610	6.742
6……	7.336	7.523	7.716	7.913	8.115	8.323	8.536	8.754
7……	8.923	9.200	9.487	9.783	10.089	10.405	10.730	11.067
8……	10.637	11.028	11.436	11.859	12.300	12.757	13.233	13.727
9……	12.488	13.021	13.579	14.164	14.776	15.416	16.085	16.786
10……	14.487	15.193	15.937	16.722	17.549	18.420	19.337	20.304
11……	16.645	17.560	18.531	19.560	20.655	21.814	23.045	24.349
12……	18.977	20.141	21.384	22.713	24.133	25.650	27.271	29.002
13……	21.495	22.953	24.523	26.212	28.029	29.985	32.089	34.352
14……	24.215	26.019	27.975	30.095	32.393	34.883	37.581	40.505
15……	27.152	29.361	31.772	34.405	37.280	40.417	43.842	47.580
16……	30.324	33.003	35.950	39.190	42.753	46.672	50.980	55.717
17……	33.750	36.974	40.545	44.501	48.884	53.739	59.118	65.075
18……	37.450	41.301	45.599	50.396	55.750	61.725	68.394	75.836
19……	41.446	46.018	51.159	56.939	63.440	70.749	78.969	88.212
20……	45.762	51.160	57.275	64.203	72.052	80.947	91.025	102.44
25……	73.106	84.701	98.347	114.41	133.33	155.62	181.87	212.79
30……	113.28	136.31	164.49	199.02	241.33	293.20	356.79	434.75
40……	295.06	337.89	442.59	581.83	767.09	1013.7	1342.0	1779.1
50……	573.77	815.08	1163.9	1668.8	2400.0	3459.5	4994.5	7217.7

附录四

年金现值系数表（PVIFA 表）

n\i（%）	1	2	3	4	5	6	7	8	9
1……	0.990	0.980	0.971	0.962	0.952	0.943	0.935	0.926	0.917
2……	1.970	1.942	1.913	1.886	1.859	1.833	1.808	1.783	1.759
3……	2.941	2.884	2.829	2.775	2.723	2.673	2.624	2.577	2.531
4……	3.902	3.808	3.717	3.630	3.546	3.465	3.387	3.312	3.240
5……	4.853	4.713	4.580	4.452	4.329	4.212	4.100	3.993	3.890
6……	5.795	5.601	5.417	5.242	5.076	4.917	4.767	4.623	4.486
7……	6.728	6.472	6.230	6.002	5.786	5.582	5.389	5.206	5.033
8……	7.652	7.325	7.020	6.733	6.463	6.210	5.971	5.747	5.535
9……	8.566	8.162	7.786	7.435	7.108	6.802	6.515	6.247	5.995
10……	9.471	8.983	8.530	8.111	7.722	7.360	7.024	6.710	6.418
11……	10.368	9.787	9.253	8.760	8.306	7.887	7.499	7.139	6.805
12……	11.255	10.575	9.954	9.385	8.863	8.384	7.943	7.536	7.161
13……	12.134	11.348	10.635	9.986	9.394	8.853	8.358	7.904	7.487
14……	13.004	12.106	11.296	10.563	9.899	9.295	8.745	8.244	7.786
15……	13.865	12.849	11.938	11.118	10.380	9.712	9.108	8.559	8.061
16……	14.718	13.578	12.561	11.652	10.838	10.106	9.447	8.851	8.313
17……	15.562	14.292	13.166	12.166	11.274	10.477	9.763	9.122	8.544
18……	16.398	14.992	13.754	12.659	11.690	10.828	10.059	9.372	8.756
19……	17.226	15.678	14.324	13.134	12.085	11.158	10.336	9.604	8.950
20……	18.046	16.351	14.877	13.590	12.462	11.470	10.594	9.818	9.129
25……	22.023	19.523	17.413	15.622	14.094	12.783	11.654	10.675	9.822
30……	23.808	22.396	19.600	17.292	15.372	13.765	12.409	11.258	10.274
40……	32.835	27.355	23.115	19.793	17.159	15.046	13.332	11.925	10.757
50……	39.196	31.424	25.730	21.482	18.256	15.762	13.801	12.233	10.962

续表

n\i（%）	10	11	12	13	14	15	16	17	18
1……	0.909	0.901	0.893	0.885	0.877	0.870	0.862	0.855	0.847
2……	1.736	1.713	1.690	1.668	1.647	1.626	1.605	1.585	1.566
3……	2.487	2.444	2.402	2.361	2.322	2.283	2.246	2.210	2.174
4……	3.170	3.102	3.037	2.974	2.914	2.855	2.798	2.743	2.690
5……	3.791	3.696	3.605	3.517	3.433	3.352	3.274	3.199	3.127
6……	4.355	4.231	4.111	3.998	3.889	3.784	3.685	3.589	3.498
7……	4.868	4.712	4.561	4.123	4.288	4.160	4.039	3.922	3.812
8……	5.335	5.146	4.968	4.799	4.639	4.487	4.344	4.207	4.078
9……	5.759	5.537	5.328	5.132	4.946	4.472	4.607	4.451	4.303
10……	6.145	5.889	5.650	5.426	5.216	5.019	4.833	4.659	4.494
11……	6.495	6.207	5.938	5.687	5.453	5.234	5.029	4.836	4.656
12……	6.814	6.492	6.194	5.918	5.660	5.421	5.197	4.988	4.793
13……	7.103	6.750	6.424	6.122	5.842	5.583	5.342	5.118	4.910
14……	7.367	6.982	6.628	6.302	6.002	5.724	5.468	5.229	5.008
15……	7.606	7.191	6.811	6.462	6.142	5.847	5.575	5.324	5.092
16……	7.824	7.379	6.674	6.604	6.265	5.954	5.668	5.405	5.162
17……	8.022	7.549	7.102	6.729	6.373	6.047	5.749	5.475	5.222
18……	8.201	7.702	7.250	6.840	6.467	6.128	5.818	5.534	5.273
19……	8.365	7.839	7.366	6.938	6.530	6.198	5.877	5.584	5.316
20……	8.514	7.963	7.469	7.025	6.623	6.259	5.929	5.628	5.353
25……	9.077	8.422	7.843	7.330	6.873	6.464	6.097	5.766	5.467
30……	9.427	8.694	8.055	7.496	7.003	6.566	6.177	5.829	5.517
40……	9.779	8.951	8.244	7.634	7.105	6.642	6.233	5.871	5.548
50……	9.915	9.042	8.304	7.675	7.133	6.661	6.246	5.880	5.554

南开大学"十四五"规划精品教材丛书

哲学系列

世界科技文化史教程(修订版)　　　李建珊 主编；贾向桐、张立静 副主编
实验逻辑学(第三版)　　　　　　　李娜 编著
模态逻辑(第二版)　　　　　　　　李娜 编著

经济学系列

货币与金融经济学基础理论12讲　　李俊青、李宝伟、张云 等编著
数理马克思主义政治经济学　　　　乔晓楠 编著
旅游经济学(第五版)　　　　　　　徐虹 主编

法学系列

知识产权法案例教程(第二版)　　　张玲 主编；向波 副主编
新编房地产法学(第三版)　　　　　陈耀东 主编
法理学案例教材(第二版)　　　　　王彬 主编；李晟 副主编
环境法学(第二版)　　　　　　　　史学瀛 主编；
　　　　　　　　　　　　　　　　申进忠、刘芳、刘安翠 副主编
环境法案例教材(第二版)　　　　　史学瀛 主编；
　　　　　　　　　　　　　　　　刘芳、申进忠、刘安翠、潘晓滨 副主编

文学系列

西方文明经典选读　　　　　　　　李莉、李春江 编著

管理学系列

旅游饭店财务管理(第六版)　　　　徐虹、刘宇青 主编
信息咨询概论　　　　　　　　　　柯平 主编